Reinhard Haschen

Franz Liszt

Reinhard Haschen

Franz Liszt

oder Die Überwindung
der Romantik
durch das Experiment

athenäum

Frontispiz: Franz Liszt um 1835
Ölgemälde von Ary Scheffer
(Richard-Wagner-Museum, Eisenach)

Die auf dem Umschlag abgebildete Büste
von Max Klinger
befindet sich im Besitz des Museums
der bildenden Künste Leipzig

Athenäum Verlag GmbH, Frankfurt am Main, 1989
Lizenzausgabe mit freundlicher Genehmigung
des Henschelverlages Kunst und Gesellschaft

Printed in the German Democratic Republic
ISBN 3-610-08540-1

Inhalt

Geleitwort

Schon jährte sich sein Todestag zum 100. Male, und noch immer steht die Frage: Wer war Franz Liszt? Als Mensch und als Musiker? Das Menschenbild ist von der schwer ausrottbaren Vorstellung eines charmanten geistreichen Gesellschaftslöwen und eines Don Juan – auch noch im Abbérock – belastet. Die Kenntnis seiner Musik beschränkt sich vielfach auf die weniger bedeutenden, zum Teil bombastischen oder sentimentalen Werke, gewisse – und nicht die besten und interessantesten – ungarische Rhapsodien, *den* Liebestraum und vielleicht noch das Motiv aus *Les Préludes*, das als Siegesfanfare im zweiten Weltkrieg mißbraucht wurde. In Konzerten sind seine Werke spärlich vertreten. Die geistliche und weltliche Chormusik ist praktisch unbekannt, mit Ausnahme vielleicht der *Heiligen Elisabeth*, die nicht zu seinen stärksten Leistungen in diesem Genre gehört. Die Musikwissenschaft und die Kritik geben sich vielfach snobistisch, salopp oder verständnislos. Im Musikunterricht der Schulen wird wohl – außer in Ungarn – kaum noch über Liszt gesprochen.

Natürlich war er ein Mensch mit seinem Widerspruch, mit großen Kontrasten, mit Stärken und Schwächen. Aber war es nicht eine besondere Leistung, unter diesen Voraussetzungen dieses Leben zu bewältigen? Früh schon zeigen sich Züge, die ihn über Versuch und Irrtum den Weg vom »Claviator maximus« (Hans von Bülow) zu franziskanischer Einfachheit und Innerlichkeit finden lassen. Sein Werk reicht von Einflüssen der brillanten Wiener Schule über Romantik und Spätromantik bis zu Vorahnungen der Neuen Musik. Er nahm viele europäische Musikkulturen in sich auf, doch blieb er immer er selbst. Seine Experimentierlust in Technik und Komposition war unerschöpflich, keinem Alternsprozeß unterworfen. So wurde er der wirksamste Anreger in der Musikentwicklung des 19. Jahrhunderts nach Beethoven und Schubert, »ein Genie der Antizipation« (Carl Dahlhaus). Dabei gelang ihm eine Reihe von Meisterwerken, die aufs innigste mit seinem Leben, Fühlen und Denken verbunden sind. Sie hatten in ihrer Zeit und zum Teil lange danach nicht ihresgleichen.

Und doch blieb er in seinem Wesen und künstlerischen Wollen vielfach verkannt. So lassen sich die Fragen, die der *Budapesti Hírlap* vom 18. Januar 1911 im 100. Jahre nach seiner Geburt aufwarf, mehr als 100 Jahre nach seinem Tode wiederholen: »Schwer ist die Antwort auf die Frage, ob Franz Liszts Gestalt, Tätigkeit und Leben in das Gemeinbewußtsein schon so eingedrungen sind, wie es dieser große Geist, diese in ihrer befruchtenden Wirkung unvergleichliche Energie und dieser in seiner Güte und seinem Edelmut niemals genügend hochzuschätzende Mensch verdient? ... Kennen wir seine Werke? Die mächtigen Offenbarungen seines Geistes, die glänzenden Schöpfungen seines alles umfassenden, begreifenden, erklärenden Hirnes?«

Dieses Buch soll keine systematische Biographie (eine Übersicht gibt die Zeittafel im Anhang), sondern ein Versuch sein, Werden und Wesen des Meisters aus seiner Herkunft und den ihn formenden Umwelteinflüssen zu verstehen, die inneren Triebfedern und Wandlungen aufzuzeigen, denen sein Leben unterworfen war, das nicht frei von Schuld, aber auch nicht von Sühne blieb. Diesen Faktoren gesellt sich das Werk, das sein Wesen mit seltener Unmittelbarkeit widerspiegelt und daher eine wichtige autobiographische Quelle darstellt. Wir begnügen uns im allgemeinen mit kurzen Erläuterungen und Wertungen. Sie sollen den interessierten Musikliebhaber, für den das Buch in erster Linie gedacht ist, vor allem zum Hören führen, das heutzutage durch die Schallplatte erleichtert wird (s. Diskographie im Anhang). Auf Analysen im Text wurde im allgemeinen zugunsten der Lesbarkeit des Buches verzichtet. Wer tiefer in die Struktur der Werke eindringen möchte, sei auf das Verzeichnis neuerer

Analysen im Anhang verwiesen. Erläuterungen beschreibenden Charakters finden sich schon in der Biographie von Lina Ramann, bei Humphrey Searle *(The Music of Liszt)* und in vielen Plattentexten. Die Übertragungen fremdsprachiger Zitate stammen, sofern keine bewährte oder befriedigende Übersetzung vorlag, von mir.

Die Beschäftigung mit Liszts Musik läßt immer noch und immer wieder Entdeckungen zu. Aber ist sie damit nur eine Angelegenheit für Kenner? Manchmal fühlt man sich wie ein Archäologe, der ungehobene Schätze der Vergangenheit ans Licht des Tages fördert. Aber sie sollten nicht einem esoterischen Kreis vorbehalten bleiben. Viele Entwicklungen von Wagner bis Schönberg und darüber hinaus erscheinen bei näherer Kenntnis des Lisztschen Lebenswerkes in einem neuen Licht. Der Leser, so ist zu hoffen, möge daher zur Erkenntnis gelangen, daß Liszt eine der interessantesten und genialsten Musikerpersönlichkeiten des 19. Jahrhunderts war und daß seine Werke, abgesehen von ihrem Eigenwert, nicht zu missende Bindeglieder zwischen der klassisch-romantischen Epoche und der Musik des 20. Jahrhunderts sind.

Halle/Saale, im September 1987
Reinhard Haschen

Aufstieg einer Familie

Die Hauptsache ist bloß
ein ordentlicher Kerl zu sein
und den inneren Kern und Samen
durch Werk und That herauszubilden.

Franz Liszt 1846
an Erbgroßherzog Carl Alexander von Sachsen[1]

I

Dem Rechnungsführer der Fürstlich Esterházyschen Schäferei in Reiding und seiner Frau Maria Anna Lager wurde am 22. Oktober 1811 ein Sohn namens Franciscus List geboren — so lautet die Eintragung im Kirchenbuch des Nachbardorfes Unterfrauenhaid. Raiding (so die heutige Schreibweise, ungarisch Doborján) hatte damals noch keine eigene Pfarrkirche.

Der Geburtsort liegt im heutigen Burgenland, ein Gebiet, das erst 1921 auf Grund des Trianon-Vertrages an Österreich fiel. Vorher gehörte es zum Königreich Ungarn. Heute wie damals besteht die Bevölkerung etwa zu 90 Prozent aus Deutschen, zu 9 Prozent aus Kroaten und zu 1 Prozent aus Ungarn. Der herrschende Dialekt ist der gleiche wie in Niederösterreich, also bajuwarisch. Wenn man von Wien aus in südöstlicher Richtung nach Liszts Geburtsort fährt, überquert man bald die Leitha, die früher die österreichisch-ungarische Grenze markierte. Man fährt noch etwa 50 km durch ein Hügelland, das in die pannonische Ebene ausschwingt. Dabei umgeht man den Ödenburger Zipfel, der in das Burgenland hineinragt. Ödenburg (ungarisch Sopron) war in ungarischer Zeit Hauptort des Komitats. Nördlich davon liegt Eisenstadt (ungarisch Kismarton), die ehemalige Residenz der Esterházys, nordöstlich der Neusiedler See, ein Steppensee wie der Aralsee weit im Osten.

Die umgekehrte Richtung, von Ost nach West, wurde häufiger beschritten oder — besser — beritten. Auf die Germanen und Hunnen der Völkerwanderung folgten, wahrscheinlich aus den östlichen Karpaten kommend, zerstreut siedelnde Slawen, diesen die Awaren und schließlich die Magyaren aus der turanischen Steppe. Gegen die Awaren zog Karl der Große zu Felde, um hier die süd-östliche Grenze seines Frankenreiches zu verteidigen. Der Hügel von Osterringen (später Gran, jetzt Esztergom) wurde befestigt; fränkische Siedler wurden angesetzt. Die Musikfolklore hat noch in neuerer Zeit nachgewiesen, daß im Burgenland Volkslieder vom fränkischen Typ vorherrschen.[2] Im 12. Jahrhundert begann die bayerische Besiedlung des Landes, die sich bis ins 13. Jahrhundert hinzog.

Die Mutter Franz Liszts stammte aus Krems in Niederösterreich. Der Vater hielt sich für einen Magyaren. Die Änderung der Schreibweise des Familiennamens in Liszt wurde erst nach Franzens Geburt vorgenommen, um eine korrekte Aussprache auch durch ungarische Zungen zu sichern bzw. aus einem gewissen Assimilationsbedürfnis heraus. Das Fürstenhaus aber, dem umfangreiche Ländereien in Westungarn, darunter auch Raiding, gehörten, hatte die Schreibweise seines Namens mit s (Esterházy) beibehalten, war völlig nach Wien orientiert, ja überhaupt erst nach der Befreiung von der Türkenherrschaft Ende des 17. Jahrhunderts von den Habsburgern gefürstet und belehnt worden.

Über die Herkunft der Familie Liszt kursierten erstaunliche Legenden, sowohl was die Nationalität als auch die soziale Stellung anbetrifft. In der »Hofbiographie« Lina Ramanns (1. Band 1880), die nach Konsultation Liszts und in enger Zusammenarbeit mit der Fürstin Wittgenstein verfaßt wurde, heißt es gleich zu Beginn: »Dem Namen und den Familientraditionen nach gehört der Name Liszt zu den ungarischen Adelsnamen. [...] Über die Familie selbst, über ihre Abstammung, sowie über ihre Entwicklung von Generation zu Generation liegen jedoch keine bestimmten Urkunden vor. [...] Weiter zurück als bis [...] zum Urgroßvater unseres Künstlers reichen die Nachrichten über seine Voreltern nicht, und auch von diesem weiß man nur, daß er ein Offizier unteren Ranges im 1. Kaiser-Husaren-Regiment [...] war.«[3] Diese Version wurde von den folgenden Biographen im wesentlichen übernommen. In dem 1936 in Budapest erschienenen, von Jenő Hubay herausgegebenen Werk *Liszt a miénk* (Liszt ist unser) wird der Urgroßvater zum Husarenoberleutnant befördert, und zwar auf eine Behauptung von Dr. Eduard Ritter von Liszt in Graz hin, der sich – möglicherweise um der drohenden Naziherrschaft zu entkommen – um die ungarische Staatsbürgerschaft bemühte. In der Biographie von Satcheverell Sitwell (London 1934), die durch interessante ästhetische Urteile besticht, kann man auch noch in der Züricher Ausgabe von 1958 über Adam Liszt, den Vater, lesen: »Seine Familie war, wie alle nicht dem Bauernstande angehörigen Ungarn, ursprünglich adeligen Standes; Personen diese Namens, insbesondere ein Bischof, sind bis ins frühe 16. Jahrhundert nachweisbar. Der Zusammenhang zwischen ihnen und Adam Liszt kann nicht nachgewiesen werden; aber es besteht kein Grund, an seinem Vorhandensein zu zweifeln.«[4]

Inzwischen hatten sich doch erhebliche Zweifel ergeben. Der burgenländische Genealoge H. E. Wamser publizierte 1936 in seinem Aufsatz »Abstammung und Familie Franz Liszts« erstmalig einen vollständigen Stammbaum.[5] Daraus ergab sich die also auch väterlicherseits rein deutsche Herkunft Franz Liszts. Man könnte das als Ausdruck des damals auch in Österreich keimenden Nationalismus auffassen, wenn nicht diese Angaben später von ungarischer Seite bestätigt und durch umfangreiches archivalisches und volkskundliches Material belegt worden wären. Dies geschah in dem Büchlein *Liszt Ferenc származása és családja* (Franz Liszts Abstammung und Familie) von Ernő Békefi, das erst nach dem Tode des Autors 1973 in Budapest erschien.

Fährt man von Bratislava kommend nach Ungarn hinein, so überquert man die Grenze bei Rajka (Ragendorf). Hier war Békefi lange Jahre hindurch Schullehrer und -direktor. Hier ist auch der älteste bekannte Vorfahr väterlicherseits von Franz Liszt, sein Urgroßvater Sebastian, 1703 geboren. Aber er war weder Unter- noch Oberleutnant, noch von Adel, sondern Subinquilinus, d. h. Inwohner der adeligen Familie Waldberg. Beruflich könnte er demnach Kammerdiener, Kutscher, Jäger, Kanzlist oder ähnliches gewesen sein.[6] Das Haus, in dem er wohnte, hatte »Zwei-Zimmer-Küche-Wohnungen, die Zimmer waren niedrig und dunkel, hatten Balkendecken und feuchte Wände, die Luft war muffig«.[7] Der Großvater gehörte also einer tiefen sozialen Stufe an; darunter gab es nur noch den Operarius, den Tagelöhner. Und Rajka war ein deutsches Dorf; Teutsch-Ragendorff wird es 1705 genannt. »Lakói mindig németek voltak« (Seine Einwohner waren immer Deutsche), heißt es bei Békefi.[8] Nach den Türken- und Kurutzenkriegen strömten Einwanderer in das menschenleere Land. Die katholischen Ansiedler, unter ihnen auch die Vorfahren des Urgroßvaters, kamen hauptsächlich aus Niederösterreich.

Die ausführliche Schilderung dieser Verhältnisse hat nichts mit Nationalismus zu tun, was bei Liszt am wenigsten angebracht wäre, noch mit sozialem Engagement, sondern sie soll einfach der Wahrheit dienen. Die nämlich ist erforderlich, um zu erkennen, was Liszt »ererbt von seinen Vätern«, was er mitbekommen hat an »geprägter Form, die lebend sich entwickelt«. Hieran läßt sich erst die außerordentliche Leistung seines Lebens ermessen. Jedenfalls sind wir jetzt in einer glücklicheren Lage als noch der Liszt-Biograph Everett Helm 1972, bei dem es heißt: »Man wüßte gern mehr über Liszts Familie. Damals aber hat man kaum nach Ahnen und Herkunft geforscht, und was über Liszts Vorfahren geschrieben worden ist, stammt meist aus unzuverlässigen Quellen — meist von Liszt selber.«[9] Damit brauchen wir uns heute nicht mehr zu begnügen.

II

Eine Schlüsselstellung nimmt der Großvater väterlicherseits, Georg Adam, ein, das dritte und letzte Kind Sebastian Lists, geboren 1755. Er weist viele der Eigenschaften auf, die wir später in gewandelter, wenn nicht gar geläuterter Form bei Franz Liszt wiederfinden: physische Robustheit, Langlebigkeit, Bildungsfähigkeit, musikalische Begabung, eine fast zigeunerhaft anmutende Lokomotion; eine Sinnenfreude, die zu 25 Kindern aus drei Ehen führte; schließlich pädagogischen Eros, der — mangels materieller Güter — zur großzügigen Vermittlung von Kenntnissen und – besonders musikalischen – Fähigkeiten an seine Kinder führt. Obwohl das in einfachen Familien damals nicht üblich war, schickte ihn sein Vater in die Schule, und hier lehrte ihn der Ragendorfer Schulmeister Michael Joseph Feldinger nicht nur die üblichen Grundkenntnisse im Schreiben, Lesen und Rechnen, sondern auch in Musik. Das Bild, das Békefi in seiner Monographie, sorgfältig dokumentiert, vom musikalischen Leben in den deutschen Gemeinden des Komitats Moson und Westungarns überhaupt entwirft, erinnert an die Verhältnisse in Thüringen zur Zeit Bachs, die sich in ähnlicher Form hier wie dort bis zum Ende des zweiten Weltkrieges erhalten haben. Der Schulmeister war hier zugleich – wenn auch diese Bezeichnung bei Békefi nicht auftaucht – Kantor, d. h., er war für die gesamte Kirchenmusik zuständig. In Thüringen spielte er die Orgel, leitete den Kinderchor, auch wohl einen Männergesangverein, der bei feierlichen Anlässen als Adjuvantenchor wirksam wurde. Der Kantor konnte selbstverständlich Klavier und Violine spielen, Kenntnisse, die er an die gräflichen Kapellknaben weitergab, besonders begabte Schüler, die auf diese Weise für den späteren Besuch der Präparande und des Lehrerseminars vorbereitet wurden. Vergleichsweise heißt es bei Békefi: »In den deutschen Gemeinden des Komitats Moson war es Brauch, daß die Kirchen ihre Sänger und Musiker hatten. Der jeweilige Schulmeister war der Organisator des Chors, übte die Stücke ein und leitete den Chorgesang. Bei den Schulmeistern war das Tradition, und das Volk erhob Anspruch darauf. Die Schulmeister waren gute Musiker, ein jeder von ihnen konnte Orgel und Klavier spielen. Einige spielten außer diesen auch noch andere Instrumente [...]. Ähnlich war die Lage auch in der Umgebung von Eisenstadt.

Zu festlichen Anlässen wurde die Musikkapelle vergrößert, Streicher und Holzbläser ließ man aus Wien kommen, zur Ergänzung der Zahl der Blechbläser wurden unter den Schulmeistern der Umgebung so viele herbeigeholt, wie gerade gebraucht wurden. Diese Schulmeister waren bestimmt gute Musiker, wenn sogar Haydn mit ihrem Können zufrieden war und sie in festlichen Konzerten auftreten ließ.« [10]

In diese Tradition also wuchs Georg Adam hinein, und zwar so erfolgreich, daß er seinerseits mit 19 Jahren in Edelstal (Nemesvölgy) Schulmeister (»ludimagister«, »ludidirector« in den Standesregistern) wurde. Im nächsten Jahr heiratete er Barbara Schlesack, die ihm acht Kinder gebar, deren zweites Adam, der Vater von Franz Liszt, war.

Nach 11 Jahren wurde Georg Adam Edelstal zu eng. Das Gehalt hing von der Größe der Gemeinde ab, und die war klein, während seine Kinderschar wuchs. So bewarb er sich – erfolgreich – um eine größere Stelle in Kittsee (Köpcsény). Dort gab es zum ersten Male Krach mit dem Dorfschulzen und dem Gemeindevorstand. Manche Perioden seines Lebens sind trotz zusätzlicher Bemühungen von Arisztid Valkó[11] nicht zu belegen. 1795 ist er als Schulmeister in Sankt Georgen am Leithagebirge (Lajtaszentgyörgy) bei Eisenstadt nachweisbar. Dort starb seine erste Frau. Fünf Wochen später heiratete er aufs neue, geriet aber wiederum mit dem Gemeindevorstand in Streit und wurde entlassen. Es folgt ein Gesuch um Anstellung in fürstlichen Diensten, und wir finden ihn wieder als »scriba lignorum dominalium, vulgo Holzlegstadt Schreiber« in Marz (Márcfalva). 1805 wurde er Gutshofaufseher in Mattersburg (Nagymarton). Dort heiratete er nach dem Tode seiner zweiten Frau ein drittes Mal. 1811 geriet er jedoch mit einem Meierknecht in Konflikt, der ihn wegen verschiedener Verfehlungen anzeigte. Eine genaue Untersuchung bestätigte diese Vorwürfe: Verabreichung zu geringer Futterportionen für die Pferde, Mißhandlung des Denunzianten, Veruntreuung von herrschaftlichem Heu, Stroh, Milch, Holz, Kartoffeln und Obst sowie mißbräuchliche Verwendung des herrschaftlichen Fuhrparks für Privatfuhren.[12] So wurde er 1812 entlassen und führte dann mehrere Jahre lang ein unstetes Leben. Den Winter 1812/13 verbrachte er mit Frau und acht minderjährigen Kindern in Raiding bei seinem Sohn Adam. 1812 bis 1814 war er wohl Kastner auf dem Kobersdorfer Gut des Grafen Niczky, später ohne Stellung in Fajsz und Döbling. Erst 1816 ist er wieder Inspektor auf dem Herrschaftsgut Margarethen am Moos in Niederösterreich. Hier wurde ihm im Alter von 61 Jahren sein letztes Kind, Eduard, der spätere k. k. Generalprokurator, geboren. 1819 erhielt er schließlich wieder eine Stellung beim Fürsten Esterházy. Zunächst war er in Pottendorf Schulmeister, dann wurde er Tucharbeiter in der Fabrik des Fürsten, schließlich bediente er die Fabrikswaage. Gleichzeitig war er Organist der Schloßkapelle und rief einen Chor ins Leben. 1844 starb er im Alter von 89 Jahren. Im Sterberegister steht er als »fürstlicher pensionierter Organist«.

Die Witwe – seine Mutter – nahm der Generalprokurator Eduard zu sich nach Wien, wo sie 1856 starb.

Wir haben den Lebenslauf von Georg Adam so ausführlich geschildert, damit der Leser einen plastischen Eindruck von seiner Persönlichkeit, seinem Charakter und seiner Begabung erhält. Mit Békefi können wir resümieren: »Der Großvater Georg Adam hielt es in keiner Stellung lange aus. Er war ein unverträglicher, schwieriger Mensch. Doch er hatte auch gute Seiten. Er liebte seine Familie, unterrichtete seine Kinder zusätzlich zu Haus, besonders in Musik. Er konnte ihnen kein Vermögen hinterlassen, aber sein Wissen gab er in reichem Maße weiter. Die Aufzucht einer so zahlreichen Familie machte ihm sicher viele Sorgen. Deshalb sollten wir uns nicht wundern, daß er machmal die Geduld verlor. – Der alte Schulmeister war allgemein angesehen. Die Pottendorfer Bläserkapelle gab ihm das Trauergeleit.«[13]

Es ist bemerkenswert, daß dieser Georg Adam List seine musikalische Begabung mehreren Kindern vererbt hat; aus der ersten Ehe Adam, dem Vater Franz Liszts, und Barbara, der späteren Frau von Alois Vetzko; aus der zweiten Ehe Barbara II, der Frau von Joseph Hennig und der Mutter von Pater Alois Hennig, der jesuitischer Lehrer, Musikschriftsteller und Komponist war; aus der dritten Ehe Eduard, der zunächst als musikalisches Wunderkind gegolten hatte, doch später die juristische Laufbahn einschlug. Dessen Sohn und Patenkind Franz Liszts, Franz von Liszt, wurde der führende deutsche Straf- und Kriminalrechtler auf den Lehrstühlen in Gießen, Marburg, Halle und schließlich Berlin.

III

Adam, der Vater Liszts, 1776 in Edelstal geboren, macht einen vergleichsweise biederen Eindruck. Doch zeigt auch sein Lebenslauf einige aufschlußreiche Züge. Während sein Vater die gewissermaßen handwerkliche Ausbildung zum Schulmeister und Ludimagister absolvierte, besuchte der Sohn vom 14. Lebensjahr ab das königlich-katholische Gymnasium in Preßburg (Pozsony, heute Bratislava). 1790 war das Todesjahr des aufgeklärten Monarchen Joseph II. Unter seiner Regierung war die deutsche Sprache in allen habsburgischen Ländern zur Lingua franca erklärt worden. Nach seinem Tode aber wurde an den höheren Schulen Ungarns die Erlernung der ungarischen Sprache gefördert. Adam List hatte also Pech, denn er hatte vom Elternhaus keine Vorkenntnisse und war offenbar nicht besonders sprachbegabt. So erhielt er immer die Note »ungenügend«. Doch absolvierte er in fünf Jahren das Gymnasium. Dann tut er einen Schritt, der später auch vom Sohn intendiert und wenigstens symbolisch realisiert wird: Er tritt in Malacka (heute Malacky, ČSSR) dem Franziskanerorden bei. Aber schon nach knapp zwei Jahren wird er entlassen, und zwar aus einem Grunde, der ihn wieder mit dem Vater und dem Sohn verbindet, nämlich wegen »seiner unbeständigen und wechselhaften Natur«. Trotzdem zog es ihn zu höherer Bildung, und so ließ er sich an der Akademie in Preßburg für das Studium der Philosophie einschreiben. Nach einem halben Jahr gingen ihm die Mittel aus, und er wandte sich einer praktischen Tätigkeit zu. Und was blieb da anderes übrig als, wie der Vater, in die Dienste des Fürsten Esterházy zu treten? 1798 finden wir ihn in Forchtenstein (Fraknó) als Wirtschaftspraktikanten, 1800 als Verwaltungsschreiber in Kapuvár, das schon weiter östlich, auf halbem Wege zwischen Ödenburg (Sopron) und Raab (Győr) gelegen ist. Schon nach wenigen Wochen reicht er ein Versetzungsgesuch ein, da er »der ungarischen Sprache unkundig, welche doch zu diesem Amt höchst nöthig ist«. Aber erst 1805 wird er nach Eisenstadt (Kismarton) berufen, wo er sich offenbar bewährt hat, denn seine Versetzung nach Raiding 1808, wohin er nach Versetzungen nach Pama bei Kittsee und Frauenkirchen 1815 zurückkehrte,[14] ist als Beförderung zu betrachten.

Er selbst hielt sie zunächst vielleicht eher für eine Art Verbannung, denn in Eisenstadt hatte er ausgiebig seiner Leidenschaft, der Musik, frönen können. Den ersten Unterricht hatte er vom Vater erhalten. Cello, Klavier, Guitarre und Violine waren seine Hauptinstrumente. Instrumentation lernte er als Gymnasiast und Akademiestudent in Preßburg bei Franz Paul Rigler, Musiklehrer an der Nationalhauptschule. Er komponierte sogar ein *Te Deum* für 16 Instrumente, das er dem Fürsten Esterházy widmete. In Eisenstadt fand er dann die Erfüllung seiner Wünsche: Anerkennung als umsichtiger und fleißiger Beamter, Mitwirkung als Cellist in den Hofkonzerten der fürstlichen Kapelle und die anregende Gesellschaft seiner Musikerkollegen. Ob er allerdings den alten Haydn näher kennengelernt hat, ist fraglich, da sich dieser seit langem vom aktiven Musikleben zurückgezogen hatte und bereits 1790 nach Wien übergesiedelt war. Dagegen hat er sicher die Bekanntschaft Hummels gemacht, der 1804 bis 1811 Leiter der fürstlichen Kapelle war. Ob er allerdings mit ihm auf freundschaftlichem Fuße gestanden hat, muß offenbleiben. Hummel war einer der besten Pianisten seiner Zeit, ein hervorragender Vertreter der sogenannten brillanten Wiener Schule. Adam Lists Verhältnis zu ihm war offenbar ambivalent: einerseits soll er sich angeregt gefühlt haben, sich künftig vorwiegend oder ausschließlich dem Klavierspiel zu widmen, andererseits soll er, überwältigt vom Eindruck dieses Spiels, die eigene Betätigung aufgegeben haben. Dies war offenbar kein Dauerzustand, denn gerade durch sein Spiel — und es war immerhin das *cis-Moll-Konzert* von Ries — wurde später das Talent seines Sohnes geweckt. Er selbst übernahm die Grundausbildung von Franz im Klavierspiel. Als man dann Hummel bat, den weiteren Unterricht des Wunderkindes zu leiten, verlangte dieser eine so hohe Gage, daß man verzichten mußte.

Aber zunächst war Adam List in Raiding allein. Und als ihn Akten und Einsamkeit zu erdrücken begannen, heiratete er am 11. Januar 1811 Maria Anna Lager, die er kurz zuvor in Mattersburg kennengelernt hatte, wo damals seine Eltern wohnten.

IV

Im Gegensatz zu der geläufigen Ansicht waren die Vorfahren Liszts mütterlicherseits wohlhabend. Der Urgroßvater Mathias Lager (Laager) war der reichste Bauer in Palt, einem südlich von Krems in Niederösterreich gelegenen Dorf. Der Großvater lernte, da nur der älteste Sohn den Hof erhielt, das Bäckerhandwerk in Krems. Die Mutter ist früh verwaist und kam zunächst zu Verwandten. Daß sie dort erzogen wurde, läßt sich nicht behaupten; um den Schulbesuch kümmerte man sich kaum. Sie wurde vielmehr ausgenutzt, als Mädchen für alles, sogar als Amme, wenn kleine Kinder da waren. Später wurde sie als Stubenmädchen nach Wien geschickt. Glücklicherweise fand sie in ersten Häusern in der Kärntnerstraße und am Tiefen Graben Anstellung, wo sie den Umgang mit der Familie und den Gästen in vornehmen Häusern erlernte, Kenntnisse, die ihr später in Paris gut zustatten kamen. So konnte sie dort ein großes Haus führen, ihre Enkelkinder erziehen und die Damen der Gesellschaft empfangen. Sie lernte Französisch und korrespondierte mit Franz in dieser Sprache. 1855 schreibt Liszt an Agnes Street, die seine Mutter in Paris besucht hatte: »Sie werden sie vorgefunden haben, wie ich gesagt habe – ohne Ähnlichkeit mit ihrem Sohn – aber ausgezeichnet durch Herz, sich mit dem Leben abfindend, wie es gerade kommt, was ich niemals gekonnt noch gewollt habe.«[15] Nach dem Urteil Harasztis »hat sich diese ehemalige Stubenfrau durch die Güte und Weisheit, die sie während ihres 40jährigen Aufenthaltes in Frankreich entfaltet hat, die allgemeine Achtung erworben«.[16]

Betrachten wir diese Vorfahren vergleichend, so hat Liszt seine musikalische Begabung eindeutig von seinen väterlichen Vorfahren geerbt. Andere Eigenschaften, wie seine Güte, seine Großzügigkeit, seine Intelligenz, allgemein sein Savoir-vivre, dürften vorwiegend dem Einfluß der Mutter zu verdanken sein.

V

Kommen wir zurück auf die Angaben in der offiziellen Biographie von Lina Ramann. Glaubte Liszt selbst diese Geschichte vom alten Adel und Ungartum seiner Familie väterlicherseits? War hier von den Damen Ramann und Wittgenstein fürsorglich eine Legende aufgebaut worden? Wurden in der Familie Traditionen verdrängt oder bewußt verschwiegen?

Da liegt es nahe, in Liszts Handexemplar der Ramann-Biographie nachzusehen, das er mit Anmerkungen und Korrekturen versehen hat. Der Dienstgrad des Urgroßvaters – »Offizier unteren Ranges« – wird hier nicht bezweifelt. Was den ungarischen Adelsrang anbetrifft, so wurde in dem Ausdruck »keine bestimmte Urkunden« das Adjektiv bestimmte mit Rotstift unterstrichen. Das soll wohl heißen, daß nach Ansicht Liszts der Adel ursprünglich wohl verliehen, aber urkundlich nicht mehr nachweisbar war.

Früher war er deutlicher geworden, und zwar anläßlich der Verleihung des Ritterkreuzes des Ordens der Eisernen Krone durch Kaiser Franz Joseph im Jahre 1859. Damit war die Aufnahme in den österreichischen Adel verbunden, die ein handschriftliches Gesuch an das Innenministerium in Wien erforderte. Der zuständige Beamte war bereit, das Gesuch sofort zu erledigen. Da aber damals das Gerücht umlief, Liszt sei bereits ungarischer Adliger, leitete er das Gesuch mit folgender Bemerkung weiter: »Ist Liszt nicht bereits ungarischer Edelmann? im Falle ja: beliebe die Ungarische Registraturabteilung das Dipl.-Konzept beizulegen, im entgegengesetzten Fall die Auskunft beizusetzen.« Der Beamte in der ungarischen Abteilung des Hofarchivs arbeitete rasch. Umgehend erstellte er ein Verzeichnis der geadelten Personen List, Listhi oder Listhius, erhielt aber zur Antwort, daß »Bittsteller [...] die obigen Urkunden, nach Besichtigung derselben, als zu seinen Zwecken nicht dienlich erklärte«.[17] Liszt war sich also der Tatsache bewußt, daß zwischen diesen und seiner eigenen Familie keine Beziehungen bestanden. So erhielt er den österreichischen Adel, ließ ihn aber 1867 auf seinen Onkel

Dr. Eduard (von) Liszt, damals Generaladvokat und Stellvertreter des Generalprokurators in Wien, übertragen.

Diese Geschichte beweist, daß er doch gewisse Kenntnisse von seinen Vorfahren gehabt haben muß. Möglicherweise reichten sie aber nur bis zu seinem Großvater. Der Urgroßvater Sebastian war 1793 im Alter von 90 Jahren gestorben. Der Großvater Georg Adam war trotz seines wechselvollen Lebens nicht weniger robust; auch er wurde sehr alt und überlebte Liszts Vater um 17 Jahre. Vielleicht schämte man sich seiner Verfehlungen, Liszts Vater aber erfüllte seine Sohnespflicht und hielt die Verbindung mit dem Großvater aufrecht. Noch 1825, zwei Jahre vor seinem Tode, schreibt er an Georg Adam aus Paris: »Seyn sie in dessen vergnügt wenn ich Ihnen sage das Franzl noch seinesgleichen nicht gefunden hat, u[nd] das Hummel u[nd] Moscheles durch Ihn ins Winkel gesetzt worden sind. Seine Compositionen übersteigen unsere Vernunft.« [18]

Nach dem Tode des Großvaters nahm sein Sohn aus dritter Ehe, der erwähnte Jurist Eduard, seine Mutter zu sich. Hierzu bemerkt Békefi ganz richtig, daß er seine alten, in bedrängten Verhältnissen lebenden Eltern schon zu Lebzeiten seines Vaters zu sich hätte nehmen können. Das gilt natürlich auch für die anderen seiner vielen Kinder und Enkel, z. B. Franz Liszt.

Dieser ging aber angesichts seiner zahlreichen Verwandtschaft offenbar selektiv vor. 1851 schreibt er an den Onkel Eduard: »Ach, unser Name ist nur zu sehr vernachlässigt, ja sogar bloßgestellt worden durch zahlreiche unserer Verwandten, denen es an Hochherzigkeit, Klugheit und Talent, zuweilen sogar an Erziehung und an den einfachsten Grundlagen gefehlt hat, ihrer Laufbahn einen höheren Schwung zu geben und Achtung und Ansehen zu erwerben.« [19] Und im gleichen Jahr an die Mutter: »Meine klingenden Phrasen würden sich zugunsten meiner dreißig oder vierzig Onkeln und Tanten, Neffen und Nichten bald in klingende Münze verwandeln. [...] Meine wahre Familie besteht aus der kleinen Anzahl derer, die mich verstehen, mich stützen und fördern.« [20] Zu diesen gehörten neben der Mutter seine Vettern Nepomuk Hans Hennig, Arzt in Gattendorf (Lajtakáta), der Jesuitenpater Alois Hennig und eben jener Onkel Eduard. Es ist auch bemerkenswert, daß er nie wieder das Grab seines Vaters aufsuchte, der 1827 in Boulogne-sur-Mer in seinen Armen gestorben war, obwohl ihn sein Weg öfter in die Nähe führte. Sein Familiengefühl muß demnach unterentwickelt gewesen sein, jedenfalls war er — übrigens nicht nur in dieser Hinsicht — frei von jeglicher Sentimentalität. Auch war Stammbaumforschung, abgesehen vom Adel, kaum üblich. Er beurteilte und schätzte seine Familienangehörigen wie andere Menschen seiner Bekanntschaft nach intellektuellen und künstlerischen Fähigkeiten, ohne sich der kollektiven Leistung dieser Familie bewußt zu sein, die sich aus einfachsten Anfängen heraus in drei bis vier Generationen aufgeschwungen hatte zu einer mindestens nationalen Größe wie Onkel Eduard, zu einem über die deutschen Lande hinaus bekannten Juristen, wie dessen Sohn Professor Franz von Liszt und zu dem Pianisten und Komponisten von Weltruf Franz Liszt.

Und was ist mit seiner Nationalität? Manche seiner jugendlichen Äußerungen wird man als durch die französische Romantik geweckte Exzentrizitäten, zum Teil auch als eine Art Werbeslogan ansehen, die sich die erwachende Nationalromantik zunutze machten. Wenn er sich aber auch in späteren Jahren zum Ungartum bekennt, läßt sich das nicht einfach vom Tisch wischen. So schreibt er 1873 an Baron Antal Augusz: »Man darf mir wohl gestatten, daß ungeachtet meiner beklagenswerten Unkenntnis der ungarischen Sprache, ich, von Geburt bis zum Grabe, im Herzen und Sinne, Magyar verbleibe und demnach die Kultur der ungarischen Musik ernstlich zu fördern wünsche.« [21]

Wie wäre also seine Reaktion gewesen, wenn er erfahren hätte, daß er mütterlicher- und väterlicherseits deutscher Abkunft war? Wir dürfen hier mit dem einfühlsamen Peter Raabe antworten: »Er hätte ohne jeden Zweifel — wie immer im Leben — der Wahrheit die Ehre gegeben und hätte andererseits keines seiner Gefühle unterdrückt, das heißt mit anderen Worten, er würde gesagt haben, der Abstammung nach bin ich also ein Deutscher, was mich nicht hindern kann, Ungarn als das Land meiner Geburt zu lieben und ihm die Treue zu halten.« [22]

Lehrjahre, Krisenjahre

Liszt zum Advokaten Crémieux:
»Lehren Sie mich die ganze
französische Literatur«,
worauf dieser meinte:
»Eine große Begriffsverwirrung scheint
in dem Kopf des jungen Mannes zu herrschen.« [1]

I

Liszt ist außerordentlich reich an Gegensätzen und Spannungen; er vereint himmlische und irdische Liebe, Faust und Mephisto; »halb Franziskaner, halb Zigeuner«; »Saus und Braus« in der Virtuosenzeit, »Sammlung und Arbeit« in Weimar.

Auch in seinen Werken findet sich geistreiche, aber völlig extravertierte Virtuosität neben dem großen romantischen Schwung der Wanderjahre und der Weimarer Periode, in der Spätzeit schließlich Verinnerlichung einerseits und andererseits ein harter, fast expressionistischer Experimentalstil von einem Wagemut, der weit über seine Epoche hinausweist und -wirkt.

Was Wunder, daß die Biographen ihre Not mit ihm gehabt haben. Da gibt es, um nur die Hauptkontrahenten zu nennen, zuerst Lina Ramanns mehrbändiges Werk[2], das in enger Fühlung mit der Fürstin Wittgenstein und dem Meister selbst konzipiert worden ist; dann das verdienstvolle Standardwerk Peter Raabes[3] und schließlich die Darstellung der Persönlichkeit und des Charakters von Liszt durch Ernest Newman[4]. Durch das Ramannsche Werk, dessen erster Band noch zu Liszts Lebzeiten erschienen und von ihm mit Glossen versehen worden ist, wurde die sogenannte Liszt-Legende begründet, eine schwärmerisch getönte Darstellung von Liszts Leben unter weitgehender Vermeidung aller Schattenseiten seines Charakters. Auf diese hat sich dagegen Ernest Newman spezialisiert, wogegen nichts einzuwenden wäre (denn Licht und Schatten ergeben erst ein plastisches Bild), wenn man nicht erhebliche Reste von Puritanismus hinter seiner Einstellung zum Gegenstand spürte. *Lady Chatterley's lover* oder –

in unserem Zusammenhang geeigneter – *Aaron's Rod*[5] scheinen ihn noch nicht ge- bzw. berührt zu haben. Peter Raabe stand das reiche Material des Weimarer Liszt-Museums zur Verfügung, dessen Direktor er war. So werden hier z. B. wichtige Probleme der Entstehung von Liszts (musikalischen und Prosa-) Werken anhand authentischen Materials eindeutig geklärt. Geht es jedoch an harte Fragen zu Liszts Persönlichkeit und Charakter, so verfolgt er bisweilen eine zu weiche, auf Ausgleich bedachte Linie, die dem Bilde des Meisters mehr an Kontrast nimmt, als nötig erscheint.

Keiner dieser Biographen macht sich aber Gedanken, wie es zu diesen außerordentlichen Gegensätzen in Liszts Persönlichkeit kommen konnte. Sie werden gewissermaßen als naturgegebene gute oder schlechte Eigenschaften hingenommen. Und jeder stellt dabei noch etwas von sich selber dar, Lina Ramann ihre schwärmerische Neigung zum Kompromiß und Ernest Newman die grenzenlose Verehrung seines Idols Richard Wagner, als dessen Konkurrenten er Liszt auffaßt. So verdient im Index seines Buches schon jedes Stichwort unter der Eintragung Liszt seinen Namen zu Recht; als ein Stich gegen den – wehrlosen – Meister, z. B.: Doppelnatur; treibt seinen Spott mit Musik; Mangel an Unterscheidungsvermögen; Haltlosigkeit gegenüber Genußmitteln (neun Posten); Extravaganz; großartige Manieren; hektisches Leben; soziale Minderwertigkeit; mangelhafte Erziehung; unbeherrschtes Temperament; Eitelkeit; Arroganz; seine Liebe zur Aristokratie; Schwierigkeit, sich auszudrücken; Trägheit; Posen; hat keine Freunde; verschwendet Zeit auf die Beantwortung von Briefen; Grausamkeit; Vorteile der »publicity« usw.

Dabei haben wir Liszts Werk noch gar nicht berührt. Auch dieses hat bis auf wenige Ausnahmen unter Vernachlässigung und Mißdeutung zu leiden gehabt. Die neue Situation wird am besten durch zwei Äußerungen des britischen Musikologen Alan Walker erhellt: »Er [Liszt] war der wahre Vater der modernen Musik. Alles scheint von ihm ausgegangen zu sein. Seine harmonischen Experimente, seine kühne Handhabung der Form, seine unvergleichliche Fähigkeit, dem Klavier eigentümliche Klangwirkungen zu entlocken, alles bestätigt, daß er eine der revolutionärsten Persönlichkeiten der gesamten Musikgeschichte war.« – »Liszt ist in der Tat eine ständige Anklage gegen die Musiker ebenso wie gegen die Musikwissenschaft, und es ist nichts weniger als skandalös, daß noch fast ein Jahrhundert nach seinem Tode manche seiner Werke auf ihre Veröffentlichung warten – zu schweigen von ihrer Uraufführung.«[6] In dieser Hinsicht ist in den letzten Jahren einiges geschehen. Trotzdem wird ein großer – und vorwiegend der bessere und interessantere – Teil seines Œuvres in der Musikpflege nach wie vor vernachlässigt. Dies ist besonders deshalb zu bedauern, weil vielen seiner Werke ein ausgesprochen autobiographischer Charakter zukommt und sie daher als wichtige Dokumente seiner inneren Entwicklung zu betrachten sind. Niemand hat das früher erkannt und prägnanter formuliert als Robert Schumann: »Sein [Liszts] eigenes Leben steht in seiner Musik.«[7] Um auch ein neueres Urteil – von Émile Haraszti – zu zitieren: »Liszts Werke zeichnen den Verlauf seines doppelten Seelendramas – des Liebenden und des Künstlers – mit der Empfindlichkeit eines Präzisionsinstrumentes auf.«[8] Und Newman schreibt in seinem bereits zitierten Werk: »Ein Vergleich der Stimmungen, ihrer Abfolge und des Ergebnisses ihres Konflikts in einem bestimmten Musikstück mit dem, was wir über Leben und Wesen des Komponisten wissen, würde in den meisten Fällen unangebracht sein. Aber im Falle Liszts ist es nicht nur legitim, sondern drängt sich durch ganz naheliegende Züge seines Lebens und seiner Musik auf. Beide sind hier in einer Weise miteinander verflochten, die in der gesamten Musikgeschichte ohne Vergleich dasteht.«[9] Am zuverlässigsten aber ist wohl das Geständnis des Meisters selbst in einem der intimen Briefe an Agnes Street-Klindworth: »Ich untersage mir jedes überflüssige Wort in dieser Sache, denn einerseits vermag ich gewisse Dinge nicht zu sagen wie ich möchte, und andererseits habe ich es mir zur Gewohnheit gemacht, aus dem Überfluß des Herzens nur in Musik zu sprechen, die gewissermaßen meine Muttersprache ist.«[10]

Bei der Darstellung von Liszts Wesen und Charakter ergeben

sich natürliche Schwerpunkte der Entwicklung. Die frühe Kindheit mit der Prägung durch das Elternhaus, eine protrahierte Pubertätskrise, deren Lösung die mittleren Jahre, und eine Mid-life-crisis, die die späten Jahre determiniert; dazwischen eingestreut Erlebnisse und Erleuchtungen, die die Selbstverwirklichung beschleunigen: die Liebe zur Gräfin d'Agoult, Paganini und die Zigeuner, Weimar und die Fürstin Wittgenstein, das Christus-Erlebnis der reifen Jahre und die Todesnähe und -sehnsucht der Spätzeit.

Ob Liszt einen Komplex gegen »Raiding« entwickelt hat? Das vermutet Everett Helm.[11] Dagegen spricht, daß er mehrfach und mit Vergnügen seinen Geburtsort wieder aufgesucht hat: nach seinen Wiener Konzerten im Februar 1840, mit der Fürstin Wittgenstein im Mai 1848, mit Graf Imre Széchényi und Mihalovich im November 1872, mit Graf Géza Zichy und dem Ödenburger Künstlerverein im April 1881, als die Gedenktafel am Hause enthüllt wurde.

Den zahlreichen Gliedern seiner Familie gegenüber verhielt er sich aber, wie wir sahen, selektiv. Als er mit 16 Jahren seinen Vater in Boulogne-sur-Mer verlor, rief er seine Mutter herbei, deren Verständnis für alle seine Tugenden und Fehler unermeßlich war, wovon beider Briefwechsel zeugt.

Raiding bestand zur Zeit von Liszts Geburt aus einer Reihe von strohgedeckten Bauernhäusern längs des Raiding-Baches, inmitten der Esterházysche Meierhof, in dem sich die Wohnung von Adam List und seiner Familie befand. Er ist von einer Mauer umfriedet, die auf der Straßenseite von einem schönen, mit einer Immakulatastatue gekrönten Torbogen durchbrochen wird. Damit ist der Hof äußerlich von der Umgebung abgegrenzt. Unmittelbar neben ihm steht ein Kirchlein. Wahrscheinlich hat sich das Leben des jungen Franz vorwiegend in diesem Rahmen abgespielt; mit der übrigen Dorfjugend dürfte er wenig in Berührung gekommen sein.

Franz Liszt war einer der gebildetsten Künstler seiner Zeit, hat aber niemals systematische Studien betrieben. Seine Elementarausbildung im Schreiben, Lesen und Rechnen genoß er beim

Dorflehrer Johann Rohrer, das übrige eignete er sich vorwiegend autodidaktisch an, und seine Universität wurde die große Welt, Wien und später vor allem Paris, die ihm Sprach- und Literaturkenntnis vermittelten, die Schweiz, die ihm das Erlebnis großer Natur brachte, Italien, das ihn mit Meisterwerken der Dichtung, Malerei und bildenden Kunst vertraut machte, und Weimar, das ihm den Geist der deutschen Klassik nahebrachte.

Wie alle Autodidakten neigte er, vor allem nach dem Tode seines Vaters, zu erheblicher Übertreibung, ist aber einen gewissen Minderwertigkeitskomplex, vor allem angesichts seiner hochgebildeten Partnerinnen, der Gräfin d'Agoult und der Fürstin Wittgenstein, nie ganz losgeworden. So schreibt er am 18. August 1868 an die Fürstin Wittgenstein: »Leider ist meine Elementarausbildung mehr als vernachlässigt worden — unglücklicherweise konnte ich seitdem diese kapitale Unterlassung, deren Folgen mir sehr peinlich sind, nicht wieder gutmachen. Der Mangel ausreichender Studien und Kenntnisse versetzt mich intellektuell in die traurige Lage eines verschämten Armen.« [12] Diese Bescheidenheit war sicher übertrieben, denn die »Professorensucht« (R. Wagner) und die teils hohle Gelehr- und Belehrsamkeit der Fürstin sind manchen intelligenten Zeitgenossen, wie Hans von Bülow, auf die Nerven gegangen.

Gleichzeitig benutzt er die eigenen Negativerfahrungen als Kontrast, um seinen Sohn Daniel zu Höchstleistungen anzuspornen (Brief vom 20. April 1854): »Man hat später gut schaffen und arbeiten — denen, die nicht regelrechte Schulstudien durchgemacht haben, mangelt immer ein gewisser Fonds, der leicht flüssig gemacht werden kann, und noch jetzt bedaure ich oft, daß ich es versäumt habe, nach dem Tode meines Vaters strenge Unterrichtskurse durchzumachen. Aber einerseits kannte ich niemanden, der mich mit jener Überlegenheit beraten konnte, die bewirkt, daß die Ratschläge von einem vernünftigen Geist befolgt werden, und andererseits sah ich mich genötigt, vom zwölften Lebensjahre an zu meinem und meiner Eltern Lebensunterhalt beizutragen. Dadurch rückten zwangsläufig die musikalischen Studien in den Vordergrund, die meine ganze Zeit bis zum Alter von

16 Jahren beanspruchten, als ich Klavierunterricht zu erteilen begann. [...] Wertvoller wäre es freilich für mich gewesen, wenn ich damals meinen Geist reglrecht ausgebildet und mein Wissen mehr dem der hervorragenden Männer angepaßt hätte, mit denen ich trotz meiner Jugend in Verkehr getreten bin und von denen mich einige ihrer Freundschaft gewürdigt haben. Das hat mich veranlaßt, über viele Fragen nachzudenken, den Mangel planmäßiger Studien so gut ich konnte durch Lesen auszugleichen und mich vielleicht auch vor manchen meiner Fachgenossen auszuzeichnen, die auf nichts anderes bedacht sind als auf ihre Sechszehntelnoten und den gewöhnlichen Verlauf ihres Philisterlebens.« [13]

Dabei fehlte es ihm keineswegs an Intelligenz und Leichtigkeit der Auffassung, vielmehr bedauert er einmal seine Unfähigkeit, vergessen zu können. So sollte er angesichts der Spezifik seiner Begabung dem Schicksal eher dankbar sein, das ihn vor unerträglicher Systematik im Aneignen von Schulbildung bewahrt hat. Seine Fähigkeiten lagen auf anderem Gebiet und ermöglichten ihm trotz des bedauerten Mangels den ganzen Ausdruck seines Wesens.

Diese Begabung trat früh zutage. Der Vater berichtet in seinem Tagebuch: »In seinem sechsten Jahr hörte er mich ein Konzert von Ries in cis-Moll spielen. Er lehnte sich ans Klavier, war ganz Ohr. Am Abend kam er aus dem Garten zurück und sang das Thema. Wir ließen's ihn wiederholen, er wußte nicht, was er sang: das war das erste Anzeichen seines Genies. Er bat unaufhörlich, mit ihm das Klavierspiel zu beginnen.« [14] Das Resultat dieses väterlichen Klavierunterrichtes erlebt Carl Czerny[15] zwei Jahre später, als ihm der Vater in Wien Franz zur Beurteilung vorstellte. »Es war ein bleiches schwächlich aussehendes Kind, und beim Spielen wankte es am Stuhle wie betrunken herum, so daß ich oft dachte, es würde zu Boden fallen. — Auch war sein Spiel ganz unregelmäßig, unrein, verworren, und von der Fingersetzung hatte er so wenig Begriff, daß er die Finger ganz willkürlich über die Tasten warf. Aber demungeachtet war ich über das Talent erstaunt, welches die Natur in ihn gelegt hatte. Er spielte einiges, das ich ihm vorlegte, avista, zwar als reiner Naturalist, aber eben darum um so mehr in einer Art, daß man sah, hier habe die Natur selber einen Klavierspieler gebildet. Ebenso war es, als ich auf den Wunsch seines Vaters ihm ein Thema zum Phantasieren gab. Ohne die geringste erlernte harmonische Kenntnis brachte er doch einen gewissen genialen Sinn in seinen Vortrag.« Immerhin reichten diese Fähigkeiten aus, um Konzerte in Ödenburg, in Eisenstadt vor dem Fürsten Nikolaus Esterházy und in Preßburg zu bestreiten, hier sogar mit dem Erfolg, daß sich sechs ungarische Grafen zusammentaten, um für die Ausbildung des Wunderkindes sechs Jahre lang 600 Gulden zur Verfügung zu stellen.

Der Vater begriff seine Aufgabe, gab seine Stellung auf und zog mit Frau und Kind nach Wien, um Franz bei Czerny musikalisch ausbilden zu lassen. Dieser Aufenthalt dauerte von Mai 1822 bis Frühjahr 1823, also etwa nur ein Jahr. Die Lehre bei Czerny, bald unentgeltlich, war ein Glücksfall für beide, für Franz, weil er sich durch systematisches und bewußtes Üben eine kontrollierte Technik aneignete, für Czerny, weil sich bei der nahezu unbegrenzten Assimilationsfähigkeit des Knaben seine pädagogische Leidenschaft voll ausleben konnte, natürlich alles im Rahmen der »Wiener brillanten Schule«. Grundlage des Unterrichts waren Skalen in allen Tonarten, dann Clementische Sonaten, mit denen er dem Schüler »die bisher mangelnde Tactfestigkeit, den schönen Anschlag und Ton, den richtigen Fingersatz und richtige musikalische Declamation« angewöhnte, obwohl »diese Compositionen dem lebhaften und stets höchst munteren Knaben anfangs ziemlich trocken vorkamen«. Schon nach wenigen Monaten konnten außer Hummel, Ries und Moscheles Bach und Beethoven vorgenommen werden. Auch das Prima-vista-Spiel und Improvisation wurden geübt. Der späteren, hauptsächlich durch das Erlebnis Paganinis und Chopins angeregten Weiterentwicklung der Lisztschen Klaviertechnik vermochte der brave Czerny nicht mehr zu folgen. »Als ich sechzehn Jahre später nach Paris kam (1837), fand ich sein Spiel in jeder Hinsicht ziemlich wüst und verworren bei aller ungeheuern Bravour.«

Die theoretische Ausbildung des Knaben wurde dem greisen Hofkapellmeister Salieri anvertraut. Außer Partiturenlesen und -spielen wurde mehrstimmiger Satz geübt. Liszts Leistungen im Partiturspiel, besonders aus Manuskripten, und damit die Aneignung fremder Werke, sind späterhin überwältigend. In Paris wird er dann von Cherubini, dem Direktor des Konservatoriums, abgelehnt, da nur französische Staatsbürger aufgenommen werden dürfen. Den dadurch ausgelösten Schock schildert er selbst: »Ich bebte an allen Gliedern. Nichtsdestoweniger verharrte, flehte mein Vater; seine Stimme belebte meinen Mut, und ich versuchte ebenfalls einige Worte zu stammeln. Allein das Reglement war unerbittlich – und ich untröstlich. Alles schien mir verloren, selbst die Ehre, und ich glaubte an keine Hilfe mehr. Mein Klagen und Seufzen wollte gar nicht enden. Die Wunde war zu tief und blutete noch lange Zeit fort.« [16] Als Externer lernt er bei Ferdinando Paër hauptsächlich Instrumentation, bei Anton Reicha Kontrapunkt bis zur Doppelfuge[17] – um das alles bis auf Spuren zu vergessen und seine Lehrer nie wieder zu erwähnen. Später wird er es aus den Elementen, aber ganz im eigenen Sinne, rasch regenerieren, und schließlich werden ihn L'ordre omnitonique von Fétis, die Chromatik sowie die Gregorianik und Modalität zu originellen eigenen Leistungen beflügeln.

Immerhin sprühen manche Schülerarbeiten schon einige geniale Funken, am ehesten die Oper *Don Sanche ou le Château d'Amour* (Don Sancho oder Das Liebesschloß, 1824/25), manche der *Jugend-Etüden* (1826) und ein *Scherzo in g-Moll* (1827). Ihr Schicksal war unterschiedlich. Das Wunderkind mußte zeigen, daß es auch komponieren konnte. Und dazu eignete sich im damaligen Paris am besten eine Oper. *Don Sanche* ist völlig der damaligen französisch-italienischen Opernpraxis verpflichtet, die Instrumentation stammt nach Liszt »wesentlich« von Ferdinando Paër. Am besten ist vielleicht die Ouvertüre. Ansonsten sind Werke wie *Fidelio* oder *Freischütz* spurlos an ihm vorübergegangen. Das Werk wurde 1825 einige Male mit Starbesetzung (Leitung: Rodolphe Kreutzer, Widmungsträger von Beethovens Kreutzer-Sonate, Don Sanche: Adolphe Nurrit) aufgeführt. Dann verschwand es vom Spielplan und in der Bibliothek der Pariser Grand Opéra. Liszt meinte 1874 auf Anfrage Lina Ramanns, es sei einem Brand zum Opfer gefallen. Doch 1903 fand Jean Chantavoine zwei schön eingebundene Partiturbände mit einer handschriftlichen Kopie der Oper. Erst 1977 wurde sie in London und 1986 in Weimar und Budapest (Studioaufnahme) zu neuem Leben erweckt. Mehrere weitere Opernpläne blieben stecken. Am weitesten gedieh *Sardanapal* (1846–1851, nach Byron), von dem 111 Seiten Skizzen in Weimar erhalten geblieben sind. – Ganz anders die Etüden, die den Pianisten offenbar viel mehr reizten und zweimal (1838 und 1851) völlig überarbeitet wurden. Doch davon später.

Im ganzen gesehen läßt also Liszts musikalische Ausbildung nichts zu wünschen übrig. Er identifiziert sie aber offenbar mit seiner vernachlässigten Allgemeinbildung und entwickelt später Minderwertigkeitskomplexe, auch was seine eigenen Werke anbetrifft. Er wird ungewöhnlich empfindlich gegenüber jeglicher Kritik und rät selbst guten Bekannten – glücklicherweise nicht immer mit Erfolg – von der Aufführung seiner Werke ab. Dieser »Wunderkindkomplex« dürfte eine wesentliche Grundlage für die Resignation seiner späten Jahre darstellen. Als Ary Scheffer ihn malte und Liszt dabei seinen üblichen Gesichtsausdruck annahm, sagte Scheffer zornig: »Setzen Sie bei mir nicht die Miene eines genialen Mannes auf; Sie wissen gut genug, daß ich mich dadurch nicht beeindrucken lasse!« Liszt darauf mit Sanftmut: »Sie haben völlig recht, mein Freund. Versuchen Sie aber, mir zu verzeihen. Sie glauben nicht, wie es einen verdirbt, ein Wunderkind gewesen zu sein.«[18] Trotzdem blieb er innerlich von dem Nachleben seiner Werke überzeugt und entwickelte schließlich den Experimentalstil seiner späten Jahre.

II

Schwerer als die Kindheitserlebnisse wirkte sich die Pubertätskrise aus. Hier vereinigten sich Erlebnisse auf drei Gebieten, die späterhin, überkompensiert, sein Leben bestimmen sollten. Sie betrafen die Religion, den Eros und seinen niedrigen Stand.

Als 15- bis 16jähriger wurde er von seinem Vater auf Konzertreisen durch die französische Provinz, die Schweiz und England geschleppt. Seine kindliche Munterkeit wich künstlerischem Ernst, und er entwickelte in Ansätzen ein Gefühl des Überdrusses und der Verachtung gegenüber dem Publikum, wie später in verstärktem Maße gegen Ende seiner Virtuosenperiode. Er erinnert sich seiner religiösen Erziehung in Raiding, bei der die Mutter eine hervorragende Rolle gespielt haben dürfte. Zunehmend vertieft er sich in die Bibel, die *Nachfolge Christi* des Thomas a Kempis, in asketische Bücher wie *Les pères du désert* (Die Wüstenväter) und Heiligengeschichten, vor allem seines Schutzpatrons, Franz von Paula. Der zielstrebige Vater hatte für diese Neigungen kein Verständnis, und als Franz eines Tages den Wunsch äußert, Priester zu werden, untersagt er ihm kurzerhand alle religiöse Lektüre.

Adam Liszt muß erstaunlich richtig gefühlt haben, daß am Grunde dieser Tendenzen erotische Pubertätsträume von hinreißender Gewalt lagen. Als er 1827 in Boulogne-sur-Mer auf dem Sterbebett lag, sagte er zu seinem Sohne, »... daß ich ein gutes Herz und Verstand besäße, aber daß er fürchte, daß die Frauen mein Leben verwirren und mich beherrschen würden. Diese Vermutung war sonderbar, denn ich hatte mit 16 Jahren noch keine Ahnung, was ein Weib ist, und bat treuherzig meinen Beichtvater, mir das 6. und 9. Gebot zu erklären, da ich fürchtete, sie vielleicht unbewußt übertreten zu haben.« [19] Hier liegt vielleicht eine Gedächtnislücke vor. Der Vater muß konkrete Anlässe für sein besorgtes »Je crains pour toi les femmes« auf dem Sterbebett gehabt haben — sonst wäre er ein Prophet von seltenen Gaben gewesen.

Tatsächlich verliebte sich Franz bald in seine Schülerin Caroline de St-Cricq. Die Musikstunden zogen sich in die Länge, und die junge Dame führte ihn ihrerseits in die französische Literatur ein. Ihre leidende Mutter scheint die Beziehung der beiden jungen Menschen mit Sympathie verfolgt zu haben. Als sie aber gestorben war, wies der Vater, Graf de St-Cricq, dem jungen Liebhaber kurzerhand die Tür, und Caroline wurde mit einem Herrn d'Artigaux zwangsverheiratet.

Dies Erlebnis war für Franz offensichtlich von fundamentaler Bedeutung. Seine »notorische Erotomanie« (um mit Ernest Newman zu sprechen), seine späteren Beziehungen zur Gräfin Marie d'Agoult und zur Fürstin Carolyne von Sayn-Wittgenstein, seine adelige Haltung (»Er war, wie ein Fürst sein sollte«, sagte der 80jährige Großherzog Carl Alexander von Sachsen-Weimar-Eisenach zu Busoni), sein pädagogischer Eros, d.h. die kostenlose Unterrichtung einer Unzahl von Schülern und besonders Schülerinnen, auch wenn sie nur mäßig begabt waren — all dies läßt sich als Überkompensation (oder Sublimierung) des Erlebnisses mit Caroline de St-Cricq und ihrem Vater interpretieren.

Wie sehr er an ihr hing, bezeugt das 16 Jahre später nach einem Wiedersehen in Pau, ihrem damaligen Wohnsitz, komponierte Lied *Ich möchte hingehn wie das Abendrot* nach einem Text von Herwegh. In der Überleitung zur letzten Strophe nimmt es das später von Wagner requirierte Tristan-Motiv vorweg. Das Manuskript enthält die Worte Liszts: »Dieses Lied ist das Vermächtnis meiner Jugend; nicht mehr nicht weniger« — ein Understatement; denn er wußte bei seiner Veröffentlichung (1859) noch nicht, wie es ihm selbst mit diesem Überleitungsmotiv gehen würde. Im Alter taucht es — nach und trotz Wagners *Tristan* — wieder auf, verhärtet als Motiv der Todessehnsucht in der *zweiten Threnodie, Aux cyprès de la Villa d'Este*, des dritten Bandes der *Wanderjahre* (1877) und, verzweifelt, verzerrt, in der Station IV der *Via crucis* (Jésus rencontre sa très sainte mère, 1873—1879). Diese Nachwirkungen wiegen schwerer als der Ring, obwohl ebenfalls ein schönes Symbol, den er Caroline d'Artigaux geb. St-Cricq in seinem Weimarer Testament von 1860 vermachte.

Zunächst aber folgte auf die Affäre St-Cricq hin ein Nervenzusammenbruch. Erneut erwog er den Eintritt ins Priesterseminar, verzichtete aber schließlich auf Bitten seiner Mutter. Da er auch den Klavierunterricht aufgegeben hatte und nicht mehr in der Öffentlichkeit erschien, wähnte man ihn tot. Im *Corsaire* erschien ein Nachruf, der das frühe Ende des Künstlers aus seiner phänomenalen Frühreife abzuleiten versuchte.

Die »Auferstehung« ermöglichten ihm eine umfangreiche Lektüre und erneute menschliche Kontakte. Wahllos begann er alles erreichbare von Plato bis Victor Hugo zu verschlingen. Seine religiöse Neigung sublimierte sich in seiner idealen Freundschaft mit Christian Urhan, dem Konzertmeister an der Pariser Oper, einem mystischen Geist mit rigorosen moralischen Prinzipien. Mit ihm kehrte er offenbar zur Musik zurück. Seine *Auditions*, ein Zyklus visionärer Gedichte, regten ihn später zu seinen *Apparitions* für Klavier (1834) an. 1837 gab er mit ihm und dem Cellisten Batta vier Abende mit Beethovenscher Kammermusik, eine exklusive Veranstaltung angesichts des damaligen Standes des öffentlichen Konzertwesens und der musikalischen Bildung des Publikums. Seinen religiösen und sozialen Neigungen kam der Saint-Simonismus entgegen; später wurde der christliche Sozialist Abbé Lamennais sein geistlicher Berater und väterlicher Freund.

Seine erneute Zuwendung zu den Mitmenschen muß durch die Pariser Julirevolution 1830 entscheidend gefördert worden sein, denn, wie es seine Mutter treffend formulierte: »Die Kanonen haben ihn geheilt.«[20] Er entwarf eine *Revolutionssymphonie* unter Verwendung eines Hussitenchorals, von *Ein feste Burg ist unser Gott* und der *Marseillaise*, doch wurde das Werk nie ausgeführt. Spuren davon finden sich in der Symphonischen Dichtung *Héroïde funèbre*. Durch die Revolution wurde jedenfalls in ihm eine soziale Ader bloßgelegt, die nie mehr versiegen sollte.

In künstlerischer Hinsicht empfing er stärkste Anregungen durch Paganini, den er 1832 zum ersten Male hörte. Wie die *Grande Fantaisie de bravoure sur la Clochette de Paganini* (1831/32) und die beiden Fassungen der *Paganini-Etüden* (1838 und 1851) zeigen, wurde ihm der »Teufelsgeiger« zur Identifikationsfigur, die alle in ihm schlummernden virtuosen Fähigkeiten weckte. Virtuosität heißt aber bei Liszt, alle technischen Fähigkeiten in den Dienst des musikalischen Ausdrucks zu stellen. Der Einfluß Chopins, den er um eben diese Zeit kennenlernte, tendierte in ganz anderer Weise in die gleiche Richtung: »Anstatt Musik zu schreiben, um die akademischen Formen zu füllen, die man ihn in seiner Jugend gelehrt hatte, begann er nun jedes Stück als musikalischen Ausdruck einer bestimmten Idee oder Stimmung zu sehen, bisweilen aus Literatur oder bildender Kunst, bisweilen aus eigenem Erleben geschöpft.«[21]

So war die verlängerte Pubertätskrise gleichzeitig eine Entwicklungskrise, der erste Schub einer langen Evolution, als die man Liszts Leben auffassen kann, dieses — nach des Meisters eigenen Worten — »oft getrübte, doch immerhin arbeitsame und sich aufrichtende Leben«.

Die Talentschmiede

Alles, was in der Wirklichkeit vorhanden ist,
hat auch seine Daseinsberechtigung in der Kunst.

Victor Hugo
1827 in der Vorrede zu seinem Drama *Cromwell*,
einem Manifest der französischen Romantik

I

Mit der Zeit wurde Paris dem Jüngling zur zweiten Heimat. Französisch hatte er schon zu Anfang seines Aufenthalts im Fluge gelernt. Im *Étoile* vom 22. Dezember 1823 war zu lesen, der junge Liszt, obschon er noch nicht lange Französisch lerne, spreche es doch mit einer Reinheit und Finesse, die vielen Jünglingen im Alter von 16 bis 18 Jahren zur Ehre gereichen würden. Bald wird er äußerlich und im Benehmen der pariserischste der Pariser. Später (1868) bekennt er Agnes Street: »Seit dem Tode meiner lieben armen Mutter zieht mich nichts nach Paris, wo ich nichts mehr zu tun habe. Das soll aber nicht heißen, daß ich die großen und wunderbaren Dinge, die man dort sieht, hört, bewundert, auch nur im geringsten verachte; ganz im Gegenteil, ich bekenne meine chauvinistische Leidenschaft für Paris – vor allem das gegenwärtige kaiserliche Paris – und würde dort lieber leben als anderswo, wenn das Schicksal nicht anders entschieden hätte.« [1] Jetzt, nach dem Schock der Julirevolution, begibt er sich wieder in die Öffentlichkeit, wird ein gerngesehener Gast in den Pariser Salons, lernt alle führenden Literaten und Dichter kennen und hat vor allem Schlüsselerlebnisse auf musikalischem Gebiet durch Paganini, Berlioz und Chopin.

Die französische Romantik (etwa 1820–1850) unterscheidet sich von der zeitlich früheren deutschen durch ihren Expansionismus, ihren starken Freiheitswillen und ihre kühne Zielsetzung bei durchaus individualistischer Auffassung vom Wesen der Kunst. Vom Dichter wurde das Recht beansprucht, die Welt in sich gemäß seiner eigenen Auffassung neu zu gestalten. Einigendes Band war nur die Gegnerschaft gegen den Klassizismus, vereint mit konservativen Anschauungen in religiösen, später auch politischen Fragen. Beides berührte Liszt sympathisch. Er war fest davon überzeugt, daß für das Gedeihen der Kunst nur stetiges Vorwärtsschreiten ersprießlich sei, daß Stillstand oder gar Rückschritt Tod und Verwesung bedeute. Auf der anderen Seite stand der Glaube an gewisse metaphysische Konstanten, die den Wandel der menschlichen Dinge überdauern, stand für ihn die christliche Religion.

Daraus resultiert auch sein soziales Engagement, und es wird verständlich, daß er der Lehre und der Gesellschaft des 1825 verstorbenen Saint-Simon zeitweilig nahestand. Die Revolution von 1789 hatte zwar politischen Wandel gebracht, aber wichtige Inhalte, z.B. die soziale Frage, offengelassen. Diese Lücke zu füllen bemühte sich der »Vater des modernen Sozialismus«. Leider blieb seine Lehre vollkommen utopisch, es fehlte jede Kritik an den bestehenden Gesellschaftsverhältnissen. Vielmehr wurden Religion und Kunst als wertvollste Mittel zur Weltverbesserung betrachtet. Dies und die tiefem Mitgefühl entspringenden Schilderungen der Not und des Elends der Armen und Unterdrückten in seinen Schriften brachten eine verwandte Saite in Liszts Seele zum Klingen.

Später trat er in eine freundschaftliche Beziehung zu Abbé Félicité-Robert de Lamennais, der zunächst noch in seinem Buch *Gleichgültigkeit in religiösen Dingen* ebenso wie Chateaubriand in *Geist des Christentums* einen durchaus reaktionären Standpunkt vertreten hatte. »Je weiter er sich aber entwickelte«, so führt R. Louis in seiner Liszt-Biographie[2] aus, »desto klarer wurde es ihm, daß an jenem, sein tiefreligiöses Herz so schmerzlich berührenden allgemeinen Indifferentismus nicht die glaubenslose Zeit allein Schuld habe, sondern zum großen Teil die Kirche verantwortlich sei. Denn, so sagte er sich, jene fortschrittlichen Ideen, von denen die Zeit bewegt ist, enthalten einen wohlberechtigten Kern, der dazu noch mit dem innersten Geist des Christentums sich durchaus in Übereinstimmung befindet. Es ist das Mitleid mit dem menschlichen Elend, was die Demokratie bewegt, darauf zu sinnen, wie dem Zustande der Unterdrückung und Ungerechtigkeit, welche das charakteristische Kennzeichen der bestehenden politischen und sozialen Ordnung ist, ein Ende zu machen und bessere Verhältnisse herbeizuführen seien. Wenn die Kirche sich von diesen Bestrebungen abwendet, so ist es logisch, wenn dafür auch das Volk dem Katholizismus den Rücken kehrt. Dieser muß selbst modern, fortschrittlich und demokratisch werden.« Für derartige Ansichten wurde der Abbé nach Rom zum Widerruf zitiert und später exkommuniziert. Liszt war von Lamennais' christlich-sozialer Lehre tief beeindruckt. Erst schwere Schicksalsschläge und tiefe seelische Erschütterungen führten ihn später in den Schoß der Kirche zurück. Aber noch als Siebzigjähriger trug er in sein Handexemplar von Band I der Ramannschen Biographie auf Seite 154 die Worte ein: »les 2 maximes principales de St. Simon — Nouveau Christianisme — Toutes les institutions sociales doivent avoir pour but l'amélioration morale et matérielle de la classe la plus nombreuse et la plus pauvre« (die zwei Hauptmaximen von St. Simon — Neues Christentum — Alle sozialen Einrichtungen müssen die moralische materielle Hebung der zahlreichsten und ärmsten Klasse zum Ziel haben).[3]

Privat setzt er zu dieser Zeit seine autodidaktischen literarischen und musikalischen Studien mit neuer Intensität fort. So schildert er selbst seinem Freunde Pierre Wolf am 2. Mai 1832 seine Häuslichkeit: »Seit vierzehn Tagen arbeiten mein Geist und meine Finger wie zwei Verdammte, Homer, die Bibel, Locke, Byron, Hugo, Lamartine, Chateaubriand, Beethoven, Bach, Hummel, Mozart, Weber sind alle um mich herum. Ich studiere sie, denke über sie nach, ich verschlinge sie mit Feuereifer: im übrigen übe ich vier, fünf Stunden (Terzen, Sexten, Oktaven, Tremolos, Tonwiederholungen, Kadenzen usw.).«[4]

II

Seine wahre Hohe Schule aber wurde der Pariser Salon, dieser Treffpunkt des Adels und der geistigen und künstlerischen Elite. Hier lernte er den »bon ton«, hier konnte er seine neu erworbenen Lesefrüchte und Kenntnisse diskutieren und am Klavier die Gesellschaft bezaubern. Alle bekannten Persönlichkeiten des damaligen Paris lernte er kennen, an Musikern Meyerbeer, Bellini, Rossini, Halévy, vor allem aber Berlioz und Chopin, an Schriftstellern und Dichtern Balzac, Sainte-Beuve, Hugo, Dumas, Musset, Lamartine, George Sand, Heine und an Malern Delacroix, Ary Scheffer und andere. Gerade wegen einer gewissen Überschwenglichkeit gibt Lina Ramann die Atmosphäre dieses Milieus am besten wieder. »Liszt hatte sich als Pianist in allen diesen Kreisen bewegt [in den Adelskreisen des Faubourg Saint-Germain oder Saint-Honoré, in der Chaussée d'Antin oder in den eleganten Kreisen des Großbürgertums]. Im Faubourg Saint-Germain war er eingebürgert. Hier hatte er als Wunderkind seine ersten Triumphe gefeiert, hier war er ›le petit prodige‹ [Das kleine Wunder] gewesen, dem man die bonbonnière hingehalten und die Wange gestreichelt, hier hatte er sein Informatoramt [als Musiklehrer] begonnen, hier war er jetzt — ›le grand prodige‹ [das große Wunder], das nicht minder, wenn auch in anderer Weise gehätschelte Kind der vornehmen Damenwelt. Jetzt redete er hier am Klavier der Romantik das Wort, selbst jeder Zoll ein Romantiker. Er spielte aus Berlioz' Künstler-Episoden den *Marsch zum Richtplatz, L'idée fixe*, die *Ballscene*, spielte Chopin's *Mazurken* und wob seine eigenen idées fixes mit hinein in seine Vorträge, deklamierte am Klavier heißherzig und himmelfliegend, [...] erzählte in Tönen von seinen Idealen, von seinem Hoffen und Sehnen und dramatisierte, die Poesie der aristokratischen Salons in Musik umsetzend, die Empfindungen, die ihn bestürmten, die kleinen Scharmützel, in die ihn vielleicht soeben erst die Laune oder die Koketterie einer Comtesse, einer Marquise verwickelt hatte, in Monologe und Dialoge. Grollend, stürmisch, ironisch, bittend, stolz, ritterlich — seine Töne sagten alles.

Dazwischen warf er neckend tönende Leuchtkugeln unter die ihm lauschenden Schönen, dazwischen fing er kleine Pfeile auf, die von feurigen Augen ihm zugeworfen wurden.«[5]

Hier zeigt sich wiederum die Wunderkind- oder Hätschelhans-Situation, die ihm so in Fleisch und Blut übergegangen war, daß er später die überschwenglichen Huldigungen seiner Verehrer, besonders der weiblichen, so selbstverständlich hinnahm und gekränkt war, wenn sie, wie bei seinem Mailänder (1837) oder Leipziger Konzert (1840), ausblieben, und daß er so mimosenhaft auf Kritik seiner Alterswerke reagierte und von ihrer Aufführung abriet. Hier wurden ihm aber auch galante Abenteuer zur Selbstverständlichkeit, eine Gewohnheit, die ihm noch in späteren Jahren als Abbé beträchtliche Unannehmlichkeiten bereiten sollte. Den Winter anfangs 1831 verbrachte er mit der Comtesse Adèle Laprunarède in ihrem Alpenschloß, und die Anwesenheit des Vaters der Dame und einer ältlichen Tante scheint ihre Liebesspiele nicht wesentlich behindert zu haben. Das Verhältnis wurde briefwechselnd fortgesetzt, Liszts erste »höhere Stilübungen in der französischen Sprache«[6]. Diese und andere Briefe gelangten später einmal zufällig in die Hände der Gräfin d'Agoult, Liszts Kommentar dazu: »Sie datieren alle von 1831, einer Epoche, als meine Mutter und Madame D. in der Hoffnung, meine erregte Seele zu beruhigen, mich koste was es wolle mit dieser jungen Dame verheiraten wollten – aber ich darf nichts Törichtes sagen. Es war auch die Epoche von Hor... und in geringem Maße Frau G..., eine Zeit innerer Kämpfe, der Pein, einsamer Qualen, als ich versuchte, die Liebe zu Adèle gewaltsam zu ertöten, zerstören, vernichten.«[7]

Die Bekanntschaft mit George Sand, bei der er 1834 von Alfred de Musset eingeführt wurde, bedeutete Öl ins Feuer seiner leidenschaftlichen Natur, aber mehr durch den geistigen Einfluß dieser bedeutenden Schriftstellerin als durch ihre mäßigen physischen Reize, die durch Männerkleidung und Zigarrenrauchen nicht erhöht wurden. Damals erregten ihre Erstlingsromane *Valentine* (1832), *Indiana* (1832), *Lélia* (1833) und *Jacques* (1834) großes Aufsehen. In ihnen verfocht sie mit großer Beredsamkeit das Recht des Individuums, besonders der Frau, auf persönliches Glück, kritisiert freimütig die Tyrannei der herkömmlichen Ehe und den Zwang der geltenden Moral. »Von allen Gefühlen, die wir kennen, ist die Liebe das erhabenste und edelste. Denn in ihr findet man noch den Willen und die Fähigkeit, sich aufzuopfern.«[8] Später wandte sie sich unter dem Einfluß der Ideen von Saint-Simon und Lamennais sozialen Problemen zu und begründete schließlich mit einer Reihe meisterhafter Erzählungen (*La mare au diable*, 1846; *La petite Fadette*, 1849 etc.) die Dorfgeschichte. Mit diesem Werk ist sie zweifellos eine der bedeutendsten Schriftstellerinnen aller Zeiten geworden. Großer Schwung der Phantasie, Leidenschaftlichkeit und stilistische Meisterschaft machen die Lektüre dieser Romane auch heute noch zu einem Erlebnis. Dazu stand ihr ein reicher Schatz persönlicher Erfahrungen zur Verfügung, die sie so zu objektivieren vermochte, daß sie völlig in ihr Werk eingeschmolzen werden konnten. Dies wurde Alfred de Musset und Chopin zum Verhängnis. Bei Liszt, zu dem sie sich leidenschaftlich hingezogen fühlte, hatte diese Taktik keinen oder nur einen sehr vorübergehenden Erfolg. Ihr Verhältnis blieb freundschaftlich, obwohl oder weil er frühzeitig ihre Neigung zur »Vivisektion« erkannt zu haben scheint. Später nannte er sie »kaltherzig und selbstsüchtig. Sie hat nur Wärme in der Phantasie, aber ein ganz kaltes Herz.«[9] Ihre »Philosophie der Befreiung« hat er aber in den dreißiger Jahren mit Begeisterung übernommen, wie dann vor allem seine Beziehung zur Gräfin d'Agoult zeigt, in der die Ansichten von George Sand gewissermaßen exemplifiziert werden. Aber das war kein Einzelfall. Die ganze Pariser Gesellschaft war damals von ihnen infiziert.

III

Auch künstlerisch hatte er in diesen Zeiten der Gärung sein Schlüsselerlebnis. Chopin lehrte ihn, sein Innerstes unmittelbar in Tönen auszusprechen. Von Berlioz kam die Idee der Programm-Musik, die Anregung zur Komposition in großen, orchestralen Formen, die erst später fruchtbar werden sollte. Für seine pianistische Entwicklung – und die liegt nun einmal am Grunde seines Künstlertums – war ein Konzert Paganinis, wahrscheinlich im April 1832, in der großen Oper der zündende Funke. Der Teufelsgeiger war damals schon von der chronischen Syphilis gezeichnet. Aus dem bleichen Gesicht traten die Knochen hervor, er trug einen schwarzen Anzug, bisweilen auch eine dunkle Brille; so wirkte der Kopf wie ein Totenschädel, die Geige fest unters Kinn geklemmt. Dieser allerdings entlockte er ein Feuerwerk von Skalen, Arpeggien, Doppelgriffen, ließ die Saiten absichtlich springen, bis die G-Saite übrigblieb, auf der er weiterspielte, als ob nichts geschehen wäre, wandte alle möglichen Bogenkünste an, ließ die Geige singen, schluchzen, weinen und trieb das Spiel so weit, selbst Tierstimmen nachzuahmen. Ein richtiger Artist also, ein Prestidigitatore, um es italienisch zu sagen, und ein Showman dazu. Liszt war hingerissen und verzweifelt zugleich. »Welch ein Mann, welch eine Geige, welch ein Künstler! O Gott, was für Qualen, für Elend, für Marter in diesen vier Saiten! ... und sein Ausdruck, seine Art zu phrasieren, und endlich seine Seele!«[10] Blitzartig erkannte er, was ihm noch fehlte, aber auch, wo er den Hexenmeister übertreffen konnte. Er erkannte: Wenn man diesen Grad von Technik dem Klavier abgewinnen könnte, sie aber gleichzeitig ganz in den Dienst edlen Ausdrucks stellen würde, hinter dem natürlich eine durchgebildete, leidenschaftliche Persönlichkeit stehen müßte, dann wäre weit mehr zu erreichen, als dieser Genueser zu bieten hatte. Er eilte nach Hause und übte, übte, übte, zehn bis vierzehn Stunden täglich. »Ach, wenn ich nicht verrückt werde, wirst Du einen Künstler in mir wiederfinden! Ja, einen Künstler, so, wie du ihn verlangst, wie er heute sein muß!«[11]

Dies Erlebnis führte ihn zu sich selbst. Es gab ihm das Vertrauen in die eigenen Fähigkeiten zurück. Es schwingt noch im Nekrolog nach, den Liszt 1840 für die *Gazette musicale* verfaßte.[12] »Paganinis Lebensflamme ist erloschen, mit ihm schwand eines jener Prachtgebilde, wie sie die Natur uns nur zu schenken scheint, um sie eiligst wieder zurückzufordern – eine Wundererscheinung, wie sie das Reich der Kunst nur einmal, dieses einzige Mal gesehen.«

Er scheut sich aber nicht, Paganinis egozentrisches Wesen zu geißeln: »Sein reichbegnadetes Leben verklärte nie das eines anderen, keine Gemeinschaft des Geistes oder des Herzens verband ihn mit seinen Erdenbrüdern: fremd blieb er jeder Neigung, fremd jeder Leidenschaft, fremd selbst seinem eigenen Genius.«

Und dann zieht er die Konsequenzen für sich selbst: »Der Künstler, welcher sich die Kraft zutraut, nach Paganinis Erbe zu streben, darf sich nur eine Aufgabe stellen: die Kunst nicht als bequemes Mittel für eigennützige Zwecke und unfruchtbare Berühmtheit aufzufassen, sondern als eine heilige Macht, welche die Menschen umfaßt: das eigene Leben zu jener hohen Würde herauszubilden, die dem Talent als Ideal vorschwebt; den Künstlern das Verständnis zu erschließen für das, was sie sollen und können: die öffentliche Meinung zu beherrschen durch das Übergewicht, welches ein edles, hochsinniges Leben verleiht, und in den Herzen der Menschen die dem Guten so nah verwandte Begeisterung für das Schöne zu entzünden und zu nähren.«

IV

Die negativen Seiten des Paganini-Erlebnisses werden gewissermaßen durch die Bekanntschaft mit Chopin um die gleiche Zeit ausgeglichen. Aber wenn beide manchmal als neue Dioskuren bezeichnet wurden und wenn Liszt später seine Dankesschuld gegenüber dem Freunde mit einer Biographie[13] abzutragen versucht hat – die Beziehung litt von vornherein unter einer gewissen Einseitigkeit. Während Liszt in seiner großzügigen Art Chopin sofort akzeptierte und dessen bis dahin erschienene Werke – die *Etüden op. 10* wurden ihm gewidmet – umgehend assimilierte, scheint der verhaltene und beherrschte Chopin von Liszts Wesen eher abgestoßen worden zu sein. Die damaligen »Werke« Liszts trugen für ihn bestenfalls den Keim künftiger Entwicklungen in sich, oder sie waren virtuose, dabei ziemlich formlose Experimente. Ob Chopin die späteren Kompositionen in ihrer Eigenbedeutung und ihrem zukunftsweisenden Charakter erfaßt hat, ist fraglich. Diesem feinen Form- und Satzkünstler, als Pianist Meister des intimen, des lyrischen Gesanges, feinster Fiorituren und Klangeffekte mußten Liszts erweitertes Harmonie- und Klangbewußtsein, seine breite Ausdrucksskala, sein Al-fresco-Stil und seine extremen dynamischen Abstufungen fremd oder gar abstoßend erscheinen. Nur so ist das harte Urteil zu verstehen, das er über Liszt als Komponisten fällte: »Er mag eines Tages Abgeordneter oder König von Abessinien oder des Kongos werden [hier spielt er auf Liszts Adelsfimmel an], seine Werke werden für immer in Poesiealben vergraben sein, zusammen mit Bänden über Bänden deutscher Dichtung.«[14] (Liszt hielt man in Frankreich allgemein für einen Deutschen; aber auch er selbst spricht z. B. einmal von Heinrich Heine als seinem Landsmann.) Dabei schätzte Chopin durchaus die pianistischen Qualitäten Liszts. Keiner spielte seine Etüden besser als er. In einem Brief an Ferdinand Hiller (1833) gesteht er: »Ich schreibe ohne zu wissen, was meine Feder kritzelt, weil Liszt in diesem Augenblick meine Etüden spielt und mich aller vernünftigen Gedanken beraubt. Ich möchte ihm die Art und Weise rauben, wie er meine eigenen Etüden spielt.«[15] Die *Etüden op. 25* (1837) wurden Gräfin d'Agoult gewidmet, mit der Liszt damals in Italien weilte. Seine eigenen *24 Grandes Études pour Piano* (es blieben nur 12, im wesentlichen geniale Umarbeitungen oder Umdeutungen seiner *Jugend-Etüden* von 1826) erschienen 1839 und waren Carl Czerny, das bei Ricordi erschienene zweite Heft (Nr. 8–12) Chopin gewidmet. Was dieser von Liszts Etüden hielt, ist unbekannt.

Später hat sich die Beziehung beider aus äußeren Gründen verschlechtert und ist dann ganz abgebrochen. Zur Begründung gibt es zwei Varianten. Die eine besagt: Eines Tages benutzte Liszt in seiner freimütigen Art die komfortabel eingerichtete Wohnung Chopins in der Rue de la Chaussée d'Antin in dessen Abwesenheit zu einem galanten Rendezvous mit Madame Pleyel. Als Chopin davon hörte, war er empört, zumal Monsieur Pleyel ein guter Freund von ihm war.[16] Die andere stützt sich auf das

Zerwürfnis zwischen G. Sand und Mme. d'Agoult. »Unsere Damen hatten sich gezankt, und als richtige Kavaliere mußten wir jeder auf der Seite der seinigen stehen.« [17] Möglicherweise treffen beide zu.

Trotz allen Freimuts – Liszt muß ein feines Gefühl für die Intimität, ja Verschlossenheit, die Zartheit, die mimosenhafte Empfindsamkeit Chopins gehabt haben. Sosehr er sich von manchen Zügen seines Stils angezogen fühlte, zu seinen Lebzeiten wagte er nicht, sie seinem eigenen Werk zu inkorporieren. Erst nach Chopins Tod entstanden *Funérailles, Oktober 1849* (Totenfeier), die auch eine Beziehung zur Person des gerade verstorbenen polnischen Meisters haben könnten, *Berceuse* (1854, 1862), die *Polonaisen* (1851), die *Balladen* (1849, 1853), die *Consolation Nr. 3* in Des-Dur (1849), *Konzertetüde Nr. 2 »La Leggierezza«* (ausnahmsweise wohl schon 1848), *Mazurka brillante* (1850) und *Tarantella* (1859) – alles Werke, die einen gewissen Einfluß Chopins erkennen lassen.

Bleibt die erwähnte *Chopin*-Biographie, eine der besten und lesenswertesten Schriften Liszts. Es ist eine authentische Schilderung von Wesen, Werken, Charakter und Umgebung Chopins. Es ist auch ein Reflex ureigenster Ideen von Liszt – zum Teil angeregt durch Nachdenken über Person und Werk Chopins. Alle Kapitel, I.–III. über die Werke, besonders die Polonaisen und Mazurken, IV. über die Virtuosität, V. über die Persönlichkeit, VI. über die Jugend Chopins, das VII., Lélia, über die – einigermaßen tragische – Beziehung zu George Sand, und das VIII. über die späteren Jahre und letzten Augenblicke sind gleich gut zu lesen – ein fesselnder und gleichzeitig würdiger Tribut an den verehrten Künstler und ehemaligen Freund. Gleichzeitig ein literarisches Dokument der dreißiger und vierziger Jahre, des Höhepunktes der französischen Romantik. Wie Howard E. Hugo schreibt: »Beim Lesen empfindet man, es handelt sich um eines der letzten kritischen Dokumente der Romantik: die Rhetorik, die Ideen, mit Leidenschaft und Empfindung dargeboten, vermitteln ein Gefühl der Diskrepanz zu den prosaischeren fünfziger

Jahren. Fast als ob Liszt zu gut geschult worden wäre von Lamennais, Musset, Hugo, Lamartine und ihren literarischen Jüngern. Somit ist sein Essay ebensosehr eine Klage über eine vergangene Zeit wie über einen verstorbenen Freund und Co-Pianisten, und sie wird genau in der Sprache der Zeit deklamiert, die nun entschwunden ist.«[18]

V

Da der Einfluß Chopins sich erst nach dessen Tode (1849) vorübergehend manifestiert – was hat Liszt selbst als schaffenden Künstler in diesen Pariser Jahren bewegt? Nun, sie waren so angefüllt mit Lernstoff und mit gesellschaftlichen und künstlerischen Erlebnissen, daß für eigene schöpferische Tätigkeit wenig Zeit blieb. Die Ausbeute ist also quantitativ gering, qualitativ aber höchst bemerkenswert. Selbstverständlich mußte damals der Klaviervirtuose komponieren, und die Fantaisies, die Réminiscences, die Albumblätter, die Variations und so weiter von Herz, Hünten, Kalkbrenner, Pixis, Thalberg und anderen sind jetzt zu Recht versunkene und vergessene Zeugen dieser Epoche. Die frühen Kompositionsversuche Liszts, so experimentell, so skizzenhaft sie erscheinen, lassen dagegen bereits die Klaue des Löwen spüren. Sie liegen den Dissertationen von Rudolf Kókai (1933,[19] Nachdruck 1969) und Dieter Torkewitz (1978)[20] zugrunde. Harmonisches Denken als Grundlage der thematischen Formung und ein unstillbarer Drang zu »sprechendem« musikalischem Ausdruck kennzeichnen diese frühen Versuche. 1827 bereits spielte er in London ein Konzert, das nach den Worten des Ohrenzeugen Moscheles »chaotische Schönheiten« enthielt und aus dem sich wahrscheinlich das *Malédiction* benannte Klavierstück mit Streichorchester entwickelt hat, dessen jetzt vorliegende Form etwa aus dem Jahre 1840 zu stammen scheint. Wie dem auch sei, wir beginnen mit dem Einfachen, das in diesem Falle auch kompliziert genug ist.

Die *Grande Fantaisie de bravoure sur la Clochette* ist ein unmittelbarer Reflex des Paganini-Erlebnisses. Es ist erstaunlich, wie wenig Zeit Liszt benötigte, um Musik und Technik des Meistergeigers zu assimilieren und schöpferisch den Besonderheiten des Klaviers anzupassen. Das Erlebnis wirkte lange nach. Erst 1838 erschienen die *Paganini-Etüden*, 1851 in zweiter, teils gemilderter, teils den Fortschritten in der Klaviermechanik entsprechender raffinierterer Form (Repetitionstechnik). Aber nicht nur die Technik des Teufelsgeigers hatte er sich angeeignet, sondern auch etwas von seiner diabolischen Natur, das in ihm eine verwandte Saite erklingen ließ und das er für immer beibehielt, über das *Malédiction*-Konzert, das Fugato in der *h-Moll-Sonate*, den Mephisto-Satz in der *Faust-Symphonie* und die *Mephisto-Walzer* bis zum Sarkasmus vieler mündlicher Äußerungen besonders seiner späten Jahre.

Das erste Werk von vollkommener Eigenart ist das Klavierstück *Harmonies poétiques et religieuses* (ca. 1832—1834), voll unglaublicher Kühnheiten, für uns Nachgeborene von höchstem Interesse. Es erschien 1835 als Beilage zur *Gazette musicale* und wurde in Deutschland von der *Allgemeinen musikalischen Zeitung* (Leipzig) als »schwierig und von der höchsten Eigentümlichkeit in Gedanken und Formen«[21], jedenfalls nicht ungünstig, beurteilt. Kritik kam jedoch von seiten George Sands, hinter der möglicherweise Chopin steckte. Ihre Ansicht wurde vielleicht von einem größeren Kreis geteilt. Jedenfalls sah sich Liszt veranlaßt, ihr einen offenen Brief (Januar 1837) zu schreiben, der einem Widerruf gleichkam: »Um diese Zeit (um 1834) schrieb ich mehrere Stücke, die notwendigerweise den Charakter des Fiebers, das mich verzehrte, in sich trugen. Das Publikum fand sie bizarr, unverständlich, Sie selbst, mein Freund, haben mir zuweilen das Unbestimmte, Weitläufige derselben vorgehalten. Ich war soweit entfernt, gegen diese zwiefache Verurteilung zu appellieren, daß es meine erste Sorge gewesen — sie ins Feuer zu werfen.«[22] Das betrifft demnach andere Kompositionen, die uns leider verlorengegangen sind. Die *Harmonies* waren durch die Publikation in der *Gazette musicale* gerettet. Nichtsdestoweniger sah sich Liszt später veranlaßt, sie zu »überarbeiten« und in dieser weit schwächeren, kompromißlerischen Form als *Pensée des morts* (Totengedenken) dem Zyklus *Harmonies poétiques et religieuses* (1847 bis 1852) einzuverleiben.

Der Titel des 1835 publizierten Stücks entstammt einer Gedichtsammlung von Alphonse de Lamartine, deren Vorwort auch dem Lisztschen Stück vorangestellt ist: »Diese Verse sind nur an wenige Menschen gerichtet. Es gibt nachdenkliche Seelen, die Einsamkeit und Kontemplation unwiderstehlich zur Unendlichkeit, das heißt zur Religion emporheben; all ihre Gedanken verwandeln sich in Begeisterung und Gebet, ihr ganzes Wesen ist ein stummer Hymnus an die Gottheit und die Hoffnung ...« Die Musik steht in eigenartigem Widerspruch zu diesem Vorwort. Das Stück beginnt »senza tempo« und »äußerst langsam mit einer tiefen Empfindung von Überdruß« (ennui, auch mit »Weltschmerz« zu übersetzen). Dann erscheint ein signalartiges Schmerzensmotiv (con duolo, très accentué), das mehrfach wiederholt wird. Es beschließt auch das Stück, wobei der charakteristische Oktavsprung statt nach oben nach unten in das tiefste Register erfolgt. Am Anfang wie am Ende bleibt die Tonalität in der Schwebe. Im übrigen ist das Stück monothematisch auf einem kreisenden Motiv aufgebaut, das viele Metamorphosen durchläuft. Im ersten Teil wird es in drei Ansätzen durchgeführt, 1. auf der Basis von verminderten Septimakkorden bis zu einem fff-Ausbruch, 2. in augmentierter Form von b-Moll über dessen Subdominante nach H-Dur und 3. chromatisch ansteigend vom zartesten H-Dur über C-Dur und Des-Dur nach einem fanfarenartig schmetternden D-Dur. Ein Abschnitt, der das Signalmotiv sempre Adagio mit zartesten Figurationen weiterentwickelt und in der Tiefe fast unhörbar verhallt, leitet zum zweiten Teil über. Dieses Andante religioso verarbeitet das kreisende Kopfmotiv, nun in klarem, ruhigem G-Dur, anfangs – vielleicht eine bewußte Reminiszenz – wie das »Lebe wohl« aus Beethovens op. 81 a klingend. Das Signalmotiv wird harmonisch in den liedförmigen Ablauf einbezogen. Umrisse der dreiteiligen Liedform sind erkennbar, wenn auch die Wiederholung des ersten Teils nur auf den Nachsatz zurückgreift, der, con amore beginnend, nochmals einer Steigerung zugeführt wird bis zum Zusammenbruch und dem Verdämmern in tonalitätsferner Tiefe. Das Stück drückt mit großer Intensität Empfindungen aus, die dem Titel der späteren Fassung (Totengedenken) entsprechen. – In den Werken seiner mittleren und späten Epoche hat Liszt, wie gezeigt werden wird, wichtige Züge der Musik des Fin de siècle und des 20. Jahrhunderts vorweggenommen. Mit der Urfassung der *Harmonies* hat er sich selbst um vier bis fünf Jahrzehnte antizipiert. Wenn man ihre Entstehungszeit nicht wüßte, würde man versucht sein, sie den Werken aus den siebziger oder achtziger Jahren an die Seite zu stellen. Das Stück drückt Überdruß, Zweifel, Verzweiflung und Todesahnen aus – jedenfalls alles andere als »Begeisterung und Gebet«, wie im Vorwort versprochen. War dies noch eine Nachwirkung der großen Jugendkrise? War dies der Normalzustand des 21- bis 23jährigen oder überhaupt eine Grundstimmung des Menschen Franz Liszt? Jedenfalls ist der Ausdruck dieser Stimmung in der Komposition viel zu intensiv, zu einschneidend, als daß man in ihr nur eine vorübergehende Laune sehen könnte. Sie muß durchaus ernst genommen werden. Man kann sich vorstellen, daß Liszt diese Offenbarung seiner innersten Empfindungen bedauert hat, daß er Schutz vor derartigen Anwandlungen bei seinem Freunde Christian Urhan und dem seelsorgerliches Charisma ausstrahlenden Abbé Lamennais gesucht hat. Auch später sind solche Stimmungen nicht selten. Er beichtet sie zum Beispiel mehrfach seiner vertrauten Briefpartnerin Agnes Street.

Von den drei *Apparitions* (1834) ist besonders die erste bemerkenswert, ein kleines Meisterstück, von Busoni als »romantisch, emotional, philosophisch« charakterisiert, »jenen Atem der Natur besitzend, der in der Kunst so selten und mit solcher Schwierigkeit verwirklicht ist«. Es hat ihm sicher deshalb besonders gelegen, weil die Melodik den Belcanto der italienischen Oper atmet.

Das Stück *Lyon* (1834) ist ein Ausdruck des sozialen Engagements des Schülers von Lamennais, dem es auch gewidmet ist. In einem Brief von 1837 schreibt Liszt nach Besuch und Wohltätigkeitskonzerten in der Stadt: »Ich fand mich plötzlich inmitten so entsetzlicher Leiden, eines so fürchterlichen Elends, daß mein Gerechtigkeitssinn empört protestierte. [...] Wie diese Menschen leben, in pestilenzialischen Löchern zusammengepfercht! Wie sie ihre glücklicheren Genossen um den geringen Lohn beneiden. [...] O, grausame Gesetze der zum Fluch gewordenen Gesellschaft! Wann wird der Zornesengel ihre Erztafeln zertrümmern!«[23] Im April 1834 hatte sich der Zorn der Arbeiter in einem Aufstand mit fünf Tage währenden Straßenkämpfen entladen. Das Motto der Arbeiter

Vivre en travaillant ou mourir en combattant	(Arbeitend leben oder kämpfend sterben)

ist dem Stück vorangesetzt. Es ist nach H. Searle »ein schönes charakteristisches Stück« in Marschform, das »unwiderstehlich einem Höhepunkt zustrebt und gewiß der Aufmerksamkeit der Pianisten wert ist«.[24] In klanglicher Hinsicht vermag es weniger zu befriedigen. Es läßt den durchlichteten Satz von *Harmonies* und *Apparitions* vermissen und verblüfft einigermaßen durch nicht recht motivierte Modulationen, z.T. mit Hilfe des übermäßigen Dreiklangs, in mediantische Tonarten.

In diesen Jahren bahnt sich auch eine Seite des Lisztschen Schaffens an, die später etwa die Hälfte seines Gesamtwerkes ausmachen sollte, nämlich die Transkription einerseits und die Fantasie, Paraphrase oder Réminiscence andererseits. Diese Musikgattungen haben zu ihrer Zeit eine wichtige Aufgabe erfüllt, nämlich einem breiteren Publikum hörend oder selbst spielend die Kenntnis und Aneignung wichtiger Werke der Musikliteratur zu ermöglichen. Diese Funktion wird heute durch Schallplatte und Tonband besser erfüllt. Die Transkriptionen geben im allgemeinen das Original getreu wieder, schöpfen aber bei Liszt mit größtem Einfallsreichtum die technischen und klanglichen Möglichkeiten des Klaviers aus, so daß sie in dieser Hinsicht durchaus originale Züge gewinnen können. Dies ist offenbar der Grund dafür, daß sie neuerdings wieder Spieler und Hörer finden. Wichtigste Beispiele für diese Partitions de piano (Klavierpartituren) sind die Übertragungen Bachscher Orgelwerke, sämtlicher Beethoven-Symphonien, von Schubert-Liedern und Ouvertüren und Einzelnummern aus Opern von Wagner, Verdi, Glinka, Gounod, Saint-Saëns, Cui, Dargomyschski und anderen.

Begonnen aber hat Liszt mit Werken von Hector Berlioz, den er im Dezember 1830 kennengelernt hatte. Tags darauf war er bei der Uraufführung der *Phantastischen Symphonie* zugegen. Berlioz (1803—1869) war eine scharf ausgeprägte Persönlichkeit, launisch, phantastisch bis zur Bizarrerie, der eigentliche Vertreter der französischen Romantik, dessen kantige Außenseite aber ein warmes, tiefes Empfinden verbarg. Er war ein Virtuose des Orchesters, dem er — basierend auf eingehender Kenntnis der Instrumente — die überraschendsten Klangfarben und -wirkungen zu entlocken vermochte. Er war der Erfinder der Leitmotive (Idée fixe) und der Programm-Musik, ein großer Anreger für Liszt, der sich selbst anschickte, poetische Ideen und geistige Inhalte (nicht phantastische Begebenheiten, wie Berlioz) klanglich zu realisieren.

Liszt begann mit der Transkription der *Phantastischen Symphonie* (1833), der *L'idée fixe, Andante amoroso* (1833), einer Fantasie über das Hauptthema ebendieser Symphonie, und der *Ouvertüre zu den »Femerichtern«* (1833). Viel später (1860) wurde der 4. Satz der *Phantastischen Symphonie*, der *Marsch zur Richtstätte*, erneut bearbeitet. Welche Gewalt so ein Stück, besonders natürlich unter den Händen Liszts, auf die Zuhörer ausübte, geht aus einer Schilderung von Charles Hallé hervor, der als junger Mann in Paris weilte: »Bei einem von Liszt veranstalteten und von Berlioz dirigierten Orchesterkonzert wurde der *Marsch zur Richtstätte* aus des letzteren *Phantastischer Symphonie*, dieses äußerst prächtige Instrumentalstück, aufgeführt. Danach nahm Liszt [am Flügel] Platz und spielte seine eigene Bearbeitung desselben Satzes für Klavier mit einer Wirkung, die diejenige des vollen Orchesters sogar übertraf und unbeschreiblich Furore machte. Das Kunststück hatte er im Programm vorangekündigt, ein Beweis seines unbezähmbaren Mutes.«[25] Sein Spiel vermittelte die Illusion, als nähme er den Platz von »Hunderten von Ausführenden« ein. Er war also fähig, dem Klavier durchaus orchestrale Wirkungen (auch mit unterschiedlichsten Klangfarben) zu entlocken.

Als Beispiel für eine freie Nachschöpfung besitzen wir aus diesem Zeitraum (1834) die *Grande Fantaisie symphonique*, die sogenannte *Lelio-Fantasie* für Klavier und Orchester. *Lelio oder die Rückkehr zum Leben* schuf Berlioz als »Kontrastprogramm« zur *Phantastischen Symphonie.* Das Werk verlangt einen großen Apparat von Sängern, Schauspielern, Chor und Orchester und ist daher selten zu hören. Liszts *Lelio-Fantasie* verwendet zwei Themen aus Berlioz' Werk, nämlich das *Fischerlied* und das *Räuberlied*, die wirkungsvoll zu einem vom Klavier beherrschten Konzertsatz verarbeitet werden (der Orchestersatz stammt sicher nicht von ihm), 1835 uraufgeführt und freundlich aufgenommen. Emile Deschamps schreibt im *Mercure de France*, »daß Herr Liszt mit seiner Symphonischen Phantasie über zwei Themen von Herrn Berlioz [...] sich mit einem Schlag auf den ersten Platz unserer zeitgenössischen Harmoniker begeben hat, und zwar mit den ebenso köstlichen wie überraschenden Metamorphosen, die er den so einfachen wie großartigen Themen seines Rivalen und Freundes angedeihen läßt«.[26] Neuerdings ist sie endlich aus dem Weimarer Manuskript herausgegeben worden, und auch eine Schallplattenaufnahme liegt vor.

Fantasien dieser und ähnlicher Art, vorwiegend für Soloklavier, sind Legion im späteren Werke Liszts, in der Virtuosenepoche einfach als Vortragsstoff, später als Ausdruck der Assimilation der betreffenden Werke mit willkommenem (sein sonstiges Einkommen war gering) finanziellem Nebeneffekt geschrieben. Die besten, wie *Réminiscences de »Norma«* (1841), *Faust-Walzer* (nach Gounod, 1861), *Mélodies hongroises* (nach Schuberts *Divertissement à la hongroise)* (1838), *Miserere du »Trovatore«* und *Rigoletto-Paraphrase* (beide 1859) verdienen auch jetzt noch gespielt und erlebt zu werden. Sie sind vielfach besser als die manchmal etwas banalen Vorlagen. So schreibt der englische Biograph Satcheverell Sitwell über die Lisztsche Fassung des *Faust-Walzers*, die – wie wir sehen werden – aus einer kritischen Phase seines Lebens stammt, sie habe einen eigenartigen

Zug zynischer Distanzierung: »Liszt muß diese Melodie aus der populärsten Oper des Tages aufgegriffen haben mit der Absicht, ihren weltlichen Erfolg als Entschuldigung für jede Art von Sakrileg an ihrer Substanz auszubeuten und sie doch gleichzeitig auf eine höhere geistige Ebene zu heben, als sie je auf Grund ihrer eigenen Qualitäten beanspruchen konnte. [...] In diesem Stück läßt er dem Publikum sein Vergnügen und macht sich gleichzeitig über die Leute lustig.« [27]

Wanderjahre

Nicht in mir selbst nur leb' ich;
nein, ich fühle mich einen Teil des Alls.

Lord Byron,
Childe Harold's Pilgrimage, 3. Gesang

Natur und Kunst, sie scheinen sich zu fliehen
Und haben sich, eh man es denkt, gefunden.

Goethe

I

Die folgenden Jahre (1835–1839) stehen im Zeichen von Marie d'Agoult. Die Liebe öffnete Franz Augen und Herz für Kunst und Landschaft. Sie regte ihn zu einer Serie von Kompositionen von kristallklarer Frische und hinreißendem Ausdruck an. Und doch sollte diese Beziehung tragisch enden. Die Gräfin erlebte Liszt als Pianisten und als Menschen erstmalig 1833 auf einer Soirée im Hause der Marquise Le Vayer,[1] vielleicht fast schon so, wie sie ihn einige Jahre später in ihrem Tagebuch geschildert hat:

»Wenn er sich an den Flügel setzt und frei von allen Sorgen den Genius walten läßt, der sich seiner bemächtigt, gewinnt seine Schönheit einen Grad von Hoheit, den nur seine Hörer ermessen können. Seine Blässe nimmt zu, seine Nasenflügel weiten sich, ein nervöses Zittern bewegt seine Lippen, sein stolzer, gebietender Blick sucht nicht, fragt nicht mehr; er herrscht und befiehlt. [...]

Und wer könnte den Zauber beschreiben, den er zu seinen menschlichen Tugenden und seiner überlegenen Intelligenz noch besitzt: seine natürliche Empfänglichkeit, die fast kindliche Heiterkeit und seinen geistvollen Frohsinn? Sie haben ihn, ohne ihn abzustumpfen, über ein Leben voller Überreizungen und fieberhafter Erregung getragen. Man fragt sich erstaunt, wie solche Gegensätze in demselben Wesen einander begegnen und miteinander harmonieren können; wie in derselben Brust Eingebung und Logik, Leidenschaft und Überlegung, erfahrungsmäßiges Handeln und plötzliche Aufwallung, unerbittliche Traurigkeit und kindliche Freude sich nicht ausschließen und eine so ausgesprochene Persönlichkeit zu bilden vermögen.«[2]

Als sich die Damen am nächsten Tage über dieses Erlebnis unterhielten, glaubte eine Freundin, Maries Begeisterung mit einer Bemerkung über die Exzentrizität der Künstler und die Problematik, mit ihnen auf gleichem Fuße zu verkehren, dämpfen zu müssen. Dies reizte die aufgeklärte Marie d'Agoult. Sie erbat Liszts Adresse von der Marquise Le Vayer und schickte ihm eine Einladung zu ihrem nächsten Empfang. In ihren Memoiren bemerkt sie: »Die Bemerkungen [der Freundin] hatten mir etwas ins Bewußtsein gerufen, worüber ich vorher nie nachgedacht hatte, jenen Unterschied des Namens, des Blutes und des Vermögens, den wir dem Zufall der Geburt verdankten und der uns in eine Stellung der Überlegenheit gegenüber dem Rest der Welt versetzte. In dem Augenblick war ich verwirrt durch diese scheinbare Überlegenheit über einen Menschen, dessen immenses Talent und dessen Charakter, soweit ich ihn bereits zu kennen glaubte, mir so sehr überlegen zu sein schien.«[3]

Wie schwer damals noch eine derartige Überwindung des Klassenstandpunktes fiel, geht aus einer Bemerkung Liszts (in *Über die Stellung der Künstler* in der *Gazette musicale*, 1835) hervor, nach der sowohl der exklusive Aristokrat wie der philiströse Bourgeois immer noch nicht ganz aufgehört hätten, namentlich die Musiker »für seltene kuriose Phänomene anzusehen, die, halb Cherubim, halb Esel, den Sterblichen himmlische Gesänge darbringen, um dafür im gewöhnlichen Leben in der zweideutigsten Art oder mit der unzweideutigsten Mißachtung behandelt zu werden«[4].

Marie d'Agoult überwand diesen Zwiespalt, denn in Wahrheit liebte sie Franz Liszt von Anfang an. Es ist daher ein Irrtum, wenn in der sonst äußerst bemerkenswerten Biographie von Rudolf Louis vermutet wird, die 1835 in der *Gazette musicale* veröffentlichten Aufsätze seien vielleicht eine Reaktion auf die Arroganz von Marie gewesen. Auch eine von Lina Ramann und anderen Biographen kolportierte Anekdote erweist sich als Unsinn. Danach habe die Gräfin auf einen Heiratsantrag Liszts geantwortet: »Frau Gräfin d'Agoult wird niemals Frau Liszt werden.« Liszts Stellungnahme dazu: »Von einer Ehe war nie die

Rede zwischen uns, weder in unseren guten noch in unseren bösen Stunden.«[5]

Es war vielmehr eine Liebe auf den ersten Blick und – mehr als das – eine romantische Leidenschaft, die gegen alle Konventionen, aber in Übereinstimmung mit den freiheitlichen Idealen George Sands und mit hohem, aber bewußt eingegangenem Risiko sich ihren Weg bahnte und zur Flucht in die Schweiz und nach Italien führte.

Marie (geboren 1805) setzte damit eine Familientradition fort. Ihre Mutter, Tochter des Frankfurter Bankiers Bethmann, hatte sich in einen französischen Emigranten, den Kavallerieobersten Vicomte de Flavigny, verliebt. Da die Eltern gegen eine Ehe der beiden waren, veranlaßten sie unter einem Vorwand eine Festsetzung des Vicomte in einem Gefängnis. Die junge Dame erwirkte eine Besuchserlaubnis beim Gefängnisdirektor, hielt sich mehrere Stunden bei ihrem Geliebten auf und teilte dann ihren Eltern mit, sie habe sich so kompromittiert, daß es doch wohl besser wäre, ihr die Heiratserlaubnis zu erteilen. Diese Entschlußfreudigkeit eignete offenbar auch der Tochter der beiden, die aber zunächst dem zwanzig Jahre älteren Grafen d'Agoult vermählt wurde. Der Graf war ein Ehrenmann und ließ ihr völlige Freiheit in ihren gesellschaftlichen und literarischen Interessen. Er zögerte sogar nicht einmal, Liszt später für das Verhalten gegenüber seiner Frau ebenfalls das Prädikat eines Ehrenmannes zuzuerkennen. Das zweite Kind Liszts und der Gräfin, Cosima, setzte die freiheitliche Tradition fort und lief bekanntlich von ihrem ersten Ehemann, Hans von Bülow, zu Richard Wagner über.

Die Gräfin d'Agoult war ihrer Herkunft entsprechend vollkommen zweisprachig aufgewachsen. Sie kannte die französische Literatur und Kultur ebenso wie die deutsche. In ihrer Jugend soll ihr sogar der alte Goethe über das blonde Haar gestrichen haben. Sie selbst bezeichnete sich einmal als eine Lorelei-Erscheinung. Dies ist in vieler Hinsicht bedeutsam. Ihr Äußeres, ihr volles blondes Haar, blaugrüne Augen, ein wundervolles Profil, wie es auf allen bildlichen Darstellungen zu sehen ist; aber auch eine gewisse Sentimentalität, eine romantische Neigung bei fehlender Fähigkeit zur letzten Hingabe, eine unterschwellige Kühle bei aller Wärme der Empfindung, ein schriftstellerischer Ehrgeiz, der zunächst Liszt die Arbeit abnimmt und sich erst später kompensatorisch verselbständigt, eine gewisse Distanz zu ihren Kindern, für die sie im allgemeinen Liszt aus der Nähe und später aus der Ferne sorgen läßt – all dies und noch einiges andere ist Marie d'Agoult.

Und Liszt aus ihrer Sicht (in den Memoiren): »Hochgewachsen und überschlank, ein bleiches Antlitz, mit meergrünen Augen, in denen plötzlich Lichter aufblitzen konnten, als träfe ein Strahl die Welle; leidende und doch gebietende Züge, unsicherer Gang, der mehr dahinglitt als schritt; zerstreute, unruhige Miene, wie die eines Phantoms, das jeden Augenblick in die Finsternis abgerufen werden kann. [...] Unter dem seltsamen Äußeren, das mich zuerst in Erstaunen gesetzt hatte, fühlte ich die Kraft und die Freiheit eines selbständigen Geistes, der mich anzog. Und längst ehe unser Gespräch zu Ende war, fand ich sein Wesen, das meiner Welt so ungewohnt war, einfach und natürlich.«[6] Hier haben wir den Liszt vor uns, wie er uns aus den Bildern von Ary Scheffer im Liszt-Haus zu Weimar und von Barabás in der Ungarischen Nationalgalerie anschaut. Beide Partner stimmten in gewissen Merkmalen überein: »Fast überall hielt man uns für Geschwister, so ähnlich war unser Wuchs, unser Haar (bei Liszt allerdings brünett), unsere Augen, die Hautfarbe und der Klang unserer Stimme.«[7] Der Partner ist hier mit den Augen der einstmals Liebenden, jedenfalls ohne Haß, gesehen. Das spricht für die Objektivität der Memoiren, auch wenn sie erst später aus der Erinnerung geschrieben worden sind.

Aus der keimenden Liebe wurde eine Leidenschaft, gegen die Franz vergeblich anzukämpfen suchte. Nach einer mehrwöchigen Trennung machte er ihr 1835 schließlich den Vorschlag, in die Schweiz zu fliehen. Auch war die Gräfin wahrscheinlich zu diesem Zeitpunkt bereits schwanger. »›Wir reisen!‹ wiederholte er, ›Was sagen Sie, Franz?‹ Und ich wandte den Blick ab. ›Ich sage‹, fuhr Franz fort,‹ daß wir so nicht weiterleben können. Sagen Sie nichts dagegen. Ich habe alles vorausbedacht, was Sie einwenden könnten. Seit den ersten Tagen meiner heißen, verlangenden Liebe zu Ihnen habe ich für Sie gezittert. Ich beschloß, Sie zu verlassen. Eben noch wollte ich ein Weltmeer zwischen Sie und mich legen, damit Sie wenigstens, wenn auch kein Glück, so doch Frieden hätten ... und was habe ich getan? Arme Frau! Wie sind Sie jetzt gebeugt, kraftlos und unfähig, zu leben! Was ist aus Ihnen fern von mir geworden? Nein, nein, ich werde Sie nicht so traurig hinsiechen und umkommen lassen. Wir müssen angesichts des Himmels die Heiligkeit oder das Verhängnis unserer Liebe eingestehen. Hörst du mich, verstehst du mich?‹ Und Franz preßte mich in seine Arme ›Großer Gott!‹ rief ich aus. ›Dein Gott ist nicht mein Gott!‹ sagte Franz und legte seine Hand auf meinen Mund. ›Es gibt nur einen Gott, den Gott der Liebe.‹ Acht Tage später verließen wir Frankreich. Alles war zerbrochen, verworfen, mit Füßen getreten, nur unsere Liebe nicht.« [8]

Aus dieser der Wahrheit zumindest sehr nahekommenden Schilderung geht hervor, daß Liszt durchaus eine aktive Rolle bei der Vorbereitung der Flucht gespielt hat, während die Gräfin gemäß ihrer Familientradition und der Zeitströmung nicht viel Zeit zu dem Entschluß brauchte, ihrer Liebe zu folgen. Welcher außerordentliche Mut gehörte dazu, sich auf diese Weise ganz auf sich selbst zu stellen, der Tiefe und Dauer der eigenen und des Partners Empfindung voll zu vertrauen, auf soziale Vorteile zu verzichten, auch auf eine legale Verbindung, und sich ganz auf Idee und Geist der Gemeinsamkeit zu verlassen!

Die äußeren Begebenheiten der folgenden Jahre sollen nur kurz erwähnt werden. Wir wollen uns vielmehr den Auswirkungen dieser Partnerschaft auf die innere Entwicklung der Beteiligten widmen.

Zunächst traf man sich in der Schweiz und ließ sich bis September 1837 in Genf nieder. Liszt übernahm dort eine Klavierklasse an dem neugegründeten Konservatorium. Am 18. Dezember 1835 wurde die erste Tochter, Blandine, geboren, der Liszt sofort seinen Namen gab und hinfort, wie den folgenden Kindern, seine finanzielle und – soweit möglich – menschliche Fürsorge angedeihen ließ. Zwischenzeitlich reisten er allein oder beide mehrmals nach Paris, nach Lyon und nach Nohant, dem Landsitz von George Sand. Einzelheiten sind den sorfältig dokumentierten Schilderungen von Robert Bory[9] zu entnehmen. Anfang 1837 gab Liszt in Paris die berühmten Kammerkonzerte mit Urhan und Batta, in denen vor allem Beethoven-Trios – offenbar mit außerordentlicher Wirkung – aufgeführt wurden. Ende März wurde der »Wettkampf« mit Thalberg[10] ausgefochten, dessen Ergebnis in den Biographien mit dem nichtssagenden Bonmot einer Dame charakterisiert wird: »Thalberg est le premier pianiste du monde«, und nach Liszt gefragt: »Liszt, c'est le seul« (»Thalberg ist der erste Pianist der Welt, Liszt aber der einzige«). Thalberg war ein Grandseigneur am Klavier, sicher mit edlem Ton und lupenreiner Lauf- und Arpeggientechnik, Liszt aber der schöpferische Pianist und Komponist, dessen Priorität durch die Geschichte besiegelt ist. Von dem Aufenthalt in Nohant (Mai–Juli 1837) gibt Liszt (d.h. die Gräfin d'Agoult) in einem Reisebrief an den Schweizer Offizier und Schriftsteller Adolphe Pictet eine wundervolle Schilderung.[11] Doch diese Idylle war nicht von Dauer. Der offene, direkte Charakter von George Sand kontrastierte zu stark mit dem eingezogenen, auf Distanz bedachten Wesen der Gräfin. Die scharfsichtige Sand hatte bald erkannt, daß die Liebe ihrer beiden Gäste rissig zu werde begann. In ihrer gewohnten Art »sezierte« sie die beiden und heimste so einen schriftstellerischen Ertrag für sich im *Horace* (1841) und für Balzac, dem sie fleißig berichtet hatte, in *Béatrix* (1839) ein.[12] Die Gäste müssen diese »Vivisektion« gespürt haben, denn sie kehrten nie wieder nach Nohant zurück.

Nun ging es nach Italien. Zunächst ließen sie sich in Bellagio am Comer See nieder, wo Weihnachten 1837 Cosima geboren wurde, das einzige überlebende und dabei extrem langlebige ihrer Kinder. Sie starb erst 1930 in Bayreuth. Liszt gab Konzerte in Mailand, und im März 1838 zogen sie nach Venedig. Von hier ab datiert die zunehmende Entfremdung der Liebenden, obwohl Liszt nach Konzerten in Wien wieder nach Venedig zurückkehrt. Es folgen Aufenthalte in Lugano, Mailand, Florenz, Bologna, Pisa und schließlich Rom, der Stadt, die ihm 22 Jahre später zum

Schicksal werden sollte. Hier wird am 9. Mai 1839 ihr Sohn Daniel geboren. Den Sommer verbringen sie noch gemeinsam in Lucca und im Fischerdorf San Rossore. Dann zieht es Liszt wieder nach Wien, und anschließend kehrt er in den Schoß seiner Heimat (Pozsony, Budapest etc.) zurück. Damit beginnen seine Virtuosenjahre. Marie begibt sich mit den Kindern nach Paris. Man verbringt dann noch 1841–1843 die Herbstmonate gemeinsam auf der Rheininsel Nonnenwerth. 1844 erfolgt der Abschied, den Marie auch in Gedichtform kleidet[13]:

Non, tu n'entendras pas sur sa lêvre trop fière
Dans l'adieu déchirant, un reproche, un regret.
Nul trouble, nul remords pour ton âme légère
    En cet adieu muet.

Tu croiras qu'elle aussi, d'un vain bruit enivrée
Et des larmes d'hier oublieuse demain
Elle a d'un ris moqueur rompu la foi jurée
    Et passé son chemin.

Et tu ne sauras pas qu'implacable et fidèle
Pour un sombre voyage, elle part sans retour,
Et qu'en fuyant l'amant dans la nuit éternelle
    Elle emporte l'amour.

Nein, du wirst nicht beim Scheiden ihre Schmerzen
Bedauern, nein, und keinen Vorwurf wähnen,
Und kein Gewissen lastet auf dem Herzen
    beim Abschiednehmen.

Denn du wirst glauben, sie auch sei entfremdet,
Und ihre Tränen, heute schon verwehend,
Sie seien Zeichen, daß sie ab sich wendet,
    Schon ihres Weges gehend.

Du wirst nicht wissen, daß sie ab sich wendet
Zu einer Reise ohne Wiederkehr,
Die unentrinnbar nächtlich dunkel endet,
Doch ohne Liebe nimmermehr.
(Übertragung: R. H.)

Diese Verse kennzeichnen genau und konzentrierter als die Briefe die Situation der beiden ehemals Liebenden.

Doch diese Liebe war nicht vergebens. In beiden rief sie das jedem von ihnen gegebene Höchstmaß an Produktivität hervor. Dies spricht für die Echtheit, für die Tiefe dieser Beziehung. Für Franz eröffnete sie eine außerordentlich fruchtbare Phase. Das Hauptergebnis dieses Lebensabschnittes sind das *Album d'un voyageur* (Album eines Reisenden, 1834–1840), später zum Teil als Band I der *Wanderjahre, Schweiz*, neu bearbeitet (1848 bis 1854), und Band II, *Italien*, dessen Stücke 1838–1839 konzipiert und 1858 überarbeitet und in ihrer Gesamtheit herausgegeben worden sind. Mit ihnen eroberte er zwei neue Gebiete für die Musik, nämlich die Folklore und den Impressionismus. Das Interesse für Folklore sollte sich später in Bezug auf Ungarn (z. T. auch Rumänien), Polen, Spanien und Rußland fortsetzen. Der Impressionismus wird in seinem Spätwerk mit den *Threnodien* (Trauergesängen) auf die *Zypressen der Villa d'Este* und mit dem wunderbaren Stück auf ihre *Wasserspiele* (alle *Wanderjahre*, Bd. III) wieder aufgenommen, übrigens auch in den Glockenstücken wie *Die Glocken des Straßburger Münsters* (1874), *Angélus! Prière aux anges gardiens* (Nr. 1 des III. Bandes der *Wanderjahre*, 1877), *Carillon* und *Abendglocken* im *Weihnachtsbaum*-Zyklus (1874–1876) und manchen anderen.

Die taufrische Musik des 1. und 2. Bandes der *Wanderjahre* zeugt von einem tiefen Sichversenken in Natur und Kunst der bereisten Länder. Vorbereitet war es durch die französische romantische Literatur, vor allem die großen Landschaftsbilder von Sénancour und Lamartine. Byron, besonders der die Schweiz schildernde dritte Gesang von *Childe Harold's Pilgrimage* (Junker Haralds Pilgerfahrt), hinterließ tiefe Spuren. Auch religiöses

Empfinden, angeregt durch Chateaubriand und Lamennais, fließt mit ein. Liszts Verhältnis zur Natur ist keineswegs etwa mit dem eines Botanikers zu vergleichen. Es ist durchaus künstlerisch-produktiv.[14]

Durch die Gräfin lernte er auch die Kunst und die klassische Literatur Italiens kennen. 1839 schloß er zudem in Rom Freundschaft mit dem französischen Maler Ingres, der ihm ein vorzüglicher Führer wurde. Auch hier ist die Mischung von Eindrücken aus Literatur, Malerei, bildender Kunst und Musik charakteristisch. »Das Schöne dieses begünstigten Erdstriches zeigte sich mir in seinen reinsten, in seinen erhabensten Formen. Meinem staunenden Auge erschien die Kunst in ihrer ganzen Herrlichkeit und enthüllte sich ihm in ihrer ganzen Universalität, in ihrer ganzen Einheit. Jeder Tag befestigte in mir durch Fühlen und Denken das Bewußtsein der verborgenen Verwandtschaft aller Werke des schaffenden Geistes. Raffael und Michelangelo verhalfen mir zum Verständnis Mozarts und Beethovens; in Johann von Pisa, Fra Beato, Francia fand ich eine Erklärung für Allegri, Marcello, Palestrina; Tizian und Rossini erschienen wie Gestirne gleicher Strahlenbrechung. Das Kolosseum und der Campo Santo sind der heroischen Symphonie und dem Requiem nicht so fern, als man wähnt. Dante hat seinen künstlerischen Ausdruck in Orcagna und Michelangelo gefunden; vielleicht findet er eines Tages seinen musikalischen durch einen Beethoven der Zukunft.«[15] Hier wird also eine Heteronomieästhetik entwickelt, die Musik keineswegs als autonomes Gebilde begreift, sondern erlaubt, über Assoziationen aus anderen Gebieten der Kunst Ausdruck von Empfindungen, Tonmalerei, Sinn und Bedeutung einfließen zu lassen. Das ist gemeint, wenn er sagt: »Meine Sendung mag sein, als erster die Poesie mit einigem Glanze in die Klaviermusik gebracht zu haben«[16] (und dabei größten Wert auf seine harmonischen und koloristischen Entdeckungen legt). Er nimmt damit die Synästhesien, auf die Baudelaire in seinem Gedicht *Correspondances*[17] als ein mystisches Naturgesetz verweist, und überhaupt die Ästhetik des Symbolismus vorweg.

II

Es lohnt sich, im Lichte dieser Feststellungen die *Wanderjahre* und ihre Vorformen zu betrachten, sofern sie aus der hier behandelten Epoche resultieren. Leider pflegen unsere Pianisten in ihren Konzerten nur Einzelstücke daraus zu spielen. Um einen vollen Eindruck zu erhalten, sollte man aber jeweils einen geschlossenen Zyklus hören (oder besser selbst spielen). Erstens hat Liszt wahrscheinlich künstlerische Gründe gehabt, sie in der Form anzuordnen, in der sie jetzt vorliegen; und zweitens kann nur das Anhören eines gesamten Zyklus die Vielseitigkeit und Fülle des Erlebnisses *Schweiz* oder *Italien* vermitteln.

Beim ersten, dem Landschaftszyklus, liegt nach Presser[18] eine Art bilateral-symmetrischer Anordnung vor, so daß sich um den hinzukomponierten Orage (Nr. 5) als Zentrum jeweils zwei auf »Beschwörung« angelegte Zustandsbilder (Nr. 1 und 4 sowie 6 und 9) gruppieren, zwischen die jeweils wieder zwei reine Zustandsbilder als Ruhepunkte (Nr. 2 und 3 sowie 7 und 8) eingeschaltet sind.

Nr. 1, *Chapelle de Guillaume Tell* (Tells Kapelle), charakterisiert mit einem aufsteigenden akkordischen Motiv sowohl das ragende Kirchlein wie den zum Aufstand aufrufenden Schweizer Nationalhelden. Im Mittelteil hallen die Alphörner mit feinen Echowirkungen von den Bergen.

Nr. 2, *Au lac de Wallenstadt* (Am Wallenstädter See), ist gewissermaßen ein musikalisches Pendant zu dem herrlichen *Auf dem See* des jungen Goethe, auf der Schweizerreise 1775 konzipiert. In beiden findet man die Fähigkeit, die Dinge in ihrem natürlichen Maß zu sehen und das stumme Bild der Welt ohne den störenden Umweg der Reflexion zum Tönen zu bringen. Der Eindruck der Zuständlichkeit mit gleichmäßigem Wellen- und Ruderschlag wird durch eine monotone Begleitfigur erzeugt, die alle zwei Takte zwischen Tonika und Dominante wechselt, dabei aber den Leitton (g) bis gegen Schluß des Stückes meidet. So wird eine wundersam schwebende Atmosphäre erzeugt, ein Sfumato gewissermaßen, durch das die Fremdharmonien der eingeschalteten modulierten Teile um so heller hindurchblitzen. Auf dieser Grundlage erhebt sich eine pentatonische Alphornmelodie als Ausdruck ländlichen Friedens, des Ruhens in der Landschaft. Dem Stück sind die Verse Byrons vorangestellt:

> ... Dein See, gemessen
> Mit meiner frühern Welt voll Sturm und Glut,
> Mahnt mich mit seiner Stille, zu vergessen
> Am reinern Quell der Erde trübe Flut.
> Wie sanfter Flügelschlag, fand ich Behagen
> Am Meersturm einst, so klingt jetzt sanft und gut
> Dein Plätschern mir, wie einer Schwester Klagen,
> Daß ich in wilder Lust mich so der Ruh entschlagen.[19]
> *(Childe Harold, 3. Gesang, 85. Strophe)*

Nr. 3, *Pastorale*, ist eine Hirtenmelodie, in der durch ständige Wiederholung eines Motivs, gestützt auf Quintenbässe, also dudelsackartig, ebenfalls ein Eindruck von Statik erzeugt wird. Nach H. Searle »hat das Stück alle Frische und Spontaneität von Bartóks Volksliederbearbeitungen«[20] für Klavier, ein Genre, in dem Liszt später noch einige kostbare Proben liefern sollte: [*La cloche sonne* (ca. 1850), *Fünf ungarische Volkslieder* (1872), *Abschied, Russisches Volkslied* (1885).]

Nr. 4, *Au bord d'une source* (Am Rande einer Quelle), nach L. Kentner »eines der vollkommensten ›Wasserstücke‹, die je geschrieben worden sind«[21], lebt vom Vorhalt und seiner verzögerten Auflösung. Es weist Rondoform auf, wobei das immer wiederkehrende hüpfende Thema zwar gleich bleibt, aber pianistisch reizvoll neu gefaßt wird, und jeweils in eine andersgeartete »Kaskade« ausläuft. Monotonie und damit das Gefühl naturhafter Zuständlichkeit wird mit durchlaufender Sechzehntelbewegung bei $^{12}/_{8}$-Takt erzielt.

Nr. 5, *Orage* (Sturm, Gewitter), ist das genaue Gegenteil des vorigen. Ein einleitendes Signalmotiv, das einmal wiederholt wird, ähnelt demjenigen des *Malédiction*-Konzertes oder der Symphonischen Dichtung *Prometheus*, bedeutet hier also wohl das Dräuen des Gewitters. Dann bricht der Sturm los, – »Stürme sind meine Force«, pflegte Liszt zu sagen – mit einem rhythmisch prägnanten Motiv (Presto furioso), das das Einschlagen des Blitzes geradezu physisch wiedergibt, und chromatisch herabstürmenden Oktaven, die wohl Donner und Sturm symbolisieren. Im Mittelteil (Fis-Dur, Meno Allegro) wird das Blitzmotiv, das das Stück beherrscht, in wechselnder Weise durchgeführt. Dem Stück sind folgende Byronschen Verse vorangestellt (aus der 96. Strophe von *Childe Harold*):

> Doch sprich, o Sturm, wo ruhest du vom Streite?
> Gleichst denen in des Menschen Herzen du?
> Fliegst einem hohen Horst du gleich dem Adler zu?

Wir wohnen also einem großartigen, jetzt höchst dramatischen Naturschauspiel bei, das »höchstens als ausgezeichnete Oktavenetüde«[22] gelten zu lassen von einer völligen Verkennung der Erfordernisse und des Wesens dieser Art Lisztscher Stücke (vgl. z. B. die Sturmszenen in der *Franziskuslegende II*, in *Les Préludes*, in den Oratorien *Die Legende von der heiligen Elisabeth* und *Christus*) zeugt.

Einer ähnlichen Fehleinschätzung verfiel Adolf Ruthardt im Hinblick auf Nr. 6, *La vallée d'Obermann* (Das Obermann-Tal), das er eventuell auszulassen empfiehlt, da es »lang und unbedeutend«[23] sei. Wir empfinden es heute als das bedeutendste, am meisten in die Zukunft weisende Stück des Zyklus. Bisher konnte man die malerischen Elemente der Musik in den Vordergrund rücken, hier tritt mit aller Gewißheit der Ausdruck tiefster Empfindung hinzu. Nach der Schilderung von August Göllerich, der damals als Adlatus des Meisters wirkte, gewannen Liszt unter den Kompositionen, die er 1885 in den letzten römischen Stunden hörte, von den eigenen Werken *Tassos Trauertriumph, Bénédiction et Serment* aus *Benvenuto Cellini* [von Berlioz], die *Paganini-Etüden* sowie das *Obermann-Tal* besonderes Interesse ab. »Letztgenanntes Werk zu hören hatte Liszt wiederholt abgelehnt. Aus einer Aufführung von Spontinis *Olympia* in der Sala

Dante am 12. Dezember heimgekehrt, verlangte der Meister nachts, daß ich es spiele. Er brach dabei in Tränen aus.« [24] Dem Stück sind zwei Stellen aus dem Briefroman *Obermann* von Sénancour und die 97. Strophe aus dem dritten Gesang von Byrons *Childe Harold* vorangestellt.

> Könnt' ich verkörpern und der Brust entschließen,
> Was alles in mir lebet, könnt' ich, ach!
> Mein Denken an der Sprache rächend, gießen
> Herz, Seele, Geist, Gedanken, stark und schwach,
> Alles, was ich gesucht und suchen mag,
> Schmerz, Wissen, Fühlen – in ein einzig Wort: –
> Ich spräch dies Wort, und wär's ein Donnerschlag!
> So leb' ich lautlos bis zum Tode fort;
> Wie in der Scheid' ein Schwert, ruht der Gedanken Hort.

Zu diesen Zitaten hat sich Liszt ebenfalls geäußert, »Obermann [der Roman] ist das Monochord der unerbittlichen Einsamkeit menschlicher Schmerzen«[24]. Wie sind aber die Zitate beschaffen, die in seiner Jugend das Stück und durch dieses noch fünfzig Jahre später tiefste Erschütterung ausgelöst haben? Aus *Obermann* wird zitiert:

> »Unsagbare Empfindsamkeit, Reiz und Qual unserer
> eitlen Jahre; tiefes Bewußtsein einer überall
> überwältigenden und undurchdringlichen Natur,
> allgemeines Leiden, Gleichgültigkeit, fort-
> geschrittene Weisheit, wollüstige Hingabe;
> alles, was das Herz eines Sterblichen an tiefen
> Wünschen und ebensolchem Verdruß fassen kann,
> alles habe ich in dieser denkwürdigen Nacht
> gefühlt und empfunden. Ich habe einen unheil-
> vollen Schritt auf das Alter der Kraftlosigkeit
> hin getan; ich habe zehn Jahre meines Lebens
> verloren.«

Und an Agnes Street schreibt er aus Ettersburg am 14. Juni 1855, 7 Uhr abends: »Was habe ich Ihnen zu sagen, durch soviel Schweigen hindurch, das auf meinem Geschick lastet? ›And if it was lightning, I would speak‹, sagte Childe Harold ... Wenn Dir dieser Band in die Hand kommt, dann lies noch einmal diese Zeilen aus dem dritten Gesang, den ich als Motto eines ziemlich verworrenen Stückes gewählt habe, das kürzlich im ersten Band (Schweiz) meiner Wanderjahre erschienen ist und das vielleicht einen bescheidenen Platz auf dem ›Parnasso confuso‹ verdient, von dem einst der gute Metastasio träumte und den wir in der Zwischenzeit erheblich bereichert haben.«[25]

Die Quellen besagen also:

1. Das Stück lag dem Meister von Anfang an bis zu seinem Ende außerordentlich am Herzen, und er war leidenschaftlich davon ergriffen.

2. Die Mottos handeln von dem Leiden des Menschen an der Natur, von einer mystischen Identifikation und der schließlichen Einsicht in die Unmöglichkeit, sich wie Natur zu entäußern.

Das Stück ist also keineswegs nur die Schilderung eines ernsten Hochgebirgstals mit einer Einlage von Donner und Blitz. Es muß durchaus doppelbödig interpretiert werden und den hoffenden und leidenden Menschen einbeziehen. Das Motiv der fallenden Skala, anfangs finster und unheimlich, erscheint im zweiten Abschnitt in C-Dur in lichter Höhe. Der Versuch, in der Natur aufzugehen, scheitert zunächst. Nach einem kurzen Gewitter wird er aber wieder aufgenommen (E-Dur) und scheint jetzt in zwei gesteigerten Wiederholungen in Barform, deren zweiter Teil (Abgesang) nun aus einer aufsteigenden Leiter besteht, dem Gelingen immer näher zu kommen – um auf dem Höhepunkt abzubrechen und in Verzweiflung zu enden. Searle vergleicht das Stück mit der über 50 Jahre späteren *Verklärten Nacht* von Arnold Schönberg durchaus zutreffend – bis auf die beiden Schlußtakte bei Liszt, die abrupt das Wiederabsinken in die anfängliche Verzweiflung kennzeichnen. Sie fehlen allerdings in der Erstfassung von 1837–1840. Auf jeden Fall hat Searle recht mit der Feststellung, es sei »eines der Stücke, in dem der Komponist von seinem Gegenstand regelrecht besessen war, so daß man von Anfang bis Ende völlig mitgeht«[26]. Nach dieser Erfahrung wird man etwas vorsichtiger, in diesen Stücken mit Presser nur realistische Naturbilder zu sehen. Real ist vielmehr Liszts Fähigkeit, die durch Naturwahrnehmung – und Ähnliches gilt für Literatur, bildende Kunst etc. – ausgelösten nervösen Schwingungen mitsamt den assoziierten Empfindungen unmittelbar in Musik umzusetzen. Selbstredend waren ihm dabei sein ausgeprägter Klangsinn (Harmonik!) und seine technischen Fähigkeiten behilflich.

Der Nr. 7, *Eglogue* (Hirtengesang), ist ein langer Ausschnitt aus dem Obermann-Roman über den romantischen Ausdruck und den Kuhreigen vorausgesetzt. Aber auch hier zusätzlich ein kurzes, plastisches Zitat aus dem 3. Gesang, 98. Strophe, von *Childe Harold*:

> Der Morgen naht, der tauige Morgen schon,
> Sein Atem Weihrauch, Blumen seine Wangen!
> Er lacht die Wolken fort mit munterm Hohn
> Voll Lebenslust, als gäb's kein Todesbangen.

Das Stück atmet die ganze Frische einer Hochgebirgsalm. Die Verwendung von der Hauptharmonie fremden Sextakkorden erinnert an viel spätere Werke von Brahms und Wagner (Blumenmädchenszene aus *Parsifal*).

In Nr. 8, *Le mal du Pays* (Das Heimweh), rufen Anklänge an Hornrufe und Kuhreigen den Schmerz des in der Fremde Weilenden hervor, der sich in einem bei der Wiederholung leidenschaftlich drängenden und plötzlich zusammenbrechenden Klagelied ausströmt. In der pikanten Harmonisierung (Lento) der Schlußtakte, in die der Kuhreigen hineinklingt, wird Grieg vorweggenommen.

Das letzte Stück, *Les cloches de Genève* (Die Glocken von Genf), hauptsächlich Klangzauber, ist von einem Glockenmotiv durchwoben und gibt gleichzeitig der Freude über die Geburt der ersten Tochter, Blandine, Ausdruck. Das zweite der Erstfassung vorausgesetzte Zitat lautet:

Nicht in mir selbst nur leb' ich; nein, ich fühle
mich einen Teil des Alls.

(Childe Harold, 3. Gesang, aus der 72. Strophe)

Wir haben diese Zitate ausführlich wiedergegeben, um einen Eindruck von dem geistig-seelischen Hintergrund der Lisztschen Musik in dieser Epoche seines Lebens zu vermitteln. Der Komponist bezeichnet im Vorwort zum *Album d'un voyageur* (erschienen 1842) »le sens intime et poétique des choses, cette idéalité qui est dans tout (den tieferen und poetischen Sinn der Dinge, diese Idealität, die alles durchdringt) als das Wesen seiner Musik.

III

Der zweite Zyklus, *Italien*[27], wird von *Sposalizio* (Die Vermählung Mariens, Gemälde von Raffael) eingeleitet. Es beginnt mit einem pentatonischen Glockenmotiv, das dann — später diminuiert — das Stück als Begleitung durchzieht. Im Zentrum steht ein chorischer Gesang, der zweimal, jeweils intensiviert, wiederholt wird. Die Verwendung von Nebentönen in dem Begleitmotiv geht weiter als etwa bei Debussy in der *Arabeske Nr. 1*, die rund ein halbes Jahrhundert später komponiert wurde.

In Nr. 2, *Il Pens[i]eroso* (der Sinnende, die Statue Lorenzos de' Medici, Herzog von Urbino, von Michelangelo in der Mediceergruft zu Florenz), wird die Statik der Skulptur durch durchgehende Orgelpunkte bei wechselnder Harmonisierung symbolisiert. Der Schlußteil wird durch chromatische Harmonien beherrscht, die *Tristan* um zwanzig Jahre vorwegnehmen. Insgesamt ein Stück von ungemein zwingender Atmosphäre, gesteigert zu glühendem Ausdruck mit anschließendem Rückfall in brütende Melancholie. Es liegt der zweiten der *Trois Odes funèbres* (Drei Traueroden, für Orchester, spätestens 1864) zugrunde.

Nr. 3, *Canzonetta del Salvator Rosa*, erst 1849 hinzukomponiert, ist eine geschmackvolle Bearbeitung eines Marschliedes dieses Dichters und Sängers. Um seine Weise zu verstehen, muß man den Text kennen.

So oft ich mag nach hier und dort hin ziehen,
Ein heißer Herzenswunsch begleitet mich.
Mein Liebesfeuer hört nicht auf zu glühen,
Und stets derselbe bleiben werd auch ich!

Die folgenden drei *Petrarca-Sonette* gehören zum Schönsten, was Liszt überhaupt für Klavier geschrieben hat. Und doch wurden sie ursprünglich (1838–1839) als Lieder für eine hohe Tenorstimme komponiert. Liszt fertigte fast gleichzeitig eine Piano-Transkription an, die später in die jetzt gültige Form umgearbeitet wurde (erschienen 1858). Sie zeugt von seiner unvergleichlichen Fähigkeit, Musik aus anderen Medien auf das Klavier zu übertragen. Aller Schmelz des Belcanto ist in dieser Fassung erhalten geblieben. »Eine bemerkenswerte Freiheit herrscht jedoch, indem hier und dort leichte Abweichungen angebracht werden, indem die Lagen des Klavierklangs ausgenutzt werden, indem mehr nach Ausdruck und Intensität als nach Einhaltung der ursprünglichen Vorlage gestrebt wird« (Louis Kentner).[28] Die Sonette sind entsprechend ihren textlichen Vorlagen ganz verschieden, also hier, wo man vorwiegend »Ausdruck der Empfindung« erwarten würde, mindestens ebensoviel »Malerei«. Das erste, Nr. 47,

Gebenedeit sei Tag und Mond und Jahr
und Zeit und Stunde und das schöne Land,
Die Stätte, wo der Blick zuerst mich fand,
Der mich gefesselt hält unwandelbar.*

Zunächst voll dahinströmend, verklingt es, entsprechend den Textworten »Gesegnet alle Blätter«, in sanften Pastellfarben.

Das zweite, Nr. 104, spiegelt die dramatisch-leidenschaftliche

* Es muß bemerkt werden, daß besonders in diesen Fällen nur das italienische Original eine ausreichende Grundlage für das Verständnis der Lieder und der Klavierfassungen liefern kann.

Bewegtheit der Textvorlage und bringt schönsten, schmelzenden Belcanto auf dem Klavier:

> Nicht Frieden find ich, und nicht Grund zum Kriegen;
> Ich fürcht und hoffe, glühe frostdurchdrungen,
> Zum Himmel flieg ich, muß am Boden liegen,
> Und halte nichts, und doch die Welt umschlungen.

Das dritte Sonett, Nr. 123,

> Ich sah hienieden schon der Engel einen ...

weist von Anfang bis Ende jene Verhaltenheit auf, die in der letzten Strophe besonders zum Ausdruck kommt und die in der Einleitung und im Nachspiel impressionistische Färbung annimmt.

Beschluß und Höhepunkt des Zyklus bildet *Après une lecture du Dante. Fantasia quasi Sonata* (Nach einer Dante-Lesung [Titel eines Gedichtes von Victor Hugo]). Das Stück läßt Grundzüge der Sonatenform erkennen (daher der Untertitel Fantasia quasi Sonata und die übliche Kurzbezeichnung als *Dante-Sonate*). Es wurde als erstes des Zyklus komponiert. Die dem Komponisten zur Verfügung stehenden technischen und tonmalerischen Mittel sind vollkommen in den Dienst der poetischen Idee gestellt. Nach Ansicht von Searle[29] wird das Klavier hier bisweilen überstrapaziert, und er empfiehlt daher eine Fassung für Klavier und Orchester von Constant Lambert. Wir können uns dieser Meinung nicht anschließen, doch muß das Original mit der außerordentlichen Farbigkeit dargeboten werden, die im poetischen Vorwurf (und in den Vortragsbezeichnungen) enthalten ist, und darf keinesfalls als Oktaven- und Akkordetüde gespielt werden. Trotz zusammengesetzter Form ist das Stück weitgehend monothematisch, mit Ausnahme des einleitenden, den ersten und zweiten Themenkomplex trennenden und die Durchführung einleitenden Rufmotivs (Oktaven im Tritonus-Abstand). Die alte Bedeutung des Tritonus als »Diabolus in musica« war Liszt wohlbekannt. Es symbolisiert den Ruf des Höllenfürsten über der Tür des Inferno:

Lasciate ogni speranza voi ch'entrate
(Laßt fahren alle Hoffnung, ihr Eintretenden).

Der folgende erste Themenkomplex schildert das Höllenfeuer (chromatische Schritte in Sechzehnteln) und einen Choral der Verdammten (gleiches Motiv in ganztaktigen Akkorden). Der zweite Themenkomplex behandelt die Liebesgeschichte der Francesca da Rimini. Er benutzt ebenfalls das chromatische Motiv, jetzt in zarte Seufzer umgedeutet, denen ein überschwenglicher Abgesang folgt. Nach einer Durchführung, in der »Höllenfeuer« und »Choral« sich abwechseln, folgt (Tempo rubato e molto ritenuto) eine Reprise, in der das chromatische Seufzermotiv und der Choral die Hauptrolle spielen. Dem originellen (im Endeffekt plagalen) Schluß liegt eine neomodale Akkordfolge auf der Grundlage von im Ganztonabstand über eine Oktave hinweg fallenden Bässen zugrunde.

Mit dieser Gipfelung in der *Dante-Sonate* stellt der Zyklus ein großes Crescendo dar. Die wahre Ausstrahlung dieses Werkes (ohne überflüssigen Oktavendonner) ergibt sich daher erst aus der Darstellung des gesamten Zyklus, die man leider in den Konzertprogrammen weitgehend vermißt.

IV

Während also die Gesellschaft von Marie d'Agoult und der Aufenthalt in der Schweiz und in Italien Liszts Schöpferkraft gewaltig steigerten, war Marie im wesentlichen auf die Rolle der liebenden Frau und Mutter reduziert. Es ist, bei der Ritterlichkeit Liszts, eine Frage, ob er diese Gemeinschaft als Belastung empfunden hat. Es zog ihn jedenfalls weiter hinaus in die Welt und zu neuen Abenteuern. Die große Donauüberschwemmung in Ungarn (Frühjahr 1838) war wohl nur ein äußerer Anlaß, um sich wieder auf Reisen zu begeben, zunächst nach Wien, wo er mit größtem Erfolg konzertierte und aus seinen Einnahmen seinen hochwassergeschädigten Landsleuten die riesige Summe von 25 000 Gulden zukommen ließ.

Im nächsten Jahr gab er erneut Konzerte in Wien und Ungarn, 1840 in Deutschland, Frankreich, Belgien, England. So verfiel er dem »Saus und Braus«, wobei selbstverständlich amouröse Abenteuer nicht ausgeschlossen waren. Die wichtigsten Liaisons dieser Jahre betrafen die Prinzessin Belgiojoso, die Berliner Schauspielerin Charlotte von Hagn, die Sängerin Caroline Unger, Gräfin Samoylow und die Pianistin Camilla Pleyel, die ihrerseits bereits Chopin und Berlioz zu ihren Aktivposten zählen konnte.

Als aber die Reihe an die berühmt-berüchtigte Tänzerin Lola Montez kam, wurde es Gräfin d'Agoult zu viel, und sie kündigte die Beziehungen auf (1844). Inzwischen war sie, bei ihrer Familie rehabilitiert und durch Erbschaft seitens der Mutter finanziell unabhängig, wieder in Paris seßhaft geworden und führte einen literarischen Salon. Hier verfaßte sie unter dem Pseudonym Daniel Stern *Nélida*, einen Schlüsselroman über ihre Beziehungen zu Liszt (Paris 1846, 2. Aufl. 1866), später ein Buch über *Dante und Goethe, Esquisses morales* (Skizzen über Moral) sowie historische Schriften und Lebenserinnerungen.

Manches in *Nélida* dürfte der Wahrheit nahekomen, aber eben nur nahekommen, zumindest spiegelt es ihre tieferen Empfindungen nach dem Bruch ihrer Beziehung zu Liszt. Die 1933 bis 1934 erschienenen Briefe geben einen Eindruck von dem Ringen beider um ihre Liebe. Liszt schreibt z. B. im Juni 1840: »Liebe ist nicht Gerechtigkeit. Liebe ist nicht Pflicht; sie ist auch nicht Genuß, und dennoch enthält sie in geheimnisvoller Weise alle diese Dinge. Es gibt tausend Arten, sie zu empfinden, tausend Methoden, sie zu betätigen, aber für jene, deren Seele nach dem Vollkommenen und Unendlichen dürstet, ist sie ewig eins, ewig eins, ohne Anfang noch Ende. Wenn sie sich irgendwo auf Erden kundtut, so vor allem in jenem hohen Vertrauen des einen zum andern, in jener unbesiegbaren Überzeugung von unserer engelhaften Natur, die jeder Befleckung unerreichbar, für alles, was sie nicht ist, undurchdringlich ist. Streiten wir also nicht über Worte (und selbst nicht über Dinge), feilschen wir nicht, wägen wir nicht ab. Ist die Liebe noch in der Tiefe unserer Herzen, so ist alles gesagt, ist sie daraus verschwunden, so ist nichts mehr zu sagen.«[30]

Zu dieser Klarheit der Auffassung vermochte sich die Gräfin auch mit Hilfe von *Nélida* nicht durchzuringen. Der Roman bietet viele interessante Einzelheiten über Charakter und Persönlichkeit der beiden ehemals Liebenden. Die Konstellation der Personen ist ähnlich wie in der Wirklichkeit, Liszt figuriert als Maler Guermann Régnier. Aber Nélida hat Zweifel an seiner künstlerischen Sendung: »Guermann war mit seltenen Fähigkeiten begabt. Bis zur Täuschung bot er alle Anzeichen des Genies: eine lebhafte Auffassung, einen mitreißenden Enthusiasmus, eine wunderbare Leichtigkeit, Feuer in der Rede und unter dem Pinsel, einen hartnäckigen Willen, einen unbezähmbaren Stolz, den Durst nach Schönheit unter allen Formen. Aber er hatte in seiner inneren Organisation einen gewaltigen Defekt, der alle diese Gaben lähmte und sie für ihn und andere zum Unheil ausschlagen lassen mußte. Er besaß nur die Kraft der Ausdehnung. Dagegen fehlte ihm die Kraft zur Sammlung, jene, die die Philosophen, die großen Charaktere und die wahrhaften Künstler macht. [...] In einem Wort, es mangelte ihm an Gewissen; als gut oder schlecht erkannte er nur den Erfolg oder das Scheitern seiner herben Begierden. Obwohl von Natur außerordentlich großzügig, war er daher auch erschreckend egoistisch. Die Umstände hatten nicht wenig dazu beigetragen, diese maßlose Persönlichkeit zu bestärken. Es hatte kein Gegengewicht gegen seine Neigungen gegeben.«[31] Trotzdem, die Liebende setzt sich über diese Erkenntnisse hinweg. Erst als er ihr untreu wird, kommt es zum entscheidenden Konflikt. »Von nun an gab es zwischen ihnen nicht bloß eine uneingestandene Mißstimmung, sondern eine beiderseits anerkannte Feindseligkeit; ein Keim des Hasses war in ihre Liebe gesät.«[32] Schließlich läßt die Autorin Guermann schwer erkranken, Nélida eilt zu ihm, und er stirbt in ihren Armen. »Man darf hoffen, daß diese letzte Umarmung durch eine heilende Hand, daß dieser letzte Blick einer unendlichen Liebe für diese keuchende Seele ein Pfand des ewigen Friedens war. Nélida konnte glauben, daß sie wenigstens in der Todesstunde für den Geliebten das gewesen war, was sie in seinem Leben hatte sein wollen: das erhörte Gebet, die verziehene Schuld, die Beatrice, welche auf den offenen Himmel weist.«[33]

So blieben Nélidas Gefühle zwiespältig, da sie ihm, d.h. Liszt, den Tod wünschte, wenn auch in ihren Armen. Mehr und mehr verhärteten sich die Fronten. Man sprach sich noch gelegentlich, zuletzt 1866, also zehn Jahre vor dem Tod der Gräfin. Sie erzählte ihm von ihrer Absicht, ihre Lebenserinnerungen zu veröffentlichen. Da sie um einen Titel verlegen war, schlug ihr Liszt »Poses et mensonges« (Verstellungen und Lügen) vor. Ihrerseits gab sie in diesem Jahr eine zweite Auflage von *Nélida* heraus. Ferner sorgte sie dafür, daß die Aufführung der Graner Messe in St. Eustache, die gesellschaftlich ein großer Erfolg war, von der Kritik abgekanzelt wurde. Sie bediente sich dazu ihres Schwiegersohns Guy de Charnacé, der in *La Presse* schrieb: »Der berühmte Virtuose hat die Romantik fahren lassen, zu deren berühmtesten Interpreten er gehörte, um heute das Lob des Herrn zu singen. [...] Das ist das Gegenstück zur dunkelsten Seite Wagners.« Danach war jedes weitere Gespräch überflüssig.

Insgesamt gesehen hat sich also Liszt in den Wanderjahren durch das Zusammenleben mit der Gräfin schöpferisch und menschlich entfaltet und seinen eigenen Stil gefunden, während sie ihre schriftstellerische Existenz vor allem als Gegenposition zu ihm aufgebaut hat.

Claviator maximus

Die Erinnerung an sein Spiel
tröstet mich über meine
entschwundene Jugend.

Camille Saint-Saëns[1]

I

Die als Überschrift gewählte scherzhafte Bezeichnung des Meisters durch Hans von Bülow stammt dennoch aus Ernst und Bewunderung. Die Klavierkunst Liszts wird oft auf seine Virtuosenepoche (1839—1847) reduziert, die ihn quer durch Europa, von London nach St. Petersburg, von Gibraltar nach Konstantinopel und schließlich nach Kiew und Elisabethgrad (heute Kirowgrad) führte. »Saus und Braus«, so hat er sie selbst charakterisiert. Doch das Klavier bedeutete ihm viel mehr: den wesentlichen Einstieg in die Musik überhaupt und auch den unentbehrlichen Begleiter seiner mittleren und späten Jahre. Hören wir ihn selbst (1837 an Adolphe Pictet auf die Frage, ob er nicht lieber Orchesterwerke komponieren wolle): »Sie ahnen nicht, daß Sie damit einen meiner empfindlichen Punkte berührt haben. Sie wissen nicht, daß mir vom Verlassen des Klaviers sprechen soviel ist wie mir einen Tag der Trauer zeigen, mir das Licht rauben, das den ganzen ersten Teil meines Lebens erhellt hat und untrennbar mit ihm verwachsen ist. Denn, sehen Sie, mein Klavier ist für mich, was dem Seemann seine Fregatte, dem Araber sein Pferd ist — mehr noch! Es war bis jetzt mein Ich, meine Sprache, mein Leben! Es ist der Bewahrer alles dessen, was mein Innerstes in den heißen Tagen meiner Jugend bewegt hat, ihm vertraue ich alle meine Wünsche, meine Träume, meine Freuden und Leiden. Seine Saiten erbebten unter meinen Leidenschaften, und seine gefügigen Tasten haben jeder Laune gehorcht!« [2]

Liszt als Klavierspieler, das ist also ein Thema, das weit über seine Virtuosenzeit hinausreicht, das bei ihm Grundsätzliches seiner Schaffensweise anrührt, das den nicht verwundert, der um die engen Beziehungen zwischen Hand und Hirn weiß. Wir wollen also die Äußerlichkeiten der Virtuosenepoche beiseite lassen und uns fragen: Wie war seine Technik beschaffen? Wem diente seine Virtuosität, wie wußte er zu gestalten? Welche Auskunft geben uns seine Programme und Kompositionen? Über sein Klavierspiel gibt es eine Unzahl von Äußerungen und Kritiken. Die Mehrzahl ist nur im Hinblick auf die Stimmung des Publikums interessant. Lehrreich aber ist es, die Urteile erfahrener, kenntnisreicher Musiker und Kritiker durch die Jahre hindurch zu verfolgen.

II

Schon eine Besprechung von d'Ortigue aus dem Jahre 1834 sagt aus, worauf es Liszt in erster Linie ankam: »Sein Vortrag ist seine Sprache, seine Seele. Er ist der poetischste, vollendetste Inbegriff aller Eindrücke, die er empfangen hat, alles dessen, wovon er eingenommen ist. Diese Eindrücke, die er allem Anschein nach mit der Sprache gar nicht wiedergeben [...] könnte, reproduziert er [...] mit einer Kraft der Wahrheit, mit einer Gewalt der Natur, mit einer Energie der Empfindung, mit einem Zauber der Anmut, welche nie erreicht werden können. [...] Daher kommt es, daß Liszts Vortrag kein mechanisches materielles Exerzitium, sondern vielmehr und im eigentlichen Sinne eine Komposition, eine wirkliche Schöpfung der Kunst ist.«[3]

1836 schildert Berlioz seine auf zwei Privatsoiréen empfangenen Eindrücke: »... den Liszt des vergangenen Jahres [...] hat der Liszt von heute weit hinter sich gelassen. [...] Was ich bezüglich der Technik als beträchtlich Neues unterscheiden konnte, beschränkt sich auf Akzente und Nuancen, die auf dem Klavier hervorzubringen man einstimmig für unmöglich gehalten hat und die bis jetzt tatsächlich unerreichbar waren. Hierher gehören: ein breiter, einfacher Gesang; lang klingende und streng gebundene Töne; sodann ganze, in gewissen Fällen mit äußerster Heftigkeit und doch ohne Härte und ohne an harmonischem Glanz einzubüßen, nur so hingeworfene Notenbüschel; ferner Melodienreihen in kleinen Terzen, diatonische Läufe in der Tiefe und den Mittellagen des Instruments mit unglaublicher Schnelligkeit staccato ausgeführt und zwar so, daß jede Note nur einen kurzen gedämpften Ton erzeugte, der sofort erlosch und vom vorhergehenden sowohl wie vom nachfolgenden gänzlich getrennt war. [...] Ein Fortschritt, der am meisten Bewunderung erregte [...], war die namhafte Reform des lyrischen Teils seines Vortrages.«[4]

Zur Unterstützung seiner Ansicht beruft sich Hector Berlioz speziell auf die Gestaltung von Beethovens op. 106 *(Hammerklavier-Sonate).*

1837 hört ihn Henry Chorley, ein kühler, kritischer Engländer, in Paris: »In ebenmäßiger Fülle und Süße des Tons hätte er übertroffen werden können. Seine Art der Behandlung des Klaviers — seine völlige Indifferenz gegenüber Holz und Draht in seiner Suche nach Wirkung schloß vollendete Gleichmäßigkeit [wie z. B. bei Thalberg] aus. Aber die Wandlungsfähigkeit seiner Tongebung ist bemerkenswert und, soweit meine Erfahrung reicht, unübertroffen. Er kann die Saiten mit ätherischer Zartheit wispern lassen oder Töne erzeugen, die so rein und fein sind wie die zartesten Harfennoten. Bisweilen wird das Ding zu einem Blechblasinstrument, und es wird den widerstrebenden Saiten ein so durchdringender und nasaler Ton entlockt wie derjenige einer Militärtrompete. [...] Schnelligkeit und Ausgeglichenheit der Finger bei völlig bewußt beherrschter Fähigkeit, eine Passage zu verzögern oder aufzuhalten, um irgendeinen ornamentalen Einfall einzuschalten, eine Ausdrucksschattierung zu improvisieren; Greifen der schwierigsten Intervalle (die Bassakkorde vieler seiner Bearbeitungen erstrecken sich über zwei Oktaven und werden doch so sicher angeschlagen, daß man das Arpeggio kaum bemerkt, das zu ihrer Erzeugung erforderlich ist); die Fähigkeit, die reichsten und phantasievollsten Begleitfiguren mit einer sich gleichmäßig vorwärtsbewegenden Melodie zu vereinen; die Ausführung eines Frage-und-Antwort-Spieles zwischen verschiedenen Stimmen; dazu Geschwindigkeit, Feuer, Schärfe in Oktavgängen und bei chromatischen Akkordfolgen. Alle diese Fähigkeiten, einzeln oder kombiniert, werden je nachdem streng oder lässig von der poetischen Augenblicksstimmung beherrscht.« [5]

Mit diesen Talenten konnte nun Liszt am besten wuchern, wenn er eigene Werke, Bearbeitungen, Fantasien etc. spielte. In der Tat muß seinem Spiel in seinen jungen und mittleren Jahren ein hohes Maß von Subjektivität angehaftet haben. Später ist bei der Wiedergabe von Kompositionen anderer ein gewisses Bemühen um »Werktreue« erkennbar, und in hohen Jahren umging er dies Problem, indem er nur eigene Werke vorwiegend lyrischen Charakters spielte.

Das improvisatorische Moment wird besonders von Felix Draeseke hervorgehoben, wenn er sich an Liszts Spiel im Jahre 1858 erinnert: »Ich kann sein Spiel mit keinem anderen Virtuosen vergleichen und es am besten so charakterisieren, daß ich stets den Effekt hatte, das betreffende Stück entstehe erst unter seinen Händen, wirke also auf mich wie eine künstlerische Improvisation. Und so konnte es auch ganz leicht geschehen, daß bei einer anderen Wiedergabe dasselbe Stück uns als ein ganz neues entgegentrat. Subjektiv war sein Spiel durchaus und auch von Stimmungen abhängig, aber doch stets der wiedergegebenen Komposition entsprechend und ihr volles Recht widerfahren lassend, da die Auffassung stets edel und groß berührte. Auf den speziellen Virtuoseneffekt arbeitete er im wesentlichen nicht hin, andererseits dozierte er aber auch nicht am Klavier. In seiner Weise wird ihm niemand gleichkommen. Als er an Technik bereits eingebüßt hatte und mir 1869 in Rom unter vier Augen seine *Tristanparaphrase* vorspielte, war ich auf einmal wie verzaubert, merkte kein Klavier mehr und glaubte, Äolsharfen zu hören.« [6]

Bei großer Subjektivität des Spieles ist natürlich die Rezeption auch auf seiten des Hörers eine Frage der Persönlichkeit und des Charakters. Dem stark introvertierten Schumann, so freundlich ihm auch Liszt entgegenkam, blieben letzten Endes die Äußerungen von Liszts Genius fremd. So schreibt er 1840 an Clara Wieck: »... Und wie er doch außerordentlich spielt und kühn und toll und wieder zart und duftig — das habe ich nun alles gehört. Aber Clärchen, diese Welt ist meine nicht mehr, ich meine seine. Die Kunst, wie Du sie übst, wie ich auch oft am Klavier beim Komponieren, diese schöne Gemütlichkeit geb' ich doch nicht hin für all seine Pracht — und auch etwas Flitterwesen ist dabei, zu viel!« [7] Umgekehrt erlitt bekanntlich Liszt mit dem Vortrag von Werken Schumanns in seinen Konzerten weitgehend Schiffbruch; sie »kamen nicht an«.

Das Problem der »Werktreue«, also die objektive Komponente der Wiedergabe von Kompositionen fremder Komponisten, war damals noch weitgehend unbekannt. Es deutet sich aber bei Berlioz im Hinblick auf Liszts Spiel bereits 1841 an: »Ich finde seine Macht [...] in einer divinatorischen, in einer hinreißenden, oft bis zur äußersten Grenze vorgehenden Sensibilität, die zwar manchmal die strenge Interpretation gewisser, nur besonnene und formelle Ausführung verlangender Werke beeinträchtigt, die aber auch allein den Künstler zur höchsten Höhe poetischer Begeisterung tragen kann.« [8]

Liszt versuchte offensichtlich, bei der Wiedergabe vorklassischer Meister das Problem durch Registrierung, d. h. Anschlagsnuancierung, zu lösen. So schreibt seine ehemalige Schülerin Laura Rappoldi-Kahrer: »Ich hörte Liszt täglich und oft stundenlang (1870) spielen, zunächst Bach und Scarlatti. Das Klavier erschien mir bei ersterem wie eine Orgel — Liszt spielte Bach merkwürdig langsam, wie man es jetzt nicht mehr hört! —, bei letzterem dagegen wie ein Spinett aus dem vorigen Jahrhundert, und doch war es derselbe Bechsteinflügel, auf dem wir alle spielten. Sein Anschlag veränderte sich bei jedem Komponisten total, so daß man ein ganz anderes Instrument zu hören glaubte.« [9]

Beethoven muß er ungemein packend gestaltet haben. Auch bei diesem Meister hatte er sich in seinen jüngeren Jahren manche Freiheiten erlaubt. »Wer ihn gehört hat, wie er in kleineren Kreisen wahre Kunstwerke, wie Beethovens Sonaten, freilich nicht ohne alle Manier, ächt künstlerisch reproduzierte, der kannte das Erhabene in Liszt« (Adolf Kaulfuß 1848, Medizinstudent in Halle, später Professor für Musik an der Universität Montpellier). [10] Von Oktavverdoppelungen und sonstigen »Ausschmückungen« selbst bei der *Kreutzersonate* wird berichtet. Später wurde im Unterricht streng auf Notentreue geachtet, und Liszt selbst scheint dem Ideal der bruchlosen Verschmelzung von Werktreue und subjektiver Empfindung so nahe wie irgend möglich gekommen zu sein. So berichtet Peter Cornelius, also ein kritischer Beobachter, 1860 von einem Konzert bei Liszt: »Das Quartett spielte zwei Beethovens's. Das war ein recht hoher Genuß, der dann noch gekrönt wurde, als Liszt sich bewegen ließ, die große B-Sonate zu spielen. Wie er aber auch nur ansetzte, nachdem doch diese ausgezeichneten Musiker gespielt hatten — mein Gott, es ist da gar nicht von ›Unterschied‹ zu reden, sondern man denkt, es gibt gar nicht Musik, als wenn er spielt, wie er die Phrasen formt, zusammenballt, weich entrollt — wie er über allem steht, an gar nichts Technisches zu denken hat, nur das geistige Bild wie unbewußt unter seinen Fingern hervorquellen läßt. In jedem Satz eine andre Welt!« [11]

Nach dieser Schilderung wird uns Wagners Reaktion auf Liszts Vortrag der gleichen Sonate (ca. 20 Jahre später) verständlich. Wie Graf Apponyi in seinen Erinnerungen erzählt, hatte Liszt abends in Wahnfried, nachdem Wagner sich schon zurückgezogen hatte, die Hammerklaviersonate gespielt. »Wir standen stumm und regungslos, als die letzten Takte des mysteriösen Werkes verklungen waren; aber von oben [...] ertönte plötzlich lautes Gepolter, und Richard Wagner im Schlafrock stürmte mehr als er stieg die Treppe herunter; er warf sich schluchzend Franz Liszt um den Hals und stammelte in unzusammenhängenden Worten seinen Dank für die herrliche Gabe, die er erhalten. Sein Schlafzimmer führte auf den inneren Gang, und er war offenbar beim Hören der ersten Töne ganz geräuschlos herausgeschlichen und hatte dort oben allein, ohne ein Zeichen seiner Anwesenheit zu geben, zugehört.« [12]

In welchem Maße Liszts Beethoven-Interpretation dem Ausdruck diente, wie er den Anschlag, in den einzelnen Stimmen unabhängig, zu nuancieren vermochte, geht aus der Schilderung seines Meisterschülers Alexander Siloti hervor. Er hatte (ca. 1885) in einer Gewandhaus-Matinée in Leipzig Anton Rubinstein unter anderem die *Mondscheinsonate* spielen hören. Zwei Stunden später war er schon bei Liszt in Weimar und berichtete ihm begeistert von diesem Erlebnis. Liszt setzte sich daraufhin an seinen abgespielten Bechstein. »Als er kaum die Eingangstriolen gespielt hatte, fühlte ich schon, daß ich in diesem Zimmer fast nicht mehr existierte, aber als nach 4 Takten das gis in der rechten Hand anfing, verstand ich nichts mehr. Dieses gis hob er nicht hervor, aber es war ein mir unbekannter Ton, welchen ich jetzt, nach 27 Jahren, noch deutlich höre. [...] Als Liszt fertig war, stand er auf und näherte sich mir. Die Tränen standen mir in den Augen, ich war außer mir und konnte nur sagen: ›Meister, ich verstehe nichts, ich habe bis jetzt nichts Ähnliches gehört.‹ Ich habe diese Sonate nie öffentlich gespielt; noch mehr, ich habe sie nie mehr gehört; wenn ich im Konzert, wo sie gespielt werden sollte, anwesend war, verließ ich den Saal. Es schien mir, sie zu hören würde für mich nicht nur eine Qual sein, sondern auch eine Beleidigung und beinahe Verunglimpfung des Eindruckes, welchen ich in mir bewahrte.« [13]

In den späten Jahren wurde sein Spiel offensichtlich zunehmend transparent, durchgeistigt. Seine Technik ließ verständlicherweise nach, zumal er seit Jahren nicht mehr übte. Er verließ sich auf Anschlag und Ausdruck. Borodin, der ihn 1877 in Weimar besuchte, schreibt über sein Spiel: »Obwohl ich so oft und so viel davon gehört hatte, überraschte mich die große Schlichtheit, Nüchternheit und Strenge seines Vortrags; Geschraubtheit, Geziertheit und alles, womit nur auf den äußeren Effekt abgezielt wird, fehlt vollständig. Die Tempi nimmt er gemäßigt; er treibt nicht und wird nicht hitzig. Nichtsdestoweniger hat er unerschöpfliche Energie, Leidenschaft, Begeisterung und Feuer. Der Ton ist rund, voll und stark, die Klarheit, der Reichtum und die Mannigfaltigkeit der Nuancen sind wunderbar.« [14] Für den Erlkönig muß er allerdings vorher eine halbe Stunde Oktavgänge üben (Kurd von Schlözer 1868 aus Rom).[15] Aber die Paganini-Etüde *La Campanella* gibt er 1873 (Amy Fay, aus Weimar) noch »mit samtartiger Weiche, Klarheit, Glanz und perlendem, ganz unnachahmlichem Anschlag«[16]. Bei seinen letzten Auftritten 1886 in London und Luxemburg – er hat nun Probleme mit seinen Augen, und sein Gedächtnis läßt ihn bisweilen im Stich – muß das Publikum mit dem, nun allerdings völlig vergeistigten, Vortrag des ersten *Liebestraums*, der *Mélodies polonaises* aus *Glanes de Woronince* und der sechsten *Soirée de Vienne* nach Schubert vorliebnehmen.

III

Liszt hat also sein pianistisches Naturtalent zeitlebens in den Dienst musikalischen Ausdrucks gestellt. Er war Virtuos (von ital. virtù = Tugend) im Wortsinne, d. h., er stellte seine technischen Fähigkeiten völlig in den Dienst der Realisierung musikalischer Kompositionen als Klang. Dazu bedurfte es dreier Voraussetzungen: 1.) einer geeigneten Anatomie und Physiologie des Spielapparates, 2.) der Fähigkeit zur raschen und vollkommenen geistigen Assimilation musikalischer Werke und 3.) eventuell der Komposition eigener Werke, in denen Inhalt und Klaviersatz optimal auf seine geistigen und technischen Fähigkeiten abgestimmt waren.

Liszt war schlank, leptosom, wie man anhand vieler Bilder und Zeichnungen, besonders auch der Karikaturen, erkennen kann. Seine Finger und Hände waren schmal und lang, wenn sie auch absolut nicht übermäßig groß waren, wie sich leicht am Abguß im Liszt-Haus in Weimar feststellen läßt. Erstaunlich war aber ihre Plastizität, ihre Dehnbarkeit, die ihn mit Leichtigkeit eine Dezime greifen ließ. Besonders groß muß die Fähigkeit zur Spreizung zwischen 3. und 4. sowie 4. und 5. Finger links gewesen sein, wie sich aus gewissen Originalfingersätzen (Begleitfigur in *Au lac de Wallenstadt* und anderweitig) erschließen läßt. Überhaupt muß er statt des Daumenuntersatzes nach dem dritten oder vierten Finger das Abrollen der ganzen Hand, und zwar nicht nur bei Arpeggios, sondern auch bei chromatischen und diatonischen Läufen geliebt haben, auch mit Untersatz des Daumens auf eine Obertaste. Damit ließen sich ein »rundes« Spiel und, sofern nötig, eine große Geschwindigkeit erzielen. Auf vielen Zeichnungen sieht man die Arme gehoben, die Handgelenke relaxiert und die Finger über den Tasten schwebend oder sie gerade berührend. Das Fingerspiel der Klassik und z. T. auch noch der brillanten Wiener Schule war hier durch Heranziehen der Hand-, Ellbogen- und Schultergelenke, ja der Rückenstreckmuskulatur zu einem Schwung- und Lagenspiel umgestaltet worden, das eine unvergleichlich bessere Beherrschung der gesamten Klaviatur und eine unerhörte Verfeinerung des Anschlags ermöglichte. Auf diese Weise war es möglich, das Klavier auf mehreren Ebenen — im durchklingenden, teilweise orgelpunktmäßig gehaltenen oder wiederholt angeschlagenen oder als Pédale mélodique geführten Bass, in der häufig melodisch (cello- oder bratschenartig) führenden Mittellage und im rasch verklingenden, darum ein Haltepedal vortragenden, häufig schmückenden Diskant — gleichzeitig zum Erklingen zu bringen.

Ein wichtiger Faktor, um Geschwindigkeit und Brillanz zu erzielen, war das Ablösen beider Hände, bei Läufen im Einklang, in Terzen, Sexten oder Oktaven, bei Arpeggien oder bei Akkordtrillern. Aber auch Melodien in der Mittellage im Einklang (*Liebestraum Nr. 3* etc.) oder in (meistens Sext-)Akkorden *(Ballade Nr. 2)* oder Begleitfiguren (Sechzehntel-Terzen in der *Mazeppa-Etüde*, hier sogar mit gleichbleibenden $\frac{2}{4}$- bzw. $\frac{4}{2}$-Fingersatz) werden durch Handablösung plastischer gestaltet. Natürlich gilt das zum Teil auch für in der Oberstimme gelegene Melodien (*Bénédiction de Dieu dans la solitude* [Gotteslob in der Einsamkeit] aus *Harmonies poétiques et religieuses*, Mittelteil, B-dur). Die melodische Kontinuität wird schließlich durch Übergreifen der Hände gesichert bzw. die Melodie durch Verteilung auf beide Hände plastisch herausgearbeitet (Konzertetüde Nr. 3).

Ein Hauptanliegen Liszts war also Klang, Klangfarbe, Klangzauber. Er war es, der in Gefolgschaft von Chopin und über ihn hinaus das Klavier zum Singen gebracht hat, dieses Instrument, das seiner Natur nach dazu eigentlich gar nicht befähigt ist. Ein wichtiger Punkt ist natürlich das Pedal, aber im oberen Drittel des Instruments hat es gar keine Wirkung. Wie wurde der Klavierton in dieser Lage durch Liszt verlängert? Dies geschah

1.) durch Stützung der Melodietöne durch die Obertonwirkung der Baßtöne und Begleitfiguren (*Liebestraum Nr. 3*, 2. Strophe, und *Réminiscences de »Norma«*, Mittelteil, beide in H-Dur) oder 2.) durch Vibrato im Einklang (Paganini-Etüde *La Campanella*), in der Oktave oder in Akkorden (*Isoldens Liebestod*, gegen Schluß, »Weltatems wehendem All«; *Sunt lacrymae rerum* aus *Wanderjahre III*). – Natürlich sind derartige Wirkungen, bei denen das Spiel in mehreren Lagen zu einer Einheit zusammengefaßt wird, ohne Pedal nicht denkbar. Nach allem, was wir wissen, zeichnete sich Liszts Spiel in allen Registern durch größte Deutlichkeit aus. Trotzdem hat er das Haltepedal bisweilen eingesetzt, um einen gewissen »Verschleierungseffekt« zu erzielen (*Dante-Sonate*, 1. Thema; Etüde *Harmonies du soir*, Schluß). Die Pedalanwendung war es ganz besonders, die Debussy beim Anhören des alten Liszt in Rom frappierte. Die geschilderten Techniken, besonders aber das gleichzeitige Spiel auf verschiedenen Klangebenen mit Hilfe des Haltepedals, sind wesentliche Grundlagen für den musikalischen Impressionismus von Debussy und Ravel geworden.

IV

Liszts Fähigkeit zur Assimilation fremder Werke war schier unbegrenzt. Sie ermöglichte es ihm z. B., zwei der schwierigsten Chopin-Etüden eine halbe Stunde nach Vollendung ihrer Komposition auswendig und technisch vollendet öffentlich zu spielen.[17] Während seiner Berliner Konzerte 1841/42 brachte er nach Lina Ramann[18] innerhalb von zehn Wochen 80 Werke zum Vortrag, davon gegen fünfzig auswendig – »eine Zahl, die sich möglicherweise verdoppeln und verdreifachen ließe, wollte man die Kompositionen seiner Privatvorträge in prima vista und aus Partituren hinzurechnen.« Bei Milstein[19] finden sich Einzelheiten über Liszts Konzertprogramme 1842 und 1843 in St. Petersburg und 1847 in Kiew. Zusammenfassend lassen sich folgende Punkte herausheben:

1. Seine Programme waren im allgemeinen »bunt«, d. h., sie

waren nicht nur einem Komponisten gewidmet, und neben Werken von hohem Wert spielte er, als Zugeständnis an den Publikumsgeschmack, oberflächliche Virtuosenstücke.

2. Er propagierte nicht nur Soloklavierwerke, sondern auch sinfonische, Opern-, Kammer- und vokale Musik, teils in eigenen Bearbeitungen, teils durch Heranziehung von Kammerensembles, Orchestern und Sängern.

3. Scarlatti (außer der *Katzenfuge*), die französischen Clavecinisten, Haydn und Mozart (außer der *Zauberflöten-Ouvertüre* und der *Don Juan-* und *Figaro-Fantasie*) fehlten in seinen Programmen.

4. Von Beethoven brachte er die *Sonaten op. 26, 27, 31, 57, 90, 101, 106, 109–111* sowie das *c-Moll-* und das *Es-Dur-Konzert*, von Schubert *Sonaten* und die *Wanderer-Fantasie*, von Weber alle vier *Sonaten, Konzertstück, Aufforderung zum Tanz* und *Momento Capriccioso*, von Mendelssohn die *Variations sérieuses*, von Schumann *Carnaval*, die *fis-Moll-Sonate* und die *C-Dur-Fantasie* und von Chopin fast alles für Soloklavier und die *Konzerte.*

5. Von eigenen Originalwerken brachte er vor allem *Harmonies poétiques et religieuses*, die *Petrarca-Sonette, Consolations, Liebesträume* sowie *Magyar Dallok* und *Magyar Rhapsódiák.*

6. Auffällig ist ein relativ großer Anteil polyphoner Werke: von Bach Präludien und Fugen aus dem *Wohltemperierten Klavier, Orgelvorspiele, Chromatische Fantasie und Fuge, a-Moll-Fuge* und die *Goldberg-Variationen*, von Händel Suiten, von Mendelssohn Fugen.

7. Ansonsten nahmen Bearbeitungen wertvoller (z. B. Beethoven-Symphonien, Schubert-Lieder) und weniger wertvoller Werke (Opernphantasien und Virtuosenstücke) einen verhältnismäßig breiten Raum ein.

Es besteht also kein Zweifel, daß der Meister damals über ein riesiges Repertoire verfügt hat.

Die Fähigkeit zur raschen, unmittelbaren Erfassung neuer, ihn interessierender Werke blieb ihm zeit seines Lebens erhalten. Eine Schilderung, die durch Frische und Unmittelbarkeit besticht, findet sich in einem Brief des 27jährigen Grieg aus Rom (1870) an seine Eltern. Er hatte Liszt besucht, um ihm einige seiner Werke, darunter die zweite *Sonate für Violine und Klavier G-Dur op. 13*, vorzulegen. Aber zunächst spielte ihm der Meister seinen *Triomphe funèbre du Tasse* aus der Partitur so hinreißend und überwältigend, daß Grieg der Mut versagte. Als Liszt fertig war und in seiner leichten Art hinwarf: »Jetzt wollen wir mal die Sonate weiterspielen«, wehrte Grieg ab: »Nein, vielen Dank, jetzt möchte ich es sehr ungern.« Liszt dagegen: »Nun, warum nicht, geben Sie mal die Sonate her, dann werde ich es tun.« Und nun fährt Grieg fort: »Jetzt muß ich Euch bitten zu bedenken, erstens, daß er die Sonate gar nicht kannte, sie weder gehört noch gesehen hatte, zweitens, daß es sich um eine Geigensonate handelte, also eine Sonate mit einer Geigenstimme, die sich selbständig bald oben, bald unten bewegt, vom Klavier ganz unabhängig. – Aber was tut Liszt? Er spielte das Ganze mit Haut und Haar, Geige, Klavier, ja mehr noch, denn er spielte voller, breiter. Die Geige kam mitten in der Klavierstimme zur Geltung; Liszt war buchstäblich gleichzeitig überall, ohne eine Note fortzulassen. Und wie spielte er! Mit einer Größe, Schönheit, Genialität sondergleichen. Ich lachte, glaube ich, lachte wie ein Idiot, und da ich einige Worte der Bewunderung stammelte, murmelte er: ›Nun, das werden Sie mir doch zutrauen, etwas vom Blatt zu spielen, ich bin ja ein alter gewandter Musiker.‹ Ist das nicht Liebenswürdigkeit vom Anfang bis zum Ende? So ist, meiner Erfahrung nach, kein anderer großer Mann.« [20]

V

Schließlich ist der Klaviersatz Liszts trotz seiner Vielschichtigkeit und Ausdruckskraft der spielbarste von allen vergleichbaren Techniken. Es ist offensichtlich direkt von der Hand her erfunden und war daher zumindest ihm selbst unmittelbar zugänglich. Vergleicht man ihn mit demjenigen der Zeitgenossen, so schneidet Liszt am besten ab. Selbst Chopin, obschon ein exquisiter

Klavierkomponist, »pflegte eine gewisse Neigung zur Abstraktion und Eigenwilligkeit, die darauf bestand, daß die Musik an erster Stelle zu stehen habe und Schwierigkeiten dazu da seien, um überwunden zu werden, – eine Forderung, die Chopin selbst nicht immer erfüllen konnte« (Louis Kentner).[21] Bei Schumann und Brahms finden wir »vieles Herrliche und Schöne als Musik gefaßt, aber instrumentell von schwerster, dickflüssigster Manier. Bei Schumann das Einfachste noch versetzt mit Kontrapunkten, bei Brahms das Schwierigste eben schwer durch ungefüge Akkorde, eckig durch harte Griffe und unsymmetrisch gebaute Gänge und Passagen ... Bei Liszt eine vollendete Rundung, ein geschmeidiges Fließen der Formen, Klarheit und Übersichtlichkeit des Satzes und bei aller Schwierigkeit der Mittel doch große Handlichkeit und Leichtigkeit. Das Wesentlichste aber ist: alles klingt« (R. M. Breithaupt).[22]

Als ca. 1840 die erste Fassung der *Paganini-Etüden* erschien, ließ Liszt über die erste von ihnen Takt für Takt Schumanns Transkription des gleichen Stückes drucken, die kurz vorher erschienen war. Ein Vergleich beider läßt keinen Zweifel, wessen Fassung brillanter ist. Gewidmet wurden die *Paganini-Etüden* Clara Schumann. Ironie scheidet angesichts des Charakters Liszts und seines damaligen Verhältnisses zu den beiden Schumanns aus. Ob nicht doch ein bißchen Lust zur Belehrung beteiligt war?

Vom Lisztschen Klaviersatz haben in der Zukunft viele profitiert. Genannt seien nur Reger, Debussy und Ravel.

VI

Obwohl Liszt während seiner Virtuosenperiode ein unstetes und zerstreutes Leben führte, fand er immer wieder Zeit und Lust zum Komponieren. Die Werke dieser Epoche zeugen von der nachwirkenden Auseinandersetzung mit Paganini und Chopin, von der Lust am virtuosen Spiel, von der Sympathie für das nationale Wiedererwachen seines Heimatlandes und vom Trieb, die zeitgenössische und kurz vergangene deutsche und italienische

Musik in ihren Meisterwerken zu assimilieren und zu propagieren.

1838 erschienen die sechs *Paganini-Etüden* (1. Version) und die zwölf *Grandes Études*. Die Paganini-Transkriptionen besitzen den schneidenden, doch ausdrucksvollen Realismus des Spiels des »Teufelsgeigers«, sind jedoch unmäßig schwer zu spielen. In der Version von 1851 sind diese Schwierigkeiten erheblich beschnitten, doch klingen die Stücke nicht weniger gut. Die beiden Fassungen spiegeln den Unterschied zwischen Experiment und reifer Meisterschaft. Trotzdem gibt es auch jetzt Pianisten, die die erste Fassung oder die mit eigenen Varianten versehene Version von Busoni vorziehen. (z. B. *La Chasse* und *La Campanella*). In der zweiten Fassung ist andererseits der technischen Entwicklung des modernen Flügels Rechnung getragen. Das Double échappement, d. h. die Repetitionsmechanik, war von Érard erfunden. Sie erlaubt schnelle Tonwiederholungen, ohne die Taste in die Ausgangstellung zurückkehren zu lassen. Davon profitierte Liszt z. B. in der 1851er Fassung von *La Campanella*. Die impressionistische Wirkung, die er später mit der gleichen Technik in *Les jeux d'eaux à la Villa d'Este* (1877, Übergang zur »gesteigerten Wiederholung«) erzielt, sei nur am Rande erwähnt.

Von den *Études d'exécution transcendante* wird im allgemeinen die dritte Fassung (1851; 1. Fassung: *Jugend-Etüden*, 2. Fassung: *Grandes Études*) gespielt, doch ist das Studium der Vorformen (1826 und 1838) im Hinblick auf die Genesis der reifen Werke unentbehrlich. Nur die dritte Fassung trägt — außer Nr. 2 und 10 — programmatische Titel, die also nachträglich hinzuerfunden sind, ähnlich wie später bei Debussy die Titel am Ende der *Préludes* vermerkt sind. Die erste Fassung atmet im allgemeinen noch den Geist von Czerny, Cramer und Ries. Doch wirkt Nr. 9, die spätere *Ricordanza*, schon ganz chopinesk, obwohl der Pole dem 15jährigen Liszt noch unbekannt war. Wahrscheinlich ist es der Einfluß des Belcantos der italienischen Oper, der auf die Melodiebildung beider Komponisten eingewirkt hat. Und Nr. 10 (f-Moll) zeugt bereits von einer erstaunlichen Beherrschung der gesamten Klaviatur. Welche Nummern der reifen Fassung man vorzieht, ist zum Teil eine Frage des persönlichen Geschmacks. Man ist geneigt, *Paysage* und *Chasse-neige* an erster Stelle zu nennen. In der ersten vermitteln der Aufbau auf Orgelpunkten und die weiten Lagen den Eindruck einer breit sich öffnenden Landschaft; der Mittelteil mutet schon ganz »brahmsisch« an. In *Chasse-neige* (Schneetreiben) vermittelt das durchgehende Tremolo geradezu suggestiv die Vorstellung einer allmählich einschneienden Landschaft, dazu die von der Urfassung unverändert übernommene Melodie, die die Trauer des Betrachters über den unentrinnbaren Tod der winterlichen Natur – Symbol der Vergänglichkeit – ausdrückt. Gern zurückkommen wird man auch auf *Feux-follets* (Irrlichter), *Ricordanza* (Erinnerung, nach Busoni anmutend »wie ein Päckchen vergilbter Liebesbriefe«) die virtuose *Nr. 10 in f-Moll* (nach L. Kentner »ein vollkommenes Meisterwerk«) und *Harmonies du soir* (Abendklänge), unter den *Jugend-Etüden* noch nicht vertreten, ein wundervolles Stimmungsbild, das vor allem durch an- und abschwellenden Glokkenklang hervorgerufen wird.[23]

Am ehesten den *Paganini-Etüden* zu vergleichen sind heute teilweise als zu leicht befundene Virtuosenstücke wie der *Grand galop chromatique* (1838), ein Paradepferd der Virtuosenjahre, und *Venezia e Napoli*, ein Anhang zu den *Wanderjahren II* aus vier (1840) bzw. drei Stücken (1859). Von ihnen hat sich *Tarantella*, die durch die Technik der Thementransformation gespeist wird, auf den Programmen gehalten, weil »der musikantische Geist, die formelle Meisterschaft, die Fruchtbarkeit der Phantasie am Ende solche Lisztschen ›Bravourstücke‹ in einer bravourfeindlichen Zeit überleben lassen werden« (L. Kentner).[24]

Liszts »Spieltrieb« lebte sich auch in den ungarischen Stücken aus, obwohl die besten unter ihnen – wie der *Heroische Marsch im ungarischen Styl* (1840), formal befriedigender als die später daraus hervorgehende Symphonische Dichtung *Hungaria*) und die *Mélodies hongroises* nach Schubert (1838) – gerade die weniger virtuosen und weniger bekannten sind. 1840–1847 erschienen die *Magyar Dallok* und *Magyar Rhapsódiák*, aus denen später in Weimar die *Ungarischen Rhapsodien Nr. 1–15* entstanden. Nachdem durch die Forschungen Bartóks und Kodálys die echte ungarische Volksmusik entdeckt worden ist und die schönsten Stücke in kongenialen Klavierfassungen vorliegen, haben die ungarischen Rhapsodien, meistens auf »Schlagern« adeliger Dilettanten beruhend und im zigeunerischen Stil für Klavier aufbereitet, viel von ihrem Glanz verloren. Es ist aber keine Frage, daß Liszt im behandelten Zeitraum und auch noch später sich mit ihnen, besonders aber mit den Zigeunern selbst, identifiziert hat. Das kommt noch 1859 in seinem Zigeunerbuch an vielen Stellen zum Ausdruck, z. B.:

> »Der Virtuose ist kein Maurer, welcher mit der Kelle in der Hand die Zeichnung des Architekten treu und gewissenhaft in Stein ausführt. Er ist nicht das passive Werkzeug, welches Gefühl und Gedanken anderer, ohne ein Eignes hinzuzufügen, reproduziert. Er ist nicht der mehr oder minder geschickte und erfahrene Leser von Werken, die keinen Rand für seine Glossen haben, keine Paragraphen zwischen den Zeilen nötig machen. Die von Begeisterung diktierten musikalischen Werke sind im Grund nur die tragische oder rührende Inszenierung eines Gefühls, welches der Virtuose berufen ist, sprechen, weinen, singen, seufzen zu lassen. [...] Er schafft damit ebenso gut als der Komponist selbst, denn er muß die Leidenschaft in sich tragen, welche er im Glanz ihrer Phosphoreszenz zur Geltung bringen soll.« [25]

Damit ist gleichzeitig die Begründung für die Opernphantasien gegeben, die Liszt bis ans Ende seines Lebens geschrieben hat. Das Material ist häufig kostbarer als bei den Zigeunerweisen, und die besten von ihnen sind formal, in der Art der Inszenierung dramatischer Effekte, satztechnisch und in der klanglichen Realisierung auch heute noch mit Genuß zu spielen oder mindestens zu hören. Erwähnt seien aus der Virtuosenzeit *Somnambula, Norma, Lucrezia Borgia, Don Giovanni* und *Figaro* (von Busoni vollendet), aus späteren Jahren noch *Rigoletto*, das *Miserere* aus dem *Trovatore*, der *Faust-Walzer nach Gounod* und einiges von Wagner. Aus der Virtuosenepoche stammen auch viele *Transkriptionen* von Schubert-Liedern — darunter der damals so erfolgreiche *Erlkönig* und das *Ave Maria* —, von Beethoven-Liedern und von Bachschen Orgelpräludien und -fugen.

Neuerdings gibt es wieder Pianisten, die sich dieser Werke annehmen. Wie sie unter Liszts Händen geklungen haben mögen, läßt sich am ehesten anhand einiger historischer Aufnahmen nachempfinden, z. B. der *12. Ungarischen Rhapsodie*, gespielt von Bernhard Stavenhagen »nach persönlicher Erinnerung an Liszt«, des erwähnten *Ungarischen Marsches nach Schubert* und der *Rigoletto-Paraphrase* in der kongenialen Interpretation von Ferruccio Busoni.

VII

Erstaunlicherweise fand Liszt neben dieser vielseitigen Beanspruchung als reisender Pianist und Klavierkomponist noch Zeit, andere Gebiete zu kultivieren. Dazu gehört sein Liedschaffen, auf das später eingegangen wird, da er hier eine Entwicklung durchmachte, die durch vielfache Umarbeitungen bezeugt wird. Dagegen hat er auf dem Gebiet der weltlichen Chormusik bereits in den vierziger Jahren wertvolles, man möchte sagen Bleibendes geschaffen, wenn diese Werke zum Teil nicht über ein Jahrhundert verschollen geblieben wären.

Der Männerchorgesang, das Liedertafelwesen, stand damals in deutschen Landen in hoher Blüte. Auch seine Beziehungen zu studentischen Kreisen mögen Liszt mit diesem Genre vertraut gemacht haben. Die philisterhafte Atmosphäre, die diesen Bestrebungen zum Teil anhaftete, war Liszt wohlbekannt. In Reaktion darauf komponierte er den Text *Wir sind nicht Mumien* (1842) von Hoffmann von Fallersleben, und 1860 schreibt ihm Louis Köhler: »Sie wären uns eigentlich einige Männer-Quartetten schuldig, welche Bier-Brüder zu Halb-Göttern umwandelten.«[26]

Das hat selbst Listz nicht immer geschafft. Auch hat er in einigen Gesängen dem damals üblichen Nationalismus gehuldigt (*Rheinweinlied* von Herwegh, *Das deutsche Vaterland* nach Ernst Moritz Arndt, beide 1841, und anderes dieser Art). Auch heute noch genießbar sind dagegen z.B. das stimmungsvolle *Saatengrün* (40er bis 50er Jahre, nach Uhland), *Der Gang um Mitternacht* (40er bis 50er Jahre, nach Herwegh), vor allem aber das schwungvolle, auch musikalisch witzige *Studentenlied aus Goethes »Faust«* (1841).

Das Beste auf diesem Gebiet geht jedoch auf sein soziales Engagement, seine Beziehungen zum Saint-Simonismus, zum Abbé Lamennais und auf seine Erlebnisse in Lyon zurück. *Le forgeron* (1845, nach Lamennais) schildert den hart arbeitenden Schmied, der trotzdem von Sorgen um das tägliche Brot seiner Familie gequält wird. Formal ist es ein Kantate in freier Sonatenform, gewissermaßen ein Präludium zu den Symphonischen Dichtungen der Weimarer Zeit. In einem Brief an Lamennais[27] betont Liszt die Schwierigkeiten der Aufführung eines Gesangswerkes dieses Ausmaßes, die unbedingt seine Anwesenheit bei den Proben erforderlich machen würden. Ehe sich eine solche Gelegenheit ergab, vereitelte die Revolution von 1848 dieses Vorhaben. So fand die Uraufführung dieses herrlichen, schwungvollen und dramatischen Werkes erst 1961 in Budapest statt. – Kürzer, doch nicht minder anfeuernd ist der *Arbeiterchor* (1848), der auch poetische Stellen enthält. Die Vorbereitungen zum Druck waren von Haslinger in Wien getroffen, als Liszt auf sein Korrekturexemplar notierte: »Lieber Carl, da die Zeitumstände einen ganz abnormen Commentar zur Arbeiterfrage liefern, so könnte es zweckmäßiger erscheinen, die Publication dieses Arbeiter-Chors aufzuschieben. Darüber gebe ich Ihnen die Entscheidung anheim.« Anton Webern schuf um 1930 ein Arrangement für gemischten Chor und Orchester, das von der Österreichischen Vereinigung der Arbeiterchöre publiziert und mehrfach aufgeführt wurde. Die Uraufführung der Originalfassung findet sich erst auf der Schallplatte *Choral Works VI* von Hungaroton.

Liszt war also schon in seiner Virtuosenepoche auch als Komponist tätig, und zwar in einem Umfang, der einem Erstaunen abnötigt, da er diese Arbeiten neben seinen strapaziösen Reisen, seinen Konzerten und zahlreichen gesellschaftlichen Verpflichtungen bewältigen mußte. Die genannten Werke stellen nur einen Ausschnitt seiner schöpferischen Gesamtleistung während dieser Jahre dar. Außerdem gab es viele Einfälle, Skizzen und Entwürfe, die er offenbar als Fundus aufbewahrte, auf den er später zurückzukommen hoffte. Die Gelegenheit dazu ergab sich erst, als er in Weimar für ein Dutzend Jahre seßhaft wurde.

Sammlung und Arbeit in Weimar

Oh, könnte ich je die Geistes-
Körperlichkeit der Empfindungen,
die Sie mir eingegeben haben,
in Musik darstellen!

Liszt am 26. 5. 1855
an Fürstin Wittgenstein[1a]

Man muß erst auf dem Gipfel
des Gebirges haltmachen und nicht
an der Rauheit dieser Höhen Anstoß nehmen.

Liszt am 31. 7. 1855
an Fürstin Wittgenstein[1b]

I

Bei einem seiner letzten Konzerte hatte Liszt in Kiew die Fürstin Sayn-Wittgenstein geb. Iwanowska kennengelernt. Später folgte er einer Einladung zu einem mehrwöchigen Aufenthalt auf ihrem Gut Woronince in Podolien. Die zwar nicht schöne, aber temperamentvolle, intelligente und hochgebildete Polin war in jungen Jahren mit dem Fürsten Sayn-Wittgenstein, Adjutant des Gouverneurs von Kiew und jüngster Sohn des siegreichen russischen Feldmarschalls, verheiratet worden, dem sie eine Tochter gebar. Das Paar lebte getrennt, und sie verwaltete – als gelehrige Schülerin ihres Vaters – selbständig ihre Güter (30 000 Seelen). Die nähere Bekanntschaft mit Liszt im winterlichen Podolien muß ihr eine Erleuchtung gebracht haben, eine Vision von einer Zukunft, in der sie ihre außerordentlichen geistigen Fähigkeiten und finanziellen Ressourcen auf die Entfaltung der schöpferischen Gaben des Freundes konzentrieren könnte. Die Folgen dieses Traums sind bekannt: ihre Flucht aus Rußland, die Niederlassung des Paares auf der Altenburg in Weimar, die Rolle der Fürstin als Muse des Meisters, der unter ihrer »Aufsicht« nun wirklich seinen eigenen Orchesterstil entwickelte und seine großen Werke schuf.

Die bisherigen Kompositionen (*Etüden*, *Wanderjahre I und II* etc.) wurden überarbeitet, im Klaviersatz ausgelichtet, statt teilweise übergroßer Klangfülle kammermusikalisch, ja impressionistisch koloriert und in befriedigende Form gefaßt. Trotz mancher Reize der früheren Fassungen sind die Endfassungen im allgemeinen durchaus vorzuziehen. Sie sind das Ergebnis eines inneren Klärungsprozesses. Weiter schuf der Meister eine solche Fülle neuer Werke, daß auch im »Saus und Braus« der Virtuosenjahre schöpferische Einfälle, ihre innere Austragung und zum Teil auch Werkskizzen vorausgegangen sein müssen. Aus diesem Vorrat konnte er nun schöpfen, nicht nur für die Schaffung von Klavier- und Orchesterkompositionen, sondern auch von Liedern und Chorwerken. Aber natürlich mußten auch die äußeren Bedingungen und eine ausreichende innere Ausgeglichenheit vorhanden sein, um dieses riesige Arbeitspensum zu bewältigen. Die hat ihm ganz offensichtlich die Fürstin verschafft, wie man auch sonst über die Beziehung der beiden und den Charakter des Lebens auf der Altenburg denken mag. Auch Carolyne von Sayn-Wittgenstein war also für Liszt, ebenso wie die Gräfin d'Agoult, ein Glücksfall.

Seine Arbeitsleistung auf der Altenburg ist um so erstaunlicher, wenn man bedenkt, daß er nebenbei auch geschriftstellert, daß er eine Riesenarbeit als Orchester- und Opernchef geleistet hat, daß er als »großherzoglicher Kapellmeister in außerordentlichen Diensten« Verpflichtungen bei Hofe hatte, daß er eine Reihe von Schülern unterrichtete und daß er zusammen mit der Fürstin im Mittelpunkt des regen gesellschaftlichen Lebens auf der Altenburg stand, die sich in diesen Jahren zu einer Art »Nebenhof« etablierte.

II

Die Altenburg, ein großes zweistöckiges Gebäude mit Seitenflügel und Garten auf dem rechten Ilmufer, war von der Fürstin vornehm eingerichtet worden. Eine Beschreibung des damaligen Zustandes stammt von Lina Ramann[2], und Jutta Hecker hat eine Geschichte dieses Hauses geschrieben[3]. Die von La Mara edierten Briefe an die Fürstin[4] sowie die Korrespondenzen insbesondere von Hans von Bülow[5] und Peter Cornelius[6] geben ein anschauliches Bild vom gesellschaftlichen Leben und Treiben dieser Jahre. Wir wollen uns mit einem Blick in Liszts Arbeitszimmer und einem zweiten in die Gesellschaftsräume begnügen.

Nach Ramann lag das Arbeitszimmer, das sogenannte »blaue Zimmer«, im zweiten Stock des alten, dicht an das Hauptgebäude stoßenden Hinterhauses, mit dem Eintritt vom Hofe aus. »Eine offene schmale Holztreppe, die in einem kleinen würfelförmigen Vorbau lag, führte direkt zu dessen Thüre. In Quadratform, eher niedrig als hoch, dabei aber geräumig, empfing es sein ruhiges Licht durch ein dreigliedriges Fenster vom Garten aus. [...] Kein Geräusch von außen drang herein, eine geheimnisvolle Stille waltete. Die Einfachheit der Einrichtung, die alles ausschloß, was nicht zu seiner Bestimmung diente, erhöhte den Ernst und die Weihe des Zimmers. Seine Wände, mit blauer Tapete bekleidet, deren matter Golddruck sich dem Auge kaum bemerkbar machte, die Decke weiß, die Mullgardinen ebenfalls weiß mit blauem Unterstoff, Sopha und Stühle überzogen mit Glanzkattun, graugrundig und Rosen darauf, bestanden die übrigen Möbel in der Ecke der Fenster- und Seitenwand rechts: aus einem Flügel in Mahagoni [der Flügel, von Boisselot in Marseille, kam später ins Liszt-Museum, dessen Direktor ab 1910 Peter Raabe war; nach seiner Angabe war er aus Birkenholz], neben ihm an derselben Seitenwand aus einem Schreibpult, an welches sich ein kleines Tischchen reihte, das eine Sanduhr – das Sinnbild der Beschäftigung – trug. [...] Über der Sanduhr an der Wand hing der einzige Wandschmuck des Zimmers: ein Holzschnitt, die ›Melancholie‹ von Albrecht Dürer darstellend. – Ein zweites Bild stand während der letzten Jahre auf einem Schreibtisch [der nach P. Raabe wohl in der Nähe des Fensters seinen Platz hatte] [...]: eine Liszt gewidmete Zeichnung von Steinle, seinen Schutzpatron Franziscus von Paula auf den Wogen schreitend mit der Devise ›Charitas‹ [darstellend].

In der Ecke der Fenster- und Seitenwand links stand ein Schreibpult, ganz wie das erstere; ihm folgte eine Tapetenthür, die nur zu Liszt's Gebrauch in sein Schlafgemach führte; nach ihr kam ein großer Bücher- und Notenschrank. An der Wand vis-a-vis dem Fenster stand in der Mitte ein eiserner Ofen, vor ihm ein langes Sopha, bequem zum Liegen mit einem größeren Tisch davor. Das war der Tisch, an dem Liszt meistens in Gemeinschaft mit der Fürstin seinen Frühkaffee trank. Noch eine Chaiselongue, freistehend in der Nähe des zweiten Pultes, befand sich im Zimmer; beide waren zum Gebrauch der Fürstin bei gemeinschaftlichen literarischen Arbeiten.

An der Ofenwand, in der Ecke links, befand sich die Eingangsthür. Eine zweite Thür, in der Ecke rechts, führte in ein kleines Gemach, das in dem Vorbau neben der Treppe lag und nur diesen Eingang besaß. Mattes Licht fiel durch ein kleines Fenster nach dem Hofraum auf eintönig getünchte Wände, deren eine ein Heiligenbild und ein Crucifix trug, nicht größer, wie eine enge Mönchszelle, hatte es genugsam Raum für zwei Betstühle. – Dieses bescheidene Oratorium betraten nur Liszt und die Fürstin.« [7]

In dem »blauen Zimmer« wurden also die Meisterwerke seiner Reifezeit geschaffen, die *h-Moll-Sonate*, die *Faust-Symphonie* und die *Dante-Symphonie*, die *Symphonischen Dichtungen* und die *Graner Festmesse*, um nur diese zu nennen, und meistens in Gegenwart der Fürstin, die der Überzeugung war, »ohne eine solche ruhige, aber beständige, sanfte, milde, hingebende Frauengesellschaft kann er nichts Großes tun, nur feilen«[8]. Dies war die Herzkammer der Altenburg. Aber zu ihrem Kreislauf gehörten die übrigen Räume des Seitenflügels, in denen Schüler und Sekretäre einlogiert waren, und die Vorderräume, zu denen die Zimmer der Fürstin und ihrer Tochter zählten, vor allem aber die Gesellschaftszimmer.

Prominente, aber auch werdende Musiker, Dichter, Literaten, Gelehrte – alles was damals Rang und Namen hatte, war auf der Altenburg zu Gast. Und die Fürstin war der unbestrittene Mittelpunkt, auch wenn manche Kopfweh dabei bekamen. »Die Konversation«, schreibt Hans von Bülows Mutter 1852, »die feinste eleganteste (und doch fast nur über ernste wissenschaftliche Dinge), die ich je erlebt, der feinste Pariser Salonton. Man soupierte am Teetisch; das Servieren – so geräuschlos – unterbrach in nichts das Gespräch. Wenn man Liszt nicht in seinem Hause, der Fürstin gegenüber sieht, kennt man ihn noch nicht; es läßt sich nicht beschreiben.« [9] Wagner hingegen tadelt die »entsetzliche Professorensucht« der Fürstin, und der ebenfalls schlagfertige und intelligente Hans von Bülow schreibt: »Während sie stundenlang spricht, gönnt sie ihrem Interlokuteur kaum eine halbe Minute zu einer Replique. [...] Mit einer bewunderungswürdigen Schärfe, mit stets neuen, nie oberflächlichen Behauptungen führte sie die Unterhaltung, indem sie die schwersten Pflanzerzigarren dabei rauchte und einen fürchterlichen Qualm verursachte.« [10]

Völlig humorlos äußerte sich dagegen der sicher scharf beobachtende, aber völlig unkünstlerische, engstirnige preußische Militärhistoriker Theodor von Bernhardi, den Ernest Newman als Kronzeugen anführt. Die Fürstin wird geschildert als »eine kleine, schwarze, häßliche, kränkliche, sehr kluge und gewandte Polin, mit einer kleinen jüdischen Nuance. – Werde mit überschwenglichem Empressement aufgenommen. (Im Hause polnische Wirtschaft – im Saal, in einer Ecke, ein unordentlicher Haufen Bücher, Musikalien und Papiere auf dem Fußboden, – überall sehr einfache, alte etwas schmutzige Möbel.) Sie spricht sehr unverhohlen von ihrer Lage, dem ›douloureux provisoire‹ *, doch jetzt 1851 geht es etwas besser – eine Zeit lang sah es sehr übel damit aus; ihre ganze Existenz war prekär geworden – ›Nous étions réduits aux dix doigts de Liszt‹ **, (Kluge Person; ich weiß zufällig, daß sie zwei Millionen Rubel mitgenommen und in Sicherheit gebracht hat; [...] aber davon läßt sie sich nichts merken! – sie macht sich so arm und klein als sie kann – ihre Opfer so groß und unbedingt als möglich. Darum auch die fast ärmliche Einrichtung – und die mehr als einfache Kleidung!) –. [...] Am Ende erscheint Liszt – ein sehr häßlicher Mann, manières décousues***, macht im ganzen einen angenehmen Eindruck; er ist nicht ein Mann von transzendentem Geist, aber Gutmüthigkeit macht ihn liebenswürdig. Von dem Besuch bleibt ein unheimliches Gefühl zurück«.[11]

* schmerzlichen Provisorium
** Wir waren auf die zehn Finger Liszts angewiesen
*** zerstreutes Benehmen

Die Fragen und Kommentare – zu Herrn Bernhardi – drängen sich von selbst auf, doch hören wir statt dessen Friedrich Hebbel, der, obwohl ein schwerblütiger Dithmarscher, sich in der Athmosphäre der Altenburg (1858) ausgesprochen wohl gefühlt zu haben scheint. Vielleicht ist es die Gemeinsamkeit des Schicksals, der schwere Kampf um die Durchsetzung des eigenen Werkes, auch um das persönliche Glück, das ihn die Bewohner der Altenburg mit ganz anderen Augen sehen läßt: »Die Fürstin«, schreibt er seiner Frau, der Burgschauspielerin Christine Enghaus, »ist eine ältliche Frau voll Feuer und Lebhaftigkeit, ihre Tochter, die Prinzessin, ein außerordentliches feines Mädchen mit vornehmen Zügen und Augen, wie sie hie und da auf den Bildern des Pietro Perugino vorkommen. Die Konversation war anfangs französisch, was für einen Schleswig-Holsteiner, der die neueren Sprachen in seiner Jugend nicht gelernt hat, immer fatal bleibt, doch schwenkte ich sie nach Tisch bald ins Deutsche herum, und nun ergab sich ein so animiertes Gespräch, wie ich in Wien selten eins geführt habe. Du weißt, wie entschieden ich jeder Unterhaltung über meine eigenen Arbeiten aus dem Wege gehe. Hier mußte ich mich jedoch ergeben, weil ich auf so eine gediegene, allgemeine Bildung und eine so gründliche, bis ins allereinzelnste gehende Kenntnis meiner eigenen Sachen traf, daß das Gegenteil absurd gewesen wäre.«[12] »... Mir war zu Mut, als ob ich mich ›auf einer Insel in des Äthers Höh'n‹ befände, so floß hier das individuellste Denken und Empfinden wie Goldfäden, die nicht einen Augenblick für sich existieren, zur wunderbarsten Harmonie zusammen. [...] Abends auf der Altenburg große Gesellschaft, wo Liszt spielte, was er nur sehr selten tun soll – Zigeunerrhapsodien, durch die er mich allerdings auch elektrisierte. Am Klavier ist er ein Heros; hinter ihm in polnisch-russischer Nationaltracht mit Halbdiadem und goldenen Troddeln die Prinzessin, die ihm die Blätter umschlug und ihm dabei zuweilen durch die langen, in der Hitze des Spiels wild flatternden Haare fuhr. Traumhaft – phantastisch!«[13] Diese Szene verewigt Hebbel auch im Gedicht.

III

Während seiner aktiven Tätigkeit als Theaterdirigent (1848 bis 1858)[14] hat Liszt nicht weniger als 44 Opern einstudiert, von denen 28 der Gegenwartsliteratur entstammten. Darunter fanden sich Raritäten wie Schuberts *Alfonso und Estrella* (Uraufführung) oder Schumanns *Genoveva*, die heute aus den Spielplänen verschwunden sind, aber auch bleibende Werke wie Berlioz' *Benvenuto Cellini* und vor allem Wagners *Fliegender Holländer*, *Tannhäuser* und *Lohengrin* (Uraufführung). Schließlich wurden eine ganze Berlioz-Woche und Wagner-Festspiele veranstaltet. Wenn sich Liszts Elan hätte durchsetzen können, würden wir heute vielleicht zu den Richard-Wagner-Festspielen nach Weimar und nicht nach Bayreuth fahren. In merkwürdigem Kontrast zu dieser Leistung steht die Beschränktheit der Mittel. Das Orchester umfaßte 35 Musiker; 29 Sänger und sieben Tänzer standen zur Verfügung. Sie wurden kärglich entlohnt. Zahlreiche Eingaben Liszts führten insgesamt nur zu einer Erhöhung der Orchestermitglieder um vier Musiker. Das ganze Unternehmen wurde also in der Hauptsache durch die Persönlichkeit des Maestro getragen. Ihr war es zu verdanken, daß zeitweilig bedeutende Solisten wie die Geiger Joseph Joachim, Ferdinand Laub, Edmund Singer und Alexander Ritter, der Cellist Cossmann, der Posaunist Grosse oder die Harfenistin Johanna Pohl Mitglieder des Orchesters waren. Für größere Veranstaltungen wurden Musiker und Sänger aus den benachbarten Residenzen hinzugewonnen. Wie aber vermochte Liszt die Mitwirkenden so zu faszinieren? Wie dirigierte er? Wo hatte er es gelernt?

Auf Grund seiner Begabung und Ausbildung war er fähig, Partituren von Kammermusik und auch Orchesterwerken fließend zu lesen, unmittelbar auf dem Klavier wiederzugeben und sie außerordentlich rasch zu assimilieren. Trotzdem machte er sich nicht die Mühe, sie bis auf die letzte Note auswendig zu lernen, wie er es für Klavierwerke von seinen Schülern verlangte, sondern pflegte, aus Sorgfalt gegenüber der komplizierteren Materie, aus der Partitur zu dirigieren. Für seine Dirigiertechnik gab es kein Vorbild. Bis dahin wurde im wesentlichen »Takt geschlagen«. Aber darauf kam es ihm am wenigsten an. Wie wir aus Schilderungen seines Klavierspiels entnehmen können, war er in erster Linie ein Ausdruckskünstler. Metrum und Rhythmus waren bei ihm sowieso flexibel. Seine Hauptaufgabe als Dirigent bestand also darin, seinen Ausdruckswillen den Orchestermusikern (und Sängern) so intensiv wie möglich zu suggerieren. Gelernt hatte er das nirgends. Er wurde vielmehr zusammen mit Richard Wagner der Schöpfer der modernen Dirigierkunst, indem ihre Erfahrungen durch Hans von Bülow, den ersten gewählten Dirigenten der *Berliner Philharmoniker*, Arthur Nikisch, Wilhelm Furtwängler und Herbert von Karajan weiterentwickelt wurden — um nur diese Linie zu nennen.

Zunächst aber mußte diese Art der Orchesterleitung dem Publikum höchst ungewöhnlich erscheinen. In der Presse wurde sie zum Teil heftig kritisiert. Liszts Antwort (in einem Brief) lautete: »Die wahre Aufgabe des Kapellmeisters besteht meiner Ansicht nach darin, sich weitgehend überflüssig zu machen. Wir sind Steuermänner und keine Ruderknechte.« [15] Eine gute Vorstellung von der Ausstrahlung des Dirigenten Liszt vermittelt eine Schilderung H. Uhdes, die sich auf die Aufführung der *9. Symphonie* anläßlich der Beethovenfeier des *Allgemeinen Deutschen Musikvereins* am 28. Mai 1870 in Weimar bezieht: »Franz Liszt stand an dem Dirigentenplatze, wie immer im langen schwarzen Gewande, die Züge von Freude durchglüht, offenbar glücklich, den großen Toten zu feiern. Die Aufführung war voll Glanz und Kraft, Liszts Energie und Geist war es, der alle durchdrang, alle mit Feuereifer beseelte. Aber wie dirigierte er auch! Weit entfernt vom gleichmäßigen Schwingen seines Taktstockes, deutete er in Gebärden und Gesten auf einzige Art den Geist des Tonwerkes an. Jeden frappanten Einsatz irgend eines Instrumentes markierte er scharf, oft durch leises Aufstampfen mit dem Fuße; bei Motiven von sangbarem Charakter schwebt die feine weiße Hand in langen, langsamen Linien durch die Luft, saust aber plötzlich zur Faust geballt nieder, wenn ein entscheidender Akkord einfällt. Bei bewegten Rhythmen geht der Taktstock im Tempo oft mit jedem

Sechzehntel mit, wenn er ihn nicht gerade aus der Hand gelegt hat, was sehr häufig der Fall ist. Geht es zum Schlusse in sich steigernden, breiten Akkorden, so erhebt er beide Arme und breitet die Hände weit aus; tritt ein Piano ein, so scheint die ganze Gestalt zusammenzusinken, während sie umgekehrt riesig wächst, wenn ein Crescendo eintreten soll; Liszt erhebt sich dann oft auf die Zehen so hoch er kann und reckt die Arme über den Kopf. Die Partitur braucht für ihn gar nicht dazusein; er sieht sie kaum an, blickt überhaupt bei Momenten, welche sich von selber machen, wie z. B. ein länger andauerndes Thema in langsamem Tempo und leichter Taktart, sinnend vor sich nieder, bewegt kein Glied und kreuzt die Arme über dem Rücken. Dann ist er ganz Ohr, sich voll erfreuend an dem majestätisch daherrauschenden Strom der Melodien, bis er dann plötzlich wieder emporschnellt, um kühn und energievoll einzugreifen. Das ist originell und mancher mag es barock finden; aber man muß es beobachtet haben, wie der Geist, der diesen Dirigenten beseelt, jedwedes Instrument hinreißt! Ein belebender frischer Quell der Anregung geht, wie von jeder bedeutenden Persönlichkeit, so auch von dieser aus.« [16]

IV

In stillen Stunden wuchs das eigene Werk im »blauen Zimmer«. Man kann im Vergleich zu den Jugendwerken die Weimarer Kompositionen als Ausfluß eines wachsenden Kompromißdenkens bezeichnen (Torkewitz) [17], man kann das Spätwerk mit seinem Zug zur Verinnerlichung einerseits und zum Experiment andererseits interessanter finden — besonders im Hinblick auf die Genesis der Neuen Musik —, die Weimarer Epoche bleibt ein Höhepunkt im Schaffen Franz Liszts, weil er hier in seinen besten Werken imstande war, sich der disparatesten Eigenschaften seines Wesens musikalisch zu entäußern und sie doch formal befriedigend zu bändigen. Nirgends sonst finden wir wieder diese Fülle der Kontraste ebenso wie die durchgeistigte Um- und Neuschöpfung von Strukturen, die ihn befähigt haben, Werke in

Großform zu schaffen, die — abgesehen von ihrem Eigenwert — jahrzehntelang nachgewirkt haben.

Wenn hier eine Übersicht über die Weimarer Werke gegeben wird, so ist weder eine vollständige Aufzählung noch eine — formale, harmonische, semantische etc. — Analyse beabsichtigt.* Der Leser soll ohne großen musikwissenschaftlichen Ballast an die besten Werke dieser Epoche herangeführt werden. Neben bedeutender Klavier- und Orgelmusik ist diese Phase vor allem durch Orchesterwerke gekennzeichnet. Außerdem gibt es fesselnde Konzerte für Klavier und Orchester. Das Chor- und Liedschaffen Liszts erreicht dagegen erst in der nächsten und übernächsten Epoche seines Lebens seinen Höhepunkt.

V

An der Spitze des Klavierwerks steht zweifellos die *Sonate* (in h-Moll, 1852—1853), vielleicht das persönlichste Werk Liszts überhaupt. Hier gibt es kein durch Natur oder Kunst, jedenfalls von außen angeregtes Programm, hier offenbart uns der Künstler sein eigenes innerstes Wesen, eine Selbstdarstellung also, »eine große Confession«, um es goethisch zu formulieren. Dem Werk liegen fünf (in der Hauptsache nur zwei) Materialien (Themen) zugrunde, die fast in allen Teilen gegenwärtig sind; seine Einheitlichkeit gewinnt es durch die Technik der Thementransformation. Im Umriß stellt es einen Sonatenhauptsatz dar, dessen Durchführung durch ein Andante sostenuto und ein Scherzo (Fugato) angereichert ist. Wenn man die stark modifizierte Reprise als Schlußsatz wertet, liegt also eine komplette viersätzige Sonate in einem Satz (integrierte oder zyklische Sonatenform) vor, die uns das sinnende, kämpfende, liebende, mephistophelische und schließlich das franziskanische, das gläubige Ich von Franz Liszt in allen seinen Phasen vor das innere Auge führt. So geht die Ausstrahlung des Werkes über die individuelle Emotion der romantischen Epoche hinaus, und es weist vorwärts auf Dinge me-

* Literaturhinweise auf derartige Analysen sind im Anhang zusammengestellt.

taphysischer, ja sogar kosmischer Bedeutung. Damit knüpft es unmittelbar an den späten Beethoven, z. T. auch Schubert, an und weist weit voraus auf den mittleren (etwa ab der *Vierten Sonate*) Skrjabin und den frühen Schönberg *(1. Streichquartett, 1. Kammersymphonie).* »Die h-Moll-Sonate ist Liszts ›Wanderer-Phantasie‹, nur umfaßt sie einen weiteren Bereich innerer Erfahrung. Sie kommt aus größeren Tiefen und reicht in größere Höhen. Vor allem: sie klingt besser« (L. Kentner)[18]. Richard Wagner hörte das Werk 1855 in London von dem Liszt-Schüler Karl Klindworth. Begeistert schreibt er nach Weimar: »Liebster Franz! Jetzt warst Du bei mir. Die Sonate ist über alle Begriffe schön; groß, liebenswürdig, tief und edel — erhaben, wie Du bist. Ich bin auf das tiefste davon ergriffen, und alle Londoner Misere ist mit einem Male vergessen. Weiter sage ich Dir soeben — unmittelbar nach der Anhörung nichts; aber von dem, was ich Dir sage, bin ich so voll, als ein Mensch es sein kann. Nochmals: Du warst bei mir: — oh, wärest Du es bald ganz und leibhaftig: nur so ertrügen wir das Leben schön!«[19] Als Kontrast: Brahms soll nach einer mündlichen Tradition beim Anhören des Werkes eingeschlafen sein, und Hanslick bezeichnet es als »Genialitätsdampfmühle, die fast immer leer geht«[20]. Welcher Unterschied des Temperaments und des musikalischen Denkens und Empfindens!

Die erste öffentliche Aufführung der Sonate fand am 22. Januar 1857 durch Hans von Bülow in Berlin statt — mit unerwartetem Erfolg. Er weihte damit gleichzeitig den ersten Bechstein-Flügel ein. Die Firma machte es sich zur Ehre, Liszt ab 1869, als er wieder einige Sommermonate des Jahres in der Hofgärtnerei in Weimar verbrachte, alle paar Jahre einen neuen Flügel zur Verfügung zu stellen. Das letzte Instrument kennt jeder Besucher des Liszt-Hauses, dank den Bemühungen der Firma in ausgezeichnetem, spielbarem Zustand. Nach der Uraufführung wurde das Werk in der *Spenerschen Zeitung* ungünstig besprochen. Doch Bülow antwortete tapfer wie immer, woran sich ein aufsehenerregender Zeitungskampf anschloß.

Einen ähnlichen großzügigen Schwung wie die *h-Moll-Sonate* weist die *Ballade Nr. 2* (1853) auf, nur ist das Werk kürzer und der formale Ablauf besser zu übersehen. Es weist eine modifizierte Sonatenhauptsatzform auf. Es beginnt in düsterem – eben balladeskem – h-dorisch und endet in strahlendem H-Dur, das die gesamte »Reprise« (2. Thema, Kopfthema in der Mittellage gesungen, dasselbe choralartig wiederholt, weihevoller Ausklang mit 2. Thema) beherrscht. Der erste Teil wird wie bei der klassischen Sonate wiederholt, aber einen halben Ton tiefer. Liszt ist eben jede wörtliche Wiederholung zuwider, sowohl im ersten Teil wie bei der Reprise. Die Durchführung beginnt marschartig und verarbeitet beide Themen. Ein Programm zu suchen ist – wie bei der Sonate – müßig. Sacheverell Sitwell meint, die Ballade habe »weniger mit persönlichem Schmerz wie bei Chopin zu tun als mit großen Ereignissen epischen Ausmaßes, barbarischen Invasionen, brennenden Städten – Tragödien eher von allgemeiner als privater Bedeutung«[21]. Louis Kentner erwähnt »die vage Tradition einer Geschichte vom Typ Hero und Leander, beständige Liebe, die über die wütenden Elemente triumphiert«[22]. Nichts von dem stammt vom Komponisten, der sich hier wohlweislich gehütet hat, seine musikalischen Bekenntnisse zu »erklären«.

Zusammen mit der 1849 in Weimar umgearbeiteten *Dante-Sonate* ergeben sich drei »Sonaten«. Ihnen kann man das *Concerto pathétique* für zwei Klaviere (1856) hinzugesellen, das aus dem *Großen Konzertsolo* (1849) entstanden ist. Ihm wurde ein Mittelteil (Andante sostenuto) eingefügt, so daß auch hier eine integrierte Sonatenform vorliegt. Der Klaviersatz ist vorzüglich und das ganze Werk von hoher Qualität.

Eine modifizierte oder erweiterte Sonatenform weisen auch die beiden Klavierkonzerte, die Mehrzahl der Symphonischen Dichtungen und natürlich die ersten Sätze der Symphonien auf. Darauf kommen wir später zurück. Liszts Werke sind also keineswegs formlos. Seine Neuerungen haben die Komponisten in der zweiten Hälfte des 19. Jahrhunderts stark beeinflußt und noch in das 20. Jahrhundert hineingewirkt.

Neben diesen großformatigen Werken sind drei Zyklen von Stücken »religiöser« Haltung entstanden. Die *Consolations*

(1849, Tröstungen, nach dem Titel eines Gedichtzyklus von Sainte-Beuve) sind von großem Reiz, einfach und tief in der Empfindung, besonders schön Nr. 3 und 4. Die *Liebesträume* (1850) waren wie die Petrarca-Sonette ursprünglich Lieder (1845, 1849). Sie sind viel besser als ihr Ruf, besonders auch das erste und zweite Stück. Alle drei zeigen mit den dazugehörigen Gedichten (Uhland, Freiligrath), wie nahe bei Liszt himmlische und irdische Liebe beieinander liegen. Die diskreteste Musik wird dem relativ sinnlichsten Text zugesellt (*Seliger Tod* von Uhland, Nr. 2); umgekehrt entspricht dem bekanntesten *Liebestraum* Nr. 3 ein etwas trockenes, lehrhaftes Gedicht von Freiligrath. Nr. 1 gar (*Hohe Liebe* von Uhland) bezieht sich auf einen Märtyrer, dem sich »der Himmel aufgetan« hat.

Der Zyklus *Harmonies poétiques et religieuses* stammt in der Hauptsache aus den Jahren 1845–1852 und ist Jeanne Elisabeth Carolyne Fürstin Wittgenstein gewidmet.

Die Stücke sind ungleich an Wert, zum Teil Klavierfassungen eigener Chöre (Nr. 2, 5) oder des *Miserere* nach Palestrina (Nr. 8). *Cantique d'amour* (Nr. 10) wurde von Liszt sehr geschätzt und im privaten Kreise auch in späteren Jahren noch gern gespielt. Zu seinen Meisterwerken gehören *Bénédiction de Dieu dans la solitude* (Nr. 3) und *Funérailles, October 1849* (Nr. 7). Nr. 3 *(Gotteslob in der Einsamkeit)* weist eine großangelegte dreiteilige Liedform auf; die Tonart ist Fis-Dur, das über D-Dur und B-Dur des Mittelteils im Schlußteil, der eine gesteigerte Wiederholung des ersten Teiles darstellt, wiedererreicht wird. Das Stück schildert, viel besser als die vorangestellten Verse von Lamartine, das Erlebnis der Transzendenz im Frieden der Natur. Innige Anbetung, leidenschaftliche Hingabe und mystische Versenkung wechseln einander ab. Es wurde bereits 1845 skizziert und in den folgenden Jahren, vielleicht schon 1847 in Woronince, ausgearbeitet. Jedenfalls vermittelt es den besten, lebendigsten Eindruck von der tiefen und leidenschaftlichen Frömmigkeit der beiden Liebenden. –

Funérailles mit dem Untertitel *October 1849* ist eine großartige Trauermusik, der die spätere Symphonische Dichtung

Héroïde funèbre form- und geistverwandt ist. Der Trauermarsch wird durch dumpfen Glockenklang eingeleitet; auf den Hauptteil und das auch harmonisch wundervolle Trio folgt ein dramatischer, sich gewaltig steigernder Einschub, in dem man Pferdegetrappel und Trompetengeschmetter zu hören meint, bis – jetzt ins Grandiose gewandelt – die Wiederholung des Hauptteils einsetzt. Den Hintergrund dieses Werkes bildet die Niederschlagung der Erhebung in Ungarn mit dem blutigen Strafgericht des Generals Haynau über die Häupter des Aufstandes (1849). In einem Brief von Joachim Raff heißt es: »Liszt ist tiefbewegt durch den Verlust seiner besten Freunde in Ungarn, unter denen Herr Haynau so schrecklich gehaust hat.« Nach der Exekutierung von 13 ungarischen Generälen erschien das Gedicht *Im Oktober 1849* von Heine. Es enthält eine Spitze gegen Liszt, den Träger des Ehrensäbels des ungarischen Adels, der wegen seiner Untätigkeit getadelt wird.[23] *Funérailles* mit seinem Untertitel stellt also auch die spezifische Antwort Liszts auf diesen Angriff dar.

Die diabolische Seite Liszts vertritt im Weimarer Klavierschaffen *Scherzo und Marsch* (1851), eine zu Unrecht vernachlässigte Komposition, und die Klavierfassung des *Mephisto-Walzers* (1859/60), dem später noch drei weitere folgen sollten. Dieser *1. Mephisto-Walzer* ist ein glänzend charakterisierendes Virtuosenstück, dessen Einleitungssatz in Mephistos verführerisch chromatisiertes Walzerthema (Des-Dur; espressivo, amoroso) mündet, das in fünf Metamorphosen, eine immer leidenschaftlicher als die andere, durchgeführt wird, bis alles in brausendem Ungestüm versinkt. Das Stück ist bekanntlich durch den *Tanz in der Dorfschenke* aus Lenaus *Faust* angeregt.

Als weitere Weimarer Klavierwerke seien erwähnt: *Drei Konzertetüden* (ca. 1848), von denen die mittlere, *La Leggierezza*, die wertvollste ist; die interessante Etüde *Ab irato* (1840, 1852), die ganz plastisch einen negativen Affekt, nämlich Zorn, schildert und im zweiten Teil – offenbar als Ausdruck der Besänftigung – das spätere Hauptthema von *Les Préludes* vorwegnimmt; die *Soirées de Vienne* (1852) nach Schubertschen Walzern, an deren originaler Form man heute eigentlich wieder mehr Freude hat;

sechs reizende *Chants polonais* (1847–1860) nach Chopin; die Transkription des Gounodschen *Faust-Walzers* (1861), die besser und interessanter ist als das Original; und Klavierbearbeitungen aus Werken von Verdi und Wagner.

VI

Seine innersten Gedanken und Empfindungen hat Liszt dem Soloklavier anvertraut. Diese intime Note verliert sich etwas im Klavierkonzert, das für die Öffentlichkeit bestimmt und daher ganz allgemein mit mehr »Flitterwesen« behaftet ist. Dafür treten andere Charakterzüge hervor. Dies wird besonders deutlich an einem Werk, dessen Genese lange vor der Weimarer Zeit liegt, dem *Malédiction-Konzert* für Klavier und Streichorchester (Entwurf um 1830, Überarbeitung 1840–1847). Liszt hat hier die Themen mit Schlagworten charakterisiert, so daß deren Bedeutung (Semantik) klar wird. Das Eröffnungsthema, im rhythmischen Gestus mit dem aus *Orage (Wanderjahre I)* und in den Akkordtönen mit dem Kopfthema der Symphonischen Dichtung *Prometheus* (1850, 1855) identisch, enthält die ersten Quartenakkorde der Weltliteratur.[24] Ihm ist das Wort »malédiction« beigefügt (Verfluchung, also Gegensatz zu »bénédiction«, d. h. Lobpreisung). Später folgen noch »orgueil« (Stolz, Hochmut, Dünkel), »pleurs, angoisses, rêves« (letzteres gestrichen, dafür »songes«; Tränen, Ängste, Träume) und »raillerie« (Verspottung). »Orgueil« kehrt als einziges neues Thema im Finalsatz der *Faust-Symphonie* (1854) wieder, der Mephisto charakterisiert. Es ist also *das* Mephisto-Thema. Liszts Musik kann also nicht nur Ausdruck von Empfindung oder Malerei sein, sondern gewissen Motiven, rhythmischen Wendungen, dem Gebrauch gewisser Instrumente, Tanzformen bestimmte Sinngehalte assoziieren. Dies besonders am Werk Liszts exemplifiziert zu haben ist das Verdienst der enzyklopädischen Arbeit von Constantin Floros.[25] Im übrigen weist das *Malédiction-Konzert* eine mosaikartige Aneinanderreihung der Themen und ihrer Transformationen auf. Das erste und zweite Thema kehren gegen Schluß wieder, womit sich eine Reprise andeutet.

Voll ausgereift, besonders auch im Orchestersatz, sind das *Erste* (1830, 1849, 1853, 1856) und *Zweite* (1839, 1849, 1853, 1857, 1861) *Klavierkonzert.* In beiden liegt die integrierte Sonatenform vor, doch ist die Integration nicht soweit gediehen wie bei der *h-Moll-Sonate.* Als einen Schönheitsfehler hat man die Marziale-Varianten (mit Blechmusik) gerade der wunderbar besinnlichen Themen — des Adagios im ersten und des Kopfthemas im zweiten Konzert — empfunden. Man wird an ähnliche, ironisch gemeinte Sätze bei Gustav Mahler erinnert; bei Liszt aber sind sie ernst zu nehmen, als Ausfluß seiner heroischen Ader. Glücklicherweise konnten beide Konzerte noch vor dem Kriege in der authentischen Interpretation von zwei Liszt-Schülern aufgenommen werden, Emil von Sauer als Pianist und Felix Weingartner als Dirigent. Wie schnell soll man Liszt spielen? Die Antwort, die sich hier ergibt, lautet: fast halb so rasch wie sonst üblich. Schon wenn der Meister in mittleren Jahren Beethoven dirigierte, fielen seine langsamen Tempi auf, »mit erstaunlichem Gewinn für die Wirkung«. Der alte Liszt liebte breite Tempi, und leicht konnte aus einem Agitato ein Grandioso werden. Das Kopfmotiv des zweiten, viel reiferen Konzertes mit Dreiviertelnoten Adagio sostenuto assai würde auf dem Klavier verklingen. Es wird aber durch die Holzbläser eingeführt und bei späterem Wiederauftreten vom Klavier umspielt oder zusätzlich gestützt. So bekommt es einen langen Atem.

Das erregendste Werk für Klavier und Orchester ist aber der *Totentanz. Paraphrase über »Dies irae«* (1838, 1849, 1853, 1859). Es verkörpert die diabolische Seite Liszts wie die *Dante-Sonate*, der dritte Satz der *Faust-Symphonie* und die *Mephisto-Walzer.* Angeregt wurde es durch die früher Orcagna zugeschriebenen, aber wahrscheinlich von Traini stammenden Fresken im Camposanto zu Pisa, die der Meister 1838 sah. Dabei ist ihm das altkirchliche *Dies irae*-Thema, das auch Berlioz im *Hexensabbat* der *Phantastischen Symphonie* verwendet hatte, samt einigen Variationen sofort eingefallen. Die Fresken stellen in einer Abfolge von Bildern den *Triumph des Todes* dar. Dem entspricht die Variationenreihe von Liszt. Bartók empfand die nach der kanonischen 4. Variation eingeschaltete Cadenza ad libitum in Fis-Dur mit dem anschließenden Andante als Stilbruch.[26] Aber warum sollte man sich darunter nicht die erlösten Seelen vorstellen, die gen Himmel schweben? Nach der 5. Variation führt Liszt ein neues, von dem ersten abgeleitetes Thema ein, das seinerseits einer Reihe von Variationen unterworfen wird. Insgesamt ein Werk von höchster Dramatik mit starken Spannungen und Gegensätzen, die aber mit fester Hand zu einem künstlerischen Ganzen geformt werden. Liszt war Meister der thematischen Metamorphose, von der seine Werke leben und zusammengehalten werden; echte Variationen sind aber selten.

VII

Auch einem anderen Tasteninstrument, nämlich der Orgel, hat sich Liszt in der Weimarer Zeit mit wenigen, aber bedeutenden Werken zugewendet. Schon in jüngeren Jahren hatte er eine Beziehung zu diesem Instrument entwickelt, die in Weimar durch Bekanntschaft mit den dortigen Organisten (Töpfer, Müller-Hartung, Sulze, Gottschalg)[27] weiter gefördert wurde. Der früheste Bericht datiert aus dem Jahre 1836 und sei hier ausführlich zitiert, da er einen Eindruck von der Suggestivität der Lisztschen Improvisationskunst und speziell seinem Orgelspiel gibt.

Die Genfer Gesellschaft, Liszt, die Gräfin d'Agoult, Liszts jugendlicher Schüler Hermann Cohen und der Major der eidgenössischen Armee Adolphe Pictet, hatte einen Ausflug nach Chamonix beschlossen, wo sich ihnen George Sand zugesellte. Auf dem Rückweg wurde Fribourg besucht. Liszt äußerte den Wunsch, die berühmte Mooser-Orgel in der St.-Nikolaus-Kirche zu sehen und zu spielen. Er begann mit einem Fragment des *Dies irae* von Mozart. »Niemals« schreibt George Sand, »hatte sich in einem dunklen Ausdruck mystischer Schrecken und gläubiger

Trauer das florentinische Profil von Franz Liszt bleicher und reiner abgezeichnet.« Danach improvisierte er ein Präludium und eine Doppelfuge. Pictet beschreibt die Wirkung dieser Musik: »Dann begann ein Adagio von dunklem und ernstem Charakter. Düstere, unbestimmte Modulationen folgten einander, verkettet durch Serien von Dissonanzen, die sich wie Nebelmassen vorwärts bewegten. Bisweilen zeichneten sich deutlichere Formen ab, die Gestalt anzunehmen und das Licht zu suchen schienen; aber bald versanken sie wieder, eingehüllt von ebenso unfertigen Gestalten, die ihrerseits rasch verschwanden. [...]

Als die Erwartung die höchste Spannung erreicht hatte, endete das Präludium, und wie ein antiker Weisheitsspruch wurde in tiefen, majestätischen Orgeltönen langsam und deutlich ein ernstes Thema angegeben, dann von den höheren Stimmen in strenger Reihenfolge aufgenommen, wie in den Fugen des Altmeisters Sebastian Bach. Aber bald tauchte in direktem Gegensatz zu dem ernsten und feierlichen Charakter des Anfangs ein anderes rasches und brillantes Thema auf. So einfach das erste Thema in seiner monotonen Größe war, so geschmeidig und wandelbar zeigte sich dieses zweite Thema. Wie das eine bei der weiteren Entwicklung den strengen Gesetzen der Harmonie gehorchte, so bewegte sich das andere launenhaft inmitten unerwarteter Kombinationen und überraschendster Wirkungen. Schließlich kam ein einzigartiger Kampf zwischen den beiden Prinzipien zustande [...], aus dem sich Jammer- und Schmerzensschreie und die bizarrsten Dissonanzen erhoben. Man konnte an Laokoon denken, wie er sich kraftvoll aus den Schlangenwindungen befreit, um sich alsbald von neuen Knoten gefesselt zu sehen. Trotzdem hatte der Kampf hier einen anderen Ausgang, denn das erste Motiv behielt die Oberhand und zwang seinen Gegenspieler, zum Grundton zurückzukehren. Dann stellte sich die getrübte Harmonie allmählich wieder her, und mit unendlicher Kunstfertigkeit wurden beide Themen zu einem einzigen verschmolzen, vollkommener Ausdruck von Größe und Reichtum, Idee und Leidenschaft, Macht und Anmut, und dieses neue Motiv, nachdem es mit allem Schwung des Genies und allen Hilfsmitteln des wunderbaren Instruments durchgeführt worden war, beendete die Improvisation des großen Künstlers mit einem erhabenen Hymnus.«[28]

Liszts neuerliche Zuwendung zur Orgelkomposition ergab sich, wie gesagt, aus der Bekanntschaft mit den Weimarer Organisten und Komponisten sowie Alexander Winterberger und dem leider früh verstorbenen Julius Reubke. Winterberger war Schüler von Töpfer und Liszt. Er war es, der die Hauptwerke Liszts für die Orgel *Fantasie und Fuge über den Choral »Ad nos ad Salutarem undam«* (1850) und *Präludium und Fuge über den Namen B-A-C-H* (1855, 1870) 1855 bzw. 1856 auf der Ladegast-Orgel im Merseburger Dom zur Uraufführung brachte. Das Instrument war von Ladegast in den Jahren zuvor umsichtig restauriert worden, so daß es geeignet war, Musik aus dem 19. ebenso wie aus dem 18. Jahrhundert adäquat wiederzugeben. Die genannten Werke einschließlich der späteren, primär 1862 für Klavier komponierten *Weinen-Klagen-Variationen* (1863) liegen, auf dieser Orgel gespielt, in einer authentischen Aufnahme vor. Mit diesen Werken hat Liszt die Ausdrucksmöglichkeiten der Orgel voll ausgeschöpft. An den Bachschen Vorwürfen mag schon die immanente Chromatik der Themen seine Phantasie gereizt haben. Aber noch deutlicher hat die neue Richtung in dem *Ad nos...*-Werk ihren Ausdruck gefunden. Hier werden die Erfahrungen eingebracht, die er zuvor mit Opernparaphrasen gesammelt hatte, und zusätzlich alle Klangfarben und Spielfiguren der Orgel ausgenutzt, um ein Werk vom Charakter und Ausmaß einer Symphonischen Dichtung zu präsentieren. Auch formal weicht *Ad nos* von dem üblichen »Präludium und Fuge«-Schema ab, indem hier zwischen den ersten Teil, eine ausgedehnte Fantasie über das Choralthema, und die Fuge ein langsamer Satzteil tritt, an dessen Beginn zum ersten Male das vollständige Choralthema – Adagio und ppp, Fis-Dur – zitiert wird, das triumphierend – mit vollem Werk – am Ende der Fuge wiederkehrt. Faßt man diese als »gesteigerte Wiederholung« einer Großform auf, so ergibt sich wiederum eine »integrierte Sonatenform« für das Gesamtwerk. Es wurde Meyerbeer gewidmet, aus dessen Wiedertäufer-Oper *Der Prophet* der Choral stammt.

Diese Weimarer Orgelwerke stellen das wichtigste Bindeglied zwischen Bach und Reger dar und haben noch im 20. Jahrhundert »symphonische« Orgelkompositionen von Vierne, Dupré, Messiaen, Schönberg und anderen angeregt.

Der alte Liszt dagegen wird sich auch im Orgelwerk zu franziskanischer Anspruchslosigkeit bekennen. Die *Missa pro organo* (1879) und das *Requiem für die Orgel* (1883) sind für liturgischen Gebrauch bestimmt. »Der ganze Krach [...], um den ich mich etwas bemüht habe, erscheint mir fortan überflüssig, hinderlich, lästig, ärgerlich, unerträglich!! Überall entledige ich mich frohen Herzens dieser Last, um nur meinen einfachen Vorstellungen zu folgen – die [...] für mich der bessere Teil sind.«[29]

VIII

Ein wesentlicher Anreiz, sich in Weimar niederzulassen, war für Liszt die Möglichkeit, für Orchester zu komponieren. Er ging auch hier ganz praktisch, nämlich experimentell, vor. Während seiner Lehrjahre war er, hauptsächlich bei Paër, bis zum Orchestersatz etwa des frühen Beethoven vorgedrungen. Während der Virtuosenjahre verdrängte er das Gelernte weitgehend. Inzwischen hatte sich dieses Gebiet außerordentlich entwickelt. Berlioz vor allem hatte den Orchestersatz gewaltig bereichert. Um die vorhandene Kenntnislücke rasch zu schließen, ergriff Liszt zwei Maßnahmen: erstens holte er in der Instrumentation erfahrene Mitarbeiter auf die Altenburg, zweitens bediente er sich, wie das auch in seinem Vertrag vorgesehen war, des Hoforchesters zur systematischen Erprobung von Klangwirkungen. Zunächst ging ihm der Possen- und Operettenkomponist August Conradi zur Hand (1848/49), der ihm aus seinen auf drei bis vier Systemen notierten Orchesterskizzen »Arrangements« herstellte. An seine Stelle trat dann der wesentlich phantasievollere und gebildetere Joachim Raff (bis 1854). Die Ausarbeitungen wurden mit Hilfe des Hoforchesters systematisch erprobt, bis die Klangvorstellungen des Komponisten vollkommen verwirklicht waren. Aus diesem Grunde gibt es z. B. von den ersten drei Symphonischen Dichtungen je vier Fassungen in verschiedenen Handschriften. Doch ab 1854 war Liszt imstande, völlig selbständig und flüssig für Orchester zu komponieren, wovon z. B. das Manuskript des zweiten Satzes der *Faust-Symphonie* zeugt. Vielleicht aber war er inzwischen etwas zu alt geworden. Die Kunst der Übergänge, der logischen Verknüpfung der Teile, ist nicht zur Vollkommenheit ausgebildet. Durch die Technik der Themenmetamorphose wird dieser Mangel gemildert; in den späteren Werken scheint er völlig behoben.

Für Liszt bot die Orchesterkomposition erweiterte Möglichkeiten, sich mit großen Gestalten der Literatur und Geschichte zu identifizieren und damit innerste Antriebe seines Wesens zu sublimieren. Es sind vor allem drei Themenkreise, die damit angerührt werden: 1. das Problem der Programm-Musik, 2. die Beziehung zwischen Inhalt und Form und 3. die Spezifik der Lisztschen Instrumentation.

Das Schlagwort von der »Programm-Musik« hat vielfach Verwirrung gestiftet, zum Teil durch Liszts eigene Äußerungen bedingt. Keinesfalls ist eine Abschilderung konkreter Vorgänge in der Außenwelt gemeint, wie sie sich zum Teil bei Berlioz und später wieder bei Richard Strauss findet, vielmehr ein »renouvellement de la Musique par son alliance plus intime avec la Poésie« (Erneuerung der Musik durch innigere Verbindung mit der Poesie; Brief an Agnes Street vom 16. 11. 1860)[30]. Unter »Poesie« sind lyrische Stimmungen zu verstehen, wie wir sie bei der Besprechung der *Wanderjahre I und II* kennengelernt haben, aber auch Charakterzüge, die seelische Verfassung von Helden der Dichtung (Tasso, Orpheus, Prometheus, Mazeppa, Hamlet, Faust, Gretchen, Mephistopheles, Francesca da Rimini) sowie geschichtliche oder philosophische Ideen (Geist und Materie, Mensch und Natur, Leiden und Befreiung oder Lebensphasen wie in *Les Préludes* oder *Die Ideale*). In seinem Essay *Berlioz und seine Harold-Symphonie* (1855) schreibt Liszt: »Nur dem Dichter unter den Komponisten ist es gegeben, diese den freien Aufschwung seines Gedankens hemmenden Fesseln zu zerbrechen und die

Grenzen seiner Kunst zu erweitern. [...] Darum auch sind insbesondere diejenigen berufen, die Form zu bereichern, die sich ihrer nur als eines Mittels zum Ausdruck, als einer Sprache bedienen, die sie nach den Erfordernissen der auszudrückenden Ideen gestalten. Im ganzen genommen trägt der spezifische Symphoniker seine Zuhörer mit sich in ideale Regionen, die auszudenken und auszuschmücken er der Phantasie jedes einzelnen überläßt. – Der dichtende Symphonist aber, der sich die Aufgabe stellt, ein in seinem Geist deutlich vorhandenes Bild, eine Folge von Seelenzuständen, die ihm unzweideutig und bestimmt im Bewußtsein liegen, ebenso klar wiederzugeben, – warum sollte er nicht mit Hilfe eines Programms nach vollem Verständnis streben?!«[31] Die Programme sollen also nur den Hörer einstimmen, keineswegs Drehbücher für einen dramatischen Ablauf darstellen. In der Tat sind sie teilweise nachträglich »erfunden« worden analog dem Vorgehen bei der dritten Fassung der *Études d'exécution transcendante* (1851). Das beste Beispiel ist die Symphonische Dichtung *Les Préludes* (1848, 1850–1854), die ursprünglich als Vorspiel zu einem Chorwerk auf Gedichte von Joseph Autran über die vier Elemente konzipiert, aber dann gesondert publiziert wurde. So mußte nachträglich ein Programm gesucht werden, das dann in Lamartines »médiation poétique« *Les Préludes* gefunden wurde, die Phasen des menschlichen Lebens schildert.[32] Damit zeigt sich im Grunde die Überflüssigkeit eines ausführlichen Programms, zumal die Musik Liszts ein hohes Maß von Ausdrucksbestimmtheit aufweist.[33] Das hat später auch der Meister selbst erkannt, wenn er 1884 schreibt: »Die Musik bleibe immerdar Musik, ohne überflüssige und schädliche Deutungen.«[34]

Das Verständnis der Symphonischen Dichtungen wird dadurch erleichtert, daß Stimmung und formaler Ablauf im allgemeinen leicht nachvollzogen werden können. Einheitlich in der Stimmung sind *Festklänge*, *Hamlet*, *Heldenklage* und *Orpheus*. Nach dem Schema »Lamento e trionfo« oder »Per aspera ad astra« sind gebaut: *Tasso*, *Prometheus*, *Hunnenschlacht*, *Hungaria*, *Mazeppa*, *Bergsymphonie*, und vier verschiedene Stimmungen finden wir in *Les Préludes* (Liebe, Enttäuschung, Trost in der Natur, kämpferischer neuer Mut, alle durch Themen repräsentiert, die von einem einzigen Grundmotiv, c′—h—e′, abgeleitet sind) und *Die Ideale* (Aufschwung, Enttäuschung, Beschäftigung, Apotheose). Für den Komponisten hatten sie jeweils die Form, die der »dichterischen Absicht« entsprach; in der zeitgenössischen Kritik gelten Liszts Werke als formlos. Natürlich darf man in ihnen nicht die kodifizierte Sonatenhauptsatzform oder andere klassische Formen suchen. Trotzdem ergaben gründliche Analysen von Bergfeld[35] für die Mehrzahl der Werke völlig befriedigende Formen, vorwiegend dreiteilige Bogenform (A, B, A), bei der im letzten Teil die wesentlichen Elemente des ersten Teils, wenn auch häufig umgestellt oder »gesteigert«, reprisenartig wiederaufgenommen werden, während der mittlere Teil eine Durchführung enthält oder auf selbständigen bzw. durch Transformation gewonnenen Themen aufbaut: *Orpheus* (1854), *Héroïde funèbre* (1850—1854), *Hamlet* (1858), *Festklänge* (1853), *Prometheus* (1850, 1855), *Tasso, Lamento e trionfo* (1849, 1850 bis 1854), *Les Préludes* (1848, 1850—1854), *Von der Wiege bis zum Grabe* (1881/82). *Die Ideale* (1857) weisen eine ebenfalls befriedigende Codaform (A, A′, B), *Hungaria* (1854) Strophenform (A, A′) auf, und nur *Hunnenschlacht* (1857), *Mazeppa* (1851) und *Bergsymphonie* (1847—1856) die wenig befriedigende Reihenform (A, B, C), d.h. eine Abfolge thematisch und inhaltlich verschiedener Formteile. Bergfeld zieht den Schluß: »Im ganzen gesehen entwickelt Liszt in seinen Symphonischen Dichtungen eine Kunst der formalen Gestaltung, die ihn wohl zum Meister macht, um so mehr als er die Werke nicht nach festen, bestimmten Plänen baute, nicht nach ihm bewußten Regeln schuf. [...] Sie bilden vielmehr die wertvollste Verification des immanenten Formgesetzes als eines naturmäßigen Gesetzes von urgründiger Kraft und höchster Wesentlichkeit für das musikalische Kunstwerk.«[36] Hier sind allerdings Zweifel angebracht. Trotz aller Neigung zur Empirie dürfte einem Komponisten von der wachen Intelligenz Liszts die formale Gestaltung seiner Werke nicht nur schlafwandlerisch, sondern — mindestens sekundär – mit einem erheblichen Grad von Bewußtsein gelungen sein. Bergfeld fällt damit trotz korrekter Befunde nachträglich der Inhaltsästhetik des 19. Jahrhunderts zum Opfer. Neuerdings ist die Untersuchung von Formen, Strukturen und Semantik in Liszts Werken wieder aktuell, wie neuere Analysen der Symphonischen Dichtungen und Symphonien zeigen, auf die im Anhang verwiesen wird. Nach Dahlhaus sind sie im 19. Jahrhundert »nicht angemessen rezipiert worden: Weder von den neudeutschen Anhängern, die in der Form – als unauffälliger Form – eine bloße Funktion des Inhalts sehen, noch von den Gegnern, die als klassizistische Formalisten die ungewöhnlichen Formkonzeptionen der symphonischen Dichtungen als formlos verkannten und verwarfen«[37].

Seinem flexiblen, durchlichteten Klaviersatz entsprechend zeichnet sich der Orchestersatz Liszts durch klare chörige oder solistische Gegenüberstellung der Instrumentengruppen, durch kammermusikalisches Musizieren, seltener durch den etwas »mulmigen« vollen Orchesterklang aus. Im allgemeinen werden auch die Blechblasinstrumente, vor allem die Hörner, ebenso wie das Schlagzeug dezent und geschmackvoll eingesetzt – mit wenigen Ausnahmen, in denen Tutti-Passagen vor allem unter zu vollem Blech leiden. Besonders erfindungsreich wird das Schlagzeug verwendet, z. B. in der *Héroïde funèbre.* Als Liszts die *Faust-Symphonie* (1854) und die *Dante-Symphonie* (1855/56) in Angriff nahm, standen ihm bereits Klangeffekte zur Verfügung, »die unmittelbar am Wege zur letzten Erfüllung der Instrumentationskunst bei Richard Strauss und Max Reger stehen«[38]. Zu den Meisterwerken der Instrumentation für kleines Ensemble gehören der Gretchensatz der *Faust-Symphonie, Psalm 137* (1859) und der Schlußteil der späten 13. Symphonischen Dichtung *Von der Wiege bis zum Grabe.* Unter den solistisch behandelten Instrumenten sind außer Violine und Violoncello besonders die Holzbläser zu nennen, darunter Englischhorn und Baßklarinette. Neuartige Klangwirkungen werden auch dadurch erzielt, daß z. B. (*13. Psalm*, 1855) die Klarinette unter die Fagotte gelegt wird oder die Flöten sich unter die Oboen schmiegen. Dem Meister war, wie er 1856 an Christian Lobe schrieb, »das Kolorit [...] ein sehr gesteigertes Bedürfnis geworden«[39]. Dieser kammermusikalisch aufgelockerte, äußerst variable Orchesterklang findet sich um die Jahrhundertwende bei Schönberg, Bartók und Strawinsky wieder, die offensichtlich Liszt gründlich studiert haben. Von Bartók stammt das Urteil: »Als Erneuerer der Instrumentation steht er vermöge seiner individuellen Instrumentationstechnik mit Recht neben den beiden anderen großen Instrumentatoren des 19. Jahrhunderts, Berlioz und Wagner.«[40]

Selbstverständlich muß eine ästhetische Gesamtwertung des Orchesterwerks von Liszt all die genannten Elemente einbeziehen, doch enthält sie offensichtlich auch und gerade in diesem Falle eine erhebliche subjektive Komponente. Von den Symphonischen Dichtungen hält Bergfeld[41] — wohl nicht nur aus formalen Gründen — *Die Ideale* und *Hamlet* für die gelungensten. Bei Sitwell[42] stehen *Festklänge, Hunnenschlacht* und *Hungaria* an der Spitze, bei Searle[43] dagegen *Orpheus* und *Hamlet.*

Manche deutschen Musikwissenschaftler — von Hanslick abgesehen — finden zwar formale, strukturelle, harmonische etc. Aspekte äußerst interessant, können sich aber mit dem Inhalt nicht identifizieren. Richard Wagner — bekanntlich kein Musikologe — verschlang alles mit Haut und Haar und machte daraus eine Fundgrube für seine Werke, beginnend mit *Tristan*, seinem Meisterwerk.

Trotz vieler Schönheiten und formaler Innovationen bezeichnet Liszt selbst die Symphonischen Dichtungen nur als »Prolegomena« zu seinen Symphonien. Die *Faust-Symphonie* (1854, Schlußchor 1857) ist sein Meisterwerk. Bruckner kannte es als einziges der symphonischen Werke Liszts genau und bewunderte »die Themen, den kolossalen Aufbau, die Instrumentation, die harmonischen Kühnheiten«[44]. Und Richard Strauss schreibt nach einer Aufführung der Symphonie, »daß Liszt der einzige Sinfoniker ist, der auf Beethoven kommen mußte und auf ihn einen riesigen Fortschritt bedeutet«. Er bewunderte Liszts »blühende Erfindung«, die »Präcision im poetischen-musikalischen Ausdruck« und »die Sicherheit in der Instrumentation«.[45] Constantin Floros hält sie für »eines der bedeutendsten, originellsten und kühnsten symphonischen Werke des 19. Jahrhunderts«[46]. Serge Gut schließlich hält die *Faust-Symphonie* wegen ihrer formalen Abrundung, der geschickten Dosierung der Neuerungen, der Vermeidung jeglicher Längen und Banalitäten für Liszts Meisterwerk. »Aber sie ist es vor allem, weil Liszt sich in keinem anderen Werk besser entfalten konnte. [...] Er hat die größte Chance, den Versuchungen der Zerstreuung zu entgehen und er selbst zu sein, wenn er die Quellen seiner Musik im eigenen Innersten findet.«[47]

Auch weitere »Faust«-Werke, die *Zwei Episoden aus Lenaus »Faust«, 1. Der nächtliche Zug, 2. Der Tanz in der Dorfschenke* (um 1860), der sogenannte *Mephisto-Walzer*, dessen Klavierfassung bereits besprochen wurde, gehören zum Besten, was Liszt geschrieben hat.

Eine Symphonie zu Dantes »Divina Commedia« (1855–56), die *Dante-Symphonie*, leidet unter dem Fehlen eines vollwertigen dritten Satzes, in dem nach dem Inferno und dem Purgatorio (Läuterungsberg) die Seligkeit des Paradieses geschildert werden sollte. Leider gelang es Wagner, Liszt diesen Plan auszureden mit dem Argument, das Paradies könne man nicht schildern, und dies, obwohl Liszt selbst kurz vorher mit dem Gloria und Sanctus der *Missa solennis zur Einweihung der Basilika in Gran* (1855, 1857–1859) diesen Einwand widerlegt hatte. Jetzt wird das Werk durch ein kurzes Magnificat beschlossen. Trotzdem weist es viele Schönheiten auf. So besticht der zweite Satz teilweise durch wundervolle, fast impressionistische Farbgebung. Wagner zog die *Dante-Symphonie* der *Faust-Symphonie* vor und hielt sie für den Gipfel des Lisztschen Orchesterschaffens, »die Seele des Danteschen Gedichtes in reinster Verklärung«[48].

Kehren wir zu den Symphonischen Dichtungen zurück: Am besten gelungen sind offenbar diejenigen, die wie die *Faust-Symphonie* durch Charaktere angeregt sind, mit denen sich der Autor identifizieren konnte, also *Tasso, Orpheus, Prometheus* und *Hamlet* (Charakterbilder). Leider gehört auch der stellenweise reichlich pompöse *Mazeppa* dazu. Fesselnd sind auch einige

Werke, die allgemein menschliches Schicksal oder Lebensbilder nachzeichnen, wie *Bergsymphonie, Les Préludes, Héroïde funèbre* und das späte *Von der Wiege bis zum Grabe.* Der *Héroïde funèbre* liegt der erste Satz des Entwurfs der fünfsätzigen *Revolutionssymphonie* von 1830 zugrunde. Das Stück ist also durch eigenes Erleben angeregt und ähnelt in der Haltung dem Klavierstück *Funérailles* von 1849. Etwas Patina angesetzt haben heute Historienbilder wie *Hunnenschlacht*, zu denen auch die restlichen Symphonischen Dichtungen zu rechnen sind. Wenn diese Wertung akzeptiert wird, so ergibt sich daraus, daß sich die Anlässe, die assoziativ den schöpferischen Funken auslösten, im Laufe der Jahre gewandelt haben. Waren es während der Wanderjahre Sujets aus der Natur, der Literatur und der bildenden Kunst, so sind jetzt exemplarische individuelle Charaktere oder allgemein menschliche Schicksale an deren Stelle getreten. Im Prozeß dieser Verinnerlichung gelingen dem Komponisten teilweise bereits Werke, die autobiographischen Charakter tragen, wie die *h-Moll-Sonate*, und die daher jedes Hinweises auf äußere Anlässe entraten können.

Im allgemeinen werden diese hochinteressanten Werke mit wenigen Ausnahmen im öffentlichen Konzertleben zu wenig gepflegt. Man bedenke, daß z.B. kein geringerer als Paul Hindemith sich noch wenige Wochen vor seinem Tode mit dem Gedanken trug, alle Symphonischen Dichtungen Liszts in einem Zyklus aufzuführen. Offenbar hatte er ihre große Bedeutung für die Entwicklung der Musik im 19. Jahrhundert erkannt.

IX

Somit hat der erste Weimarer Aufenthalt im Rahmen des Lisztschen Lebens und Schaffens eine entscheidende Rolle gespielt. Zu fragen bliebe noch, welche Funktion die deutsche klassische Literatur gehabt hat. Liszt hat die für seine geistige Kultur entscheidenden Jahre in Paris erlebt. In dem früher zitierten Brief an Pierre Wolf vom 2. Mai 1832 erwähnt er als Lieblingsautoren auf dem philosophisch-literarischen Gebiet drei Namen aus der antiken Welt (Homer, die Bibel, Plato), zwei Engländer (Locke, Byron) und drei Franzosen (Hugo, Lamartine, Chateaubriand), aber keinen einzigen Deutschen (auf musikalischem Gebiet allerdings fünf ausschließlich deutsche Namen). War ihm damals die deutsche Literatur noch unbekannt? Wir wissen aus der Autobiographie von Berlioz, daß dieser ihn bereits 1830 mit dem Faust-Thema bekannt gemacht hat: »Am Tag vorher [vor der Uraufführung der *Symphonie fantastique*] besuchte mich Liszt. Wir hatten uns noch nicht kennengelernt; ich sprach mit ihm über Goethes *Faust*; er gestand, er hätte das Werk noch nicht gelesen; bald schwärmte er dafür ebenso wie ich.« [49] Als Quelle diente beiden die Prosaübersetzung des *Faust I* von Gérard de Nerval, die den Beifall Goethes gefunden hatte. Um die gleiche Zeit muß Liszt den *Werther* kennengelernt haben. Im Brief an Agnes Street vom 7. Juli 1855 heißt es: »Dies Bedürfnis, jemandem etwas zu bedeuten, ist eine Wunde meiner Jugend, die nie vernarbt ist. Im ›Werther‹ gibt es einen schönen Brief über dieses Thema, der, wenn ich nicht irre, folgendermaßen beginnt: ›Ich würde mir gern den Schädel zerbrechen‹ ... etc., und ich erinnere mich, daß ich bei der ersten Lektüre vor 25 Jahren in Tränen zerfloß und mit ihnen das ganze Buch benetzte.« [50] In einem späteren Brief zitiert er sogar aus den *Xenien*.

Seine zunächst sporadischen Kenntnisse wurden während des Zusammenlebens mit Gräfin d'Agoult erheblich erweitert. Als Tochter eines französischen Vaters und einer deutschen Mutter beherrschte sie beide Sprachen fließend. Sie kannte und liebte – gewissermaßen eine zweite Madame de Staël – die deutsche Kultur. Als Kind bei den Frankfurter Großeltern zu Besuch, hatte ihr Goethe über das blonde Haar gestrichen. »Ich wagte nicht zu atmen«, schreibt sie in ihren Memoiren. »Es fehlte nicht viel, und ich wäre niedergekniet. Fühlte ich, daß diese magnetische Hand einen Segen für mich barg, eine schützende Verheißung?« [51] So nimmt es nicht wunder, daß sie Liszt drängte, die Kenntnis seiner Muttersprache aufzufrischen. Später versuchte sie, ihm Goethe nahezubringen.

Ende November 1841 weilte Liszt erstmalig in Weimar. Außer in drei öffentlichen Konzerten spielte er bei Hofe im kleinen Kreise und auf einem Hofkonzert. Dabei lernte er die Großherzogin Maria Paulowna besonders schätzen, die musikalisch sehr begabt und gut ausgebildet, aber auch literarisch bewandert war. Sie hatte Goethe und sogar noch Schiller gekannt. Ihr Sohn Carl Alexander, ab 1853 regierender Großherzog, hatte ihre Intelligenz und ihr Kunstverständnis geerbt.

Mit Carl Alexander bahnte sich eine Art Lebensfreundschaft an. Wer denkt da nicht an die Konstellation Goethe–Carl August? Doch die Zeiten hatten sich geändert. Der Großherzog wandelte noch in den Bahnen seines Großvaters: »Die Pflichten Weimars gegenüber Deutschland sind wohlbekannt. Sie sind die natürliche und unausweichliche Folge seiner Vergangenheit, Weimars Vergangenheit. Diese Vergangenheit sollte die Gegenwart beherrschen, um die Zukunft vorzubereiten« (Brief an Liszt vom 10. November 1876)[52]. Für Liszt hatte zu diesem Zeitpunkt die Zukunft schon begonnen. 1848, als er sich erstmalig in Weimar niederließ, fügte er sich jedoch zunächst ganz der herrschenden nachklassischen Linie. Davon zeugen vor allem seine Werke, die auf Goethe, Schiller und Herder – auch Shakespeare – Bezug nehmen und meistens aus Anlaß von Denkmalsenthüllungen oder Jubiläen uraufgeführt wurden. Aber das sind äußerliche Gründe. Welche inneren Beziehungen bestanden zu den »Großen von Weimar« und ihrem Werk?

Herder müßte Liszt besonders nahegestanden haben. Mit seinen *Stimmen der Völker in Liedern* hat er zum Erwachen der kleinen europäischen Nationen beigetragen. In seinem geschichtsphilosophischen Werk spricht er allerdings die berühmte Prophezeiung aus, das Ungarische gehöre zu den sterbenden Sprachen. Aber diese »Herdersche Prophezeiung« hatte gerade das Gegenteil zur Folge, ein Erwachen der ungarischen Intelligenz anfangs des 19. Jahrhunderts, eine Wiederbelebung und neue Ausbreitung der ungarischen Sprache und die Schaffung einer bemerkenswerten Nationalliteratur. Auf diesem Umweg begegnen sich Liszt und Herder. Zur Enthüllung des Herder-Denkmals am

24. August 1850 wurden die Chöre zu Herders *Entfesseltem Prometheus* mit der ersten Fassung der späteren Symphonischen Dichtung *Prometheus* als Ouvertüre uraufgeführt. Hier wird das klassische Ideal »Kühnheit, Leiden, Ausharren, Erlösung, kühnes Hinanstreben nach den höchsten Zielen«[53] entwickelt, mit dem sich Liszts humanistische Grundstimmung durchaus verbunden fühlte.

Noch mehr lag ihm – ebenso wie der Fürstin Wittgenstein – Schiller. Auch hier gibt es zunächst eine äußerliche Beziehung: »Liszt weist nicht nur eine nationale Verwandtschaft mit Schiller auf«, schreibt Joseph Autran in der *Gazette du Midi* vom 26. Juli 1844, »die äußere Ähnlichkeit ist ebenso eindrucksvoll. Liszt, der seine ungarischen Melodien spielt, und Schiller, der sein Lied von der Glocke schreibt, sind zwei Zwillingsgestalten, zwei Brüder im Geiste, zwei Kinder derselben Muse, ernst und träumerisch.«[54] Schillers erhabenes Pathos, seine hohen Gedanken mußten Liszt ansprechen. So komponierte er *Die Ideale* (1857) als Symphonische Dichtung, in der er den einzelnen Partiturabschnitten Verse aus Schillers gleichnamigem Gedicht voranstellte, – allerdings mit durch die musikalische Logik gebotener Umstellung und einer Generalreprise in Form einer Apotheose. Für Chorgesang vertonte er das Gedicht *An die Künstler* (1853/54, 1857), als Lieder mit Klavier bzw. Orchester (50er Jahre) *Drei Lieder aus »Wilhelm Tell«*. Die Ausbeute ist also quantitativ relativ gering.

Die Beziehung Liszts zu Goethe und insbesondere zum *Faust* ist vielfach unklar oder unsachlich dargestellt worden. Die vorgebrachten Zitate sind aus dem Zusammenhang gerissen und fehlinterpretiert. Welches sind die Fakten? Liszt war ein dichterisch empfindender Mensch, philosophischem oder spekulativem Denken aber nur bedingt zugänglich. In dieser Hinsicht vertraute er der Fürstin, die zwar sehr gebildet war, aber zu Goethe keine Beziehung finden konnte. So bemerkt Wagner in seiner Autobiographie: »Namentlich war mit ihm [Liszt], vorzüglich in Gegenwart der Fürstin Caroline, nicht gut über Goethe zu sprechen. Über den Egmont, den er geringschätzen zu müssen glaubte, weil er sich von Alba ›dupieren‹ ließ, wäre es selbst zwischen uns, da Liszt sehr aufgelegt dazu schien, zu einem Ärgernis gekommen.«[55] Liszt und die Fürstin planten damals einen Artikel *Über Beethoven's Musik zu »Egmont«* (1854)[56], in dem die dichterischen Qualitäten und mehrere Charaktere (Regentin, Macchiavell, Alba, Wilhelm von Oranien) gerühmt werden mit Ausnahme Egmonts, der zum »unreifen Jüngling« erklärt wird.

Im März 1854 schreibt Liszt an die Fürstin: »Jeder Stoff, der mit Goethe zusammenhängt, ist für mich gefährlich zu behandeln.«[57] Dieser Satz wurde von Raabe dahingehend interpretiert, die *Faust-Symphonie*, deren Komposition einige Monate später begann, sei weniger durch Goethe als etwa durch Byron inspiriert. Aus dem Zusammenhang ergibt sich aber, daß die Äußerung sich auf den geplanten *Egmont*-Aufsatz bezieht. Ebenfalls von Raabe wird eine von Peter Cornelius[58] tradierte Äußerung Liszts zu Bettina von Arnim zitiert, der schlechteste Jesuit sei ihm noch lieber als ihr ganzer Goethe. Sie ist aber, wie aus dem Zusammenhang hervorgeht, eindeutig als Stichelei gemeint, nachdem ihm Bettina mit ihrer Goethe-Schwärmerei auf die Nerven gegangen war und die Vorliebe für Schiller jesuitisch genannt hatte. Als Kronzeuge für eine angebliche Aversion Liszts gegen Goethe wird ein Brief vom 22. September 1869 an Frau von Helldorf angeführt, die ihm ihre Vorliebe für Byrons *Manfred* erklärt hatte: »In meiner Jugend bewunderte ich ihn leidenschaftlich und suchte ihn viel öfter heim als Faust, der — leise gesagt — trotz seines wunderbaren Prestiges als Dichtung mir als von Grund auf bourgeoiser Charakter erschien. Dadurch wird er vielfältiger, vollständiger, reicher, mitteilsamer, während der aristokratische Manfred gerinnt, erstarrt, das Vergessen beschwört, um nicht vor Gewissensbissen zu bluten, und sich von der Höhe seiner Tollkühnheit, das unaussprechliche Mysterium der Erlösung verkennend, in das Unendliche stürzt. Die Persönlichkeit Faustens verzettelt und vertut sich; er handelt nicht, läßt sich gehen, zögert, experimentiert, irrt sich, denkt nach, feilscht und ist nur an seinem kleinen Glück interessiert. Ganz anders Manfred, unvergleichlich stolzer und fester. Durch einen reinen Willensakt stößt er mit unendlicher Verachtung die Gesamtheit von Natur und Leben zurück – mit Ausnahme eines einzigen Wesens. Gewiß würde Manfred sich niemals in die schlechte Gesellschaft von Mephistopheles begeben, und wenn er Gretchen geliebt, so hätte er sie töten, aber niemals wie Faust feige verlassen können.«[59] Raabe interpretiert diese Stelle in dem Sinne, daß Liszts Faust mit dem Goethes wenig oder nichts zu tun habe. Immerhin hält er es für »wahrscheinlich, daß er fünfzehn Jahre früher, zu der Zeit, da er an seinem Werke arbeitete, dem Charakter seines Helden doch mehr Größe zugetraut hat als er es in der Schilderung dieses Briefes tut. Ganz hat er aber wohl seine Meinung nicht geändert ...«

Dieser negativen Interpretation des Lisztschen Faust-Bildes werden neuerdings von Constantin Floros mehrere Gegenbeweise vorgehalten: Da ist zunächst die erwähnte Reminiszenz in der Autobiographie von Berlioz aus dem Jahre 1830. 1849, zur Feier der 100. Wiederkehr von Goethes Geburtstag, führt Liszt nach intensiver Korrespondenz mit Robert Schumann dessen bis dahin komponierte *Szenen aus Goethes »Faust«* in Weimar auf. 1852 gibt er Wagners *Faust-Ouvertüre*. Es folgt Liszts fundamentale Arbeit über *Berlioz und seine Harold-Symphonie* (1855)[60], in der er Goethes *Faust*, Byrons *Kain* und *Manfred* sowie Mickiewicz' *Dziady* als Urtypen der modernen philosophischen Epopoe bezeichnet, die – als Vorbild der Programm-Symphonie – »die Darstellung von Affekten, die in der Seele des Helden walten«, bezweckt.

1876 (12. Juni) schreibt Liszt der Fürstin: »Wenn ich Intendant irgendeines Theaters wäre, würde ich es für meine Pflicht halten, die Inszenierung der erhabenen dramatischen Epopoe Goethes zu betreiben – trotz des vielen verworrenen Zeugs darin, aus dem man, so oder so, niemals herauskommen wird. Die Kommentare zur Apokalypse scheinen mir verständlicher zu sein als jene zum *Faust*. Goethe selbst verlangte in seinem letzten Augenblick nach mehr Licht!«[61] Aus weiterer Korrespondenz mit der Fürstin geht hervor, daß sich dies Gefühl der Verworrenheit auf den zweiten Teil des *Faust* bezieht und er sich tatsächlich mit

Kommentaren und Goethe-Studien von Kuno Fischer, Hermann Hettner und Adolf Stahr befaßt hatte. Noch spät äußert er zu August Stradal, seinem Schüler: »Ich hätte eben keine *Faust-Symphonie*, sondern bloß die *Dante-Symphonie* schreiben sollen. Man traut darum meinen klerikalen Anschauungen nicht. Und doch führen Dantes *Divina Comedia* und Goethes *Faust* auf verschiedenen Pfaden zuletzt zu den gleichen himmlischen Höhen.«[62]

Zur *Faust-Symphonie* selbst: »Ihr Originaltitel lautet *Eine Faust-Symphonie in drei Charakterbildern (nach Goethe).* Diese Angabe des literarischen Vorbildes in der Überschrift kann kein Zufall sein. Wenn Liszt sich nur allgemein auf den Faust-Stoff oder auf eine andere Variante, etwa eines der Byronschen Versdramen, bezogen hätte, hätte er den speziellen Hinweis auf Goethe fortlassen oder überhaupt der Wahrheit die Ehre geben können. Dies zu tun hat er sich zum Beispiel im Falle der Symphonischen Dichtung *Tasso* nicht gescheut. Hier heißt es im Vorwort: »Wir wollen nicht in Abrede stellen, daß, als wir im Jahre 1849 den Auftrag bekamen, eine Ouvertüre zu Goethes Drama zu schreiben, das ehrfurchtsvolle Mitleid, mit welchem Byron in *Tasso's lamento* die Manen des großen Dichters beschwört, einen vorherrschend bestimmenden Einfluß auf unsere Gestaltung dieses Gegenstandes übte.«

Wenn man in die Musik der *Faust-Symphonie* und besonders in den Sinngehalt (die Semantik) der Themen eindringt, ergeben sich in der Tat enge Beziehungen zum Goetheschen Vorbild. Niemand hat das besser erkannt als Constantin Floros. Die Analyse des ersten Satzes faßt er wie folgt zusammen: »... so können wir sagen, daß das symphonische Charakterbild Fausts, das Liszt entworfen hat, vielfältig, vollständig und reich ist. [...] Liszts von heftigen Kontrasten bestimmte, ungeheuren expressiven Schwankungen unterworfene Musik verleiht der Komplexität und Widersprüchlichkeit des faustischen Wesens Ausdruck. Die fünf scharf profilierten Themen bezeichnen verschiedene Seiten der Persönlichkeit Fausts und seiner umfassenden Geistigkeit, verschiedene Aspekte der Polarität der ›zwei Seelen‹ in der einen Brust. Das dodekaphonische Thema [Thema I, zu Beginn] bezieht sich auf die Gelehrsamkeit Fausts, auf seine Neigung zur Reflexion und zur Spekulation, auf seinen Drang nach höchster Erkenntnis, auf den grüblerischen Zug seines Charakters. Thema II [Allegro agitato] charakterisiert seine Leidenschaftlichkeit und Maßlosigkeit, sein heftiges, exaltiertes Wesen, seine Neigung zu Kontrasten. Die Themen III [espressivo] und IV [affettuoso] zeigen ihn als Liebenden. Thema V [grandioso, nobile] schließlich charakterisiert das Großartige und Ewige in ihm. [...] Suchen wir nach einem Motto für den Faust-Satz, so scheinen auf ihn am besten die berühmten Verse zu passen, in denen die Szene ›Vor dem Tor‹ (Faust I, Vers 1112—1117) kulminiert:

Zwei Seelen wohnen, ach! in meiner Brust,
Die eine will sich von der andern trennen;
Die eine hält, in derber Liebeslust,
Sich an die Welt mit klammernden Organen;
die andre hebt gewaltsam sich vom Dust
zu den Gefilden hoher Ahnen.«[63]

Der zweite, der Gretchen-Satz, ist dreiteilig angelegt. Die Eckteile werden mit zwei Themen (semplice und amoroso) bestritten, die Gretchen wunderbar charakterisieren. Der Mittelteil besteht aus Faust-Themen und ist als symphonisches Liebesduett angelegt.

Der dritte, Mephisto charakterisierende Satz besteht ebenfalls aus den Faust-Themen, jetzt aber in verzerrter Form. »Da Mephisto kein eigentlicher Charakter ist, hat er auch keine Charakter-Motive, nicht einmal Stimmungs-Motive; sein Wesen beruht auf der absoluten Negation.«[64] Ganz stimmt dies nicht, denn ein Thema taucht neu auf, ist also *das* Mephisto-Thema. Es ist das »Orgueil«-Thema aus dem *Malédiction-Klavierkonzert.*

Auch im letzten Teil der Symphonie, der Vertonung des *Chorus mysticus* mit Chor und Tenor-Solo, lassen sich mehrfach eindeutige Beziehungen zum Goetheschen Text der Bergschlucht-Szene nachweisen, vor allem das Wiederauftauchen des Grandioso-nobile-Themas kurz vor Schluß:

Gerettet ist das edle Glied
Der Geisterwelt vom Bösen.

Die Beziehungen zwischen Dichtung und Komposition sind also so eng und mannigfaltig, daß die Angabe im Titel der Symphonie »nach Goethe« zu Recht besteht.

Formal erweist sich die Symphonie als typisch Lisztsche Großform. Wie im langsamen Teil der *h-Moll-Sonate* tauchen auch im Gretchen-Satz die Hauptthemen auf, und der Mephisto-Satz präsentiert sich als diabolisch verfremdete Reprise des Faust-Materials — gewissermaßen eine Zusammenfassung des ebenfalls mephistophelischen Fugato und der Reprise der *h-Moll-Sonate*. Der langsame Teil der Sonate erscheint weihevoller als der Gretchen-Satz der Symphonie. Doch der Schluß des Werkes ist in beiden Fällen »Entrückung«. Selbst ein wichtiges Thema — Ib dolente bzw. IV affettuoso in der Symphonie und allegro energico in der Sonate —, charakterisiert durch einen fallenden Septimensprung, ist in beiden Fällen nahezu identisch. So lassen sich rückblickend auch in der Sonate, die man als unmittelbaren Reflex Lisztschen Wesens empfindet, faustische Züge, eben die zwei Seelen in seiner Brust, himmlische und irdische Liebe, nachweisen.

Neben der *Faust-Symphonie* existieren noch Vertonungen einiger Goethe-Lieder von Liszt für Chor und für Sologesang mit Klavierbegleitung, die meistens schon in den vierziger Jahren entstanden und in Weimar überarbeitet worden sind. Dabei haben sie im allgemeinen erheblich gewonnen, obwohl sie an die Knappheit und Konzentration der Vorlagen wie in den späten Liedern, vielleicht schon den Heine-Liedern, nicht heranreichen. Wie schwer es zunächst Liszt fiel, sich in das deutsche Lied hineinzufinden, erhellt aus einem Vergleich mit Liedern auf Texte aus dem romanischen Sprachgebiet, zum Beispiel Victor Hugos *Enfant, si j'étais roi* (1844, 1859) und *Gastibelza, Bolero* (1844) sowie den *Tre sonetti di Petrarca* (1839, 1865), die in ihrer Art hinreißend sind. Von den vertonten Goethe-Texten besticht, vor allem in harmonischer Hinsicht, *Mignons Lied* (1842, 1856, 1860), das bezeichnenderweise Sehnsucht nach dem Süden schildert. Der Kondensationsprozeß von einer feurigen Hymne, im Untertitel als *Invocation* bezeichnet, zu einem schlichten, der dichterischen Vorlage adäquaten Lied läßt sich am besten an *Der du von dem Himmel bist* [Wanderers Nachtlied] (1843, 1855, 1860, 1870) verfolgen.

Der ungeheure Schaffensschub in seiner Weimarer Produktion, die Erfolge als Orchester- und Opernleiter und als Lehrer hochbegabter Schüler, die Seelengemeinschaft mit der Fürstin und die Gewohnheit des großherzoglichen Hauses müssen Liszt für etwa zehn Jahre eine Art Heimatgefühl vermittelt haben. An Agnes Street richtet er am 25. Mai 1857 aus Aachen die Zeilen: »Schreiben Sie mir noch einmal, bevor Sie Weimar verlassen. Mein ganzes Leben hängt an diesem Erdenwinkel und ich hoffe, dort die letzte und höchste Erfüllung zu finden: einen ruhigen, vom Glanz des Glaubens erleuchteten Tod.«[65] Der »Geist von Weimar« färbt auf ihn ab: Die rastlose Überarbeitung seiner Werke (repräsentiert durch die Jahreszahlen in Klammern hinter den Werkbezeichnungen) zeugt vom Streben nach klassischer Vollendung. In seinem Leben macht er sich die Goethesche Maxime »Edel sei der Mensch, hilfreich und gut« zu eigen. Manche seiner Äußerungen nehmen goethische Färbung an, so z.B. wenn er seinem Onkel Eduard schreibt: »... ›Bleibe Dir selbst getreu‹. Bleibe getreu dem, was Du in Deinem Herzen für das Beste, Edelste, Richtigste und Reinste hältst! Kümmere Dich nicht darum, ›etwas‹ zu sein oder zu werden, sondern arbeite mit Beharrlichkeit und Eifer daraufhin, eine Persönlichkeit zu sein und es mehr und mehr zu werden.«[66]

Die kulturelle Adaptation ist also so stark, daß er für einen Zeitraum von etwa zehn Jahren »aufhörte, ein Franzose zu sein, um [...] ein Deutscher in der ganzen Bedeutung des Wortes zu werden« (S. Sitwell)[67]. Serge Gut spricht von einer »sehr starken Regermanisierung«[68]. Auch die Offenheit gegenüber romanischen, magyarischen und slawischen Einflüssen entspricht ja durchaus der Weimarer Tradition (Goethe, Herder). Liszt stellt der »Weltliteratur« gewissermaßen eine »Weltmusik« gegenüber. Das Gefühl der Verbundenheit mit Weimar reißt nie ganz ab.

Deshalb kehrt er ab 1869 für drei Monate im Jahr nach dieser Stadt zurück. Noch am 10. September 1882 konnte er der Fürstin schreiben: »Warum bin ich in Weimar? Ist es ein Unrecht, ein Fehler oder eine Dummheit? Vielleicht alles drei zusammen. Nichtsdestoweniger bin ich nun seit mehr als drei Jahrzehnten mit dem Haus Weimar eng verwachsen. In musikalischen Dingen, durch Werke, Unterricht, Veröffentlichungen, bediene ich mich des Ortes als Stützpunkt in Deutschland – wo mehr als anderswo die ernste Chor- und Instrumentalmusik durch Bach, Haydn, Mozart, Beethoven verwurzelt ist.«[69]

Liszt hat sich das Erbe dieser Meister und der klassischen deutschen Literatur schöpferisch angeeignet und es in bedeutenden Werken weiterentwickelt. Das ist der wichtigste Ertrag der Weimarer Jahre.

Ein langer Abschied vom Leben

Kann nichts Dich, Fliehende, verweilen,
O meines Lebens goldne Zeit?
Vergebens, Deine Wellen eilen
Hinab ins Meer der Ewigkeit.
...
Beschäftigung, die nie ermattet,
Die langsam schafft, doch nie zerstört,
Die zu dem Bau der Ewigkeiten
Zwar Sandkorn nur für Sandkorn reicht,
Doch von der großen Schuld der Zeiten
Minuten, Tage, Jahre streicht.

Aus »Die Ideale« von Schiller

I

Trotz der großen schöpferischen Ausbeute des ersten Weimarer Aufenthalts steckt der Meister am Ende in einer schweren Krise, die die Fundamente seines Daseins zum Wanken bringt. Er verfaßt ein Testament.[1] Wie ist es dazu gekommen?

Diese zweite große Krise ereignet sich in Jahren, in denen damals ein Mann an der Schwelle des Alters stand. Seine von den Vorfahren ererbte, bäuerlich anmutende Vitalität, sein immer noch rascher, erst viel später ermüdender Geist schenken ihm noch ein weiteres Vierteljahrhundert Leben. Aber in diesem Augenblick, um 1860, ist er zutiefst und bis zur Verzweiflung getroffen von Erlebnissen, Schwierigkeiten und Ereignissen, die sich im Laufe der Jahre gehäuft haben.

1848, zu Beginn seiner Niederlassung in Weimar, hatte er zweifellos lichte Vorstellungen von seiner Zukunft gehegt: eine Renaissance der klassischen Epoche, nun auch auf die anderen Künste, besonders natürlich die Musik, ausgedehnt; ein Fürstenpaar, das bereit schien, eine derartige Entwicklung zu tragen; eine Gefährtin von hohem Adel und großer Intelligenz, die er für immer an sich zu binden hoffte; die Möglichkeit, sich auch als Komponist, besonders von Orchesterwerken, zu bewähren; die praktische Tätigkeit als »Hofkapellmeister in außerordentlichen Diensten«; all dies ließ ihm eine Niederlassung in Weimar für den Rest seines Lebens reizvoll erscheinen.

Schon bald nach seiner Ankunft wurde er mit dem bevorstehenden Goethe-Centenarium konfrontiert. Er verfaßte die Schrift *Über die Goethe-Stiftung in Weimar*[2]. Sie folgte einem Aufruf erlauchtester Geister des damaligen Deutschlands – Humboldt, Schelling, Cornelius, Rauch – zur Gründung eines Instituts in Weimar, das eine Vereinigung aller Künste herbeizuführen berufen wäre. In jährlichem Wechsel sollten olympische Wettkämpfe aller Künste – Dichtung, Malerei, Skulptur und Musik – stattfinden, die Ergebnisse in Museen und Bibliotheken festgehalten und damit Weimar zu einem Pantheon der deutschen Kunst gestaltet werden. Der Plan war an die Person des Erbgroßherzogs Carl Alexander gerichtet. In seinem Begleitschreiben berührte Liszt freimütig die Stellung der deutschen Kleinstaaten, wies auf ihre Zeitgebundenheit im Rahmen einer längerfristigen Entwicklung hin und versuchte, dem Fürsten eine Sonderstellung seines Landes als Kunststaat plausibel zu machen.

Dem künftigen (ab 1853) Großherzog und seiner Gemahlin, Sophie von Oranien, erschienen diese Pläne zwar sympathisch, aber zu weitreichend – ideell und finanziell. Später hat das Herrscherpaar einiges gutgemacht: die Gründung der Weimarer (präimpressionistischen) Malerschule durch den Grafen Kalckreuth; die Berufung von Hoffmann von Fallersleben und Oskar Schade, die zusammen die *Weimarischen Jahrbücher* herausgaben; die Ernennung von Dingelstedt zum Theaterintendanten; das Goethe-Schiller-Denkmal von Rietschel; das Goethe-Schiller-Archiv, nachdem Walther von Goethe den schriftlichen Nachlaß seines Großvaters testamentarisch der Großherzogin vermacht hatte; die Aufführung von Wagner-Opern, ja selbst eine Wagner-Woche *(Fliegender Holländer, Tannhäuser, Lohengrin)*. Doch das blieb Stückwerk gegenüber der weit großzügigeren Idee der Goethe-Stiftung, die »unter der Geburt gestorben« war, wie Liszt später dem Großherzog schrieb.

Als Operndirektor genoß Liszt ein relatives Glück. Das einheimische Publikum verhielt sich zwar – wie immer – träge, doch zu wichtigen Aufführungen reisten Liebhaber und Musikkritiker von nah und fern herbei – abgesehen von den Freibilletts, die die Großherzogin notfalls großzügig verteilen ließ. Aber gerade auf diesem Gebiet sollte Liszt auch die größte Enttäuschung erleben. Seit einigen Jahren weilte der feinsinnige Peter Cornelius als

Sekretär und Übersetzer in der Altenburg. Er schuf die geistvolle und in der Folgezeit beim deutschen Publikum sehr beliebte Oper *Der Barbier von Bagdad.* Die Uraufführung dieses ersten aus dem Liszt-Kreise stammenden Bühnenwerkes am 15. Dezember 1858 wurde mit großer Spannung erwartet. Aber sie fiel einer gezielten Intrige zum Opfer. »Eine bis dahin in den Annalen Weimars noch nicht erhörte Opposition stellte sich mit hartnäckigem Zischen dem Applaus gegenüber. Am Schluß erhob sich ein Kampf von zehn Minuten. Der Großherzog hatte anhaltend applaudiert, die Zischer fuhren nichtsdestoweniger fort. Zuletzt applaudierte Liszt und das ganze Orchester, Frau von Milde riß mich hinaus auf die Bühne. Die Künstler alle nehmen enthousiastisch für mich Partei. Liszt handelt unvergleichlich an mir. Möchten doch nur alle, die sich für mich interessieren, mit Leib und Leben für diesen Mann einstehen, welcher der Bannerträger einer neuen Zeit ist« (Cornelius). Hinter diesem Skandal steckte Dingelstedt, der von Liszt selbst dem Großherzog empfohlene Intendant, dem an einer Schmälerung der Oper zugunsten der Sprechbühne gelegen war. Liszt legte anderntags sein Amt als Operndirigent nieder. Dies mag als eine übertriebene Reaktion erscheinen, erklärt sich aber aus einer allmählichen Häufung von Mißerfolgen, vor allem aber aus der wankelmütigen und knauserigen Haltung des Hofes seinen hochfliegenden Plänen gegenüber. Liszt wollte alles oder nichts, eine Konzentrierung der Kräfte und Mittel auf wesentliche Schwerpunkte; der Hof dagegen verzettelte seine immer zu knappen Ressourcen, indem er alle möglichen künstlerischen Richtungen zu fördern suchte. Das selbstlose Streben Liszts hatte mit diesem Skandal einen Rückschlag erlitten, dessen Endgültigkeit er tiefinnerst empfunden haben muß. Die Fürstin hat dies offenbar gefühlt, denn am folgenden Tage sagte sie zu Cornelius: »Ohne noch erklären zu können inwiefern, fühle ich, daß Liszt mit dem Niederlegen des Taktstokkes eine Periode seines Lebens beendet hat.« [3]

Die tragische Ironie dieser Äußerung liegt darin, daß die Fürstin sie auch auf sich, auf Liszts Verhältnis zu ihr, beziehen konnte.

Eine Lichtgestalt war und blieb Marie, die Tochter der Fürstin, der Liszt innig zugetan war, wie seine von Howard E. Hugo[4] herausgegebenen Briefe an sie bezeugen (und die auch beweisen, daß er glänzend schreiben konnte – sogar ein Märchen hat er für Magnolette, so nannte er sie meistens, erfunden).

»Ich kann nicht aufhören, Ihnen zu versichern, liebste Magnolette, daß Sie die Anmut, Freundlichkeit, Weisheit und sogar Vollkommenheit selbst sind. Es ist mir ein Glück, Sie mit Herz und Seele zu begleiten und mich ohne Rückhalt an Ihnen zu freuen.«[5] »... Sie haben das vollkommene Vorbild Ihrer Mutter vor sich, deren hehrer Charakter, wundersame Geistesschärfe, fester, aber biegsamer mutiger Eifer in der täglichen und stündlichen Verteidigung ihrer sorgfältig erwogenen und bedachten Überzeugungen sogar bei Fehlschlägen triumphieren wird; und dies ist die seltenste Krone, nur den größten Seelen vorbehalten!«[6]

Der ambivalente Charakter seines Verhältnisses zur Fürstin geht auch daraus hervor, daß er bald eine durchaus intime Beziehung zu Agnes Street-Klindworth entwickelte. Sie hatte sich 1853–1855 mit ihren beiden Söhnen in Weimar niedergelassen. Klavierunterricht bei Liszt nahm sie wohl eher zur Tarnung. Im übrigen arbeitete sie für ihren Vater, der in Brüssel einen privaten Nachrichtendienst unterhielt, hauptsächlich für den österreichischen Innenminister Bach und ihm nahestehende Persönlichkeiten durchaus reaktionärer Couleur. Der Charakter dieser Beziehung ist trotz der Retuschen der Herausgeberin der Korrespondenz (La Mara: Franz Liszts Briefe an eine Freundin. Leipzig 1894)[7] vollkommen deutlich: »Es gibt Stunden, die aus der Reihe fallen und die man nicht mit den anderen verknüpfen kann. Ihre helle Spur erscheint uns nur bisweilen im Traum. Ganz selten ist es auch der Poesie (die das Wesen jeder Kunst ist) gegeben, sie zurückzurufen und ihnen unsterbliche Jugend einzuhauchen, so bei Francesca und Isolde« (Liszt 1860 nach einem Besuch von Agnes in Weimar).[8] – »Warum kommen Ihnen Bedenken über Ihre Worte? Alle Ihre Briefe sind von seltenem Reiz. Ich gebe mich ihm völlig hin und bitte Sie nur um

Nachsicht für die Trockenheit und Fadheit der meinigen.«[9] Der Briefwechsel endet erst wenige Wochen vor Liszts Tod.

Wie zwanghaft, wie verkrampft wirken dagegen seine Briefe an die Fürstin (wenn sie auf Reisen ist, muß er ihr täglich schreiben). Aber sie stellen eine Anpassung an ihren überschwenglichen, schwülstigen Stil dar – eine Anpassung, gegen die er, der im Grunde klare Gedanken und knappe Formulierungen liebt, sich schließlich zu sträuben beginnt. Die Fürstin an Liszt: »Ich danke Dir, o mein Geliebter, o mein Gatte, für die Wohltaten, mit denen Du mich überhäufst, für die zärtliche Fürsorge, diese Liebe, die nicht ermüdet, nicht erschlafft, für diese unwandelbare Milde, diese immerwährende Nachsicht, für Deinen langen Aufenthalt hier, bei dem Du mich überschüttet hast mit den belebenden Zeichen Deiner steten Liebkosungen. Dank für alle Opfer, die Dein Aufenthalt in sich schloß, für alle Stunden, aus denen er bestand; Dank für jedes Lächeln, jedes Wort, jeden Blick, durch den Du meiner Seele Leben und Glück eingehaucht hast. Dank dafür, daß ich mich jetzt so erhoben fühle, da ich weiß, daß ich nur noch Taten der Dankbarkeit zu verrichten habe, der Dankbarkeit gegen Gott und Dich … Dich, Dich, Dich!«[10]

Liszt an die Fürstin, fast masochistisch: »Je mehr es mir gelingt, Sie zu verstehen und mich mit Ihrem Herzen zu vereinen, umso mehr bewundere ich Sie und bete Sie an … Wozu haben Sie die Menschheit nötig, verbunden wie Sie sind mit den geheimnisvollen Wundern der Schöpfung? Gott liebt und hegt Sie wie einen seiner Lieblingsengel, und ich lege mich Ihnen zu Füßen, um ihn besser anbeten und Ihnen besser dienen zu können. […] Gebe die Gnade des Himmels, daß ich Ihrer immer weniger unwürdig werde. Manchmal fühle ich mich so unzulänglich, so voller Niedergeschlagenheit.«[11] – Aber dann reißt ihm die Geduld: »Was ist Ihr erster Gedanke beim Aufwachen, die erste Sorge Ihres Tages? […] fragen Sie mich. […] Ach! hören Sie es nicht, fühlen Sie es nicht, sind Sie dessen nicht so unfehlbar sicher, daß Sie es mit Händen greifen können? Sie und wieder Sie, und endlos Sie! Ich spreche zu Ihnen, ich weine zu Ihnen – und lobe Sie, segne Sie, bete Sie an und liebe Sie … Auf Wiedersehen, Liebe, versuchen Sie weniger zu weinen sofern es Ihnen möglich ist – denn Ihre Tränen können mich kaum trösten und Ihnen nur schaden.«[12]

Bei allem Intellekt der Fürstin – die natürliche psychologische Begabung der Frau muß bei ihr ausgesprochen schwach ausgeprägt gewesen sein. Auch bei der Arbeit »half« sie ihm mehr, als ihm auf die Dauer lieb sein konnte. Später (1882) schreibt sie an Adelheid von Schorn: »So habe ich für ihn zwölf Jahre lang gesorgt. Immer mit meiner Arbeit in demselben Zimmer, sonst hätte er nie komponiert, alles was die Weimarsche Periode bezeichnet! – Genie hat ihm nicht gefehlt – aber Sitzfleisch (unschönes Wort, aber große Tugend) – und Fleiß, Arbeitsausdauer. Wenn niemand ihm dabei hilft, so kann er nicht – und wenn er fühlt, daß er nicht kann – so greift er zu aufregenden Mitteln. [...] Man muß bei ihm mit einer Arbeit sitzen, solange man will, daß er selbst arbeitet.«[13]

Im März 1855 war Zar Nikolaus I. gestorben. Der Nachfolger, Alexander II., ließ den Paß der Fürstin, nachdem sie die Rückkehr nach Rußland verweigert hatte, nicht mehr erneuern. Sie war damit ausgebürgert. Ihr in Rußland verbliebenes Vermögen wurde konfisziert. Damit war sie auch am Weimarer Hof in Ungnade gefallen, was in der Öffentlichkeit zu peinlichen Szenen Anlaß gab.

II

Nach dem *Barbier*-Skandal häufen sich die Schicksalsschläge. Der Anfang des Jahres 1859 bringt die erste Verstimmung in der Beziehung zu Wagner. Dieser hatte auf eine Aufführung des *Rienzi*, besonders aber auf das Honorar dafür gehofft, sah sich aber darin getäuscht – wie er annahm, durch Liszts mangelhaften Einsatz gegenüber Dingelstedt. Nach einem äußerst gereizten Briefwechsel kam es zur Versöhnung, doch war hier und bei späteren Gelegenheiten Liszts Nachgiebigkeit immer aufs neue gefordert. Am 15. Oktober 1859 heiratete Marie den Obersthofmeister des Kaisers Franz Joseph in Wien, Fürst Konstantin zu Hohenlohe-Schillingsfürst. Damit war »der gute Engel der Altenburg« fern von Liszt. Zu seinem Glück hat er von der Intrige, die daraufhin – wie Émile Haraszti anhand von Indizien glaubhaft machen kann – die Familie Hohenlohe gegen seine und der Fürstin Heiratspläne anzettelte, nie erfahren. – Zwei Monate später stirbt sein hochbegabter Sohn Daniel in Berlin bei Bülows in Cosimas Armen, der Vater verstört am Bettrand sitzend, an Tuberkulose. Er hatte das Jurastudium in Wien aufgenommen. Die erste der drei Traueroden, *Les Morts*, dem Andenken Daniels gewidmet, zeugt von der Erschütterung, mit der ihn sein Tod traf.

Sosehr er sich in Weimar entfalten konnte, die Enttäuschungen – künstlerische und menschliche – blieben nicht aus. Mit seinem Schaffen und Lehren hatte er die sogenannte »Neudeutsche Schule« begründet. Gegen sie liefen alle konservativen Geister Sturm (obwohl der Sachverhalt an sich komplexer ist). Für Hanslick und seine Parteigänger war Liszts Konzeption von der Symphonischen Dichtung ein Widerspruch in sich; Musik existierte nur an sich und aus sich, als »tönend bewegte Formen«, während für Liszt die poetische Idee sich die jeweils geeignete Form schuf. Hanslick, Brahms, Joachim etc. waren ganz der deutschen klassisch-romantischen Schule zugetan, die sie für den End- und Höhepunkt der musikalischen Entwicklung hielten. Liszt kam literarisch von der französischen Romantik her. Durch deren expansiven Charakter geprägt, ging er über den geschlossenen Kreis der deutschen Schule hinaus, absorbierte alle möglichen europäischen Nationalstile (nicht nur den ungarischen) und war schließlich fähig, die Musikentwicklung zu internationalisieren. Zwischen diesen Auffassungen gab es damals unvereinbare Gegensätze, die in der im März 1860 im Berliner *Echo* veröffentlichten »Erklärung« gipfelten:

»Die Unterzeichneten haben längst mit Bedauern das Treiben einer gewissen Partei verfolgt, deren Organ die Brendelsche Zeitschrift für Musik ist.

Die genannte Zeitschrift verbreitet fortwährend die Meinung, es stimmten im Grunde genommen die ernster strebenden Musiker mit der von ihr vertretenen Richtung überein, erkannten in den Kompositionen der Führer eben dieser Richtung Werke von künstlerischem Wert, und es wäre überhaupt, namentlich in Norddeutschland, der Streit für und wider die sogenannte Zukunftsmusik, und zwar zugunsten derselben ausgefochten.

Gegen eine solche Entstellung der Tatsachen zu protestieren, halten die Unterzeichneten für ihre Pflicht und erklären wenigstens ihrerseits, daß sie die Grundsätze, welche die *Brendelsche Zeitung* ausspricht, nicht anerkennen, und daß sie die Produkte der Führer und Schüler der sogenannten ›Neudeutschen Schule‹, welche teils jene Grundsätze praktisch zur Anwendung bringen und teils zur Aufstellung immer neuer, unerhörter Theorien zwingen, als dem innersten Wesen der Musik zuwider, nur beklagen und verdammen können.

Johannes Brahms, Joseph Joachim,
Julius Otto Grimm, Bernhard Scholz«[14]

Dies, obwohl der junge Brahms mit seinen Erstlingswerken auf der Altenburg freundlichst als Gast empfangen worden und obwohl Joachim von Liszt für einige Jahre als Konzertmeister nach Weimar geholt worden war.

Liszt war nicht sentimental; die musikalische bzw. ideologische Seite ihrer Kritik muß ihn stärker getroffen haben als die menschliche, zumal gelegentlicher persönlicher Kontakt – auch mit Hanslick – in späteren Jahren durchaus möglich war.

So hatte dieser Konflikt noch ein gewisses Niveau, während sich manche Pressekritik, etwa die nach der Aufführung eigener Werke in Leipzig am 26. Februar oder diejenige nach dem *Niederrheinischen Musikfest* in Aachen vom 31. Mai bis 2. Juni 1857 auf niedrigem bis äußerst gehässigem Niveau bewegte. Hinter letzterer stand Hiller, Generalmusikdirektor in Köln, aus der Mendelssohn-Schule stammend, der auch selbst am letzten Tage durch Pfiff auf dem Hausschlüssel das Zeichen für eine gegen Liszt gerichtete Demonstration gab, nachdem das Publikum an den Vortagen begeistert mitgegangen war.

So sehen wir denn, wie sich bis etwa 1860 für den Weimarer Meister die äußeren, inneren und künstlerischen Bedingungen für seine weitere Arbeit extrem verschlechtern. Und nun – im März dieses Jahres – begibt sich die Fürstin nach Rom in der Hoffnung, vom Papst die Zustimmung zu ihrer Scheidung zu erlangen. Damit setzte sie wiederum alles auf eine Karte, wie bei ihrer Flucht aus Woronince. Indessen hatte Liszt anderthalb Jahre Zeit, um seine Lage zu bedenken. Die Dokumente – selbst die intimsten – gestatten nur indirekt, den Gang seiner Gedanken und Empfindungen nachzuvollziehen. Im Grunde stand einer weiteren Tätigkeit in Weimar, allerdings unter geänderten Vorzeichen, nichts entgegen, zumal er dem Großherzog ein ferneres Wirken bei Hofe angeboten hatte. Sein großer Rechenschaftsbericht an Agnes Street vom 16. November 1860 markiert jedoch eine Zäsur, wenn nicht einen Schlußpunkt. So faßt nur jemand seine Leistungen in den vergangenen zwölf Jahren zusammen, der extrem unsicher geworden, der zu resignieren bereit ist. »... Weimar, wo am vergangenen 22. Oktober mir zu Ehren ein Fackelzug veranstaltet wurde, der die ganze Stadt in Bewegung gesetzt hat. Im Anschluß hat mich der Gemeinderat einmütig zum Ehrenbürger dieser Stadt ernannt. (In Klammern: die gleiche Ehre ist mir von den Gemeinderäten von Pest, Ödenburg und Jena vor zwei Jahrzehnten zuteil geworden). Trotzdem oder deswegen gebe ich Ihnen vollkommen recht, wenn Sie mich hier als in der Fremde weilend empfinden; denn offenbar fehlt mir hier die entscheidende Stütze. Wenn ich trotzdem zwölf Jahre in Weimar geblieben bin, bin ich durch eine Verbindlichkeit bestärkt worden, die nicht der Noblesse ermangelt, – nämlich die Ehre, die Würde, den großartigen Charakter einer Frau gegen infame Nachstellungen zu schützen – und ferner durch eine große Idee: nämlich die Musik durch ein engeres Bündnis mit der Poesie zu erneuern; eine freiere und – sozusagen – zeitgemäßere Entwicklung hat mich immer in Atem gehalten. Diese Idee hat trotz der Opposition und der Hindernisse, die man ihr von allen Seiten entgegenstellt, gewisse Fortschritte gemacht. Trotz aller Machenschaften wird sie endlich triumphieren, denn sie ist ein integrierender Bestandteil aller richtigen und wahren Ideen unseres Zeitalters, und es ist mir ein Trost, ihr loyal, gewissenhaft und uneigennützig gedient zu haben. Wenn ich bei meiner Niederlassung hier im Jahre 48 mich der posthumen Partei mit ihrer Heuchelei hätte anschließen und ihre Vorurteile etc. teilen wollen, nichts wäre mir durch meine früheren Beziehungen mit den großen Tieren dieser Richtung leichter gefallen. Ich hätte gewiß äußerlich an Beachtung und Annehmlichkeiten gewonnen; dieselben, die sich zur Aufgabe gemacht haben, mir eine Menge Unsinn und Unrecht zu sagen, hätten mich gefeiert und gepriesen, ohne daß ich mir große Mühe hätte geben müssen. Man hätte gern gewisse Jugendsünden übersehen, um mit allen Kräften den Hüter der guten und gesunden Traditionen von Palestrina bis Mendelssohn zu preisen. Aber das sollte nicht mein Los sein; meine Überzeugung war zu aufrichtig, mein Glaube an die Gegenwart und Zukunft der Kunst zu fest, als daß ich mich den eitlen Beschwörungsformeln unserer Pseudoklassiker hätte unterwerfen können, die mit aller Kraft schreiben, die Kunst geht zugrunde, die Kunst ist zugrunde gegangen. Die Wogen des Geistes gleichen nicht denjenigen des Meeres; ihnen ist nicht gesagt worden: ›Bis hierher und nicht weiter‹; im Gegenteil: ›Der Geist wehet, wo er will‹, und die Kunst dieses Jahrhunderts hat ihr Wort zu sagen — und wird es unfehlbar sagen.

Trotzdem habe ich mir niemals verheimlicht, daß meine Stellung sehr schwierig war und meine Aufgabe — lange Jahre zumindest — sehr undankbar. Nachdem Wagner so tapfer die Musik erneuert und bewundernswerte Meisterwerke geschaffen hatte, mußte meine erste Sorge darin bestehen, diesen Meisterwerken festen Boden in Deutschland zu verschaffen, während er aus seinem Vaterlande verbannt war und alle kleinen und großen Theater Deutschlands fürchteten, seinen Namen auf einem Plakat zu riskieren. Meinerseits haben vier oder fünf Jahre des Eigensinns (wenn Sie so wollen) genügt, trotz der Spärlichkeit der Mittel, die mir hier zur Verfügung standen, diesen Zustand herbeizuführen. In der Tat machen Wien, Berlin, München etc. seit fünf Jahren nichts anderes als dem zu folgen, was ihnen Weimar (über das sie sich zunächst mokiert haben) vor zehn Jahren vorgemacht hat. Jetzt wünscht man Einhalt, gewissermaßen ein Stück neues

Tuch auf dem alten Anzug oder neuen Wein in alten Schläuchen. [...] Aber in Wirklichkeit handelt es sich um ganz etwas anderes, – und ich lege Wert darauf, die Inschrift zu rechtfertigen, die mir Wagner unter sein Bildnis geschrieben hat: ›Du weißt, wie das werden wird!‹ Daher werde ich nicht nachlassen, solange ich lebe.«[15]

Doch die Resignation nimmt zu. Am 24. Januar 1861 warnt er vor der Aufführung der eigenen Werke, nachdem Agnes offenbar zwischen Fétis und ihm Aufführungen zu vermitteln gesucht hatte. »Ich bin fest entschlossen, in dieser Hinsicht sehr langsam zu eilen.«[16]

In dieser Zeit muß er auch eingesehen haben, daß die Aufrechterhaltung oder gar Legalisierung der Verbindung mit der Fürstin für ihn eine Sklaverei bedeuten würde, der er sich früher oder später gewaltsam entziehen müßte. Das Ausmaß seiner Verzweiflung kommt in der Schilderung von Fanny Lewald zum Ausdruck: »Wer Liszt und die Verhältnisse kannte, glaubte nicht, daß er der Musik, d. h. sich selber untreu werden könnte. [...] seine Stellung [in Weimar] war peinlich, trotz der Vorteile, die sie ihm bot, und er litt darunter mehr als er es zeigte. Als er einmal mit Stahr [ihrem Lebensgefährten] unten auf dem kleinen Wege an der Ilm spazierenging, den er zu gehen liebte, sprach er sich offen gegen ihn darüber aus und sagte: ›Du wirst mich ja nicht verraten! Ich bin ja ohnehin schon der bestverratene Mensch!‹ «[17] Und Adelheid von Schorn, die Vertraute der Fürstin, resümiert ein Menschenalter danach: »Liszt war in der Zeit, in der er von ihr [der Fürstin] getrennt war, gleichgültiger geworden, der Gedanke der rechtmäßigen Verbindung mit ihr war ihm keine Notwendigkeit mehr. Das merkte sie ihm an, als er am 21. Oktober 1861 in Rom ankam; und bestätigt hat er es selbst, indem er nie wieder danach fragte, ob die Trauung zu ermöglichen sei oder nicht. Natürlich war er jeden Tag bereit, mit ihr vor den Altar zu treten, aber ihre weibliche Feinfühligkeit erkannte, daß es bei ihm nur noch eine Pflichterfüllung war. So hat auch sie nicht mehr davon gesprochen – sie hat das Ziel ihres Lebens zum Opfer gebracht.«[18]

Inzwischen weilte Liszt noch in Weimar oder auf Reisen, er genoß – wie gewohnt – die große Gesellschaft und die ihm zum Bedürfnis gewordenen Anregungsmittel. Hebbel war wieder Gast auf der Altenburg. Die ersten beiden Teile seiner *Nibelungen* wurden in Weimar uraufgeführt. In dieser Zeit entschloß sich Liszt zu einem Schritt, der auf seine innere Verfassung schließen läßt. Zum ersten Male seit dreißig Jahren unterzog er sich wieder der Beichte und Kommunion. »Der gekreuzigte Gott ist zu mir gekommen«, wie er der Fürstin schrieb. Er kehrte in den Schoß des Glaubens seiner Kindheit zurück. Unklare Vorstellungen über seine Zukunft hatten ihn bewegt: Niederlassung in St-Tropez bei den Olliviers; in Athen, um sich klassischen Studien zu widmen. Mit der ersten Beichte nach dreißig Jahren hatte er seine künftige Richtung gefunden, örtlich und innerlich.

Auch am Werk macht sich um diese Zeit eine religiöse Wandlung bemerkbar. Ergreifendster Ausdruck ist der 13. Psalm *Herr, wie lange noch willst Du meiner vergessen* für Tenor, Chor und Orchester (1855, rev. 1859). Er trägt die Spuren einer tiefen, *Parsifal* lange vorausnehmenden Verzweiflung. Ausdruck tiefer Empfindung sind auch *Die Seligpreisungen* (1855) und *Pater noster* (1860), mit denen sich das *Christus-Oratorium* ankündigt. So weisen alle Zeichen nach Rom, das für die nächsten acht Jahre sein ständiger Aufenthaltsort werden sollte.

III

Ergreifend ist die menschliche Größe, die der Fürstin Wittgenstein aus dem Scheitern des Experiments Altenburg zuwächst! 1867 weilt Liszt wieder in Weimar, um die Aufführung der *Legende von der heiligen Elisabeth* vorzubereiten, die am 28. August anläßlich des 800jährigen Bestehens der Wartburg in der »Sängerhalle« stattfinden soll. Da erhält er von der Fürstin diesen Brief (aus Rom, vom 25. Juli):

»Lieber Guter,
nicht ohne tiefe Bewegung richte ich an Sie in Weimar diese Zei-

len – wo Sie in unser beider Namen so viele Orte grüßen werden, deren Bild mit den schönsten Erinnerungen unseres Lebens verknüpft ist, – die so vielen schönen Augenblicken Ihres Ruhmes und unserer Liebe zum Rahmen gedient haben! Grüßen Sie sie, grüßen Sie diese geliebten Plätze – ewige Erinnerung unserer ewigen Verbindung! Soweit sie der Natur angehören, dürften sie ihr Erscheinungsbild kaum geändert haben. Der Tannenwald, die dahinfließende Ilm, der Park, die idyllischen Ausblicke, all das ist noch so, wie es damals war. Die Altenburg wird von außen gleich geblieben sein, – aber innen existiert sie nicht mehr!

Dies beweist, daß das menschliche Herz, obwohl beweglicher als die Natur, doch dauerhafter als die Dinge ist. Unsere Liebe hat sich der Form nach mit den Jahren gewandelt, aber sie bleibt bestehen!! Die Vorsehung und die Menschen haben nicht zugelassen, daß unsere Empfindung die ihr gemäße äußere Form gefunden hat – aber die Vorsehung hat ihr Dauer verliehen, und die Menschen haben sie nicht verhindern können. Soviel es mich auch gekostet hat und Sie noch kostet, da die Form, indem sie zerbrach, ein Heim zerstört hat, das süß war trotz alledem, – ich glaube, es wird schließlich zum Besten sein!

Gesegnet seien die Leiden, die hinieden jede Schuld sühnen! Da es durch mütterliche Leiden gebüßt wurde, hat Gott uns unser ungeregeltes Zusammenleben verziehen! Ferner hat er uns genug geliebt, um zu verhindern, daß wir auch nur dem geringsten Skandal ausgesetzt waren! Er hat uns auf die Probe gestellt, wie man das Gold im Feuer prüft – und wenn unsere Seelen ihren ursprünglichen Glanz wiedergewonnen haben, wird uns Gott alles geben, was uns zum Besten gereicht!

Sie sind brav und bewundernswert gewesen, sanft und treu während dieser Schmelzprobe – und ich bewundere Sie unvergleichlich mehr, und ich liebe Sie unendlich mehr als zuvor! Gott allein weiß, was es mich gekostet hat, nicht mehr nach Woronince zurückzukehren, nicht mehr nach Weimar zurückzukehren! Aber das gleiche Gefühl hat mich in beiden Krisen aufrechterhalten – das Gefühl, daß wir nicht hienieden weilen, um uns an den Ort, sondern um uns an die Idee, das Werk zu halten! Ich habe mir mit gleichem Zagen und mit gleicher Entschlossenheit die hübsche Strohhütte und die Blumen, die ich unter den Augen meiner Eltern gesät hatte, und die schönen Räume, in denen ich Sie angebetet und das Heranwachsen meines Kindes erlebt hatte, aus dem Herzen gerissen! Weimar war unter den gegebenen Bedingungen eine größere Idee als Woronince — und Rom ist eine größere Idee als Weimar!

So habe ich Woronince Weimar und Weimar Rom geopfert — denn Sie sind und werden in Rom größer sein, als es Ihnen je in Weimar möglich gewesen wäre. Welcher Unterschied des Postamentes und des Horizontes! Und dann, — der Tag wird kommen, wo all das in Taten und greifbaren Ereignissen Gestalt finden wird. Inzwischen grüßen Sie, grüßen Sie unsere teure Vergangenheit — jede Tanne des kleinen Wäldchens, jede Welle der Ilm, jeden Kiesel der Alleen des Parks!

Die Ihre in saecula saeculorum*!«[19]

Die Zukunft gestaltete sich nicht ganz so ideal wie hier prophezeit.

Die Fürstin steigerte sich in eine Art religiösen Wahns hinein, während Liszt trotz aller Treue zur angestammten Kirche seinen Freimut bewahrte. So konnten Zerwürfnisse nicht ausbleiben, die gelegentlich auch ernstere Formen annahmen. Doch vermochten sie das Grunderlebnis von Woronince nie auf Dauer zu trüben.

IV

Die Fülle und Qualität der Werke, die in Weimar entstanden sind, beweist, daß das von der Fürstin entscheidend gestützte Konzept einer Verschmelzung von französischer Romantik und deutscher klassischer Tradition im Prinzip richtig war. Um so erstaunlicher ist der Abbruch dieser schöpferischen Phase, der unverkennbare Vitalitätsverlust, den äußere Ursachen nicht hinreichend erklären. Die Produktivität des Meisters ist damit nicht erloschen. Es folgt noch ein Nachsommer mit exquisiten, reifen,

* auf ewig

fast überreifen Werken, es folgt vor allem eine Hinwendung zur geistlichen Musik, und es folgt ein melancholischer Herbst, in dem vorwiegend nur noch kleine Formen produziert werden, die aber von einem unauslöschlichen oder gar zunehmenden Drang zur Innovation, ja zum Experiment zeugen. Ein ganz großer Wurf aber will nicht mehr gelingen. Bezeichnend ist ein Bericht Kurd von Schlözers, damals Legationssekretär an der preußischen Gesandtschaft in Rom, der Liszt seit seinen Göttinger Studententagen in Verehrung zugetan war, aus dem Jahre 1865: »Wir gingen abends nach einem herrlich von ihm arrangierten Wohltätigkeitskonzert nach Hause. Die stürmischen Ovationen für Liszt hatten kein Ende nehmen wollen. Ich sprach ihm aus, wie wundervoll es doch sein müsse, die Welt in solche Begeisterung zu versetzen. Da blieb er, noch erregt von den voraufgegangenen Beifallsstürmen, stehen, legte mir die Hände auf die Schultern und sagte mit Tränen in den Augen: ›Mein Freund, glauben Sie mir, allen Jubel, alle Begeisterung würde ich hingeben, wenn ich nur einmal ein wirklich schöpferisches Werk hervorbringen könnte.‹ «[20]

So sind die letzten 25 Jahre ein langsamer Abschied vom Leben, der leicht übersehen wird, weil er so allmählich erfolgt. Zeitlich ist der Knick in der Lebenskurve um 1860 anzusetzen. Das ergibt sich aus den äußeren Ereignissen, aber auch – quantitativ und qualitativ – aus der Produktion. Zählt man die wesentlichen Werke, so ergeben sich für Klavier von 1848 bis 1852 7, danach bis 1870 nur 2 pro Jahr. An Orchesterwerken werden von 1848 bis 1852 gut 1, bis 1860 2 pro Jahr, danach bis 1870 fast nichts mehr produziert. An Liedern, Chören und geistlichen Werken entstehen von 1848 bis 1854 2, bis 1860 7 und bis 1870 5 pro Jahr. Natürlich vermittelt eine derartige Zählung nur einen groben Eindruck, da der Umfang der Werke kaum berücksichtigt werden kann. Es wird aber deutlich, daß das Klavierschaffen ab 1853 zugunsten der Orchesterwerke deutlich zurückgeht, die ihrerseits ab 1855 von Liedern und Chorwerken zurückgedrängt werden. Ab 1862 beherrscht die geistliche Musik das Feld. Auch das Klavierschaffen schlägt teilweise diese Richtung ein (*Variatio-*

nen über Weinen, Klagen [1862], *Ave Maria* [für die *Große Klavierschule* von Lebert und Stark, 1862], die beiden *Franziskus-Legenden* [1863]) usw.

Der »Knick« um 1860 wird dadurch verdeckt, daß zwischen dem *Barbier*-Skandal Ende 1858 und der Abreise aus Weimar im August 1861 noch einige vorzügliche Werke produziert werden, nämlich für Soli, Chor und verschiedene Instrumente die *Psalmen 18, 23* und *137* (1860, 1859–1862, 1859), *Les Beátitudes* (die Seligpreisungen, 1855–1859) und *Pater noster* (1860), beide später in das Oratorium *Christus* (1862–1866) aufgenommen, und das *Te Deum* (1859), für Klavier das *Präludium »Weinen, Klagen, Sorgen, Zagen« (nach J. S. Bach)* (50er Jahre), der *Tanz in der Dorfschenke. 1. Mephisto-Walzer* (1859–1860) und die *Valse de l'opéra »Faust«* (von Gounod) (1861), für Orchester die *Zwei Episoden aus Lenaus »Faust«* (um 1860) und schließlich einige *Lieder* (alle 1860), darunter das wunderbar charakterisierende *Die drei Zigeuner*, ferner *Ich scheide*, *Die stille Wasserrose* und das Melodram *Der traurige Mönch* (1860), das seine unheimliche Stimmung daraus bezieht, daß es fast völlig auf der Ganztonleiter beruht. Die schöpferische Potenz des Meisters ist also keineswegs plötzlich erloschen, und sein technisches Können hat nun seinen Höhepunkt erreicht. Man erkennt aber die deutliche Hinwendung zur geistlichen Musik, die bei ihm eine Koexistenz mit Mephistophelischem nicht ausschließt.

Zieht man Bilanz, so ergeben sich am Ende der Weimarer Zeit folgende Negativposten:

Der innere Konflikt zwischen Sensualität und Intellektualität mag zwar zeitweilig verdeckt worden sein, hat aber offenbar keine Dauerlösung gefunden, wie in späteren Jahren besonders kraß die Janina-Episode zeigt, die aber offenbar auch eine therapeutische Wirkung hat.

Das Scheitern der Beziehung zur Fürstin Wittgenstein hat ihn für den Rest seines Lebens gezeichnet. Entscheidend ist hier weniger die Unterbindung der äußeren Legalisierung durch intrigantes Zusammenspiel der Familien Wittgenstein und Hohenlohe – so die gut fundierte These von Émile Haraszti[21] –, kaum auch die

Ausbürgerung der Fürstin durch den Zaren Alexander II., womit sie auch am Weimarer Hof in Ungnade fiel, sondern die zunehmende innere Distanzierung. Das Zusammenleben wurde zu einem »qualvollen Martyrium beider Menschen« (Marie von Hohenlohe, Tochter der Fürstin)[22]. So wurde die Frage einer Heirat auch nicht wieder aufgeworfen, als einige Jahre nach der Übersiedlung nach Rom der längst geschiedene (protestantische) Ehemann der Fürstin starb und der Weg offen gewesen wäre.

War überhaupt ein weiteres Zusammenleben sinnvoll? Peter Cornelius, der intime Kenner der Szene auf der Altenburg, schreibt am 22. Juni 1861 an seinen Bruder: »Liszt, ich fürchte, ist mitten im Aufschwung zerbrochen, denn mit der Fürstin gibt er seinen Lebensnerv auf. Sie war an allem Guten schuld, was er leistete. Wenn es ihm nicht gelingen konnte, in einer solchen Verbindung sein sittliches Wesen dauernd und fest zu veredeln, so wird ihm die Kraft zum Besten fehlen, und er wird zugrundegehen.«[23] Andererseits war das Musikverständnis der Fürstin gering und mehr auf Pomp und Pathos gerichtet. Damit stand sie dem wachsenden Bedürfnis Liszts nach Verinnerlichung entgegen, und die vertrackte psychologische Situation hätte sowieso die Freiheit seines Schaffens mehr und mehr behindert.

Die Unzuverlässigkeit der Menschen war ihm vielleicht noch schmerzlicher als das dadurch bedingte Scheitern großzügiger Pläne und Unternehmungen. Die Stimmung in gewissen Weimarer Hofkreisen und die nicht immer feste Haltung Carl Alexanders wird durch folgende Schilderung Richard Wagners in seiner Autobiographie schlaglichtartig erhellt: »Nachdem mich der Großherzog in den sorgfältigsten Ausdrücken um meine ›eigentliche Meinung‹ über Liszts Kompositionen gefragt hatte, erweckte es mir ein sonderbares Erstaunen, in seiner ganzen Haltung nicht das mindeste Unbehagen zu erkennen, als über seinen, von ihm so hochgeehrten Freund, der Kammerherr von Beaulieu bei dieser Gelegenheit kurz heraus die allerabsprechendsten Meinungen hervorbrachte, nämlich in der Weise, daß Liszts Komponieren doch wohl nur eine Raupe des großen Virtuosen sei.« Am nächsten Morgen wird das Gespräch ohne Kammerherrn fortgesetzt, »was jedenfalls vorteilhaft auf die Wärme der Äußerungen des Fürsten über seinen Freund wirkte, von welchem er jetzt, unter vier Augen, mir laut bekannte, daß sein Rath und überhaupt sein anfeuernder Umgang von ihm nicht hoch genug geschätzt werden könne«[24]. Man kann sich vorstellen, wie schlecht dieser Wankelmut des Großherzogs den hochfliegenden Plänen der Goethe-Stiftung bekam, und auch der *Barbier*-Skandal gehört in diese Rubrik.

Er hat noch eine andere Seite: Das unbedingte Einstehen für Freunde und begabte Schüler wird Liszt hier unmöglich gemacht. Aus dem Alter stammt die pessimistische Äußerung zu Janka Wohl, seiner Budapester Landsmännin: »Ich war nie zu etwas Besserem gut als anderen den Weg zu bahnen, und selbst dies gelang mir damals nicht mehr.«[25]

1852 gab Joachim seine Stellung auf, und 1857 schrieb er an Liszt: »Ich bin Deiner Musik gänzlich unzugänglich; sie widerspricht allem, was mein Fassungsvermögen aus dem Geist unserer Großen seit früher Jugend als Nahrung sog. Wäre es denkbar, daß mir je geraubt würde, daß ich je dem entsagen müßt, was ich aus ihren Schöpfungen lieben und verehren lernte, was ich als Musik empfinde. Deine Klänge würden mir nichts von der ungeheuren, vernichtenden Öde ausfüllen. Wie sollt' ich mich da mit denen zu gleichem Zweck verbrüdert fühlen, die unter dem Schild Deines Namens und in dem Glauben (ich rede von den Edlen unter ihnen), für die Gerechtigkeit der Zeitgenossen gegen die Taten der Künstler einstehen zu müssen, die Verbreitung Deiner Werke mit allen Mitteln zu einer Lebensaufgabe machen? Ich kann Euch kein Helfer sein und darf Dir gegenüber nicht länger den Anschein haben, die Sache, die Du mit Deinen Schülern vertrittst, sei die Meine.«[26]

Die Ursache solchen Un- und Mißverständnisses sind nicht menschliche Defekte, sondern die kulturelle Polyvalenz und die kosmopolitische Haltung Liszts. Durch ihn dringt besonders die französische Romantik mit ihren grelleren Farben, ihrer gesteigerten Empfindung, ihrem Überschwang in die deutsche Musik ein, sie befruchtend, aber auch Widerstände auslösend. Noch im Alter entringt sich ihm der Stoßseufzer: »Alle Welt ist gegen mich, Katholiken, weil sie meine Kirchenmusik profan finden, Protestanten, weil meine Musik katholisch sei, Freimaurer, weil sie meine Musik als klerikal empfinden; für die Konservativen bin ich ein Revolutionär, für die Fortschrittler ein falscher Jacobiner. Was die Italiener — trotz Sgambati* — anbetrifft: Wenn sie Garibaldianer sind, verachten sie mich als Betbruder, wenn sie auf seiten des Vaticans stehen, werde ich beschuldigt, die Venusgrotte in die Kirche einzuführen. Für Bayreuth bin ich nicht ein Komponist, sondern ein Reklameagent [un agent publicitaire]. Die Deutschen lehnen meine Musik als französisch, die Franzosen als deutsch ab, für die Österreicher mache ich Zigeunermusik, für die Ungarn fremdländische Musik. Und die Juden lehnen mich und meine Musik ohne erkennbaren Grund ab.«[27] Äußerer Ausdruck dieser kulturellen Vielschichtigkeit ist die »Vie trifurquée« (das dreigeteilte Leben). Ab 1869 verbringt er je einige Monate des Jahres in Weimar, Rom und Budapest.

Die Freundschaft mit Richard Wagner war ein Sonderfall. Seit 1848, nachdem *Rienzi* und *Der fliegende Holländer* Wagner berühmt gemacht hatten, waren sie sich nähergekommen. Aber das Verhältnis entwickelte sich angesichts des schrankenlosen Egoismus Wagners und des ebenso unbegrenzten Idealismus Liszts völlig einseitig. Liszt wurde menschlich, künstlerisch und finanziell völlig skrupellos ausgebeutet — man muß es leider so formulieren —, selbst nach dem Tode Wagners noch durch Cosima, bis zu seinem eigenen Ende in Bayreuth.

Der Tod von zwei Kindern — 1859 starb Daniel in Berlin, 1862 Blandine in Paris — tat ein übriges, um die Weimarer Periode, die so hoffnungsvoll begonnen hatte, schließlich zu verdüstern.

Der sensible Künstler ist in besonderem Maße darauf angewiesen, widrige Einwirkungen von außen abzuschirmen oder sie innerlich zu verarbeiten, um ihnen ihren Stachel zu nehmen. Es nimmt daher nicht wunder, wenn von Liszt gegen die inneren und äußeren Schicksalsschläge eine Serie von Schutzmechanis-

* römischer Schüler Liszts

men entwickelt wurde, um dieses Leben weiter bestehen zu können.

Die zielbewußte Fürsorge der Fürstin wurde nach dem endgültigen Scheitern des Heiratsplanes durch eine erneute Hinwendung zur katholischen Kirche ersetzt, die jetzt unter der energischen Leitung von Pius IX. stand. Vertraulich gesteht Liszt 1866 Adolf Stern, er sei nach Rom gegangen, um in sich zu einer »Entscheidung« zu gelangen. Er habe den Anschluß an die feste Gliederung der katholischen Kirche gesucht, um damit auch dem Unfestgestellten in seinem Verhältnis zu der Fürstin eine unabänderliche Form zu geben.[28] Im Alter äußert er zu Lina Ramann: »Wäre es nicht um die Musik gegangen, so hätte ich mich völlig der Kirche geweiht und wäre Franziskaner geworden.«[29] Er wählte also einen Mittelweg und nahm 1865 die niederen Weihen. Dem Fürsten Konstantin von Hohenzollern-Hechingen schreibt er am 11. Mai dieses Jahres, zwischen der Tonsur und den nächsten drei Weihen: »Um vertraulich zu sprechen: ›Wenn das Kleid nicht den Mönch macht‹, so hindert es ihn auch nicht daran; und in gewissen Fällen, wenn der Mönch schon im Innern fertig ist, warum soll man ihm im Äußern nicht das Kleid hinzufügen. Aber ich vergesse, daß ich keineswegs beabsichtige, Mönch zu werden im strengen Sinne des Wortes. Dazu fehlt mir die innere Berufung, und es genügt mir, der Dienerschaft der Kirche dem Range nach anzugehören, den mir die niederen Weihen anweisen. Ich habe also nicht die Kutte, sondern die Soutane angezogen.«[30]

Nachdem diese Linie festgelegt ist, kann er sich wieder in die Arbeit vertiefen, im Kloster Santa Francesca Romana unmittelbar am Forum, im Kloster Madonna del Rosario auf dem Monte Mario und in der Villa d'Este in Tivoli als Gast des Kardinals Hohenlohe. Am 8. November 1862 schreibt er an Franz Brendel: »Ich bin entschlossen, längere Zeit hier ungestört, unaufhaltsam und konsequent fortzuarbeiten. Nachdem ich die mir gestellte symphonische Aufgabe in Deutschland, so gut ich es vermochte, zum größeren Theil gelöst habe, will ich nunmehr die oratorische (nebst einigen zu derselben in Bezug stehenden Werken) erfüllen.«[31] Noch in seinen letzten Jahren erklärt er seiner amerikanischen Schülerin Amy Fay, die Kirchenmusik sei ihm »das Einzige des Lebens Werthe« geworden.[32] Was er damit erreichen wollte, hatte er bereits 1855 (12. April) in einem Brief an Agnes Street geäußert. Nach einer kritischen Besprechung Schumannscher Musik zitiert er einen Ausspruch Joachims, von allen Komponisten sei Schumann derjenige, der am meisten und natürlichsten Musik denke, und schließt daran die Überlegung an: »Dies ist etwas und sogar viel, – aber nicht das Ganze der Kunst, die mehr als das Ganze erstreben muß, – denn sie ist die Tangente der Unendlichkeit, der lebendige Quell, der, wie die Liebe, in das ewige Leben einmündet.«[33]

In einigen Werken werden solche metaphysischen Bezirke berührt, in Sätzen der *Graner Messe* (1855), besonders aber im *Christus-Oratorium* (1855–1867). Im Spätwerk entwickelt er ganz neue Ausdrucksformen, die durch die Extreme »zunehmende Verinnerlichung« und »größte Ausdrucksbestimmtheit« nur vage umschrieben werden und die ihm größte Wahrhaftigkeit und Unmittelbarkeit in der Wiedergabe von Empfindung, Seelenzustand und Atmosphäre erlauben. Es ist wieder ein ganz irdischer Liszt, der da sein Inneres in Tönen wiedergibt, ein Mensch aber, der Resignation, Trauer, ja Verzweiflung, aber auch Liebe und Gebet kennt. Manchmal blitzt auch jetzt noch Mephistophelisches, Ironie oder Sarkasmus hervor. Jetzt vermag er Selbstporträts oder *Historische ungarische Bildnisse* (1870–1886) zu liefern, die beim Hörer einen wahrhaft bedrängenden oder auch befreienden Eindruck hervorrufen. Auch eine Kombination dieses expressiven mit dem sakralen Stil gelingt in der *Via crucis* (1873–1879) für Chor, Soli und Orgel. Beim Komponisten hat diese Musik wohl eine kathartische Funktion erfüllt. An Lina Ramann schreibt er am 9. 2. 1883: »Wie Sie wissen, trage ich eine tiefe Trauer im Herzen; sie muß hie und da in Noten ertönend ausbrechen.«[34]

Spät gelingt es dem Heimatlosen, so etwas wie Heimat zu finden. »Ich flottiere in der Welt umher, und obschon ich ein Musikant und kein Soldat bin, kann ich mit den Wallensteinern singen, daß ich auf Erden kein bleibend Quartier habe« (zu Fanny

Lewald).[35] Seit den Konzerten 1839/40 in Ungarn und dem Empfang des Ehrensäbels vom ungarischen Adel, der Uraufführung der *Graner Messe* 1856 zur Einweihung der Basilika in Esztergom, der *Legende von der heiligen Elisabeth* 1865 und der *Krönungsmesse* 1867 in Budapest, der Feier des 50. Jahrestages seiner Künstlerlaufbahn 1873 in Budapest und seiner Ernennung zum Präsidenten der Landesmusikakademie 1875 wurde er von den Ungarn als eine Art Nationalheld betrachtet. Die Begeisterung flaute jedoch im Laufe der Jahre ab, und später wurde er kaum noch zur Kenntnis genommen. So schreibt sein Schüler August Stradal: »Bedenkt man die Triumphe, die Liszt einst als Virtuose in Pest gefeiert hatte, erinnert man sich an die Ovationen, die ihm dort zuteil wurden, kann man von dem Aufenthalte Liszts in den Jahren 1885 und 1886 sagen, daß der Meister eigentlich ganz in Vergessenheit geraten ist. Außer dem *Tasso* und dem *Königslied* wird während seines Aufenthaltes nicht ein größeres Werk von ihm aufgeführt. Wo sind die früheren Gönner und Freunde!!«[36] Diese verstanden aber nichts von Musik, wie sie freimütig bekannten. »Lieber Liszt, ich liebe Ihre Person, verstehe aber nichts von Ihren Werken ...«, meinte Kardinal Haynald, und ähnlich äußerte sich Graf Gyula Andrássy.[37] Angesichts dieser deprimierenden äußeren Situation hilft er sich selbst, indem er zunehmend »ungarische« Stilelemente in seine Werke einschmilzt. Von der Einbeziehung ungarischer Themen beispielsweise zur Charakterisierung ungarischer Magnaten und Ungarns überhaupt in der *Legende von der heiligen Elisabeth* (1857–1862) war schön früher Gebrauch gemacht worden. Jetzt werden auch ohne diesen Bezug die Zigeunertonleiter mit ihren charakteristischen Anderthalbtonschritten oder ein rhythmisches Charakteristikum, die sogenannte Cadence magyare, und andere musikalische Magyarismen in Werke einbezogen wie *La Notte* (Mittelteil, 1864), *Sunt lacrymae rerum* (1872) aus Band III der *Wanderjahre*, sogar mit dem Zusatz »En mode hongrois« zum Ausdruck der Trauer und Verzweiflung, oder *En rêve, Nocturne* (1885) mit typischem Wechsel zwischen H-Dur und H-zigeunerisch, offenbar zum Ausdruck des Ungewissen, Schwebenden, durch das ein Traum gekennzeichnet ist. So hat sich der alte Liszt trotz der snobistischen Haltung des Pester Publikums ganz privat und intim ein Stück Heimat erobert.[38]

Ein weiterer Zug, der in den späten Jahren hervortritt, ist die äußerste Sparsamkeit der Mittel, der Verzicht auf jegliches »Flitterwesen«, selbst auf die sonst so geschätzte Klangsinnlichkeit. Trotzdem ist diese Musik in ihrer Art bedrängend (manchmal bedrückend) ausdrucksvoll. Sie findet ihr Korrelat in der franziskanischen Haltung des Meisters, die Cosima, die allerdings auch einiges gutzumachen hatte, in ihrem »Gedenkblatt« zur 100. Wiederkehr des Geburtstages ihres Vaters schildert: »Er war arm und wollte es sein. Hier berühren wir das, was nebst dem unwiderstehlichen Zauber seines Wesens seinem jetzigen Leben den eigentlichen Charakter verlieh, und was der Quell seiner Art sich zu geben war: die Nächstenliebe. [...] Wer ihn [...] sah, wie er beim Almosengeben vor dem Bettler unwillkürlich den Hut abnahm, der konnte sich sagen, daß er einen Christen vor sich habe.«[39] Der Meister selbst formuliert mit unnachahmlicher Kürze: »Im Leben muß man sich entscheiden, ob man das Zeitwort ›haben‹ oder das Zeitwort ›sein‹ konjugiert.«[40]

So hat auch der alte Liszt sich selbst und der Musik unermüdlich Neuland erschlossen. Der besondere Zug zum Experimentellen, der so aufregend »Modernes«, Zukunftsweisendes zutage gefördert hat, ist gleichzeitig ein Ausdruck seiner physischen und emotionalen Erschöpfung. Aber selbst diese ist damit intellektuell kompensiert worden — für ihn selbst als Schutzmechanismus, für uns Nachlebende als Komponente seines Spätwerks mit seinen erregenden Prophetien. Eine völlige Verschmelzung der disparaten Züge seines Wesens, eine Zusammenfassung seiner gesamten schöpferischen Potenz und damit die Schaffung großer Meisterwerke ist ihm nur in Weimar und in Rom mit dem *Christus* gelungen. Im übrigen hat er sein Schicksal gemeistert, indem er die Widersprüche seines Wesens nicht überwand, sondern verkörperte, sie nicht löste, sondern in ihrer Gegensätzlichkeit ausdrückte und seine individuelle und soziale Existenz auf ihrem gebrechlichen Gleichgewicht aufbaute.

O, Roma nobilis

Der Künstler ist himmelreichsunmittelbar.

Liszt in Aufwallung gegen den Dünkel
des reichsunmittelbaren Adels[1]

I

Nach den Weimarer Enttäuschungen folgte Liszt einem Verhaltensmuster, an das er sich schon in seiner Jugend gehalten hatte. Er suchte erneut Anlehnung an die Religion. Diesmal muß es ihm besonders ernst gewesen sein. Das Rom des Jahres 1861 glich einem Pulverfaß, und wer sich damals in die heilige Stadt begab und sie bald darauf zum Daueraufenthalt erwählte, mußte ein außerordentliches Vertrauen in die Stabilität der katholischen Kirche haben.

Die Zeitläufe waren ihr nicht günstig. Vielleicht verließ sich Liszt auf sein Idol Napoleon III., der sich als Protektor der Kurie aufspielte. Aber dessen Haltung war nicht eindeutig. 1859 hatte er sich zunächst mit dem Königreich Sardinien verbündet, das an der Spitze der italienischen Einigungsbestrebungen stand. Mit den siegreichen Schlachten bei Magenta und Solferino wurden die Österreicher aus der Lombardei (außer Mantua) vertrieben. 1860 erklären die Toskana, Parma, Modena und die Romagna durch Volksabstimmung ihren Anschluß an Sardinien. Nun beginnen Viktor Emanuel II. und Garibaldi die Eroberung der übrigen italienischen Staaten in einer Zangenbewegung. Garibaldi erobert mit seinen 1 000 Freiwilligen nach der Landung bei Marsala Sizilien und Neapel, Viktor Emanuel besetzt Umbrien und die Marken. Garibaldi tritt seine revolutionäre Diktatur an Viktor Emanuel ab, so daß ganz Italien mit Ausnahme des römischen Stadtgebietes geeinigt ist. Nachdem König Franz II. von Sizilien sich in der Festung Gaeta ergeben und abgedankt hat, wird Viktor Emanuel II. am 18. Februar 1861 zum König von Italien ausgerufen.

Nichtsdestoweniger schreibt Liszt zwei Monate später an Agnes Street (25. April 1861): »Ich denke nicht, daß man so bald mit Rom fertig werden wird; das Boot des Heiligen Petrus besitzt eine unvergleichliche Widerstandskraft, und der Kaiser [Napoleon III., dessen Truppen Rom besetzt hielten] ist zu klug, um sich in einem Unternehmen weiter vorzuwagen, dessen Folgen seine eigene Autorität erschüttern würden.«[2]

Tatsächlich wird Garibaldi 1862 von königlichen Truppen an der Einnahme Roms gehindert. Aber 1864 verständigen sich Frankreich und Italien. Die Besetzung Roms durch die Franzosen wird auf zwei weitere Jahre begrenzt und Florenz zur vorläufigen Hauptstadt Italiens erklärt. 1866 werden die Italiener von den Österreichern zu Lande bei Kustozza und zu Wasser bei Lissa vernichtend geschlagen. 1867 greifen aber italienische Freischaren Rom an. Wiederum interveniert Napoleon III. zugunsten des Kirchenstaates und besetzt Rom von neuem.

Erst 1870 benutzen die Italiener den Deutsch-Französischen Krieg, um die Stadt Rom zu besetzen und damit die weltliche Herrschaft des Papstes zu beenden. Liszt hatte sich nach Ungarn auf die Besitzung seines Freundes Baron Augusz zurückgezogen und kehrte in diesem Jahre nicht nach Deutschland zurück. Erst der Sommer 1871 sieht ihn wieder in Weimar und der Herbst dieses Jahres in Rom.

Auf die Besetzung Roms durch die Italiener hin hatte sich der Papst als freiwilliger Gefangener in den Vatikan zurückgezogen. Er berief ein Konzil, das nach Beendigung seiner weltlichen Herrschaft seine reaktionären Positionen bestätigte. Das Dogma von der Unfehlbarkeit des Papstes wurde verkündet; eine Enzyklika verurteilte freiere Anschauungen über die Religion; selbst Staat und wissenschaftliche Forschung sollten der kirchlichen Autorität untergeordnet sein.

II

Soweit war es noch nicht, als Liszt am 20. Oktober 1861 in Rom eintraf. Aber die Haltung, die die Kurie gegenüber den großen Zeitereignissen einnahm, griff auch in sein und der Fürstin persönliches Schicksal ein. Nachdem ihre Hochzeit durch den Einspruch von Verwandten kurzfristig unterbunden worden war, wurden beide in äußerst diplomatischer Weise auf neue Bahnen gelenkt: die Fürstin als eine Art »Matriarch« der Kirche auf die geistliche Schriftstellerei, Liszt als Reformator der Tonkunst auf die geistliche Chormusik. Es waren vor allem drei Ereignisse, die ihn diesen Weg willig gehen ließen und die alle mit dem Namen des Erzbischofs und späteren Kardinals Gustav von Hohenlohe zusammenhängen: 1.) die Aussicht, die päpstliche und die kirchliche Musik überhaupt zu reformieren; 2.) die Annahme der niederen Weihen und 3.) die Überlassung einer Wohnung in der Villa d'Este in Tivoli.

Die Bekanntschaft des Kardinals hatte er bereits im Mai 1859 gemacht, als er ihn in Rauden, der schlesischen Besitzung von dessen Bruder Viktor, Herzog von Ratibor, traf. Er überreichte ihm damals ein prachtvoll gebundenes Exemplar der *Graner Messe* als Geschenk für den Papst und teilte ihm später brieflich seine Verehrung für Pius IX. mit. Die Antwort verfaßte der Erzbischof zwei Wochen vor der Heirat von Prinzessin Marie von Wittgenstein mit seinem Bruder Konstantin (15. Oktober 1859). Sie ist ein Meisterstück kurialer Diplomatie: »Mein Herr! Wenn die wenigen Augenblicke, die ich das Vergnügen hatte mit Ihnen in Rauden bei meinem Bruder Victor zu verbringen, in meiner Seele eine besonders angenehme Erinnerung hinterlassen hatten, so war es mir eine wahre Freude, Ihren Brief vom 3. September aus Weimar zu erhalten. Ehe ich Ihnen antworten konnte, mußte ich jedoch unserem Heiligen Vater diesen Brief mitteilen, der eines wahren Katholiken würdig ist, und gestern hatte ich Gelegenheit, Seiner Heiligkeit diese so inbrünstigen Zeilen vorzulesen, die ihn tief gerührt haben. Ich will Ihnen die Worte des Heiligen Vaters zitieren: ›Inmitten so viel Kummers ist es ein wahrer

Trost, diese schönen Empfindungen eines vero cristiano [wahren Christen] zu vernehmen. Sagen Sie Herrn Liszt, daß ich ihm meinen Segen sende und daß ich seine berühmte Messe dem Kapitel von Sankt Peter überreicht habe. Sagen Sie ihm auch, daß man sie im Monat November, in Die Dedicationis Basilicae S. S. Apostolorum Petri et Pauli [am Tage der Weihe der Basilika der Heiligen Apostel Petrus und Paulus] in Sankt Peter singen wird und daß ich dazu anwesend sein werde. Vielleicht wird diese Messe nicht die ungeheure Wirkung tun, die sie anderweitig gehabt hat, weil wir in Sankt Peter keine instrumentale Begleitung haben; sie wird aber jedenfalls sehr schön sein, und ich bin sehr froh, sie zu hören.‹

Der Herr hat Sie berufen, seinen Namen zu rühmen auf die himmlische Art des geistlichen Gesanges; das ist die Rolle der Engel, die Gott mit ihrem Hosianna preisen.

Heutzutage sind die Ansichten über die geistliche Musik sehr geteilt; es liegt an Ihrem Genie, über die Form zu entscheiden, die sie von jetzt ab annehmen soll. Ihre Inspirationen, die Sie durch die Gnade Gottes leiten, werden die Seele Ihrer Musik sein, die Wonne der Gläubigen, eine starke Waffe, um die verlorenen Kinder mehr und mehr unserer Heiligen Mutter Kirche wieder zuzuführen. Ich freue mich sehr, wenn Sie in Rom sein werden, die Einzelheiten des Planes zu erfahren, den Sie hinsichtlich der religiösen Musik entworfen haben; ab sofort und ganz aufrichtig biete ich Ihnen eine bescheidene Wohnung bei mir im Vatikan an, und ich werde mich glücklich schätzen, Ihnen, mein Herr, dann mündlich ausdrücken zu können, daß ich mit der größten Hochachtung Ihr sehr ergebener Diener bin.
Gustav von Hohenlohe, Erzbischof von Edessa.«[3]

Die Verhinderung der Heirat Liszts und der Fürstin und die Ablenkung auf eine »geistliche« Tätigkeit wurden also von langer Hand vorbereitet.

In Rom wohnte Liszt zunächst in der Via Felice 113, in der Nähe der Fürstin, die er allabendlich besuchte. Bald fühlte er sich in der Stadt heimisch. »Die Altersjahre«, schreibt er 1862 an seinen Freund Carl Gille in Jena, »die für mich herangekommen, lassen mich ungeschwächt im Herzen und Geist. Fast möchte ich sagen, daß mehr versöhnliche Ruhe und Helle eingetreten, wozu auch die negative Annehmlichkeit meines hiesigen Aufenthaltes beiträgt (Komponieren statt Correspondenz etc. sowie nichtssagenden und nichtstaugenden Beziehungen).«[4]

Noch mehr Ruhe und Abgeschiedenheit bietet ihm das Kloster Madonna del Rosario auf dem Monte Mario, in das er im Juni 1863 umsiedelt. Kurd von Schlözer, preußischer Legationsrat, gibt eine lebendige Schilderung dieser Umgebung: »Vorgestern besuchte ich Liszt in seinem Kloster [...], mit prachtvoller Aussicht auf Rom und aufs Gebirge. Früher ist es stark bevölkert gewesen, denn die Zahl der Zellen ist nicht unbedeutend. Jetzt lebt dort ein einziger Dominikaner, ein Klosterdiener und Liszt. In der kleinen Kirche, die offen nach der Landstraße hin liegt, liest der Dominikaner jeden Morgen die Messe. Liszt ist stets zugegen; er sitzt fürstlich in einer oben mit Fensterverschlag angebrachten Loge, die wenige Schritte von seiner Zelle entfernt ist – ganz wie Karl V. im Kloster San Just, der aber nötigenfalls sogar von seinem Bette aus die Messe hören konnte.

Zum Kloster führt von der Landstraße aus eine hohe, prächtige Doppeltreppe. Die Pforte ist stets geschlossen, man zieht an einer Glocke, deren melancholischer Ton durch alle Gänge des Klosters dringt. [...] Dann erscheint der Diener, der bei Liszt anmeldet.

Liszt verdankt diese Wohnung dem als ultramontan bekannten Pater Theiner, seinem Freunde, dem er den Wunsch nach einer stillen, ruhigen Zelle mitgeteilt hatte. [...]

In der Mitte des ziemlich großen Raumes steht ein langer Arbeitstisch, an den Wänden ist eine kleine Hausbibliothek aufgestellt; außerdem zählte ich dort und in den Fensternischen etwa zwölf große und kleine Heiligenbilder. Auf einem Ecktisch liegt in Marmor gehauen die Hand Chopins; daneben ein Etui mit einem Ring, den Pius IX., als er Liszt im vorigen Jahre besuchte, ihm geschenkt hat. Neben dem Arbeitstisch steht ein ziemlich bejahrtes Pianino, das zudem an schlechter Stimmung leidet, und –

was das Scherzhafteste ist — das D im Baß gibt nicht an. Auf einem solchen Instrument arbeitet jetzt derselbe Franz Liszt, vor dem einst die massivsten Flügel Europas zitterten, und der ein halbes Menschenalter hindurch wie ein donnernder Jupiter die ganze Künstlerwelt beherrscht hat. Er spielt jetzt fast gar nicht mehr; in seiner Wohnung berührt er das Klavier nur zum Komponieren.« [5]

Am 11. Juli 1863 hatte ihn der Papst eine kleine halbe Stunde lang besucht. Liszt improvisierte auf dem Harmonium und auf seinem Arbeitspianino. Der Heilige Vater war gerührt und rief aus: »Die Justiz, mein lieber Palestrina, sollte sich Eurer Musik bemächtigen, wenn man sie anderweitig so beherrschen könnte wie hier, um die Verbrecher zur Reue zu bringen. Ich bin gewiß, niemand könnte ihr widerstehen; und der Tag ist in diesen Zeiten humanitärer Ideen nicht fern, da derartige psychologische Methoden angewendet werden, um verstockte Herzen zu erreichen.« [6] Und an Brendel schreibt Liszt: Der Papst »sprach in huldreichster Weise einige sehr bedeutungsvolle Worte zu mir, wodurch er mich ermahnte, dem Himmlischen im Irdischen nachzustreben und mich durch meine vorüberschallenden Harmonien auf die ewig verbleibenden vorzubereiten. Monsieur de Merode und Hohenlohe waren in seiner Begleitung — und ich hatte vorgestern Audienz im Vatican (zum ersten Male meines Hierseins), wo mich der Papst mit einer schönen Kamee der Madonna beschenkte.« [7]

Ende 1866 schied Pater Theiner aus dem Kloster Madonna del Rosario. Ende 1867 zog Liszt daher in die früheren Kardinalsgemächer des Klosters Santa Francesca Romana am Forum um. Agnes Street gab er folgende Schilderung: »Das ist das ganze Gegenteil des Boulevards Hausmann und des Venusbergs, obwohl man aus meinen Fenstern eine Baumanpflanzung sieht, die einen Boulevard vortäuscht, und die alten Reste Roms und des Venustempels meine Behausung umgeben. Die Fremden bewundern diesen Aussichtspunkt, der vom Kapitol bis zum Kolosseum eine wundersame Anhäufung von Monumenten und Ruinen umfaßt, die Cäsarenpaläste, den Titusbogen, die Konstantinsbasilika etc. etc. – und dessen tägliche Nutznießung mich nur eine Miete von 1 500 Francs pro Jahr kostet. Herr Girard sagt, Rom rieche nach Tod, und ich würde hier ein wenig paralytisch. Trotz der Hitze möchte ich den Sommer über hier bleiben, der wegen der Abnahme der Besucher für mich die gute Jahreszeit ist.«[8] Ansonsten nämlich – er gehörte ja inzwischen dem geistlichen Stande an – war sein Leben hier alles andere als beschaulich. Ilka Horowitz-Barnay beschreibt seinen Tagesablauf: »Von 11 Uhr an machte oder empfing er Besuche, mittags speiste er höchst einfach aus einem billigen Restaurant; nach Tisch ruhte und las er zwei bis drei Stunden. Von da ab bis spät in die Nachtstunden lebte er in beständiger Musik. Wunderkinder, durchreisende Virtuosen, Schüler und Dilettanten gaben einander die Tür in die Hand. Die beiden großen Bösendorfer Flügel waren stundenlang geöffnet, und es wurde immerfort musiziert. Liszt besaß Nerven von Stahl, denn er bewältigte nicht bloß die vielstündige Hausmusik, sondern er besuchte beinahe täglich ein, auch zwei Konzerte.«[9]

Es war ihm klar, daß er sich hier verzettelte, und so war es ein Glück, daß ihm der Kardinal Hohenlohe ab Herbst 1868 jährlich einen mehrmonatigen Aufenthalt in der Villa d'Este in Tivoli ermöglichte, die er bereits im Mai 1865 nach der Tonsur kennengelernt hatte. Hier vor allem schuf er sein zukunftsweisendes Alterswerk.

III

Zunächst widmete er sich seiner »oratorischen Aufgabe«. Die Beschäftigung mit der geistlichen Chormusik geht schon auf die Weimarer Jahre zurück. Dort entstand die *Messe für vierstimmigen Männerchor und Orgel* bereits 1848. In dieser Form wurde sie am 15. August 1852 zur Feier des Geburtstages des Präsidenten der französischen Republik, des späteren Kaisers Napoleon III., in Weimar uraufgeführt. 1869 wurde sie als sogenannte *Szekszárder Messe* gründlich umgearbeitet – ein durch gregorianische Intonation (»tonisches Symbol des Kreuzes«) im Gloria, Unisono-Partien und Tonrepetitionen besonders im Credo und durch seine Herbheit insgesamt beeindruckendes Werk.

Im ersten Halbjahr 1855 (überarbeitet 1857–1859) entstand die *Missa solennis zur Einweihung der Basilika in Gran*, – »mehr ... gebetet als komponiert.«[10] In der Tat verbrachte Liszt, wie später Fürstin Wittgenstein Lina Ramann erzählte, zwei Monate völlig weltabgewandt in seinem Arbeitszimmer und Oratorium in der Altenburg. Das Werk wurde am 31. August 1856 in Esztergom (Gran) uraufgeführt. Formal sind seine Sätze durch einheitliches thematisches Material, natürlich mit entsprechenden Metamorphosen, verbunden, so daß wiederum eine Art integrierter Sonatenform großen Stils vorliegt. Es gehört jedenfalls zu den inspirierten Meisterwerken und macht auf uns den überwältigenden Eindruck tiefer, aufrichtiger Frömmigkeit. Man muß aber wissen: Was damals des Meisters Seele fesselt, sind die pathetischen Züge des Christentums, das elementare Erlebnis der Sünde, leidenschaftliche Reue und Sehnsucht nach Gnade und Erlösung. Er ist sich des Ranges seines Werkes bewußt. Nach der erfolgreichen Uraufführung schreibt er an Agnes Street: »Tatsächlich, ich glaube es mit gutem Gewissen und in aller Bescheidenheit sagen zu dürfen, befindet sich unter den Komponisten, die ich kenne, nicht einer, der ein so starkes und tiefes Empfinden für die religiöse Musik hätte wie Ihr sehr ergebener Diener. Übrigens sind meine alten und neuen Studien von Palestrina, Lassus bis Bach und Beethoven, diesen Gipfeln der katholischen Kunst, von großem Vorteil für mich, und ich habe volles Vertrauen, daß ich in drei oder vier Jahren vollständig Besitz ergriffen haben werde von dem geistigen Gebiet der Kirchenmusik, das während zwanzig Jahren von Dutzendmittelmäßigkeiten besetzt gehalten worden ist, die sicher nicht verfehlen werden, mir vorzuwerfen, daß ich keine religiöse Musik schaffe – und das ist wahr, wenn ihre Schund- und Firlefanzwerke als solche gelten.«[11] Die Zeitgenossen, zumal in Deutschland, haben das Werk nicht verstanden. Aber auch in Ungarn hatte Graf Leo Festetics den Fürstprimas Scitovsky zu überreden getrachtet, die schon länger zurückliegende Beauftragung Liszts mit der Messekomposition zurückzuziehen. Dieser wurde des Versuchs beschuldigt, »den Venus-Berg in die Kirchenmusik einzuschmuggeln« (wie er es selbst formulierte)[12], und Hanslick, der Liszts religiöse Gefühle nicht bezweifelte, erhob den Vorwurf des Theatralischen (obwohl das Werk in Wirklichkeit den genauen Gegensatz von Musiktheater darstellt). Diesen Anschuldigungen stellen wir ein Urteil aus neuer Zeit (Robert Collet, 1970) gegenüber: »Ich sehe, abgesehen vom Vorurteil und dem sonderbaren Mißgeschick, das so viele Werke Liszts zu verfolgen scheint, keinen Grund, warum dieses Werk nicht Eingang in das Chorrepertoire finden sollte. Die Ansichten ändern sich; man vergleiche z. B. die Anzahl der Aufführungen von Berlioz' *Requiem* in England während der vergangenen zwanzig Jahre mit derjenigen in den vorhergehenden zwanzig Jahren. Abgesehen von ihrer Großartigkeit und Ausdruckskraft ist die *Graner Messe* unter den Messen des 19. Jahrhunderts einzigartig wegen ihrer thematischen Einheit, obwohl überraschende Parallelen in jenen des 16. Jahrhunderts gefunden werden können.«[13]

Ebenfalls noch in Weimar entstanden außer den früher erwähnten Psalmen präludierende Ideen und einzelne Stücke zu den großen Oratorien, die dann in Rom ihre endgültige Gestalt gewannen. Die geistlichen Werke der römischen Jahre haben also ihre Wurzel in der großen Weimarer Epoche, obwohl das römische »Klima« sicher wesentlich zu ihrer Reifung beitrug.

IV

Es wurde dort nicht nur geistliche Musik geschaffen. Trotz des Pianinos mit dem fehlenden D schrieb er einige Klavierstücke, die einem ganz reifen, dem sogenannten »Übergangsstil« angehören. Hier ist souveräne Beherrschung des Ausdrucks und der Formen mit seinem Instinkt für die Möglichkeiten des Instruments, für Klangsinnlichkeit auf das Glücklichste verbunden.

Auch sie gehören noch in das geistige Umfeld der Weimarer Epoche.

Die *Variationen über das Motiv von Bach* (1862) gehen der Orgelfassung voraus. Sie tragen passacagliaartige Züge. Im ersten Teil fällt das Baßfundament in Seufzern chromatisch von f nach c (d. i. der Basso ostinato des ersten Satzes der Kantate *Weinen, Klagen, Sorgen, Zagen* sowie des Crucifixus der *h-Moll-Messe*). Nach einem rezitativischen Übergang mit stark chromatischen Zügen erscheint das Seufzermotiv in der Oberstimme, schließlich über den Quintraum von c″ bis f′ ausgedehnt. Aus diesen Tonräumen steigt der abschließende Choral *Was Gott tut, das ist wohlgetan* auf, nur in ansteigender Folge – Auftakt d′ bzw. c′ – f′ und anschließend diatonische Durchschreitung des Quintraumes bis c″ – als ein logischer, lösender und wunderbar erlösender Abschluß dieses ergreifenden Werkes. Es weist mit seiner ausgeprägten Chromatik ebenso in die Vergangenheit wie in die Zukunft. Der Meister schrieb das Stück unter dem Eindruck des Todes seiner ältesten Tochter, Blandine Ollivier. Es gehört zu seinen ernstesten und eindringlichsten Werken.

Die *Zwei Konzertetüden: 1. Waldesrauschen, 2. Gnomenreigen* (1862 oder 1863) wurden für die *Klavierschule* von Lebert und Stark geschrieben. Es sind impressionistische Naturschilderungen. *Waldesrauschen* regte Carmen Sylva (Pseudonym von Königin Elisabeth von Rumänien) zu einem Gedicht an.[14] *Gnomenreigen* bringt Mendelssohnischen Sommernachtsspuk, aber mit fortgeschrittener Harmonik.

Besser als die meisten ungarischen Rhapsodien ist die *Spanische Rhapsodie* (Rhapsodie espagnole. Folies d'Espagne et Jota aragonesa, 1863), eine völlige Neufassung der *Großen Konzertfantasie über spanische Weisen* von 1845. Nach einer glänzenden, harmonisch interessanten Einleitung folgt eine Serie von entzückenden passacagliaartigen Variationen über die alte spanische Folia, geheiligt durch Corelli und andere. Es folgt die Jota aragonesa, deren lyrischer Mittelteil (B-Dur) in der Schlußsektion noch einmal in virtuoser Steigerung wiederkehrt. Das Stück löste eine ganze Serie von musikalischen Hispanismen (Debussy, Ravel, Szymanowski) und Nationalismen (Albéniz, Granados) aus.

Die beiden *Franziskus-Legenden* (1863)

1. St-François d'Assise. La Prédication aux oiseaux [Vogelpredigt]
2. St-François de Paule marchant sur les flots [Franz von Paula auf den Wogen schreitend]

gehören wiederum zur »geistlichen« Musik. In der *Vogelpredigt* wird ganz impressionistisch das Gezwitscher der Vögel — angeblich durch die Sperlinge am Monte Mario angeregt — und das Auftreten des Heiligen mit einem neomodal harmonisierten Choral — nach dem *Cantico del Sol* von 1862 — geschildert.

In der *Zweiten Legende* wird die Überfahrt des heiligen Franz von Paula, des Namensheiligen von Liszt, über die Meerenge von Messina geschildert. Der Fährmann hatte ihm die Überfahrt verweigert. Doch er weiß sich zu helfen. Er breitet seinen Mantel auf den Wogen aus und erreicht auf ihm das andere Ufer. Eine Darstellung dieser Szene hing jahrelang in Liszts Arbeitszimmer.[15] In dem Klavierstück ist das Grollen der Wogen unter dem thematischen Choral, der die Glaubensfestigkeit des Heiligen symbolisiert, wunderbar geschildert. Der Schlußteil verwendet den Chor *An den heiligen Franziskus von Paula. Gebet* (1860, 1874).

In diesen Jahren schrieb Liszt auch die beiden ersten der *Vier* bzw. fünf *kleinen Klavierstücke* (1865) für Olga von Meyendorff und den *Trauermarsch auf Kaiser Maximilian von Mexico* (1867), auf die wir später zurückkommen. In ihnen bereitet sich sein Spätstil vor.

Aber auch jetzt fehlt nicht der psychologische Kontrast. Die Tradition der Opernfantasien wird fortgesetzt, u. a. mit den *Illustrations de l'Africaine* (1865) nach Meyerbeers letzter Oper. Sie wurden unmittelbar nach der Tonsur in der Villa d'Este komponiert! Damals schrieb er der Fürstin, er probiere »quelques traits sur le piano pour la jonglerie Indienne de l'Africaine, dont je serai le coq d'inde, autrement dit, le dindon de la farce« [16] (kaum übersetzbares Wortspiel, etwa: ... auf dem Klavier einige Wendungen für die indische Gaukelei der Afrikanerin, deren Gimpel er sein werde).

V

An reinen Orchesterwerken entstanden in diesen Jahren das *Salve Polonia, Interludium* aus dem nie vollendeten *Oratorium St. Stanislaus* (1863) und *Trois Odes funèbres* Drei Traueroden), die in ihrer Bedeutung unterschätzt werden. Es sind durch persönliche Erlebnisse eingegebene, tief bewegte und bewegende Werke. *Les Morts* (Die Toten, 1860) wurde durch den Verlust des Sohnes Daniel eingegeben und ist Liszts Tochter Cosima gewidmet. In die Partitur ist ein Prosa-Gebet von Lamennais eingetragen. *La Notte* (Die Nacht, 1864) entstand zwei Jahre nach Blandines Tod. Es ist eine Orchesterfassung von *Il penseroso* aus dem 1. Band der *Wanderjahre*, erweitert durch einen Mittelteil mit deutlichen Magyarismen und dem Motto »Dulces moriens reminiscitur Argos« (Sterbend erinnert er sich des süßen Argos) aus der *Aeneis* von Virgil – eine Erinnerung also des Komponisten an seine eigene Heimat. Die dritte Ode, *Le triomphe funèbre du Tasse* (Tassos Trauertriumph, 1866) wird im Untertitel als Epilog zur Symphonischen Dichtung *Tasso, Lamento e Trionfo*, bezeichnet und verwendet auch Themen daraus. Tasso war für Liszt eine Identifikationsfigur. Der Dichter der *Gerusalemme liberata* (des Befreiten Jerusalem) hatte bekanntlich ein schweres Schicksal und wurde erst postum auf dem Kapitol in Rom zum Poeta laureatus gekrönt. Auch Liszt mochte für die Wirkung seines Lebenswerkes fürchten, und in der Tat wurden die beiden ersten Traueroden, die er laut Eintragung im Manuskript für die eigene Beerdigung bestimmt hatte, erst 1912 in Weimar von Peter Raabe uraufgeführt. Nur das dritte Stück stellte Leopold Damrosch, dem es auch gewidmet ist, schon 1877 in New York der Öffentlichkeit vor. – Ein noch eigenartigeres Schicksal hatten die Orchesterfassungen der beiden *Franziskus-Legenden*, die etwa gleichzeitig mit der Klavierversion entstanden. Sie blieben jahrzehntelang verschollen und kamen erst vor wenigen Jahren zum Vorschein. Die Uraufführung fand 1982 in Berlin-Dahlem statt. In ihnen entfaltet sich die reiche Klangfarbenpalette der reifen Instrumentationskunst des Meisters.

Der Schwerpunkt des römischen Schaffens lag zweifellos auf dem Gebiet der geistlichen Chormusik, was angesichts der inneren Entwicklung Liszts logisch erscheint.

Am bekanntesten ist *Die Legende von der heiligen Elisabeth* (1857–1862, Änderungen und Ergänzungen 1864). Die frühere Beliebtheit des Werkes hing sicher mit dem Stoff und seinem lyrisch-dramatischen Charakter zusammen. Es knüpft an die *Wartburg-Fresken* von Moritz von Schwind an, denen seine sechs Nummern entsprechen. Sie werden durch wenige Hauptthemen zusammengehalten, die leitmotivartig wiederkehren. Es ist daher schwierig, Teile aus dem Werk herauszureißen. Trotzdem sollte man es tun, um das Beste daraus zu retten und einem breiteren Publikum bekannt zu machen. So stellt das Vorspiel ein auf beste Lisztsche Weise instrumentiertes Orchesterstück dar, dem das von der Antiphon *In festo Sanctae Elisabeth* abgeleitete Hauptthema zugrunde liegt. In Nr. 2 besticht das *Rosenwunder* mit anschließendem Dankgebet Ludwigs und Elisabeths, exquisit instrumentiert, durch wunderbaren Lyrismus. Ein hinreißendes Orchesterstück ist der *Sturm* in Nr. 4. Die nächste Szene (Nr. 5) spielt einige Jahre später. Sie umfaßt ein langes Gebet Elisabeths (mit *Heimat's Traum*), den Chor der Armen und Elisabeths Hinscheiden mit einem Chor der Engel und ist in ihrer Gesamtheit, vokal und orchestral, tiefempfundene Musik. Von Nr. 6 ist schließlich das einleitende Orchester-Interludium mit Rekapitulierung der Hauptmotive bemerkenswert.

Die Uraufführung fand am 15. August 1865 in der Budapester Redoute unter Leitung des Komponisten anläßlich des 25jährigen Jubiläums des Pest-Budaer Musikvereins statt. Später wurde es in München, Prag, auf der Wartburg und – trotz Liszts Abraten als szenische Darstellung – in Weimar gegeben. Auch wenn das Werk heute nicht mehr voll befriedigt, so sollte doch stutzig machen, daß es z. B. von Gustav Mahler geschätzt wurde. Natalie Bauer-Lechner berichtet: »Der *Heiligen Elisabeth* von Liszt, die alle Jahre nur einmal aufgeführt wird, [...] hatte Mahler [...] beigewohnt. Er kam ganz entzückt davon zu Mankiewicz und sagte, daß es ihm Bedürfnis und eine wahre Wohltat gewesen sei, diese, der seinen diametral entgegengesetzte Musik in ihrer heiligen Ruhe nach seinem leidenschaftlich bewegten Leidenswerk zu hören.«[17] Der junge Richard Strauss urteilte kurz und bündig: »So wenig Kunstfertigkeit und soviel Poesie, so wenig Kontrapunkt und soviel Musik.«[18]

Falls das Werk für den heutigen Hörer gewisse Längen aufweist, sollte man nicht zögern, es auf das musikalisch Beste und zugleich inhaltlich Wesentliche zu konzentrieren: 1. das wunderbar instrumentierte Vorspiel, Nr. 2 mit dem *Rosenwunder* und Nr. 5 mit dem Tod der Heiligen und ihrer Beweinung durch die Armen. Diese Teile hatten zu ihrer Zeit nichts ihresgleichen und können auch den heutigen Hörer noch erschüttern.

Aber noch näher liegt uns heute das *Christus-Oratorium* (1862 bis 1866, teilweise schon in Weimar), in dem Liszts Religiosität ihre künstlerisch gereifteste und sublimste Gestaltung findet. Im Gegensatz zu Bachs Passionen oder Liszts *Heiliger Elisabeth*, in denen das Leben Christi oder der Heiligen im Stile eines »Historienbildes« episch-dramatisch geschildert wird, ist der *Christus* eine Darstellung der wesentlichen Inhalte der christlichen Religion, ist Ideenmusik und gleichzeitig ein überzeugendes Selbstporträt des gläubigen Komponisten. In diesem Sinne ist er autobiographische Musik, wie die *h-Moll-Sonate* und die *Faust-Symphonie*, nur daß jetzt jegliche innere Zerrissenheit überwunden ist zugunsten der Versenkung in die mystischen Geheimnisse des Glaubens. »Die Geschehnisse werden durchaus und immer symbolisch und supranaturalistisch gesehen, die Person des Erlösers tritt nirgend in eigentlich markanter Weise hervor und, mit der einzigen Ausnahme des *Tristis est anima mea*, wo die menschliche Natur Christi zu einem gewaltigen elementaren Ausdruck der Verzweiflung gelangt, hütet sich der Künstler durchaus, sie durch individuelle Züge zu vermenschlichen. Das ganze Leben des Erlösers erscheint verinnerlicht und vergeistigt, und oft werden uns die Ereignisse nicht direkt gezeigt, sondern nur in dem sekundären Abbild und Eindruck, den sie bei den Beteiligten hinterlassen. So ist z. B. das *Stabat mater dolorosa* das einzige Stück, welches sich auf die Kreuzigung bezieht« (R. Louis).[19]

Formal ist das Werk ein großes Mosaik, das sich im Gegensatz zur *Graner Messe* oder der *Heiligen Elisabeth* aus selbständigen, nicht durch Themenverwandtschaft miteinander verbundenen Einheiten zusammensetzt. So lassen sich hier ohne weiteres einzelne Teile gesondert aufführen. Doch drängen der Charakter des Stoffes und die Intensität der Darstellung immer wieder zu einer Gesamtschau, die heutzutage bequem durch die Schallplatte ermöglicht wird. Orchestersatz und Instrumentation – und das Werk enthält mehrere reine Instrumentalstücke – haben hier bei Liszt ihren Gipfel erreicht, und die Chöre und Gesangssoli sind von eindringlicher Schönheit und Innigkeit. Stilistisch sind gregorianische Elemente, Neomodalität, Tonalität und Chromatik zu einer bewundernswürdigen Einheit, eben dem reifen Liszt-Stil, verschmolzen.

Der Text des Werkes, durchwegs lateinisch, wurde von Liszt selbst aus der Bibel (Vulgata), der katholischen Liturgie und mittelalterlichen Hymnen zusammengestellt. In drei Teilen (insgesamt 14 Nummern) werden die Geburt Christi *(Weihnachtsoratorium)*, wesentliche Stationen seines Lebens *(Nach Epiphania)* und die *Passion und Auferstehung* behandelt. Es können hier nur einige besonders eindrucksvolle Stücke hervorgehoben werden.

Stabat mater speciosa (Nr. 3) für Chor mit Orgel und *Stabat mater dolorosa* (Nr. 12) für Soli, Chor und Orchester sind wohl die schönsten musikalischen Ausdeutungen dieser ehrwürdigen Texte seit den Tagen der Renaissance. Nr. 5, *Die heiligen drei Könige (Marsch)* ist als Orchesterstück, »abgesehen von seiner ganz herrlichen Erfindung [...] ein wahres Wunder der Instrumentationskunst« (R. Louis), deutlich besser als das Gegenstück, nämlich der Marsch der Kreuzritter aus der *Heiligen Elisabeth.* Teil II beginnt mit Nr. 6, *Die Seligpreisungen* (nach Matthäus 5, 3–10) für Baritonsolo, Chor und Orgel. Das Stück entstand schon 1855 in Weimar und wurde am 2. Oktober 1859 in der dortigen Stadtkirche mit Feodor Milde als Solist aufgeführt. Nach

Art eines Responsoriums wiederholt der Chor jeweils die Strophe des Vorsängers. Der Satz zeugt von der Ergriffenheit des Meisters, die trotzdem nur verhalten zum Ausdruck gebracht wird, am schönsten am Schluß: »Selig sind, die Verfolgung leiden um der Gerechtigkeit willen, denn ihrer ist das Himmelreich.« Auch das folgende *Pater noster* (Nr. 7) stammt bereits aus Weimar (1860). Nr. 9, *Das Wunder* (auf dem See Genezareth, Matthäus 8, 24—26), im wesentlichen ein Orchesterstück, ist wohl die beste aller Sturm-Szenen Liszts. Nach dem Aufschrei der Jünger tritt plötzlich Stille ein, in die die Worte Jesu hineintönen: »Ihr Kleingläubigen, warum seid ihr so furchtsam?« Eine wunderbar erhabene Musik verkündet dann die Beruhigung des Meeres. Der III. Teil wird mit *Tristis est anima mea*, der Szene im Garten Gethsemane (Matthäus 26, 38—39), eröffnet. Orchester und Gesangssolo zeichnen ein erschütterndes Bild seelischer Kämpfe. Nach R. Collet ist es »einer der Gipfel von Liszts gesamtem Werk und das bewegendste aller Stücke, die durch die Szene in Gethsemane angeregt worden sind«[20].

Die erste Aufführung des Gesamtwerkes fand am 29. Mai 1873 in der Stadtkirche zu Weimar statt. Wagner, Cosima, ihre Tochter Daniela, Frau Kalergis, Raff, aus Ungarn Mihalovich, Ábrányi und Apponyi befanden sich unter den Zuhörern. Trotz Mängel der Probenarbeit hinterließ das Werk einen überwältigenden Gesamteindruck.

Wagners Urteil lautete: »Wenn man in Rom ebenso erleuchtet als unfehlbar wäre, so müßten die einzelnen Teile des *Christus* an jedem der Feste aufgeführt werden, auf die sie sich beziehen, und das ganze Werk an den hohen Festtagen der Kirche.«[21]

Hören wir nur noch einige spätere Urteile. Anton Webern erlebte den *Christus* 1902 in Wien unter der Leitung von Ferdinand Löwe und notiert in sein Tagebuch: »Das Werk ist von großartiger Schönheit. Nun bin ich erst recht von Liszt begeistert, und ideal stelle ich es mir vor, diesen großen Meister im Volke zu verbreiten und ihm allgemeine Anerkennung zu verschaffen, die ihm merkwürdigerweise noch nicht zuteil wird.«[22] R. Louis schreibt 1905: »Der ›Christus‹ ist das vollendetste, was wir von

Liszt besitzen, ein schlechthin klassisches Werk, die bedeutendste künstlerische Manifestation des katholischen Geistes in neuerer Zeit.«[23] Und R. Collet urteilt 1970: »Ich halte *Christus* für eines der bedeutendsten Werke Liszts. Es mag als integriertes, großformatiges Werk nicht so überzeugend sein wie die *Faust-Symphonie* oder die *h-Moll-Sonate*. Aber das ist [...] nicht besonders wichtig. [...] *Christus* hat überall – auch ausschnittsweise – nur wenige Aufführungen erlebt. Es ist, als ob Musiker und Kritiker sich stillschweigend geeinigt hätten, das Werk mit einem Vorurteil zu versehen und unter den Tisch fallen zu lassen. Wenn dies stimmt, ist es ein kapitaler Schnitzer der Kritik.«[24]

Man wird sich wundern zu erfahren, daß wesentliche Teile des *Christus* mit dem *Chorus mysticus* der *Faust-Symphonie* als Beschluß auch choreographisch umgesetzt worden sind. Doch genau dies hat unter dem Titel *Jesus Menschensohn* das Ballett von Győr im Jubiläumsjahr 1986 getan, und zwar mit überraschender Wirkung. Auch die *Dante-Sonate* ist früher einmal in einer Fassung für Klavier und Orchester von Constant Lambert vom Sadler's-Wells-Ballett in London dem modernen Tanztheater erschlossen worden.[25]

Nach dem *Christus* entstanden in Rom noch die *Missa choralis* (1865), die *Ungarische Krönungsmesse* (1866–1867) und das *Requiem* (1868, Libera 1871). Die *Krönungsmesse*, zur Krönung des Kaisers Franz Joseph zum König von Ungarn geschrieben, ist eine Gelegenheitsarbeit mit musikalischen Magyarismen. *Offertorium* und *Graduale* (116. Psalm) wurden nachkomponiert. Der Plan, das Violinsolo im *Benedictus* von Ede Reményi spielen zu lassen, wie überhaupt die Uraufführung in der Matthias-Kirche der Leitung Liszts anzuvertrauen, scheiterte am Widerstand der Wiener Hofkreise. *Benedictus* und *Offertorium* liegen aber in ansprechenden Bearbeitungen für Violine und Klavier (1869) bzw. Orgel (1871) vor, die von Reményi gern in seinen Konzerten gespielt wurden.

Wichtiger sind die beiden übrigen Messen. Die *Missa choralis* für gemischten Chor und Orgel entstand um die Zeit der Tonsur.

Herbe modale und polyphone Züge beherrschen besonders das Kyrie und Credo, während nach Hinweisen des Komponisten das *Sanctus* »mystisch schwebend«, das *Agnus Dei* »elegisch gefärbt« und das *Dona nobis pacem* »ruhevoll, versöhnend und gläubig schwebend« vorzutragen sind. Bei diesem Werk sind nach Zeitpunkt und Charakter der Komposition die gottesdienstliche Bestimmung und die reformatorische Absicht eindeutig. Der Komponist zeigt hier, was er für eine schöpferische Erneuerung der katholischen liturgischen Musik hätte leisten können, wenn man ihn akzeptiert hätte.

Ganz im Gegensatz dazu steht das *Requiem* für Männerstimmen (Soli und Chor) mit Orgel. Hier ist die tiefe, persönliche Ergriffenheit des Meisters, das Gedenken seiner eigenen »lieben Toten«, Mutter, Vater, Daniel, Blandine, zu spüren, die ihren Ausdruck in fortgeschrittener Chromatik (wie später bei Wagner im *Parsifal*) finden. 1883 schrieb Liszt an Lina Ramann über das Werk: »Seit meinen Jugendjahren halte ich das Sterben für viel einfacher als das Leben. Wenn auch öfters furchtbar langwierige Schmerzen dem Tode vorangehen, bleibt er immerhin die Erlösung unseres unfreiwilligen Jochs der Existenz. Die Religion mildert dieses Joch, doch blutet darunter beständig unser Herz. ›Sursum corda!‹ In meinem *Requiem* versuchte ich, der milden versöhnenden Stimmung des Todes Ausdruck zu verleihen. Sie zeigt sich selbst im *Dies irae*, wo die Schreckensherrschaft nicht zu vermeiden war: auf der dreiteiligen Strophe

Qui Mariam absolvisti,
et latronem exaudisti,
mihi autem spem dedisti*

liegt der innig sanftmütige Akzent, der von gewöhnlichen Sängern nicht leicht getroffen wird.«[26]

* Der Du einst vergabst Marien
Und dem Schächer hast verziehen,
Hast auch Hoffnung mir verliehen.

VII

Abgesehen von den Heiratsplänen, die mit einer gewissen Notwendigkeit scheitern mußten – hat er nun seine eigentliche römische Aufgabe gelöst? Hat er den Glauben seiner Kindheit zurückgewonnen? Hat er den Eitelkeiten des Lebens entsagt? Hat er seine »oratorische Aufgabe« im Dienste der bedrohten katholischen Kirche erfüllt?

Äußerlich betrachtet, erscheint selbst die Annahme der niederen Weihen in der zeitgenössischen Presse, in den Tagebüchern des ostpreußischen Protestanten Gregorovius und selbst in den Briefen Schlözers, der zu Liszt in einem Sympathieverhältnis stand, als nicht frei von einer gewissen Theatralik. »Am 21. 4. 1865 gab Liszt im Palast Barberini sein Abschiedskonzert. [...] er spielte die *Aufforderung zum Tanz* und *Erlkönig* – ein sonderbarer Abschied von der Welt. Niemand ahnte, daß er schon die Abbatenstrümpfe in der Tasche trug. Am folgenden Sonntag erhielt er in St. Peter die Tonsur und erste Weihe von Monsignor Hohenlohe. Er trägt jetzt das Mäntelchen des Abbé, wohnt im Vatican, soll [...] gut aussehen und vergnügt sein« (Gregorovius).[27]

Und Schlözer berichtet: »Heute ist hier etwas vor sich gegangen, was gewiß überall großes Aufsehen machen wird. Franz Liszt hat mittags in der Privatkapelle des Monsignore Hohenlohe im Vatikan die Tonsur bekommen, um fortan der Welt zu entsagen und im schwarzen Priestergewande die Ruhe und Befriedigung zu suchen, die ihm sein bisheriges Leben nicht gewährt hat. Die Sache war schon lange vorbereitet. Man munkelte davon seit Monaten; nun, da die Bombe geplatzt ist, reibt sich doch jeder vor Verwunderung die Augen.«[28]

Und derselbe 10 Tage später: »... ging ich [...] in den Vatikan, wo ihm auf Befehl des Papstes eine Wohnung überlassen ist. [...] Ich fand ihn sehr vergnügt. Die kleine Tonsur bemerkte ich nicht. Die Verkürzung seines welthistorischen Haares stand ihm sehr gut. Er trug die lange schwarze Soutane, Schuhe und Strümpfe. Der schwarze dreieckige Hut lag auf dem Tisch. Er ist ein unbeschreiblich guter Kerl. Dabei beabsichtigt er keineswegs — wie er sich ausdrückte —, der Musik zu entsagen: ›Je leur montrerai ce que c'est que la musique en soutane!‹ «[29] (Ich werde ihnen zeigen, was Musik in der Soutane heißt).

Er hatte wohl nicht die Absicht, sich ausschließlich auf liturgische oder auch nur geistliche Musik zurückzuziehen. Aber im August 1865 führte er die *Heilige Elisabeth* unter ungeheurer nationaler Begeisterung des Publikums zweimal im Budapester Vigadó (Redoute) jeweils mit 500 Mitwirkenden und 2 000 bis 3 000 Zuhörern auf. Im März 1866 gab er »seine Dante-Symphonie in der römischen Gallerie Dantesca; er erntete noch als Abbé einen Nachsommer der Huldigung. Die Damen des Paradieses überschütteten ihn mit Blumen von oben herab; Frau L. hätte ihn mit einem großen Lorbeerkranz fast erschlagen« (Gregorovius).[30]

Seine wahre innere Einstellung scheinen solche Berichte nicht zu treffen. Sie geht vielmehr aus Briefen an Agnes Street und den Jenenser Vertrauten und Freund, Justizrat Carl Gille, hervor. An Agnes Street schreibt er schon 1855: »... das Leben ist nur ein langer und bitterer Selbstmord, und der Glaube allein, aber ein glühender, bejahender Glaube, der Berge versetzt, wandelt diesen Selbstmord in ein Opfer um und löst jedes Rätsel und jede Ohnmacht. Durch ihn allein erhalten unsere geringen Taten, ja sogar unsere geheimsten Gedanken, einen Ewigkeitswert, einen unbestimmbaren Preis, und wer weiß welchen Duft und Wohlklang, die die Welt nicht kennt.«[31] 1863 schreibt er an Carl Gille aus Madonna del Rosario: »Der römische Aufenthalt ist für mich kein beiläufiger, er bezeichnet sozusagen den dritten Abschnitt — (wahrscheinlich den Abschluß) meines oft getrübten, doch immerhin arbeitsamen und sich aufrichtenden Lebens. Ich bedarf also eine geraume Zeit, um mit mehreren langwierigen Arbeiten, und mit mir selbst, ein gutes Ende zu machen.«[32] — Und an Agnes im gleichen Jahre: »... mein Leben gestaltet sich einfacher — und die katholische Frömmigkeit meiner Kindheit ist mir Regel und Gewohnheit geworden. [...] Daher halte ich mich einzig an Rom, wo ich auch meine sterblichen Reste zu hinterlassen hoffe, und wiederhole mit dem Heiligen Bernhard: ›Ibi aer purior, coelum apertius, familiarior Deus!‹ « (Hier ist die Luft reiner, der Himmel offener, Gott näher).[33]

Und immer wieder betont er seinen Drang zur Absonderung und Arbeit: »Welche Befriedigung könnte mir eitles, fruchtloses Herumtreiben gewähren? Hat mir nicht eine langjährige äußere Tätigkeit die Vorzüge der Absonderung gelehrt?« (1864 an C. Gille).[34] »Meine Dinge zu schreiben, ist mir eine künstlerische Notwendigkeit; es genügt mir aber vollauf, sie geschrieben zu haben, ohne anderwärtige Gefälligkeiten zu beanspruchen. Rom ist mir auch in diesem negativen Bezug sehr zutunlich, und meine höhere Selbständigkeit kann sich hier bequem und breit machen« (1866 an C. Gille).[35]

Bemühungen, sich geistlich weiter zu qualifizieren, gibt er bald auf, obwohl ihm in Don Antonio Solfanelli, »einem Priester von seltener Auszeichnung des Herzens und Verstandes, Professor am Seminar von St. Peter und bei der Propaganda«[36], ein vorzüglicher Lehrer zur Seite steht. Noch im Sommer 1868 verbringt er zwei Monate mit ihm bei geistlichen Übungen in Grotta Mare. 1879 wird er durch die guten Dienste des Kardinals Hohenlohe zum Ehrendomherrn von Albano ernannt. Dies gibt ihm Anlaß zu einem Rückblick (an die Fürstin Wittgenstein) auf seine »geistliche Laufbahn«: »Sie kennen besser als irgend jemand sonst meinen absoluten Mangel an Ehrgeiz für eine kirchliche Karriere. Als ich 1865, im Alter von 54 Jahren, im Vatikan die niederen Weihen empfing, war der Gedanke an praktische Beförderung von mir so fern wie möglich. Ich folgte lediglich aus der Einfalt und Aufrichtigkeit meines Herzens heraus meinem jugendlichen Hang zum Katholizismus. 1830 hätte mich meine frühe Neigung in das Seminar und zum Priesteramt führen können, wenn damals nicht meine Mutter und mein Beichtvater [...] mäßigend auf mich eingewirkt hätten.«[37]

Das wichtigste Zeugnis seiner inneren Haltung aber ist seine Musik. Schopenhauersche, vielleicht über Wagner tradierte Gedanken fortführend, schreibt er 1865 (an Unbekannt): »On peut dire que la musique est religieuse par essence, et comme l'âme humaine ›naturellement chrétienne‹« (Man kann sagen, die Musik sei ihrem Wesen nach religiös und, wie die menschliche Seele, ›von Natur aus christlich‹).[38] Er beginnt, weltanschaulich gesehen, mit der nicht ausgeführten *Revolutionssymphonie* von 1830, der diffuse Ideen der geistigen und sozialen Befreiung der Menschheit zugrunde lagen. Sie läutern sich zur klassizistischen Humanität der *Faust-Symphonie* von 1854. Aber fast gleichzeitig (1855) äußern sich in der *Graner Messe* die pathetischen Seiten seines Glaubens. Im *Christus*, der ihn 1855 bis 1866 beschäftigte, gewinnen eindeutig esoterische Züge die Oberhand, die in der *Via crucis* von 1878 bis 1879 mit franziskanischen Elementen verschmolzen werden. So sprechen auch die musikalischen Werke ebenso wie die oben angeführten Textstellen aus Briefen für eine zunehmende Läuterung und Verinnerlichung – eine These, die natürlich nur derjenige akzeptieren wird, der bereit ist, diese Werke vorurteilsfrei auf sich wirken zu lassen und auch Begriffe wie »Gehalt«, »Sinn« oder »Bedeutung« neben dem geläufigen »Ausdruck der Empfindung« für die Deutung und das Verständnis von Musik zu akzeptieren.

Nimmt man alles in allem, so finden wir Liszt in seinem sechsten Jahrzehnt als gläubigen und praktizierenden Katholiken, doch ohne Bigotterie und ohne aufzuhören, seinen früheren toleranten Ansichten anzuhängen. Dies muß der höhere Klerus – abgesehen von Liszts Vorleben – gefühlt haben, denn niemand dachte daran, ihn zu einem neuen Palestrina zu ernennen.

Infolge zunehmender Verinnerlichung scheint er diese Haltung des Vatikans nicht mehr als traumatische Erfahrung erlebt zu haben. Für eine zunehmende Toleranz spricht auch, daß er ab 1869 die Einladung des Großherzogs Carl Alexander annahm, jährlich wieder einige Monate des Jahres in dessen »Haupt- und Residenzstadt« zu verbringen, in der gut zehn Jahre zuvor seinem idealen Streben so großes Unrecht widerfahren war.

Freund und Widerpart: Richard Wagner

Ohne uns so zu lieben
hätten wir uns nur furchtbar
hassen können

Wagner 1851 an Liszt[1]

Liszt half einst Wagner,
wer aber wird nun Liszt helfen?

Franz Liszt 1874 zu Amy Fay[2]

I

Liszt und Wagner – wer wollte sich an dieses Thema wagen. Und doch gewinnt es neuen Reiz, nachdem uns eine authentische Quelle in Form von Cosimas Tagebüchern erschlossen worden ist. Die Fülle des Materials läßt es ratsam erscheinen,

erst Liszt in der Sicht Wagners und dann

Wagner in der Sicht Liszts

zu betrachten und schließlich

eine Synthese zu versuchen.

Doch zuvor wollen wir auch hier einigen Fakten nachgehen.[3]

Bezeichnend ist bereits, was Wagner über die erste Begegnung mitteilt. Liszt spielte im April 1840 in Paris – zwischen Konzerten in Leipzig und einer Reise nach London – zweimal im Érard-Saal vor geladenen Zuhörern. Der Musikalienhändler Schlesinger stellte den hungernden, noch unbekannten Komponisten, der gerade den *Rienzi* beendet, dem gefeierten Klaviervirtuosen vor. »In dieser Begegnung«, schreibt später Wagner, »trat mir nun Liszt gegenüber, als der vollendetste Gegensatz zu meinem Wesen und meiner Lage. In dieser Welt, in der aufzutreten und zu glänzen es mich verlangt hatte, als ich aus kleinlichen Verhältnissen heraus mich nach Größe sehnte, war Liszt vom jugendlichsten Alter an unbewußt aufgewachsen, um ihr Wunder und Entzücken zu einer Zeit zu werden, wo ich bereits durch Kälte und Lieblosigkeit, womit sie mich berührte, so weit von ihr abgestoßen wurde, daß ich ihre Hohlheit und Nichtigkeit mit der vollendeten Bitternis eines Getäuschten zu erkennen vermochte. Somit war Liszt eine mehr als bloß zu beargwohnende Erscheinung. Ich hatte keine Gelegenheit, mich meinem Wesen und meinen Leistungen nach ihm bekannt zu machen; so oberflächlich, als er mich eben nur kennenlernen konnte, war daher auch die Art seiner Begegnung mit mir, und war dies bei ihm ganz erklärlich – namentlich bei einem Menschen, dem sich täglich die mannigfaltigsten und wechselndsten Erscheinungen aufdrängten, so war ich doch gerade damals nicht in der Stimmung, mit Ruhe und Billigkeit den einfachsten Erklärungsgrund eines Benehmens aufzusuchen, das – an sich freundlich und zuvorkommend – nur gerade mich eben zu verletzen imstande war. Ich besuchte Liszt, außer diesem ersten Male, nie wieder, und – ohne ebenfalls auch ihn zu kennen, ja mit völliger Abneigung dagegen ihn kennenlernen zu wollen – blieb er für mich eine von den Erscheinungen, die man als von Natur sich fremd und feindlich betrachtet.«[4] Schon dieser spätere Bericht schildert mit entwaffnender Offenheit die Grundkonstellation, die sich mit Ausnahme der Exiljahre Wagners, in denen er Liszt benötigte, bis zum Ende Wagners nicht änderte.

Weitere flüchtige Kontakte folgten 1841 in Paris, 1842 in Berlin und 1844 in Dresden. Berichte über Liszts Pariser Konzerte im April und Mai 1841 an die *Dresdner Abendzeitung* zeigen, wie sehr Wagner Liszt um seinen luxuriösen Lebensstil beneidete. »Bankiers! – ein wichtiges Kapitel, – und da es mir gerade so in den Wurf kommt, kann ich nicht umhin, ihm im Vorbeigehen eine ehrfurchtsvolle Aufmerksamkeit zu widmen. Also: – Liszt hat letzthin ein Konzert gegeben. Er allein spielte darin – niemand spielte oder sang sonst; das Billet kostete 20 Franks, er hatte keine Kosten, nahm 10 000 Franks ein und gibt nächstens ein zweites Konzert. Welche Sicherheit! Welche Unfehlbarkeit! – ich meine in der Spekulation; denn sein Spiel ist so sicher und unfehlbar, daß es gar nicht mehr der Mühe lohnt, darüber zu sprechen.«[5] Bald aber scheint Wagner bemerkt zu haben, daß Liszt ihn aus seinem Elend erretten könnte. Doch ein persönlicher Annäherungsversuch blieb zunächst folgenlos. Im Februar 1844 gastierte Liszt in Dresden und besuchte auch eine *Rienzi*-Aufführung. Wagner war jetzt königlicher Kapellmeister. Seine Oper wurde glänzend aufgenommen. Nun bemüht sich Liszt um Wagner; doch auch diese Begegnung verlief frostig, da sich jetzt die skandalumwitterte Lola Montez in Liszts Begleitung befand. Das war selbst Wagner zuviel. Später bemerkte er jedoch, daß Liszt sich für seine Werke einsetzte: »... aus aller Welt Enden, wohin er im Laufe seiner Virtuosenzüge gelangt war, erhielt ich bald durch diese bald durch jene Person Zeugnisse von dem rastlosen Eifer Liszts, seine Freude, die er von meiner Musik empfunden hatte, anderen mitzuteilen, und so – wie ich fast am liebsten annähme – ohne alle Absicht, Propaganda für mich zu machen.«[6] So übersandte er ihm 1846 die Partituren von *Rienzi* und *Tannhäuser* mit der Bitte um Protektion, besonders in Wien.

Im Frühjahr 1848 schlossen sie endlich Freundschaft. Liszt befand sich in Dresden auf der Durchreise nach Krzyzanowitz, einem schlesischen Gut von Fürst Lichnowsky, um dort die Fürstin Sayn-Wittgenstein in Empfang zu nehmen, die später seine Freundschaft mit Wagner nicht unerheblich behindern sollte. Noch viele Jahre danach erinnert er sich an diese Stunde »... in dieser Stube Zimmer 17, Hotel de Saxe, wo wir uns zuerst näher traten, als mir Dein Genius aufleuchtete.«[7] Am 13. Mai 1849 steht Wagner als Flüchtling vor Liszt im Hotel *Erbprinz* in Weimar: »Die letzten Dresdener Ereignisse haben ihn zu einem Entschluß genötigt, bei dessen Ausführung ich ihm mit allen Kräften zu helfen fest entschieden bin« (Liszt an seinen Sekretär Belloni, 14. Mai 1849).[8] Liszt verbirgt ihn, gibt ihm Gelegenheit, einer *Tannhäuser*-Probe beizuwohnen, und als Wagners Steckbrief aus Dresden erscheint, versieht er ihn mit falschem Paß und Geld, um ihm die Flucht in die Schweiz zu ermöglichen.

Sein Einsatz für das Wagnersche Werk gipfelt 1850 in der Uraufführung des *Lohengrin* und in einer Wagner-Woche im Februar 1853. Seine Selbstlosigkeit ließ ihn übersehen, daß damit sein eigenes Werk in den Hintergrund geriet. Selbst mit Berlioz kam es 1856 zu Meinungsverschiedenheiten über das Werk Wagners. Liszt versuchte, den französischen Meister mit dem *Lohengrin* bekannt zu machen, doch Berlioz verließ nach der

Schwanen-Szene das Theater, fest überzeugt, daß Liszt zu seinem eigenen Nachteil Wagner den Weg bahne.

Liszt besuchte Wagner mehrmals in der Schweiz, doch flaute ihre Korrespondenz ab und sistierte völlig seit 1861. Wagners Briefe wurden immer fordernder, Liszts Reaktionen immer kürzer. Durch das Überlaufen Cosimas von seinem Lieblingsschüler Hans von Bülow zu Wagner, ihre Konversion zum Protestantismus, um diesen heiraten zu können, fühlte er sich verraten, abgesehen von den Schwierigkeiten, die ihm das alles beim Vatikan einbrachte.

Fünf Jahre lang hatten sie sich nicht einmal mehr gesehen, als Wagner die Initiative ergriff und Liszt am 18. Mai 1872 zur Grundsteinlegung nach Bayreuth einlud: »Cosima behauptet, Du würdest doch nicht kommen, auch wenn ich Dich einlüde. [...] Dich aber einzuladen, kann ich nicht unterlassen. [...] Du trenntest Dich langsam von mir, vielleicht weil ich Dir nicht so vertraut geworden war, als Du mir. Für Dich trat Dein wiedergeborenes innigstes Wesen an mich heran und erfüllte meine Sehnsucht, Dich mir ganz vertraut zu wissen. [...] Du warst der Erste, der durch seine Liebe mich adelte; zu einem zweiten, höheren Leben bin ich ihr nun vermählt, und vermag, was ich nie allein vermocht hätte. So konntest Du mir Alles werden, während ich Dir so wenig nur bleiben konnte: wie ungeheuer bin ich so gegen Dich im Vorteile!«[9] Liszt war tief bewegt! »Erhabener, lieber Freund! Tieferschüttert durch Deinen Brief, kann ich Dir nicht in Worten danken. Wohl aber hoffe ich sehnlich, daß alle Schatten, Rücksichten, die mich ferne fesseln, verschwinden, und wir uns bald wiedersehen. Dann soll Dir auch hell einleuchten, wie unzertrennlich von Euch meine Seele verbleibt, innigst auflebend in Deinem ›zweiten‹, höheren Leben, wo Du vermagst, was Du allein nicht vermocht hättest. Darin beruht meine Begnadigung des Himmels: Gottes Segen sei mit Euch, wie meine ganze Liebe. F.L., 20. Mai 72. Weimar. Es widersteht mir, diese Zeilen mit der Post zu schicken ...«[10] Er fuhr natürlich nicht nach Bayreuth, Frau von Meyendorff überbrachte den Brief, doch im September besuchte ihn das Ehepaar Wagner für drei wundervolle Tage.

Es sollte sich aber zeigen, daß durch diese Geste die Grundkonstellation nur verdeckt wurde, die mit zunehmendem Alter der beiden »Freunde« wieder deutlich zutage trat: Wagners Egozentrik, sein fordernder Glaube an Werk und Sendung, und Liszts souveräne Beherrschung des Stils und der Umgangsformen, seine unendliche Diskretion, die so weit ging, daß er sein Werk, vor allem sein so prophetisches Alterswerk, völlig in den Hintergrund treten ließ – ohne an seiner Zukunftsträchtigkeit zu zweifeln.

II

Was Wagner(s) immer wieder faszinierte, war das Klavierspiel Liszts. Sein eigenes Vermögen auf diesem Gebiet war äußerst mangelhaft. Besonders Liszts Beethovenspiel erweckte immer wieder Bewunderung. Von der Generalprobe eines gemeinsamen Konzertes am 10. März 1875 in Budapest, auf der Liszt das *Es-Dur-Konzert* von Beethoven spielte, berichtet Graf Apponyi: »Beethoven von Liszt für Wagner interpretiert! Es klingt mir noch in den Ohren und im Gemüte, als ob es gestern gewesen wäre. Es war ja herauszufühlen, wie bei jeder bedeutsamen Wendung des wunderbaren Werkes die beiden lebenden Meister, der Vortragende und der Zuhörende, miteinander geistig verkehrten und sich durch ihre Übereinstimmung im Verständnis des verstorbenen Großen beglückt fühlten. Unsichtbare Fäden der Suggestion gingen von diesem Herde des tiefsten Empfindens auch auf uns profane Zuhörer über und zogen beglückend in die Seelen ein, die keinen Widerstand leisteten.« [11] Und Cosima notiert: »... der Vater spielt das Konzert von Beethoven zu unserem völligen Erstarren; unerhörter Eindruck! Unvergleichlicher Zauber, kein Spielen, ein Ertönen. Richard sagt, dies mache alles tot.« [12] Am 21. September 1880 schreibt sie ins Tagebuch: »Abends erfreut uns mein Vater durch das Spielen von zwei Beethoven'schen Sonaten (quasi Fantasia und D dur), worauf R. wiederum auf den Wahnbegriff von ›Schule‹ kommt; wer soll dies so spielen lernen?« [13]

Aber auch Liszts eigene Werke, wenn auch nicht gerade diejenigen aus der letzten Periode, fanden eine günstige Aufnahme. Vom 24. März bis 3. April 1877 weilt er zu Besuch in Bayreuth. Er spielt an diesen Passions- und Ostertagen die *Bénédiction de Dieu dans la solitude*, am Karfreitag *Funérailles* und *Vogelpredigt* (»zu großem Entzücken R.'s und meinem« [Cosimas]), am Ostersonntag für eine große Gesellschaft, die Wagners gaben, *Franciscus auf dem Wasser* (»Es fällt sehr gut aus, da mein Vater die Güte hat, zu spielen [...] und R. guter Laune ist.«) und am Ostermontag die *h-Moll-Sonate* (»Ein schöner teurer Tag, wobei ich, dankend dem Himmel, die Genugtuung empfinde, daß keine tief tragische Lebensscheidung, keine Bosheit der Menschen, keine Unterschiede der Naturen uns dreie trennen konnte.«).[14]

Bei anderen Gelegenheiten werden auch die drei *Petrarca-Sonette* (Wagner zu Liszt: »Ich bin froh, dich einmal wieder etwas weltlich zu sehen.«)[15] und selbst dem musikantischen Bereich angehörende Werke goutiert. Am 7. Oktober 1878 notiert Cosima: »Nach den Beethoven-Sonaten spielte H. K. [Herr Kellermann, ein Liszt-Schüler] [...] eine von den Soirées de Vienne, sehr hübsch, R.[ichard] machte dazu Pantomime und stellte sich die Paare vor, welche so tanzen könnten, [...] wir mußten sehr lachen: ›Wo dein Vater nur das hernimmt! Ich habe auch Soirées de Zurich gehabt.‹ «[16] Und am 10. Oktober 1882: »Abends läßt Richard Joseph Rubinstein Fantasien von meinem Vater spielen; eine Rhapsodie gefällt ihm besonders, er findet sie originell, das sei neu erfunden und gebe die Individualität meines Vaters wieder.«[17]

Eine wesentlich größere Wirkung hatten die Orchesterwerke Liszts auf Wagner. Man weiß, wie er sie für sein eigenes Werk ausgebeutet hat. Doch der Aufsatz (in Form eines Briefes) *Über Franz Liszts symphonische Dichtungen*[18] besteht vorwiegend aus Schwafelei. Was er wirklich dachte, sagen uns Cosimas Memoiren. – Im *Tasso* bedauerte er »die Ausdehnung der Klagen des Anfanges, das Kettenrasseln und das übermäßige Triumphieren am Schluß«[19]. 1856 schreibt er an Otto Wesendonk: »Liszts *Orpheus* hat mich tief eingenommen, dies ist eine der schönsten, vollendetsten, ja unvergleichlichen Tondichtungen. Der Genuß des Werkes war für mich groß.«[20] Und noch 22 Jahre später rühmt er »die edle dichterische Konzeption«[21]. Nach Anhören der *Hungaria* äußert er zu Cosima: »Dein Vater ist doch viel mehr Musiker als wie ich, ich könnte so etwas nicht schreiben, selbst meine Märsche, die zielen woanders hin.«[22] Mit *Hamlet* weiß er offenbar nichts anzufangen. »Es habe ihm den Eindruck gemacht, wie wenn ein zerzauster Kater da vor ihm gelegen hätte. ›Der Musiker muß sich nicht bekümmern um das, was ihn nichts angeht. Hamlet geht den Musiker nichts an.‹«[23] Eine derartige, in die Tiefe gehende Abstraktion scheint dem ewigen Schauspieler nicht gelegen zu haben. Das gleiche gilt für die *Faust-Symphonie*, die nur beiläufig erwähnt wird. Ganz anders die *Dante-Symphonie*, die hohes Lob empfängt, »... diese hohe poetische Konzeption, wie schön er [Liszt] sich aller musikalischen Malerei enthalten habe, in welche sicherlich Berlioz verfallen wäre; wie schön die Empfindung des Purgatorio wäre, und wie man nicht wisse, sei es Zerknirschung oder Hoffnung, welches da gleichsam nicht wage aufzublicken; wie schön das Fugato. Aber kein Publikum dafür da; Bildung gehöre dazu, man müsse einen Eindruck von Dante erhalten haben, auch den Katholizismus verstehen.«[24]

Eine Zusammenfassung der Wagnerschen Ansichten findet sich in dem Aufsatz *Über die Anwendung der Musik auf das Drama* (1879). Dort heißt es: »Die Ausschweifungen, zu denen der genialische Dämon eines Berlioz hintrieb, wurden durch den ungleich kunstsinnigeren Genius Liszt's in edler Weise zu dem Ausdrucke unsäglicher Seelen- und Weltvorgänge gebändigt, und es konnte den Jüngern ihrer Kunst erscheinen, als ob ihnen eine neue Kompositions-Gattung zu unmittelbarer Verfügung gestellt wäre. Jedenfalls war es erstaunlich, die bloße Instrumental-Musik unter der Anleitung eines dramatischen Vorgangs-Bildes unbegrenzte Fähigkeiten sich aneignen zu sehen.«[25]

In Wahrheit ging die Wirkung dieser neuen Werke Liszts auf Wagner tiefer als alle diese verbalen Äußerungen. Seit der Beendigung der *Lohengrin*-Partitur (1848) war in Wagners Schaffen eine längere Pause eingetreten. Im November 1853 hatte er die

Komposition des *Ringes* begonnen. Sensationell müssen die Voraufführungen aus diesem Werk gewesen sein, als Liszt mit der Fürstin im Oktober 1856 in Zürich weilte. Am 22. Oktober (Liszts Geburtstag) wird im Hotel *Baur au Lac* vor einem festlichen Publikum der 1. Akt der *Walküre* mit Liszt am Flügel, Wagner in den Rollen von Siegmund und Hunding und der Frau des Kapellmeisters Heim als Sieglinde gegeben – mit überwältigendem Eindruck auf die Zuhörer. Später, als Wagner über dem zweiten Akt des *Siegfried* sitzt, gerät die Arbeit ins Stocken. Die *Symphonischen Dichtungen Nr. 2–6* von Liszt sind im Druck erschienen und sofort Wagner zugegangen. Auf einer Kur in Mornex beschäftigt er sich intensiv mit diesen Werken. Sie müssen wie Katalysatoren auf ihn gewirkt haben. Später gesteht er Hans von Bülow, daß er seit seiner »Bekanntschaft mit Liszts Kompositionen ein ganz anderer Kerl als Harmoniker geworden«[26] sei. Die Freundschaft mit Mathilde Wesendonk kommt hinzu. Die Summe dieser Erlebnisse führt den berühmten Stilbruch in Wagners Musik herbei, der zunächst den *Tristan* und dann das übrige Werk bis zum *Parsifal* gebar.

Wagner war sich des Anteils Liszts an dieser Wandlung durchaus bewußt, doch er versuchte, ihn zu verheimlichen. Im gerade erwähnten Brief an Bülow fährt er fort: »Wenn aber Freund Pohl [Musikkritiker] dieses Geheimnis [daß nämlich das berühmte Liebesmotiv Tristans dem Liede *Ich möchte hingehn wie das Abendrot* von Liszt entnommen sei] sogleich à la tête einer kurzen Besprechung des Vorspiels von *Tristan* vor aller Welt ausplaudert, so ist dies einfach mindestens indiskret, und ich kann doch nicht annehmen, daß er zu solcher Indiskretion autorisiert war? [...] Liszt wird mir stets eine erhabene, tiefsympathische, hochbewunderte und geliebte Erscheinung bleiben; aber – an wohltuende Pflege unserer Freundschaft wird nicht mehr viel zu denken sein.«[26] Später wird er im vertrauten Kreise noch offener. In Cosimas Tagebüchern liest man: »Die unsägliche Bescheidenheit meines Vaters in Bezug auf seine Werke rührt auch R[ichard] sehr, welcher seinerseits herrlich heiter erklärt, er habe so vieles aus den Symphonischen Dichtungen ›gestohlen‹ ...« (27. August

1878).[27] Und zwei Tage später: »Bei Tisch führt er [Wagner] das Thema durch, welches er vor einigen Tagen nach Anhörung der *Dante[-Symphonie]* heiter hingeworfen, daß er vieles meinem Vater gestohlen; seine Symphonischen Dichtungen nennt er: un repaire des voleurs [eine Fundgrube für Diebe], worüber wir herzlich lachen müssen.« [28]

Der überaus egozentrische Wagner hatte also keinerlei Hemmungen, sich alles – Leitmotive, Themen, rhythmische, harmonische Wendungen usw. – anzueignen, was seinem Werke dienlich sein konnte. (Zusammenstellungen solcher Entleihungen finden sich bei August Stradal,[29] Humphrey Searle[30] und Alan Walker[31].) So erscheint z. B. das Kopfthema der *Faust-Symphonie* leicht gewandelt auch im 2. Akt der *Walküre* bei den Worten »Kehrte der Vater nun heim«. Das Leitmotiv der »Schicksalskunde« aus der *Walküre* findet sich in der Einleitung der Etüde *Ricordanza* (spätestens 1838). Das Kuß-Motiv am Ende der *Walküre* ist offensichtlich von der Coda der *Faust-Symphonie* abgeleitet. Schon das *Parsifal*-Vorspiel enthält mehrere Anklänge aus Werken von Liszt.[32] Das Motiv as′-g′-c′ im 2.–3. Takt ist identisch mit dem e′-dis′-gis, dem Kopfmotiv des *13. Psalms* (1855), beide mit gleicher Semantik: Verzweiflung, Verlassenheit. Diese Beispiele ließen sich beliebig vermehren. Noch einmal: Man kann nicht behaupten, Wagner habe diese Motive und Themen unbewußt übernommen. Bei Beginn des *Parsifal*-Vorspiels (1882) sagte er zu dem andächtig lauschenden Freund: »Ich habe dich bestohlen, gib acht, jetzt kommt etwas von Dir«, worauf Liszt antwortete: »Macht nichts, dann hört man es wenigstens einmal.« [33]

Diese geradezu masochistische Haltung Liszts, die er drei Jahrzehnte hindurch kultivierte, hatte katastrophale Folgen für die Durchsetzung seiner eigenen Werke. Nur in den Randgebieten Europas, in Ungarn, den Niederlanden, Belgien, England, bis zu einem gewissen Grade auch in Frankreich wurden sie aufgeführt und akklamiert. In deutschen Landen hatten sie sich nicht nur gegenüber den Konservativen vom Schlage Brahms und Joachim, sondern schließlich auch gegenüber seinem »Freund« Wagner durchzusetzen.

Wagner jedoch war gewissermaßen beim *Tristan*-Stil stehengeblieben. Die folgenden Werke bis zum *Parsifal* stellen bewundernswerte Zusammenfassungen seiner kompositorischen Erfahrung dar, ohne wesentlich Neues zu bieten. Liszt dagegen blieb – vielleicht gerade in Kompensation des Traumas, das ihm die Ausbeutung und Mißachtung durch Wagner zugefügt hatte – der ewig Suchende. Und für dieses prophetische Spätwerk Liszts hatte Wagner keinerlei Organ. Die Urteile über diese Werke aus den 70er Jahren, als Wagners vorwiegend mit dem Auf- und Ausbau von Bayreuth beschäftigt waren, sind durchwegs negativ.

Im Juni 1872 beschäftigen sich Wagners mit dem *Christus-Oratorium*[34]. »Was ich [Cosima] bis jetzt von diesem Werke kenne, macht mir keinen schönen Eindruck; ›daß man sich so der Errungenschaften einer großen, edlen Kunst begeben kann, um das Pfaffengeplärr nachzumachen, das ist doch ein Zeichen der Verarmung des Geistes‹, sagt R.[ichard]. – Wir sind traurig über diese Entwicklung des Vaters, an welcher Fürstin W.[ittgenstein] gewiß die Hauptschuld trägt. [...] Abends wiederum im *Christus* gespielt, bis zum Grauen gesteigerter Eindruck; R.[ichard] ist nämlich über die schlechte Setzung für den Chor ganz erschrocken.« – »Wir sprechen wieder über den *Christus*: ›Die Angst vor dem Leben nach dem Tod gibt alle solche Dinge wie das Regnum Coelorum in den Seligkeiten ein. Diese Menschen haben niemals, sei es intuitiv oder bewußt, die Idealität von Zeit und Raum erfaßt, wonach man weiß, daß das Ewige und Wahre stets da ist.‹ « – »Wir nehmen dann den *Christus* vor, und wir kommen darin überein, daß der Stil in der katholischen Kirche sich nicht geändert hat, wie im 18. Jahrhundert die Kastraten Oper und Kirche versorgten, so bestimmt jetzt den Kirchstil des Vaters die große Oper, die nun in Halévy, Meyerbeer u.s.w. auch streng Altkirchliches mit verflocht und die den entscheidenden Eindruck auf des Vaters Jugend ausgeübt hat.« – Nach einer Teilaufführung des Werkes am 6. Juli 1867 in Rom unter Sgambati fand die Uraufführung des gesamten *Christus* am 29. Mai 1873 in der Stadtkirche von Weimar statt. Unter den Zuhörern waren so prominente Persönlichkeiten wie Richard und Cosima

Wagner, Marie Kalergis, Ödön Mihalovich, Kornél Ábrányi, Joachim Raff u. a. Cosima berichtet: »Seltsamer eigenartiger Eindruck, der sich in den Worten zusammenfassen läßt, welche R[ichard] zu mir abends sagte: ›Er ist das letzte große Opfer dieser lateinisch-romanischen Welt. [...] Es ist die Formulation des Glaubens an die neue, ohne Glauben errichtete Ordnung der kirchlichen Dinge, naives Gefühl dieser höchst unnaiven Schöpfung; volkstümlicher Hang zum Pomp, derweil in der Kirche dieser Pomp nur grausames Netz ist, darin solche Gemüter sich fangen. Das Werk durchaus undeutsch und nur bei einem bei guten Seiten gefangen genommenen deutschen Gemüte ausgehend möglich und einzig durch Deutsche ausführbar. R. macht alle Phasen der Entzückung bis zur äußersten Empörung durch, um zur tiefsten und liebevollsten Gerechtigkeit zu gelangen. Nach der Aufführung mit dem Vater in die Bürger-Ressource gegangen — sehr populär! R. wollte sprechen, doch kann er vor den Bierkrügen und Strickstrümpfen kein Wort hervorbringen; ›arme Leute sind's,‹ sagt der Vater, von dem Richard sagt, daß man ihn nur verstehen kann, wenn so man ihn als recht populäres deutsches freundliches Wesen sieht.« [35]

Noch absurder mußte Richard Wagner die *Via crucis* erscheinen. »Ich habe so gar keine Erfahrung gehabt, die mir so etwas hätte eingeben können. Freilich, wer die Erfahrung hat, dann ist es schlimm, wenn ihm wie deinem Vater nichts wie ein Ekel zurückbleibt und der Rosaire [Rosenkranz], und er kommt dann mit so etwas wie der *Via crucis*; das war traurig.« [36]

Eine Komposition Liszts, *Petőfi szellemének* (Dem Andenken Petőfis, 1877), reizt Wagner zum Spielen. »Das hat er für mich gesetzt«, lacht er, »jetzt bin ich ein Liszt-Spieler.« [37]

Im April 1878 spielt Liszt in Wahnfried aus dem dritten Band der *Wanderjahre* (1867—1877). R.[ichard] sagt: »eine träumerische melancholische Existenz in der Villa d'Este, da besingt er die Zypressen, die Angelus-Glocke, die Wasser, das gefällt mir.« [38] Also ein positives Urteil über dies religiös gestimmte, den Impressionismus vorwegnehmende Spätwerk.

Über danach Erscheinendes drückt er sich wieder ganz negativ aus. Als er den *2. Mephisto-Walzer* (1880/81) durchgelesen hat, den wir heute als ein faszinierendes Orchesterstück empfinden, notiert Cosima: »... wir kommen überein, daß einzig Schweigen einer so trübseligen Erscheinung gegenüber uns geziemt.« [39] Ende 1882 bezeichnet Wagner die jüngst erschienenen Kompositionen Liszts [*Weihnachtsbaum* (1874—1876), *Valse oubliée* (Fis-Dur, 1881), *Romance oubliée* (1880)] als »keimenden Wahnsinn«[40]; es sei ihm unmöglich, diesen Mißklängen irgendwelchen Geschmack abzugewinnen. Etwas später heißt es: »Vor dem Abendbrot hatte R[ichard] eine kleine Komposition von meinem Vater vorgenommen aus dem *Weihnachts-Baum*, und wie ich ihn bitte, ihm selbst eine Bemerkung darüber zu machen, sagt er: Das würde grausam sein.« [41]

Fassen wir zusammen: Wagner besaß für das ihm noch bekannt gewordene Spätwerk Liszts wenig oder gar kein Verständnis. Am ehesten vermochte er impressionistische Züge zu goutieren; solche Gebilde hatte er ja selbst etwa im *Feuerzauber* oder in der *Blumenmädchen-Szene* geschaffen. Wenig Sinn hatte er, trotz *Parsifal*, für die Religiosität Liszts, wie seine Kritik des *Christus-Oratoriums* zeigt. Ein Werk wie *Via crucis*, in dem Religiosität und später Experimentalstil vereinigt sind, ist ihm völlig unverständlich. Was hätte er erst zu denjenigen Spätwerken gesagt, die Liszt geheimhielt und die erst Jahrzehnte nach ihrer Entstehung publiziert worden sind!

III

Das Verhalten Liszts gegenüber Wagner ist ein schönes Beispiel für die Konsequenz, mit der er menschliche Beziehungen pflegte. Nachdem sie 1848 Freundschaft geschlossen hatten, hielt er seinerseits durch bis ans Ende. Und bis ans Ende wurde er von Wagner ausgebeutet. Liszt kannte keinen Neid. So war es ihm möglich, das Andenken des verstorbenen Freundes mit zwei Stücken wachzuhalten, die im wesentlichen auf der Thematik seines *Excelsior* und dem Glockenmotiv aus dem *Parsifal* beruhen.

Am Grabe Richard Wagners (1883) war ihm wichtig genug, um es für Klavier, für Orgel und für Streichquartett mit (ad libitum) Harfe zu bearbeiten. Es erschien erst 1952 im Rahmen der Publikationen (Band II) der Londoner Liszt Society. Die Handschrift trägt folgende Notiz: »Wagner erinnerte mich einst an die Ähnlichkeit seines Parsifal-Motivs mit meinem zuvor geschriebenen Excelsior (Einleitung zu Die Glocken von Straßburg). Möge diese Erinnerung hier verbleiben. Er hat das Große und Erhabene in der Kunst der Gegenwart erfüllt. F. Liszt, 22. Mai 1883, Weimar.« – *R. W. – Venezia* verarbeitet eine Variante des Lisztschen Themas für Klavier. Es erschien 1927 im Rahmen der damaligen Gesamtausgabe. Zwei weitere Werke, *Die Trauergondel. La lugubre gondola* in der ersten und zweiten Fassung, beim Aufenthalt in Venedig Ende 1882 komponiert, stellen Vorahnungen des Todes des Freundes dar.

So hingebungsvoll dieses Verhalten erscheinen mag, Liszt wußte doch im einzelnen seine Eigenheit zu wahren. Als Wagner ihn umwirbt, sein Textbuch *Wieland der Schmied* (1849/50) zu komponieren, antwortet er: »So groß die Lockung auch für mich ist an Deinem Wiland zu schmieden, so kann ich doch nicht umhin meinen Entschluß, nie und nimmer eine deutsche Oper zu componieren, festzuhalten. – [...] im Ganzen genommen, ist es für mich viel zweckmäßiger und bequemer, mein erstes dramatisches Werk auf der italienischen Bühne zu riskieren [...] und, im Falle es mir nicht mißglückt, bei den Welschen zu verbleiben. – Germanien ist Dein Eigentum – und Du sein Ruhm.« [42]

Stilistisch bleibt er in diesen Jahren der Neudeutschen Schule verbunden, stofflich rät er den Jüngeren zur heiteren Oper. Cornelius' *Barbier von Bagdad* ist das glänzende Ergebnis dieser Haltung.

Und eigentlich ist er dem Dramatischen überhaupt abhold. Seit seiner Jugend bevorzugt er eine monothematische Form, die aus Thema, eventuell metamorphotisch variiert, Durchführung und Reprise in Form »gesteigerter Wiederholung« besteht. Er »vermeint keinen Sinn für das Drama zu haben und sich selbst in Shakespeare an die Gedanken einzig« [43] zu halten. Später stellt er den Wert der Oper überhaupt in Frage: »Der Bühne fehlt der unbeschreibliche Zauber der Perspektive, der Luftspiegelung, des Halbschattens, welcher der Phantasie das Schauen bunter Bilder gestattet.«[44] Liszt kam es also vornehmlich auf eine geistige, vergeistigte Erfühlung und Erfüllung der musikalisch darzustellenden Sujets an.

Trotzdem begeistert er sich an den Wagnerschen Werken. Cosima: »Bei Tisch ergeht sich mein Vater über die Jagd-Fanfare im *Tannhäuser*, ihre Schönheit, Originalität.«[45] 1856 folgt die Aufführung von Teilen der *Walküre* in Zürich. Ende 1877 telegraphiert er an Wagner: »Soeben Parsifal empfangen: Dank verstummt aber Herz und Seele bleiben eigenst Dein Liszt.«[46] 1878 fühlt er sich bei einem Besuch in Bayreuth durch *Parsifal* gefesselt. »R[ichard] nimmt das Manuskript her, und so wird der zweite Akt bis zum Kuß vorgenommen. R. durch die Faszination, welche das Göttliche auf meinen Vater ausübt, begeistert und strahlend vor Genie, Größe, Güte!«[47] Drei Tage später wendet man sich erneut dem zweiten Akt des *Parsifal* zu, zu Liszts höchster Bewunderung. Richard sagt zu Cosima: »Ich bin zufrieden, ich habe wieder Erfolg bei dir gehabt.«[48] 1880 »wird beinahe der ganze dritte Akt von meinem Vater gespielt und von R[ichard] göttlich gesungen. — ›Kaum habe ich eine vernünftige Frau gefunden, so muß sie deine Tochter sein und mir dadurch abwendig gemacht werden‹ — sagt scherzend Richard zum Vater.«[49] Nach Wagners Tod wirkt er als Protektor der Bayreuther Festspiele bis zum eigenen bitteren Ende, mit dem Wort *Tristan* auf den Lippen sein geistiges Dasein beschließend.

Trotzdem bleiben Zweifel an der Unbedingtheit dieser Hingabe. Es gab viele menschliche Gründe, die den alternden Liszt mit Wagner und seinem einzigen überlebenden Kinde verbanden. Seine ganze Entwicklung und besonders sein Spätwerk beweisen aber seine künstlerische Eigenständigkeit. Und speziell auf dem Gebiete der Oper hörte er bis zum Ende seines Lebens nicht auf, sich auf seine Weise mit zeitgenössischen Werken in Form von Klavier-Paraphrasen auseinanderzusetzen. Besonders das Werk des Wagner-Antipoden Verdi hat er sich so von 1848

(*Salve Maria de »Jerusalem«* [»I Lombardi«]) bis 1882 *(Réminiscences de »Boccanegra«)* angeeignet. Von einer einseitigen Verlorenheit an die Wagnersche Musik kann daher keine Rede sein.

IV

Liszt und Wagner ergänzten sich in vielerlei Hinsicht. Aus diesem Gefühl heraus erklärt sich die Formulierung Liszts in seinem Testament von 1860, in dem er den Traum eines nachklassischen Weimars beschwört, »wo Wagner und ich die Koryphäen gewesen wären, wie einst Goethe und Schiller«. Doch wie die beiden Dichter, waren Wagner und Liszt künstlerisch durchaus eigenständig. Und wie stand es mit ihren menschlichen Beziehungen? Wir können hier von dem theatralischen Überschwang Wagners in den 50er und 70er Jahren absehen. Während seines Exils brauchte er Liszt in jeder Beziehung. In den 70er Jahren, als König Ludwig II. als Geldgeber an seine Stelle getreten war und Bayreuth gegründet wurde, konnte er es sich leisten, seinem Freund die größte Dankbarkeit zu bezeugen. In Wirklichkeit ist das persönliche Verhältnis beider durch eine zunehmende Gereiztheit Wagners und eine gesteigerte, aber gelegentlich immer noch aufmüpfige Duldsamkeit Liszts gekennzeichnet.

Politisch standen sie 1870/71 in den feindlichen Lagern.[50] Liszt war ein Verehrer Napoleons III., von dem er hoch dekoriert worden war. Er glaubte, durch dessen aufgeklärt-autoritäres Regime könnten seine sozialen Vorstellungen am ehesten realisiert werden. Er vermied 1870 Deutschland und hielt sich statt dessen in Italien und Ungarn auf. Auf ein Angebot Kaiser Wilhelms I., eine neue Position in Berlin zu übernehmen, antwortet er: »Ich bin zu alt, um dem großen Deutschland mit meinen bescheidenen Talenten zu dienen, aber nicht zu alt, um meinem Vaterland weiterhin zu Diensten zu sein.«

Wagner soll indessen, durch Preußen eingespannt, Ludwig II. so beeinflußt haben, daß dieser innerhalb von 24 Stunden den Bündnisvertrag mit Preußen und den Mobilisierungsbefehl für die bayerische Armee unterschrieb. Am 4. September 1870 notiert Cosima: »›Ich bin den Napoléons verderblich‹, sagt R[ichard], ›wie ich sechs Monate war, kam die Schlacht bei Leipzig und Fidi [ihr einjähriger Sohn Siegfried] manscht das ganze Frankreich zusammen‹.«[51] – Ein Jahr später unterhält sich Cosima mit Richard über ihren Vater und dessen Wirkung auf die Leute mit solchen Sachen wie *Norma, Somnambula* etc., »er ist der Illustrator einer untergehenden Welt gewesen«, sagt Richard, »so z.B. die *Zigeunerweisen*, die keinen Anspruch auf dauernde Kunst machen können; Mittelpunkt dieses Wesens war das nun verschwundene Paris.«[52]

Später kommt der männliche Sexualneid hinzu: »Nach Tisch spricht R. von dem Vater, der nichts zu tun brauche, bloß dazusein, und er risse die Frauen hin –, ›unser einer muß immer erhaben sein‹.«[53]

So kann das spätere Verhältnis der beiden nicht mehr besonders innig gewesen sein. Das zeigt sich überall in Cosimas Notizen. »Zuerst kam dein Vater, dann der König, dann du – du machtest das Kraut fett, du hast beide vereinigt.«[54] Im Palazzo Vendramin in Venedig notiert sie Januar 1883: »Die Art und Weise meines Vaters, der Whist-Tisch, auch die Verengung unseres Raumes und die Bewegung, welche durch den Besuch entsteht, all dies setzt ihn [Richard] außer sich, und lange, lange nachdem alles entfernt ist, übergibt er sich dem Unmut, den ich nur durch stilles Mitleiden mit ihm beschwichtigen kann.«[55] Es gibt auch versöhnliche Töne: »Wir sprechen dann [...] über die schlimme Lage meines Vaters, immer als Klavierspieler aufgefaßt zu werden, und über die Schlimmheit der Laufbahn selbst, die solche Aufregung mit sich gebracht, daß er nur zu den äußersten Gegenmitteln greifen konnte; wir schließen, indem wir meinen, daß er als großer Mensch sich aus der schlimmen Sache gezogen.«[56] »Beim Abendbrot die Schlechtigkeit der Menschen gegen meinen Vater, [...] wie wenig man anerkannt hätte, daß er die Bahn eröffnet hätte für R[ichard].«[57] Und dieser äußert: »Dein Vater sah ganz nach Großem aus – aber!«[58]

Aber Liszt hatte auch von Wagner profitiert. Das große Werk

der Weimarer Jahre dürfte von Wagners bis dahin geschaffenen Opern nicht unbeeinflußt geblieben sein. In erhöhtem Maße gilt dies für die geistliche Chormusik, vor allem die *Heilige Elisabeth* und das *Christus-Oratorium.* Er muß auf den Gebieten der Instrumentation, des symphonischen Satzes und überhaupt der Komposition in großen Formen viel von Wagner gelernt haben.

Was er aber später schrieb, schrieb er darüber hinaus und für sich allein.

Späte Versuchung

Mein Leben war nur
ein langer Irrweg der Liebe,
einzig geleitet durch die Musik,
diese sowohl göttliche
wie satanische Kunst:
mehr als alle anderen führt sie
uns in Versuchung.

Liszt 1860 zu seinem Beichtvater,
1877 ergänzt an Fürstin Wittgenstein[1]

I

Sosehr er in Rom in sich gegangen sein und zu sich gefunden haben mochte – am Ende nahte sich ihm der Versucher in Gestalt einer »Kosakin«, die tief in der Ukraine die Liebe zu seiner Musik packte, die nach Rom reiste, um seine Schülerin zu werden oder um ihn zu erobern (was in diesem Falle etwa dasselbe war), und die ihn schließlich besiegte, den Abbé, der sich durch die niederen Weihen zwar nicht zur Ehelosigkeit, aber zu einem geistlichen Wandel verpflichtet hatte. Liszt und die Frauen (La Mara[2], J. Kapp[3]), das wäre ein langes Kapitel, das wir hier auf das Wesentliche verkürzen wollen: Nicht, weil wir mit Raabe meinen, »das Wesentliche in ihm hat damit gar nichts zu tun«[4]; nicht, weil wir ihn mit Ernest Newman für einen »notorischen Erotomanen« halten; sondern weil man ihn und seine Musik einfach nicht versteht, wenn man dieses Oszillieren zwischen Intellekt und Sinnlichkeit und – besonders auf seine späteren Jahre gemünzt – zwischen himmlischer und irdischer Liebe nicht einkalkuliert. In der Virtuosenzeit reicht der Reigen etwa von Marie Duplessis, der originalen Kameliendame, und von Lola Montez bis zu Charlotte von Hagn. Als er 1843 in St. Petersburg weilt, befindet er sich im Besitz eines Empfehlungsschreibens von Balzac an Madame Hanska. Liszt besucht sie und macht ihr so charmant den Hof, daß sie ihm fast verfallen wäre. Olga Janina folgt diesen und anderen Damen fast eine Generation später.

Lola Montez, die berühmt-berüchtigte irisch gebürtige Tänzerin, lernte Liszt während seiner Virtuosenzeit in Dresden kennen. Das Paar fand rasch zueinander. Zwar wurde Liszt ihrer bald überdrüssig, doch sie ließ sich nicht ohne weiteres abschütteln. Sie folgte ihm von Ort zu Ort. Die Gräfin d'Agoult, der diese Affaire natürlich zu Ohren gekommen war, benutzte diesen Anlaß, um sich endgültig von ihm loszusagen. Noch 1845, als vom 11. bis 13. August in Bonn die Enthüllung des Beethoven-Denkmals gefeiert wurde, die ohne Liszts ideelle, finanzielle, organisatorische, kompositorische und dirigierende Mitwirkung sicher zum Scheitern verurteilt gewesen wäre, schreibt der teilnehmende Berlioz: »Liszt und seine Suite an Herren und Damen waren dominierend; Lola Montez war unter letzteren.«[5] Um sie loszuwerden, bestach Liszt schließlich einen Hotel-Portier, sie für zwölf Stunden in ihrem Zimmer einzuschließen. Wohlweislich bezahlte er auch im voraus die Kosten für die gesamte Zimmereinrichtung. Die temperamentvolle Lola, als sie den Trick bemerkte, schlug alle Möbel kurz und klein. Doch hat sie ihm diesen Streich nicht auf die Dauer übelgenommen. Sie wurde danach die Geliebte von König Ludwig I. von Bayern, nachdem sie sich »oben ohne« auf der Bühne gezeigt hatte — und bot Liszt an, ihm bezüglich der Verleihung hoher Orden etc. bei Hofe behilflich zu sein. Freimütig nannte sie den König einen »großen Geizhals«, da er ihr von seinen Reisen nach dem Süden immer nur ein Kistchen Apfelsinen statt der begehrten Edelsteine mitbrachte.

Mit Charlotte von Hagn hatte sich Liszt bereits während seines Berliner Aufenthaltes 1841 bis 1842 befreundet. Sie war eine der größten Schönheiten ihrer Zeit, verfügte aber auch über hohe intellektuelle Qualitäten; sie war eine gebildete, geistreiche Bayerin, 1833 bis 1846 Mitglied des Berliner Hoftheaters. Das Gedicht *Was Liebe sei** soll sie auf ihren Fächer geschrieben haben. Liszt nahm ihn mit und vertonte es zu einem anmutigen Lied (1844, 1855, 1879; die mehrfachen Überarbeitungen zeigen, wie sehr er das Sujet geschätzt haben muß).

* Dichter! was Liebe sei, mir nicht verhehle!
›Liebe ist das Atemholen der Seele‹.
Dichter! was ein Kuß sei, du mir verkünde!
›Je kürzer er ist, um so größer die Sünde‹.

Als Liszt Berlin verließ, reiste sie ihm geheim und ohne Urlaub nach, um noch einige Tage mit ihm zusammen zu bleiben. Später heiratete sie einen Rittergutsbesitzer, aber noch am 24. Mai 1849 schrieb sie an Liszt: »Es sind Jahre verflossen, seit ich Sie gefunden und verloren, aber ich muß gestehen, ich bin durch Sie für alle andern Menschen verdorben; denn keiner, auch keiner hält nur den leisesten Vergleich aus. Sie sind und bleiben einzig.«[6]

II

Olga Janina stieß 1869 in Rom zu Liszt und folgte ihm später nach Budapest, Szekszárd und Weimar – eine durchaus intelligente, aber überspannte junge Dame, die den Meister, der sich bald von ihr zu distanzieren versuchte, durch die Publikation ihrer Erlebnisse in schwerste Bedrängnis brachte. Sie erschienen 1874 in Paris unter dem Titel *Souvenirs d'une Cosaque* (Erinnerungen einer Kosakin) und dem Pseudonym Robert Franz. Also eine zweite *Nélida*, nachdem bereits die erste dem Meister genügend Kummer bereitet hatte, aber diesmal mit ätzender Feder geschrieben. Das Buch erlebte in kurzer Zeit mehrere Auflagen; weitere Mémoires, wahrscheinlich ebenfalls von Olga (da sie Details – z. B. über Nélida – enthielten, die nur von Liszt selber stammen konnten), und mehrere Parodien von anderen Autoren folgten. Eine peinliche Situation für den Meister! Mit Not und Mühe gelang es ihm, die Angelegenheit gegenüber der Fürstin und dem Vatikan abzuwiegeln.

Die wirklich interessante Frage aber lautet: Können diese Souvenirs als ein authentisches Dokument betrachtet werden? Bei Raabe wird der Fall Janina überhaupt nicht erwähnt. Für Everett Helm »beweisen diese maliziösen Schriften Olga Janinas einen äußerst schlechten Geschmack; was aber kein Grund ist, sie gänzlich zu ignorieren«[7]. Nach Klára Hamburger hat »Olga Janina [...] zwar zu einer Zeit durch ihre Bücher Liszt schwere Unannehmlichkeiten bereitet, ist aber in den Augen der Nachwelt eine glaubwürdige Zeugin«[8].

Nach Olgas eigener Schilderung starb ihre Mutter, als sie 18 Monate alt war. Zur Stiefmutter, die darauf ins Haus kommt, gewinnt sie kein Verhältnis. Vom Vater ist überhaupt keine Rede. »Man beschäftigt sich in den großen slawischen Häusern sehr wenig mit den Kindern.« So sucht und findet sie Trost und Verständnis bei einem alten Kosaken, einem ehemaligen Diener ihrer Mutter. »Sein Gesicht war traurig. Man achtete und liebte ihn. Er hatte erlebt, wie meine Mutter zur Welt kam; er vertraute sein Herz ihrem Kinde an. Er war der einzige in dieser Zeit, der mich etwas lehren konnte, ohne Widerstand hervorzurufen. Obwohl ich frühzeitig – ich glaube, mit vier Jahren – lesen konnte, hatte ich wenig Sinn für Geschichten, die man liest, doch um so mehr für jene, die erzählt werden. Dazu die Liebe zu den Dingen, die sich im Freien abspielen, die Hinwendung zu allem, was man sehen und beobachten kann.«

Später vertritt ein alter, erfahrener Arzt vorübergehend die Vaterstelle. Olga wird mit 15 Jahren verheiratet. Aber die Ehe war ein Geschäft mit dem Versprechen des Ehemanns, ihr volle Freiheit zu lassen. Als er sich sofort nach der Hochzeitsnacht von dieser Zusage distanziert, schlägt sie ihm mit der Reitpeitsche ins Gesicht. Aber sie ist schwanger und verfällt nach der Geburt einer Tochter in eine tiefe Depression. Der Arzt gewinnt ihr Vertrauen. Eines Tages bringt er einen Freund mit, der, während sie nach dem Essen ruht, im Nebenzimmer Chopins Regentropfen-Prélude spielt. Dieser Versuch einer Musiktherapie ist erfolgreich. Sie erwacht zu neuem Leben.

Am Verhältnis zur Stiefmutter entzündet sich die Neigung zum Widerstand, zur Aufklärung, zur sozialen Revolte. »Meine Stiefmutter, fromm und vornehm, aus einer millionenschweren Familie, richtete ihr Leben nach zwei Grundsätzen aus: Ergebenheit gegenüber den Gesetzen der katholischen Kirche und Achtung vor dem, was man so meint [...], d.h. feudalem Fanatismus und den Rechten der ererbten Macht.«

Diese Konstellation erklärt die Neigung, die später die Zwanzigjährige zur Vaterfigur des etwa sechzigjährigen Liszt entwikkelt, aber auch die Schärfe der Beobachtungen, mit der die Verschmähte gewisse Risse im Charakter und Ambiente des Abbé entdeckt. Was sie schildert, sind Zerrbilder, Karikaturen, die einen Kern Wahrheit enthalten. »Ich habe immer eine Leidenschaft für Überspanntheiten gehabt«, bekennt sie selbst. Wenn man die Übertreibungen abzieht, enthalten ihre Souvenirs eine Reihe lebendiger Schilderungen aus dem Leben des alten Meisters.

Als sie sich 1869 in Sta. Francesca Romana kennenlernen, ist er »ein Mann von hohem Wuchs, großzügig in Haltung und Manieren; häßlich, mit einer Fülle sehr schöner, fast weißer Haare, die er lang und nach hinten geworfen trug, ein sehr tiefer, nachdenklicher, gelegentlich harter Blick und ein Lächeln – ein Lächeln, das die Helligkeit eines Sonnenstrahls hatte. Durch diesen Charme und die Häßlichkeit gehörte er zur Rasse derjenigen, die gleich zu Anfang heftige Abneigung oder leidenschaftliche Verehrung erregen.«

Er nimmt sie als Schülerin an, und sie versucht systematisch, ihn gegen sein Sträuben zu erobern. Eines Tages, in der Villa d'Este, wo sie als Gärtnerjunge verkleidet eingedrungen ist, gibt er dann schließlich nach. Er war eben auf die Dauer nicht für das Alleinsein geschaffen. »Als ich zum ersten Mal nach Tivoli kam, bezeigte er mir solche Freude, daß ich erkannte, daß diesem leidenschaftlichen Liebhaber der Menschen und der Huldigungen die Einsamkeit schwer auf der Seele lag.«

Und dann schildert sie seine Wohnung: »Er zeigte mir seinen Turm; nichts Bemerkenswertes als eine lange Terrasse, die sich auf einen weiten Horizont öffnete. Die Wohnung war unbedeutend und wenig bequem, wie die italienischen Wohnungen im allgemeinen; über den Türen befanden sich Wappen und Initialen X'...s [Liszts], aber die Kamine zogen nicht, die Möbel waren gewöhnlich und paßten nicht zueinander, die Zimmer waren klein und niedrig.« Der Meister lebte also in gewohnter Bescheidenheit. Er arbeitete diesen Winter (1869–1870) an seiner *Zweiten Beethoven-Kantate*. Und Olga besuchte ihn zweimal die Woche.

Die Bescheidenheit der Wohnung wurde aufgewogen durch ihre zauberhafte Lage. »Wir traten auf die Terrasse hinaus. Die

Sonne hatte noch nicht den nächtlichen Regen aufgesogen, und die Wassertropfen auf den Spitzen der Grashalme warfen das Blau des Himmels zurück und funkelten unter den glühenden Strahlen. Die Campagna wirkte wie ein unendlicher See. Am Horizont sah man die Kuppel von Sankt Peter; weiterhin zeichnete sich zwischen Himmel und Erde eine blaue Linie ab. Das war das Meer.«

Anfang April zieht Liszt nach Weimar um, und Olga folgt ihm. In ihren *Souvenirs* gibt sie eine von Rachsucht getränkte, aber in ihrer Art vollendete Karikatur der Stadt und ihrer Bewohner einschließlich einiger Verehrerinnen von Liszt.

In der Karwoche macht sie eine traurige Entdeckung. Liszt »wurde plötzlich zurückhaltend und finster. [...] Wenn wir unter uns waren, wirkte er zerstreut und verlegen. Eines Abends sprach er davon, er habe seine Andacht zu verrichten; die Kirche lege ihm Buße auf. [...] Karfreitag und Ostersonnabend verbrachte er den ganzen Nachmittag in der Kirche. Vor dem Kruzifix kniend vergoß er reichliche Tränen und preßte die Hände an seine Brust. Die ganze Stadt weinte vor Erbauung.« Olga fürchtete schon das Ende ihrer Beziehung. Plötzlich trat Liszt strahlend ein. »Er trug den Kopf hoch und stolz. Seine Augen waren feurig und leidenschaftlich. Er umarmte mich; und niemals feierte ein Christ die Auferstehung seines Erlösers besser. ›Siehst Du, meine Liebe‹, sagte er, ›es gibt nichts Besseres als sein Gewissen in Ordnung zu bringen.‹ [...] In der Tat widmete er alle sechs Monate eine Woche seinem Seelenheil, das er mit Gebeten, Kniebeugen und Meditation der Psalmen des hebräischen Louis Quatorze erkaufte. [...] Dieser Mensch glaubte vielleicht an die himmlische Wirksamkeit dieser jämmerlichen Heucheleien.«

Später konnte sich Liszt nicht genug tun, der Fürstin gegenüber »die Gotteslästerungen, Verwünschungen, Extravaganzen des Proudhon und der neuen atheistischen, agamistischen und anarchistischen Schule« (Brief vom 10. Mai 1871)[9] an der jungen Dame zu tadeln. Zunächst folgt sie ihm nach Ungarn, nach Szekszárd zum Baron Augusz und nach Kalocsa zum Erzbischof. Erst nachdem sie aus ihrer Heimat erfährt, sie sei finanziell ruiniert, und den Rest ihrer Mittel in Baden-Baden verspielt hat, geht sie nach Amerika. Dort erlebt sie ebenfalls eine Enttäuschung. Auch scheint Liszt versucht zu haben, sich derweil von ihr zu distanzieren. So kehrt sie nach einigen Monaten zurück, um ihn und sich umzubringen. Doch als sie ihm in Budapest mit einem Revolver gegenübersteht, findet sie nicht das Herz dazu. Es folgt eine makabre Nachtszene, in der sie angeblich Gift zu sich nimmt, das aber wirkungslos bleibt. Von Freunden Liszts wird sie schließlich in ein benachbartes Hotel gebracht und zur Abreise bewegt. »Ich hatte letzten Sonnabend schrecklichen Ärger«, schreibt er der Fürstin. »... Erlassen Sie mir die Aufzählung ihrer wütenden Ausbrüche — und haben Sie die Freundlichkeit, sie niemandem gegenüber zu erwähnen. Mein Schutzengel hielt mich in dieser Gefahr aufrecht.« [10] Danach erst verschwindet Olga mit unbekanntem Ziel, wahrscheinlich nach Paris, um von dort aus ihre literarischen Giftpfeile in die Welt zu schleudern.

Liszts Einsicht kommt sehr spät: »Mein schweres Unrecht besteht darin, daß ich mich schließlich durch ihre Vorspiegelungen eines exzentrischen Heroismus täuschen lassen habe, durch ihr dreistes Mundwerk, dem es weder an Geist noch einer Art von verwirrender Beredsamkeit mangelt. Weiterhin besitzt sie eine erstaunliche Arbeitsenergie und eine sehr seltene pianistische Begabung. Gewiß, ich hätte sie sofort nach ihrem ersten Liebesgeständnis davonjagen und nicht der dummen Versuchung erliegen sollen, mir einzubilden, ich könnte ihr auf irgendeine Art zu irgend etwas nützlich sein.« [11]

Psychologisch betrachtet, stellt sich Olga wegen ihrer emotionalen Ansprechbarkeit und Lebhaftigkeit, ihrer Neigung, inneres Erleben nach außen darzustellen, ihres Hanges zur Inszenierung und Theatralik als typisch hysterische Persönlichkeit dar. Solche Menschen pflegen intensiv und leidenschaftlich zu lieben. Die Festung wird im Sturm, nicht in langer Belagerung erobert. Wird aber die Hingabe enttäuscht, treten Aggressionen bis zu Haßgefühlen, Abwertung des anderen bis zum Rufmord an ihre Stelle. Als Olga ihren Meister nicht mehr verführen konnte, verführte sie ihre Leser — ohne Zweifel mit spitzer und geschulter Feder.

Nicht alles, was sie schrieb, ist Verzerrung oder Entstellung. Die Schilderung ihrer Faszination durch Liszts Persönlichkeit, seinen unwiderstehlichen Charme, trägt exemplarischen Charakter. Die Umgebung, in der er lebt und arbeitet, besonders in der Villa d'Este, wird plastisch und stimmungsvoll beschrieben. Dagegen erscheinen die Personen seiner Szekszárder und Weimarer Umgebung, besonders diejenigen weiblichen Geschlechts, stark verzeichnet. Olgas Schilderungen strotzen geradezu vor Spott und Eifersucht. Für Liszts Verlangen nach Sühne und Buße, das das ganze letzte Drittel seines Lebens beherrscht, hat die aufgeklärte Atheistin in ihrer pathologischen Haßliebe keinerlei Verständnis. Diese Schilderungen sind also nicht auf die Goldwaage zu legen, sondern zum Teil Ausgeburten freier und rachsüchtiger Erfindung.

Später verwischen sich Olgas Spuren. Und Liszts Empfinden verwandelt sich in Mitleid. Noch wenige Tage vor seinem Tod sagt er zu seiner Meisterschülerin Sophie Menter: »Die Janina war nicht schlecht, nur exaltiert.«[12]

Lebensabend

Man muß auf dem Weinstock welken können,
ohne seine geistigen Fähigkeiten einzubüßen.

Liszt 1880
an Frau von Meyendorff [1]

I

Der Herbst des Lebens begann für den nun etwa 60jährigen Meister stürmisch, beruhigte sich aber zu klaren Tagen und Jahren. Sein Leben mündete in eine Periode relativer Seßhaftigkeit, wenn auch an drei verschiedenen Orten. Das ermöglichte ihm eine ungestörte Weiterarbeit, Wege in musikalisches Neuland, die bislang keiner seiner Zeitgenossen beschritten hatte. Er hatte also nichts von seinem inneren Feuer eingebüßt, wenn es sich auch auf eine mehr geistige, eben seine herbstliche Weise offenbarte.

Ab Januar 1869 ist der Meister wieder in Weimar. Der Großherzog hatte seine Abwesenheit schmerzlich empfunden. 1865 schärfte er dem Tiefurter Organisten A. W. Gottschalg für einen Brief an Liszt ein: »Der Großherzog läßt Ihnen mitteilen, daß er Sie sehr vermißt. Er hat es mit manchen anderen versucht, aber er hat keinen Freund gefunden, der ihn so ehrlich, sachverständig und uneigennützig beraten hat wie Sie. Schreiben Sie ihm, daß, wenn er selbst um Mitternacht einträfe, ich ihn wie einen Bruder empfangen würde.« [2] So nahm Liszt in der vom Hofmarschallamt »mit wagnerischem Luxus« eingerichteten ersten Etage der Hofgärtnerei Wohnung.

Eine schöne Männerfreundschaft entwickelte sich mit Justizrat Carl Gille[3] in Jena, der dort die Akademischen Konzerte ins Leben gerufen und deswegen Verbindung mit Liszt aufgenommen hatte. Er war der einzige, der, zu Besuch, in des Meisters Bett schlafen durfte, während dieser mit dem Sofa vorliebnahm. In Olga von Meyendorff erwuchs Liszt auch für die letzte Phase seines Lebens eine weibliche Gefährtin, deren Bedeutung von den

Biographen bislang unterschätzt wurde, da die Korrespondenz bis auf Bruchstücke verlorengegangen war. Unterrichtstätigkeit mit einer neuen Generation begabter Schüler, die Zeitereignisse, gesellschaftliche Verpflichtungen und Reisen, drei Umzüge pro Jahr und ein neues, wichtiges Amt in Budapest füllten die Zeit des Meisters weitgehend aus. Muße zum Komponieren fand er vor allem in den Herbstmonaten in der Villa d'Este bei Rom. So begann »la vie trifurquée« (das dreigeteilte Leben), indem er jeweils etwa ein Drittel des Jahres in Weimar (ab Ostern), in Rom (Herbst) und in Budapest (Winter) verbrachte.

II

Wie hatte sich in den letzten Jahrzehnten die Welt gewandelt! Während er in den 40er Jahren noch im eigenen Reisewagen von Berlin nach Petersburg und Moskau gefahren war und seine gleichaltrigen Genossen Mendelssohn, Chopin und Schumann kaum über das Postkutschenzeitalter hinausgelangt waren, legte er die großen Entfernungen seines Lebens in dem Dreieck Weimar-Rom-Budapest bequem und schnell mit der Eisenbahn zurück. Als neugebackener Abbé holperte er von Rom nach Tivoli auf dem Stellwagen vier Stunden lang durch die Campagna; in seinen letzten Jahren legte er diese Strecke mit der Lokalbahn in knapp einer Stunde zurück. Er erlebte bewußt die industrielle Revolution, die damit verbundenen sozialen Umwälzungen und politischen Entwicklungen bis hin zu mehreren Kriegen, unter denen die Schlacht von Solferino die blutigste des 19. Jahrhunderts war und Henri Dunant bekanntlich zur Gründung des *Roten Kreuzes* anregte. Wenn er auch immer wieder betont, er sei kein Politiker oder er interessiere sich nicht für Politik (»Ich, der ich immer die Politik verabscheut habe«[4]), so ist das nicht für bare Münze zu nehmen. Mit seinem gewinnenden Charme im persönlichen Umgang und seiner diabolischen Ader hätte er ein fähiger Nachfahre von Machiavelli werden können. Im übrigen las er, abgesehen von den wichtigen Zeitungen, wesentliche

Neuerscheinungen auf den Gebieten der Philosophie, Geschichte, Soziologie und Theologie, er bezog Stellung zu den revolutionären Erhebungen, und er hatte — und pflegte — Beziehungen zu wichtigen Herrschern und Staatsmännern seiner Zeit. Im Gegensatz zu seiner revolutionären Begeisterung im Jahre 1830 war er jedoch mehr und mehr ein Parteigänger des friedlichen Fortschritts der Menschheit geworden, der Revolutionen und Kriege verabscheute.

1848/49 war er, wie wir gesehen haben, mit anderen Dingen als revolutionären Absichten befaßt, zumal die »Revolution« in Weimar ziemlich zahm verlief. An Cossmann schrieb er damals, daß »... unser liebes Weymar, nicht nur von der großen Cholera, sondern selbst von den geringeren, jedoch ziemlich unangenehmen periodisch politischen Cholerinen fortdauernd befreit, an seiner Ilm ruhig träumen durfte ...«[5]. Bereits Carl August hatte bekanntlich wie die süddeutschen und einige mitteldeutsche Fürsten frühzeitig das von allen auf dem Wiener Kongreß gegebene Versprechen eingelöst, seinem Volk eine landständische Verfassung zu geben. Die Pariser Februarrevolution wurde jedoch von Liszt prinzipiell bejaht. In einem Brief vom 1. März 1848 an Franz Dingelstedt heißt es: »... mit Deinen Fortschrittsbeinen bist Du ganz gewiß mitmarschiert, in gleichem Schritt mit diesem provisorischen Gouvernement, welches hundertjährige Gouvernements schlägt und nicht nur zu provisorischen, sondern zu vergangenen macht.«[6] Exzesse lehnte er jedoch ab. Als Fanny Lewald den ergreifenden Eindruck erwähnt, den ihr die berühmte Schauspielerin Rachel gemacht habe, als sie in antikem Kostüm auf der Bühne die Marseillaise sang, antwortete Liszt leidenschaftlich empört: »Wie ist das möglich! Wie hat Sie das erschüttern können? Wie haben Sie das zu bewundern vermocht? — Es ist ja Torheit, Verbrechen, es ist eine Sünde, jetzt die Marseillaise zu singen. Was hatte diese jetzige Revolution mit jener im vorigen Jahrhundert gemein? Was soll uns der blutdürstende Hymnus bei einer sozialen Umwälzung, deren Grundprinzip die Liebe, deren einzige Lösung nur durch die Liebe möglich ist? — Wo sind jetzt die féroces soldats [wilden Soldaten]? Wo ist le sang impur [das unreine Blut]? [...] Es handelt sich darum, den Frieden in die Welt zu bringen, indem man gerecht wird gegen die Einzelnen in der Gesamtheit! Es handelt sich darum, die Ideen triumphieren zu machen, deren einstiger Sieg als ein gewisser vorauszusehen ist.« Um welche Ideen handelte es sich? »... ebenso um nationalökonomische Dinge, um tiefe Studien, die zu unternehmen sind, als darum, daß man endlich Ernst macht mit der Liebeslehre des Christentums.«[7] Und noch mehr als 30 Jahre später äußert er sich in ähnlicher Weise zu diesem Thema, indem er auf einen langen Brief an Mazzini vom 23. Mai 1852 in der *Correspondance* von George Sand anspielt: »1852 nahmen wenige Menschen einen so hohen Standpunkt ein, der es ihnen erlaubte, die Fluktuationen des Sozialismus und seine prinzipielle Notwendigkeit zu verstehen. Mazzini selbst hat sich darin getäuscht, wie auch über die Bedeutung der Erringung des allgemeinen Wahlrechts.«[8]

Auch für sein Vaterland hätte er allmähliche Reformen im Sinne Széchenyis dem blutigen Aufstand von 1848/49 vorgezogen. So verteidigte er zum Beispiel seinen durchaus konservativ gesinnten Freund Baron Augusz gegen die Anwürfe eines Bekannten. Doch hält er auch einem anderen, am ungarischen Aufstand maßgeblich beteiligten Freund, Alexander Teleki, die Treue, der ihn während seiner Konzertreisen anfangs der 40er Jahre in Deutschland und Rußland begleitet hatte. »Er sollte '49 in Arad in der ehrenwertesten und höchst geehrten Gesellschaft der Welt gehängt werden – jener der Märtyrer des ungarischen Patriotismus«[9], wurde dann aber irgendwie aus dem Gefängnis befreit und entging dem Galgen. (Ein anderer Reisebegleiter und Freund, Felix von Lichnowsky, konservativer Abgeordneter des Frankfurter Parlaments, wurde 1848 auf offener Straße ermordet.) Die Widersprüche lösen sich, wenn man seine nachträglichen, vertraulichen Äußerungen zum Thema Patriotismus liest. 1855 schreibt er der Fürstin: »Wie für Humboldt ist der Patriotismus für mich nur eine sehr relative und verstümmelte Form der Empfindung. Als Künstler habe ich wenig Geschmack für die Kokarden, die sich sehr leicht zum Spaß eignen und in den Gegenden, die wir heimsuchen, wenig zu suchen haben.« [10] Und 1860 an Baron Augusz: »Der Patriotismus ist gewiß ein großes und bewundernswertes Gefühl, aber wenn er, aufgereizt, sich nicht mehr in den nötigen Grenzen hält und sich nur noch von fieberhaften Eingebungen leiten läßt, ereignet es sich, daß er ›Wind sät und Sturm erntet‹.« [11] So landet er schließlich bei Österreich als stabilisierendem Element der Donaumonarchie und der europäischen Politik, obwohl er der russischen Allianz auf die Dauer kein Vertrauen schenkt (1851 an Onkel Eduard in Wien): »Ich glaube nicht an einen ewigen Zustand der Ruhe und des Friedens, sondern an eine gewisse Ordnung innerhalb der Unordnung für etwa ein Dutzend Jahre, wobei sich die Haupttriebkraft dieser Ordnung natürlich in Petersburg befindet.« [12]

So nimmt er im Krieg 1866 ebenso natürlich die Seite Österreichs und scheut sich nicht, dies durch die Blume Carl Alexander aus Rom, wo er »in ruhiger Stille« lebte, mitzuteilen: »Wird demnächst in Deutschland wieder andere Musik als die Trommeln platzfinden? Hinsichtlich des Landes scheint mir das gegenwärtige europäische Konzert so beschaffen zu sein, daß die Musiker, die andere Befriedigung suchen als gemäß dem Sprichwort ›für den König von Preußen zu arbeiten‹, wenig Chancen haben.« [13] Als sich Ende der 70er Jahre der Streit um die türkischen Besitzungen in Europa erneut zuspitzt, hält er wiederum seinem großen Vaterland die Stange. Er hofft (1877), »daß Graf Andrássy [Außenminister von Österreich-Ungarn] in der Orientfrage einen wohl vorbereiteten und gut überlegten Augenblick der Inspiration haben möge, um der Donaumonarchie nicht nur ihren notwendigen, sondern sogar einen ruhmvollen Platz zu sichern.« [14] Und nach dem Berliner Kongreß, der 1878 die europäischen Großmächte um Bismarck vereint und u. a. die Besetzung des türkischen Bosnien samt der Herzegowina durch Österreich zur Folge hat, glaubt er, »daß ein Abstieg der österreichisch-ungarischen Monarchie kein erstrebenswerter Beitrag zum europäischen Gleichgewicht wäre« [15]. Er schätzt Graf Andrássy als Minister des Auswärtigen, da er die Donaumonarchie immerhin für »eine gewagte Einrichtung« [16] hält.

Trotz alledem: Sein Herz schlägt für den Kaiser der Franzosen. Hier spielen nicht nur die Erlebnisse seiner Jugend, sondern auch persönliche Bindungen eine Rolle. Bei fast allen Aufenthalten in Paris wird er vom Monarchen und der Kaiserin ehrenvoll empfangen. Er bringt es bis zum Kommandeur der Ehrenlegion. Einmal meint Napoleon III., es komme ihm vor, als sei er schon hundert Jahre alt; worauf Liszt schlagfertig antwortet: »Majestät, Sie sind das Jahrhundert.« — Am Beginn des äußerst verlustreichen Krieges von Sardinien und Frankreich gegen Österreich (1859) meint er ganz sachlich: »Meines Erachtens gibt es in der gegenwärtigen Situation keine halben Entschlüsse. Die Franzosen müssen ihrem Kaiser folgen, und Deutschland muß mit Österreich gehen«[17] (was allerdings nicht erfolgte). — Im Kriege 1870/71 ergreift er völlig die französische Partei. Er meidet in diesem Jahre Deutschland; von August 1870 bis Mai 1871 weilt er in Ungarn. Die Fürstin hält er brieflich auf dem laufenden. Am 20. 8. 1870, also zweieinhalb Wochen nach Beginn des Krieges, heißt es auf der Fahrt mit dem Dampfer von Gemensz nach Pest: »Augusz ist sehr beunruhigt durch die Berichte über die preußischen Siege. Seine Sympathien gehören völlig Frankreich. Ich beruhige ihn, indem ich eine baldige Revanche und mehr als das für Frankreich vorhersage. Unmöglich, daß dieser Krieg keine Alternativen habe. Wichtiger als der erste Sieg ist der letzte.«[18] Darin sollte er allerdings enttäuscht werden. Nach der Katastrophe zieht es ihn nicht sofort nach Deutschland zurück: »Es lockt mich nicht, mitten in den germanischen Begeisterungstaumel einzufallen.« Immerhin gibt er kritisch zu: »... Das zweite Kaiserreich 1853—1870! Vergessen wir nicht den entscheidenden Anteil, den die Gärung der nationalen Eitelkeiten an seinem Fall gehabt hat!«[19] Nach dem Tode des Kaisers (9. 1. 1873 in Chislehurst, England) widmet er ihm einen brieflichen Nachruf (an die Fürstin Wittgenstein), der noch einmal alle seine Empfindungen für den Monarchen umfaßt und teilweise auch an die Öffentlichkeit geriet: »Napoleon III. tot! Eine große Seele, rasche Intelligenz, umfassender Verstand, Weisheit aus Erfahrung, sanfter und großzügiger Charakter, — und unseliges Geschick! Ein gefesselter und geknebelter Caesar, aber von einem Hauch des göttlichen Caesars belebt, ideale Personifizierung der irdischen Herrschaft! [...] Ich glaubte [...], die Regierung Napoleons sei die beste für die Bedürfnisse und Fortschritte unserer Zeit. Er hat großartige Beispiele gegeben und große Taten vollendet oder versucht – Amnestien, die vollständiger waren als unter irgend einem anderen Regime – die Rekonstruktion von Paris, Marseille, Lyon, Brest etc. – die Kriege in der Krim und in Italien – der Schutz der katholischen Kirche in Rom und allen anderen Ländern – die Weltausstellung in Paris und der Aufschwung für die Ausstellungen der Provinzen – die aktive Fürsorge für das Schicksal und das Wohl der Landbevölkerung und der Arbeiterklasse – die Freigebigkeit und Großzügigkeit gegenüber den Gelehrten, Schriftstellern und Künstlern. All das sind historische Taten, an denen Napoleon nicht nur beteiligt war, sondern zu denen er oft die Initiative ergriffen und deren Ausführung er überwacht hat, trotz aller Schwierigkeiten, die sich ihr entgegenstellten. Sie sind nicht ausgelöscht durch sein Scheitern, so schrecklich es auch war! [...] Ohne zu große Unterwürfigkeit kann man sagen, daß der Kaiser sein Leben durch diese gleichsam synonymen Tugenden erfüllt hat: Wohltätigkeit, Güte, Freizügigkeit, Großmut, Prachtliebe, Freigebigkeit! Unter den schönen Charakterzügen von Napoleon III. hat man vielfach seine zuverlässige, feinfühlige, einfallsreiche Dankbarkeit gegenüber solchen Personen bemerkt, die ihm irgendeinen Dienst erwiesen hatten. In aller Höflichkeit und Bescheidenheit mache ich mich anheischig, ihm in diesem Punkt zu folgen, und beginne mit ihm selbst, indem ich sein Andenken segne und für ihn den Gott allen Mitleids bitte, der für eine Genesung der Völker Vorsorge getroffen hat.«[20]

Die dritte Säule – oder vielleicht die erste und wichtigste – war für Liszt das Christentum, verkörpert durch die katholische Kirche.

Auch hier läßt sich bei genauem Hinsehen eine erstaunliche Konstanz feststellen. Bis zuletzt pflegt er ein Christentum der Tat. Als in den Sabinerbergen infolge einer Mißernte eine Hungersnot ausbricht, zögert er nicht, zugunsten der hungernden Bevölkerung ein Konzert im großen Saal der Villa d'Este anzusetzen. Die römische Gesellschaft strömt per Bahn, mit der Kutsche oder zu Pferde in großen Scharen durch die Campagna, und es kommt eine beträchtliche Summe für die Notleidenden zusammen. Als im Frühjahr 1879 Szeged wieder einmal durch eine katastrophale Donauüberschwemmung heimgesucht wird, ist er sofort bereit, zu einem Wohltätigkeitskonzert in Budapest »mit seinen zehn alten Fingern« beizutragen. Ein ähnlicher Anlaß stand ja 1838 am Beginn seiner Virtuosenjahre, in denen er mindestens die Hälfte seiner riesigen Einnahmen gemeinnützigen Zwecken zur Verfügung stellte.

Für sich persönlich, in seiner Lebensweise, wird er immer bescheidener. Er nähert sich, wenn man so will, mehr und mehr seinem franziskanischen Ideal. Die in der Jugend empfangenen Lehren, besonders diejenigen von Saint-Simon und Lamennais, hat er nicht vergessen. Er liest im Alter geradezu »ketzerische« Autoren: Fourier, der in seiner *Théorie de l'unité universelle* (Theorie von der universellen Einheit, 1822) den Rousseauschen Gedanken vom sittlichen Wert der Triebe wieder aufgreift, die dem Allgemeinwohl dienstbar zu machen seien; Auguste Comte, den Vertreter des Positivismus, d. h. eines gesellschaftlichen Zustandes, der durch die Erkenntnisse der Soziologie und der exakten Wissenschaften mit dem Ziel ständiger Optimierung bestimmt ist; die Junghegelianer David Friedrich Strauß und Ludwig Feuerbach, die mit ihren Hauptwerken *Leben Jesu* (1832) bzw. *Das Wesen des Christentums* (1841) zu einer Fundamentalkritik der Evangelien ansetzen, und natürlich die *Vie de Jésus* von Ernest Renan (1863). Gut bekannt ist er mit dem protestantischen Theologen Karl von Hase, einem liberalen Dogmatiker und Kirchenhistoriker an der Universität Jena. Liszt widmete ihm seine Bearbeitung des Chorals *Nun danket alle Gott* für Orgel, Chor, Trompeten und Posaunen (1883), die er zur Einweihung der großen neuen Orgel des (evangelisch-lutherischen) Rigaer Doms komponierte. Er hatte also durchaus keine konfessionellen Vorurteile, weshalb er manchen Tadel von höchster kirchlicher Seite einstecken mußte. Alles in allem läßt er sich also als Linkskatholik von liberaler Gesinnung charakterisieren.

Es bleibt eine merkwürdige Lücke zwischen seiner Vorliebe für den Adel von der niedrigsten bis zur höchsten Stufe (ob hier doch das jugendliche Trauma von seiten des Grafen de St-Cricq nachwirkt?) und seinem sozialen Engagement für die benachteiligten unteren Klassen und alle in Not Geratenen. Alles Philiströse war ihm fremd. Dies sowie seine ungarische Herkunft, seine vorwiegend französische Bildung, sein Ultramontanismus, sein Abbégewand, seine Künstlermanieren – all das machte dem Bürgertum, besonders dem deutschen, seine Persönlichkeit und seine Werke lange suspekt.

So hatte der alte Liszt, obwohl er für die Entwicklung der Menschheit auf die Dauer gesehen das Prinzip Hoffnung vertrat, aus den geschilderten individuellen Gründen und soziologischen Einsichten, aber auch einfach wegen der zunehmenden Beschwerden des Alters Anlaß zu Trauer und Resignation. Vielleicht gehörte er auch zu den wenigen, die auf Grund bewußt erfahrener Zeitgeschichte eine Ahnung von der kommenden Weltwende mit ihren Katastrophen hatten. Das Wunder besteht darin, daß er dennoch die Kraft fand, in seiner Kunst immer neue Wege zu finden und seine Verzweiflung einfach auszukomponieren. So ist er ein schönes Beispiel für schöpferisches Altern – trotz alledem. »Man muß auf dem Weinstock welken können, ohne dabei seine geistigen Fähigkeiten zu verlieren.«

III

Mit Olga von Meyendorff erwächst dem Meister die dritte bedeutende Lebensgefährtin, mit der er von 1871 bis zu seinem Tode verbunden blieb. Manche Biographen neigen zu der Ansicht, Liszt habe sich damit in eine neue Abhängigkeit begeben – ähnlich der »Aufsicht« der Fürstin Wittgenstein. Tatsächlich bestand sie darauf, daß Liszt, soweit er in Weimar weilte, die Abende im allgemeinen bei ihr verbringe, auch wenn er dazu nicht immer

Lust hatte, und kontrollierte mit einer gewissen Eifersucht sein Verhalten zu seinen Schülerinnen. Doch war diese Frau weit besser als ihr Ruf. Aus der umfangreichen Korrespondenz geht hervor, welche menschliche Teilnahme und geistige Anregung er von ihr (und sie von ihm) erfuhr. Die Fürstin vergrub sich in Rom hinter ihren vier Wänden, verhangenen Fenstern und Büchern — und hatte trotzdem Verständnis für sein Bedürfnis nach weiblichem Kontakt im fernen Weimar. Zwar hatte sie Adelheid von Schorn, die Liszt unmittelbar gegenüber wohnte und daher eine gewisse Einsicht in sein Speisezimmer hatte (wenn auch wohl nicht mit einem Teleskop, wie Olga Janina maliziös behauptete), mit seiner »Betreuung« und laufender Berichterstattung beauftragt, aber daß dies ältliche und wenig hübsche Fräulein »seine Providence [Vorsehung, Schutzengel] nicht nur im materiellen, sondern auch im geistigen Leben« sein könne, glaubte sie wohl selber nicht. Sie wußte zwar, »seine Seele ist zu zart, zu künstlerisch, zu empfindungsvoll, um ohne Frauenverkehr zu bleiben — er muß in seiner Gesellschaft Frauen haben — und sogar mehrere, wie er in seinem Orchester viele Instrumente, mehrere reiche Klangfarben braucht.«[21] Aber diesem Orchester konnte Fräulein Schorn höchstens als Zuhörerin lauschen.

Olga von Meyendorff lernte Liszt während seines Rom-Aufenthaltes kennen. Sie war damals Gattin des russischen Gesandtschaftssekretärs, Tochter von Fürst Gortschakow in Warschau, die nebst vielen anderen Reizen ein höchst originelles pianistisches Talent besaß. 1867 wurde ihr Gatte, Felix von Meyendorff, Gesandter in Weimar, 1870 nach Karlsruhe versetzt, starb aber schon im folgenden Jahr. Seine Frau blieb im Alter von 33 Jahren mit vier bildschönen Knaben zurück. Da beschloß sie, das langweilige Karlsruhe mit dem anregenderen Weimar zu vertauschen. Dort hatte sie viele Freunde und versicherte sich insbesondere der Protektion von Liszt. Zunächst wohnte sie am Karlsplatz, später am Alexanderplatz und schließlich Belvederer Allee Nr. 1. So rückte sie Liszt in seiner Hofgärtnerei immer näher. Ihre Hauptbeschäftigung war die Erziehung ihrer Söhne, die sie selbst auf die Hochschulreife vorbereitete.

In Weimar wurde diese Frau von unnachahmlicher Haltung, lässigen, distanzierenden Gebärden und penetrierendem Verstand wegen ihrer Kleidung als »der schwarze Schwan« stadtbekannt. Die weltoffene amerikanische Liszt-Schülerin Amy Fay, die nur sechs Jahre jünger als Frau von Meyendorff war, gibt eine plastische Schilderung: »Übrigens hat diese hochmütige Baronin mich immer stark fasziniert, weil sie wie eine ›Frau mit einer Vergangenheit‹ aussieht. Ich habe sie oft bei Liszts Matineen gesehen, und nach dem, was ich vernehme, gehört sie einem Frauentyp an, den es nur in Europa gibt und nach dem Heldinnen ausländischer Romane gestaltet sind. Sie ist Witwe, nach ihrem Aussehen 36—38 Jahre, mittelgroß, überschlank, aber außerordentlich graziös. Sie trägt immer schwarz und ist äußerst sorglos in ihrer Kleidung, doch nichts kann die angeborene Eleganz ihrer Gestalt verbergen. Ihr Gesicht ist blaß und ihr Haar dunkel. Sie macht gleichzeitig den Eindruck eisiger Kälte und tropischer Hitze. Der Stolz Luzifers gegenüber der gesamten Welt — grenzenlose Hingabe für den Einzelnen. Ich begegne ihr oft im Park, wie sie dahinwandelt, ›hinter sich herschleifend die nachtdunklen Gewänder‹ und umgeben von ihren vier schönen Knaben [...], jeder hübscher als der andere. Sie haben solche romantischen Gesichter! Dunkle Augen und dunkles Lockenhaar. Der älteste ist etwa vierzehn, der jüngste fünf. [...]

Ich werde die hochmütige Art nie vergessen, wie die Baronin [...] mich von oben bis unten betrachtete. [...] Sie wartete, bis ich näher kam, hob dann bedächtig ihr Augenglas und musterte mich von Kopf bis Fuß, dann ließ sie es mit einer halb verächtlichen, halb gleichgültigen Miene fallen, als ob die Musterung nicht der Mühe wert gewesen wäre. [...] Ich wünsche mir immer, sie in einer modischen Toilette zu sehen. Wenn sie mit einer kaum durchschnittlichen Bekleidung so distinguiert wirkt, wie würde sie in einem Pariser Kostüm aussehen? Ich meine, im Hinblick auf Anmut, denn hübsch ist sie nicht. — Wie sie nun einmal ist: als psychologisches Studium ist sie vielleicht noch interessanter. Sie scheint mir zum allmählichen Scheitern verurteilt zu sein, — ein ausgebrannter Vulkan, ihre eigene Asche fällt auf sie herab und bedeckt sie immer mehr. [...] Was für ein Gegenstand wäre sie für einen Balzac gewesen!«[22]

Frau Muchanow-Kalergis, die als europäische Berühmtheit und große Förderin der Neudeutschen Schule bis zu ihrem Tode jährlich einige Wochen in Weimar verbrachte, urteilt kürzer, aber schlagkräftiger: »Madame Meyendorff erzieht ihre Söhne und ist in die Betrachtung Liszts versunken. Ich wollte, sie wäre etwas ruhiger und bescheidener in ihrer herben Tugend, die ich übrigens aufrichtig bewundere. Mit etwas mehr Sanftheit und Milde würde ihr nichts fehlen zum Glücklichsein und zum Charme, einer so wichtigen Sache für eine Frau.«[23] Und der Großherzog meinte noch prägnanter: »Sie ist manchmal nicht gerade liebenswürdig, doch immerhin sehr liebenswert.«[24]

Bei diesen Charakteranlagen war zu befürchten, daß sich ihr Verhältnis zur Umgebung Liszts schwierig gestalten würde. Cosima äußerte sich in ihren Tagebüchern zunächst kritisch. Besonders Richard Wagner schien die Baronin nicht ausstehen zu können. Aber bei näherem Kennenlernen fanden die beiden Damen, die an Intelligenz einander gewiß nichts nachgaben, bald zueinander und wurden schließlich Freundinnen.

Die Beziehung zu Liszt war besonders durch einen regen geistigen Austausch bestimmt. Die Baronin schickte ihm die wichtigsten Artikel aus der internationalen Presse, und sie versorgten sich gegenseitig mit ausgewählter Lektüre. So erfahren wir von seiner breiten Belesenheit, die sich sowohl auf belletristische als auch philosophische, theologische und historische Werke bezieht. Er schreibt ihr sachlich und offen – im Gegensatz zu dem aus alter Gewohnheit und Anpassung immer noch etwas unterwürfigen Stil seiner Briefe an die Fürstin, es sei denn, daß ihn seltene Zornesausbrüche kein Blatt vor den Mund nehmen lassen. So erfahren wir, ähnlich wie aus der Korrespondenz mit Agnes Street, seine wahren Ansichten über Vorgänge und Personen der Vergangenheit und Gegenwart. Die Baronin scheint gelegentlich auf die Fürstin eifersüchtig zu sein, ihm zu starke Beeinflußbarkeit vorzuwerfen oder einfach ihr eigenes, nicht leichtes Schicksal zu beklagen. Seine Antworten gewinnen dann einen warmen Hauch von Trost und menschlicher Zuneigung. So am 22. September 1878 aus der Villa d'Este: »Würden Sie nur etwas in mein Herz hineinschauen, so würden Sie dort sofort das Gefühl vorfinden, das Sie brauchen. Tröstet Sie das? Ich weiß es nicht. [...] Ihre Gewohnheit, einen gekünstelten Überlegenheitston anzuschlagen, verschafft Ihnen selbst einen Anflug von Herbheit, Bitternis und Unglücklichsein. Egozentrik ist nicht die richtige Haltung; obwohl sie sehr verbreitet ist, ist sie unpassend für edle Naturen. Lassen Sie mich glauben, daß Sie im Innersten ein viel besseres menschliches Wesen sind, als Sie darzustellen belieben. Meine Gewißheit wird durch die Tränen bestätigt, die Sie kürzlich vergossen — — — als Sie Bayreuth verließen. Betrüben Sie sich nicht mehr.«[25]

In einem Brief vom 27. September 1882 zieht er die vorläufige Summe ihres gemeinsamen Lebens. »Vergeben Sie mir alles Unglück, das ich Ihnen in den letzten zehn Jahren ohne böse Absicht verursacht habe. Mein Unrecht und meine Fehler machen mir tiefen Kummer. Gewähren Sie ihnen volle Vergebung, und lassen Sie uns der guten und großen Gedanken eingedenk bleiben, die wir miteinander geteilt haben, der lieblichen und anbetungswürdigen Musik, die wir zusammen gehört haben — — — — Erinnern wir uns der erhebenden Augenblicke, die wir zusammen erlebt haben, und bleiben wir unwandelbar in der erhabenen Gemeinschaft der Liebe — des Lebens und Lichts der Seelen in Zeit und Ewigkeit.«[26]

Der Innigkeit dieser Beziehung entsprechen die Werke, die er ihr gewidmet hat, keine »große«, sondern ganz intime Musik: die Transkription eines Liedes von Lassen *Ich weil in tiefer Einsamkeit* (60er Jahre), ein *Impromptu* (bzw. in leicht geänderter Version *Nocturne*) in Fis-Dur (1872) und die *Vergessenen Walzer Nr. 2 und 3* (1884). Auch die *Romance oubliée* in der Fassung von 1880 wird ihr angeboten; der *1.* (1881) und der *4.* (1885) *Vergessene Walzer* gehören ebenfalls in diesen Umkreis. Beziehung zur Baronin haben auch die beiden letzten der *Vier kleinen Klavierstücke* (1873 und 1876, beide in Fis-Dur). Schließlich fanden sich in ihrer Sammlung die Manuskripte weiterer Spätwerke, die erst 1969 im Druck erschienen sind: *Sospiri!* (1879), *Toccata* und *Carrousel de Madame Pelet-Narbonne* (beide wahrscheinlich auch von 1879 datierend). In diesen Stücken herrschen intime bis elegische Stimmungen vor, die eine zarte, aber wohl platonische Bindung nicht verleugnen.

Liszts Verhältnis zur Fürstin Wittgenstein, die die große Konstante seines Lebens bleibt, wird auf entsprechende Vorhaltungen hin verteidigt bzw. richtiggestellt. In einer seelischen Krise Carolynens hofft er, seinen früheren Einfluß auf das Gemüt der Fürstin wiederzugewinnen. »Er hat nie auf ihr gelastet, und ich wage zu sagen, daß er ihr die schwere Last ihrer Betrübnisse und Prüfungen vor und nach dem Verlust der bürgerlichen Rechte in Rußland erleichtert hat. Seitdem hat meine tiefe Liebe und unauslöschliche Dankbarkeit für sie etwas Geheiligtes hinzugewonnen. Sie hat mein Gewissen gestärkt und die wenigen guten Eigenschaften, die ich besitze, lebendig erhalten.«[27] Jeden Verdacht von Hörigkeit gegenüber der Fürstin lehnt er strikt ab: »In der Liebe habe ich nie und nimmer behaglicher oder auch mürrischer Unterwürfigkeit gefrönt, und mit Ausnahme der kirchlichen Dogmen bewahre ich mir meine völlige Unabhängigkeit.«[28] Auch die vielfach geäußerte Ansicht, die Fürstin habe ihn zur Annahme der niederen Weihen gedrängt, erweist sich als falsch: »Die Leute lasteten ihr meinen Einzug in den Vatikan an, von dem sie keine Ahnung hatte und den ich ihr einfach als beschlossene Sache einen Monat vorher ankündigte.«[28]

Eine gewisse Differenzierung erfährt auch seine Beziehung zum Weimarischen Fürstenhaus. Seine Anhänglichkeit bleibt unwandelbar. So schreibt er der Baronin, er habe seit mehr als 30 Jahren seine aufrichtige Dankbarkeit dem Hause Weimar gegenüber bekannt, und sie möge gewiß sein, daß er darin nie nachlassen werde. Und am 7. Februar 1871 aus Pest, um ihr Mut zu dem geplanten Umzug nach Weimar zu machen: »Trotz eines Restes von Betrübnis, die sich infolge zwölfjähriger Aufregungen und leidenschaftlicher Kämpfe reichlich in mir angesammelt hatte, fühle ich mich in Weimar weniger unwohl als anderswo, dank der bewährten Freundlichkeit Ihrer Hoheiten, denen ich immer dankbar und treu zu dienen versuchen werde. An einem ihrer Geburtstage sagte ich zur Großherzogin: ›Es ist nun mehr als zwanzig Jahre her, daß ich mich hier niederließ; geruhen Sie, mich als ein altes Möbelstück des großherzoglichen Haushalts zu betrachten; und möge es wie Mahagoni beschaffen sein, das im Laufe der Jahre immer besser wird‹.«[29]

Brieflich geht er aber manchmal auf Distanz. Die übliche Benennung des Großherzogs Carl Alexander und seiner Frau als »Monsieur bzw. Madame Sach« (= Sascha, im Russischen Koseform für Alexander) mag noch als Ausdruck eines etwas saloppen Verkehrstons dahingehen. Auch das Scheitern des großangelegten Entwurfs der Goethe-Stiftung scheint ihn nicht mehr zu betrüben. »Aber der einzige Fehlschlag, den ich schwer zu ertragen vermochte, war Monsieur Sachs Rückzug von Wagners *Nibelungen* (1860 – mehr als ein Jahr vor meiner Ankunft in Rom). Es wäre nicht nur möglich gewesen, sie in Weimar aufzuführen, damals hätten sie auch wenig gekostet.«[30]

In den 80er Jahren gibt er seinem wachsenden Lebensüberdruß unverhohlen Ausdruck. Der unermüdlich an ihrem großen Werk fortschreibenden Fürstin gegenüber hütet er sich vor derartigen Geständnissen, die sie sicher als »unchristlich« verworfen hätte. Bei Olga von Meyendorff gibt er sich ganz menschlich: »Ich bin seit drei Wochen – geradezu stumpfsinnig – in Notenblätter vertieft. Unmöglich, Briefe zu schreiben. Der Ihrige verschaffte mir größtes Vergnügen; ich bin so deprimiert und unzufrieden mit mir, daß etwas Aufmunterung von Ihnen willkommen ist, um mich aufrecht zu halten.«[31]

Den letzten Brief an sie diktierte er, schon schwer erkrankt, in Colpach (Luxemburg) vierzehn Tage vor seinem Tode. Bei der Beerdigung folgte sie seinem Sarge im gleichen Wagen mit Cosima, deren ältester Tochter Daniela und Fürstin Hatzfeld.

Nach ihrem geistigen Einfluß auf Liszt ist die Baronin Meyendorff der Gräfin d'Agoult und der Fürstin Wittgenstein fast gleichzustellen. So hat der Meister in jeder wesentlichen Phase seines Lebens, den Wanderjahren, der Weimarer und römischen Epoche und an seinem Lebensabend die Gesellschaft einer bedeutenden Frau genossen. Und wie bei den Gefährtinnen seiner frühen und mittleren Jahre ist auch im Falle der Baronin von Meyendorff der Einfluß auf sein künstlerisches Werk nicht gering einzuschätzen.

IV

In diesen Jahren ist Liszts Leben wieder stark durch Unterrichtstätigkeit ausgefüllt. Eine besonders lebendige Schilderung dieser »Stunden« sowie einer sonntäglichen Matinee gibt uns Alexander P. Borodin in seinen Erinnerungen,[32] der Liszt im Sommer 1877 in Weimar besucht hatte. Der Unterricht, der sich nicht auf Technik, sondern auf Interpretation bezog, war grundsätzlich kostenlos, obwohl der Meister in seinen späteren Jahren nur geringe Einkünfte hatte. Wenn er sich selbst an das Instrument setzte, »um zu zeigen, wie man es machen und nicht machen solle, – dann drängte sich die ganze Schar um den Flügel, so nah wie sie nur konnte, um ja keinen Ton, kein Wort, keine Miene des geliebten Lehrers zu verlieren« [33]. Aus diesem Kreise ging praktisch die gesamte folgende Pianistengeneration hervor: Eugen d'Albert, Conrad Ansorge, Hans von Bülow, Carl Tausig, Arthur Friedheim, Karl Klindworth, Frederic Lamond, José Vianna da Motta, Alfred Reisenauer, Moritz Rosenthal, Anton Rubinstein, Emil Sauer, Alexander Siloti, Bernhard Stavenhagen, August Stradal, Pauline Erdmannsdörfer, Sophie Menter und Laura Rappoldi-Kahrer und andere. In Budapest gehörte István Thomán, der spätere Lehrer Bartóks und Dohnányis, zu Liszts besten Schülern. Der Meister förderte durch bereitwilligst erteilte Ratschläge, durch Empfehlungen und – so lange er es konnte – durch finanzielle Zuwendungen auch spätere Dirigenten und Komponisten wie Smetana, Weingartner, Mottl und Saint-Saëns.

Die Herbstmonate pflegte er in Rom und in der Villa d'Este zu verbringen. In der Stadt nahm er im Hotel d'Alibert Wohnung. Von dort aus war die Fürstin Wittgenstein leicht zu erreichen, bei der er täglich vorsprach und speiste. Immer mehr entwickelte sie sich zu einer schrullenhaften Einsiedlerin. Sie starb wenig später als Liszt, aber noch vor ihrem Tode konnte sie ihr enzyklopädisches Werk *Des causes intérieures de la faiblesse extérieure de l'Église* (Über die inneren Ursachen der äußeren Schwäche der Kirche) vollenden, das längst auf den Index gesetzt worden war.

Auch nahm ihn die römische Gesellschaft stark in Anspruch. Daher zog er den Aufenthalt in Tivoli vor. 1869 schreibt er an Carl Gille: »Um den mir unausstehlich gewordenen Störungen der Wintersaison in Rom gründlich auszuweichen, bin ich hierher — Villa d'Este — emigriert und verbleibe als Tiburtiner Einsiedler bis Anfangs April. Es drängt mich meine alten Tage nicht mehr dermaßen zu vergeuden wie ehemals: ... Anstatt mich von albern anmaßenden Leuten abnützen zu lassen, möchte ich mich, zu meinem Vorteil, etwas ausnützen. ›Hoc opus, hic labor est!‹ «[34] (Dies ist dein Werk, hier deine Arbeit). Hier entsteht dann auch der größere Teil des Spätwerkes.

Von den winterlichen Aufenthalten in Budapest hat uns seine »Landsmännin« Janka Wohl eine lebendige Schilderung hinterlassen.[35] Sein Wirken an der Landesmusikakademie wurde von Margit Prahács dargestellt.[36] Leider ist im Gegensatz zur Weimarer Hofgärtnerei keine der Budapester Wohnungen Liszts im Originalzustand erhalten geblieben. Selbst die letzte in der früheren Musikakademie (Radialstraße, später Andrássy ut, jetzt Népköztársaság utja 67), die er sechs Jahre lang inne hatte, wurde nach seinem Tode geräumt. »Die einst so glänzende Wohnung, welche den Sammelpunkt aller Künstler, der besten Gesellschaft Budapests bildete, sieht gegenwärtig aus, als ob ihre Hausleute im Auszuge begriffen wären und die Hälfte der Einrichtung, und zwar die schönste, schon abtransportiert worden wäre«, schreibt der *Pester Lloyd* vom 22. August 1886.[37] Erfreulicherweise sind diese Räume im Liszt-Jahr 1886 restauriert worden und als Museum der Öffentlichkeit zugänglich: das kombinierte Arbeits- und Schlafzimmer mit einigen originalen Möbeln, die übrigen Räume mit Bildern, Plastiken, Instrumenten und anderen Andenken. 1871 wird Liszt auf Vorschlag von Ministerpräsident Andrássy zum Königlich Ungarischen Rat mit einer Jahresrente von

4000 Gulden, 1875 zum Präsidenten der Musikakademie ernannt. Leider gelingt es ihm nicht, zwei europäische Größen, nämlich Hans von Bülow für das Klavierfach und als Direktor der Akademie und Franz Witt als Regens chori und Leiter der Klasse für Kirchenmusik zu gewinnen. So bleibt er auf Ferenc Erkel (Direktor und Klavierprofessor), Kornél Ábrányi (Sekretär und außerordentlicher Professor für Musiktheorie) und Robert Volkmann (Professor für Komposition) angewiesen. Die Begeisterung, nach Ungarn zu gehen, scheint damals nicht sehr groß gewesen zu sein. So schreibt Cosima, die anläßlich des gemeinsamen Liszt-Wagner-Konzertes für das Bayreuther Festspielhaus in Budapest weilte, am 10. März 1875 in ihr Tagebuch: »Im ganzen traurigster Eindruck des ungarischen Landes, es scheint einer vollständigen Auflösung entgegen zu gehen. Der Diebstahl in der Administration an der Tagesordnung, dazu der Größenwahn — es darf kein Wort deutsch gesprochen werden. Das Leben ist horrend teuer; kein Bürgerstand, lediglich ein aufgeblähter, unkultivierter Adel. Die musikalischen Zustände ebenso traurig, dem Vater ist alles, jede Tätigkeit abgeschnitten, er ist eigentlich ganz fremd dort.«[38]

Hans von Bülow begründet seine Ablehnung in einem Brief an Cosima mit seiner künstlerischen Metamorphose (in Richtung Brahms), seinem schlechten Gesundheitszustand und endet in seiner sarkastischen Art mit einer Formulierung, die man kaum zu zitieren wagt: »Gelegenheit, ihm [Liszt] zu dienen, kann ich viel besser anderweitig finden als in einem sehr zweifelhaften Tempel bei Leuten, die halb Barbaren, halb Israeliten oder israelisiert sind.«[39] Dr. Witt sagte aus Krankheitsgründen ab.

Selbst Liszt war noch nach der offiziellen Eröffnung der Akademie am 14. November 1875 von bohrenden Zweifeln erfüllt. So schreibt er an Baron Augusz aus der Villa d'Este: »Werde ich die verlorene Zeit wieder einholen können? Nichts liegt mir ferner als engherzige Eitelkeit, doch werde ich meiner inneren Berufung gerecht werden können? Wird mir die Budapester Musikakademie Gelegenheit geben, unserem Lande gute Dienste zu erweisen und Theorie und Praxis der Musik zu bereichern? Ich hoffe es und rechne damit, Hilfe und Sympathie bei dieser schwierigen Aufgabe zu finden, die zähe Geduld sowie kluges und konsequentes Handeln erfordert.« [40]

V

Im Leben hielt sich Liszt immer mehr an das feste Land der etablierten Mächte. In seiner Kunst dagegen zog es ihn auf das hohe Meer der Zukunft hinaus. Er experimentierte mit dem musikalischen Material und gewann ihm immer neue und bessere Möglichkeiten ab, Empfindungen, Ideen, Natureindrücke, ja feinste seelische Regungen so unmittelbar wie möglich wiederzugeben. Aber er war ein vielfach Gezeichneter. Wen wundert es daher, daß sein Spätwerk von Resignation und Trauer, ja manchmal von Verzweiflung bis zur Todessehnsucht durchzogen ist. Der Glaube ist ihm existentielle Konstante. Aber bisweilen regt sich der alte Mephisto im Walzer- oder Csárdásrhythmus. Dann wiederum gelingen ihm Stücke von einer Intimität, wie sie früher höchstens in den *Consolations* zum Ausdruck kam. Zur Gestaltung großer Formen fehlt ihm zunehmend der Sinn. Doch die *13. Symphonische Dichtung* und einige Zyklen (*Wanderjahre III, Weihnachtsbaum, Historische ungarische Bildnisse* und die *Via crucis*) kommen zustande, die – als Einheit aufgenommen – von tiefer Wirkung sind.

Das Spätwerk Liszts ist also keineswegs Ausgeburt intellektuellen Versagens, wie Wagner und bis zu einem gewissen Grade auch Peter Raabe andeuten, es zeugt vielmehr von fortwirkender geistiger Unrast. Es ist auch nicht Produkt eines brüsken Stilwandels; die Übergänge sind durchaus fließend. Der Meister war und blieb ein Suchender bis ans Ende seiner Tage. Da er ziemlich lange lebte, gelangen ihm revolutionäre Ausblicke in die Zukunft, die keinem seiner Zeitgenossen möglich waren (mit Ausnahme Mussorgskis, von dem Liszt aber nichts kennengelernt zu haben scheint).[41] Man liest immer wieder von Antizipationen im Spätwerk Liszts: hier habe er Debussy oder Ravel, dort den mittleren

Strawinsky, Bartók oder gar Schönberg vorweggenommen. Das sind natürlich nur teleologische Hilfskonstruktionen, die Art, Vielfalt und Reichweite seiner Prophetien kennzeichnen sollen. Durchaus sinnvoll ist die umgekehrte Frage: Inwiefern wurden die nachfolgenden Generationen von Liszts Spätwerk beeinflußt? Ihre Beantwortung gehört in die folgenden Kapitel.

VI

Wie in der Jugend vertraute auch der alte Liszt seine besten und intimsten Gedanken dem Klavier an. Die *Années de Pèlerinage. III. Troisième Année* (*Wanderjahre. III.* Drittes Jahr, 1867 bis 1877) bestehen aus sieben Stücken, die eine Steigerung vom innigen *Gebet an die Schutzengel* über die Naturmystik der drei Villa-d'Este-Stücke und die Verzweiflung und Trauer der beiden folgenden bis zum erhebenden *Sursum corda* darstellen.

Nr. 1, *Angelus! Prière aux anges gardiens* (Angelus! Gebet an die Schutzengel) liegt ein einfaches, in Form eines gebrochenen Quartsextakkordes aufsteigendes und in Sekundschritten wieder zurückfallendes Thema zugrunde, das die Gebetshaltung symbolisiert. Es liegen auch Fassungen für Orgel oder Harmonium (1877) sowie Streichquartett bzw. -quintett (1880) vor. 1880 hörte der anglikanische Geistliche Reverend H. Haweis die Klavierfassung in der Villa d'Este von Liszt persönlich. »›Sie wissen‹, sagte Liszt, indem er sich zu mir wandte, ›in Italien läutet man das Angelus sorglos; die Glocken schwingen unregelmäßig und stehen still; die Klänge werden oft in dieser Weise unterbrochen‹; und er fing mit einem kurzen, schwingenden Motiv im Diskant an – wie Glocken, die hoch aufschwingen in der Abendluft: es hörte auf, aber so sanft, daß der halbe Takt Stille fühlbar wurde und doch das lauschende Ohr den gebrochenen Rhythmus durch die Pause hindurchtrug. Der Abbé selbst schien in einen Traum zu fallen; seine Finger fielen wieder leicht auf die Tasten, und die Glocken läuteten weiter, um mitten in der Phrase aufzuhören. Dann stieg vom Baß her die Weise des Angelus auf, –

wie die unbestimmte innere Bewegung eines Menschen, der im Vorbeigehen in den Ruinen eines am Wege liegenden Klosters die Geister alter Mönche ihre schläfrigen Melodien summen hört, während die Sonne schnell untergeht und vom orangefarbenen Westen her die purpurnen Schatten Italiens über das Land huschen!

Wir saßen bewegungslos ... Liszts Finger schienen ganz selbständig zu sein, zufällige Diener seiner Seele. Der Traum wurde durch eine Pause unterbrochen; dann kehrte das kurze schwingende Motiv wieder – von Glocken, die hoch aufschwingen in der Abendluft, der Halbtakt Stille, der gebrochene Rhythmus, – und das Angelus war geläutet.« [42] Nach Göllerich[43] soll das Stück durch ein Bild Joukowskys in Wahnfried angeregt worden sein, der die heilige Familie mit den Gesichtszügen der Wagnerschen Kinder, Liszts Enkel also, gemalt hatte.

Nr. 2 und 3 tragen den gleichen Titel: *Aux cyprès de la Villa d'Este. Threnodie* (An die Zypressen der Villa d'Este. Trauergesang). Der zweiten Threnodie liegt als Kopfthema eine harmonisch harte, schneidende Variante des ursprünglich von Liszt stammenden, aber durch Wagner gegangenen Liebesmotivs aus dem *Tristan* zugrunde. »Diese drei Tage«, schrieb er der Fürstin Wittgenstein, »verbrachte ich gänzlich unter den Zypressen. Ich war wie besessen, unfähig, an etwas anderes zu denken, – selbst in der Kirche –, ihre alten Stämme ließen mir keine Ruhe, und ich hörte ihre Zweige, beladen mit ihrem immergrünen Laube, singen und weinen.« [44] Diese Äußerung bezieht sich auf Nr. 2, die er deutlich von »Michelangelos Zypressen« (Nr. 3) unterschieden wissen will. Diese alten Bäume im Garten von Sta. Maria degli Angeli in Rom sollten vom Baumeister dieser Kirche, nämlich Michelangelo, persönlich gepflanzt worden sein. Aber wie Liszt – leicht persiflierend – der Fürstin schreibt: »Zwei deutsche Gelehrte haben mir versichert, die Zypressen von Sta. Maria degli Angeli seien nicht auf Michelangelo zurückzuführen. Um überflüssige Widersprüche zu vermeiden, habe ich von meiner 2. Threnodie den Namen des höchst verehrungswürdigen Genies entfernt. [...] Im übrigen wäre ich nicht würdig, die Schuhbänder dieses höchsten und herben Künstlers zu lösen, der gleichsam ein Märtyrer seines Ruhmes war.«[45]

Nr. 4, *Les jeux d'eaux à la Villa d'Este* (Die Wasserspiele der Villa d'Este) hat es zu größtem Ruhm gebracht. Im Vergleich dazu sind die »Wassermusiken« aus dem ersten Band der *Wanderjahre* (Nr. 2 und 4) nur schöngefaßte Quellen. Die *Jeux d'eaux* beginnen mit den aufschießenden Kaskaden parallelgeführter Nonenakkorde auf der Dominante (cis) als Orgelpunkt. Ähnliches kehrt am Schluß in gewandelter Form wieder. Das Stück ist zweiteilig. Das erste Thema steht im ersten Teil in Fis-Dur (dolcissimo tranquillo); das lydische zweite Thema (Altmelodie, sempre cantando) beginnt mit Viertaktern, denen Septimenakkorde auf der IV., III. und II. Stufe zugrunde liegen. Bei der »gesteigerten Wiederholung« steht Thema 1 in D-Dur und moduliert über B-Dur mit einer wunderbaren harmonischen Wendung wieder nach Fis-Dur. Dieser Abschnitt weist als Motto die Worte aus dem Johannes-Evangelium 4,14 auf: »Wer aber von dem Wasser trinken wird, das ich ihm geben werde, das wird in ihm ein Brunnen des Wassers werden, das in das ewige Leben quillt.« Die mediantischen Modulationen sollen also »Wandlung« symbolisieren. Hier bleibt Musik nicht – allerdings wundervolle – Naturschilderung, sondern wird zur »Tangente der Unendlichkeit«. Das zweite Thema beginnt im zweiten Teil in D-lydisch und moduliert nach Fis-Dur zurück. Mit diesem Stück von südlicher Klarheit, seiner Zeit weit vorauseilender Faktur und souveränem Klaviersatz ist Liszt endgültig der Begründer des musikalischen Impressionismus geworden. » ›Les jeux d'eau[x]‹ bleiben noch heute das Vorbild aller musikalischen Springbrunnen, die seitdem geflossen sind.« (F. Busoni, 1920)[46]

Nr. 5, *Sunt lacrymae rerum, en mode hongrois* (1872) schildert »die Empfindung von Tränen in sterblichen Dingen« (nach Virgil, Aeneis, Buch 1) auf ungarische Art. Es basiert auf dem Motiv f′-e′-h, einer kleinen Sekunde mit anschließendem Quartsturz. Mit einer ähnlichen Tonfolge, in der nur eine Quinte anstelle der Quarte steht, ist uns das Kopfmotiv des *13. Psalms* begegnet (»Herr, wie lange willst du meiner so gar vergessen?«).

Das gleiche Motiv (as′-g′-c′) findet sich in den einleitenden Takten des *Parsifal*, in dem eine gottverlassene Priestergesellschaft geschildert wird (Beginn der Komposition: September 1878). In allen diesen Fällen deutet das Motiv auf Verlassenheit, Resignation, Verzweiflung.

In Nr. 6, *Marche funèbre. En mémoire de Maximilien I, Empereur du Mexique, 19 Juin 1867* (Trauermarsch. Maximilian I., Kaiser von Mexico, zum Gedächtnis, 19. Juni 1867) wird ein tragischer Tod nacherlebt. Der Kaiser, der Liszt kurz zuvor noch eine hohe Auszeichnung verliehen hatte, wurde von den Anhängern von Benito Juárez zum Tode verurteilt und erschossen. Diese Szene schildert Liszt. Einleitende Trommelwirbel signalisieren die Urteilsverkündung. Es folgt der Marsch zur Richtstätte. Ein schleppendes Thema (mit dem in Metamorphosen das ganze Stück bestritten wird) kündet von der Verzweiflung des Verurteilten. Doch er findet Trost im Glauben (espressivo). Gefaßt schreitet er zur Hinrichtung (tranquillo, grandioso). Den Schlußteil bildet eine strahlende Dur-Apotheose (trionfante).

Beide Stücke, Nr. 5 und 6, weisen deutlich ungarisches Kolorit auf. Sie sind bisher vernachlässigt, aber musikalisch interessant und gewinnen ungemein bei fesselnder Gestaltung.

Nr. 7, *Sursum corda* (Erhebet Eure Herzen) – diese Worte werden auf dem Höhepunkt der katholischen Meßfeier vor dem Gesang des Sanctus vom Priester intoniert. Sie werden durch die aufsteigende Septime des Themas symbolisiert, das das ganze Stück beherrscht. Gestützt wird es durch einen von Anfang bis Ende durchgehaltenen Orgelpunkt auf E, dem Grundton, der sozusagen das feste Fundament des Glaubens darstellt. Da das Thema im Mittelteil durch zahlreiche Modulationen geführt wird, ergeben sich harte Zusammenklänge. Auf dem Höhepunkt der Durchführung wird der Orgelpunkt einige Takte lang verlassen, und die Melodie bewegt sich in Ganztonschritten und damit entgleitender Tonalität auf- und abwärts, offenbar als »Entrückung« zu deuten, bis in der Reprise das Hauptthema auf seinem Orgelpunkt mit höchster Kraft wiederkehrt. Ein Stück voller Pathos – aber das war eben eine (wichtige) Seite von Liszts Religiosität –

und ein würdiger Beschluß des Gesamtzyklus der drei *Wanderjahre.*

Der *Weihnachtsbaum. Arbre de Noël* (1874—1876) ist eine Folge von zwölf »einfachen« Klavierstücken, die Liszt seiner Enkelin Daniela von Bülow gewidmet hat. Der Zyklus wurde etwa gleichzeitig mit den *Wanderjahren III* (außer Nr. 6) komponiert. Aber das ist kein Widerspruch, sondern eine Ergänzung. Um mit Busoni zu reden: Der Zyklus strahlt die »kindliche Mystik« aus, »worin jene letzte Naivität, welche die Frucht aller Erfahrung ist, fremdartig in ein ›besseres Land‹ hinüberklingt«.[47] Die Stücke sind zum Teil von intimem Reiz, so *Die Hirten an der Krippe, Scherzoso* (Man zündet die Kerzen des Baumes an) und *Schlummerlied.* Von melancholischer Erinnerung sind die letzten drei Stücke *Ehemals, Ungarisch* und *Polnisch* durchwebt. Zwei Glockenstücke sind ganz impressionistisch. *Carillon* (Glockenspiel): eine »Anhäufung von seltsam irisierenden Trillerklängen und Orgelpunkten [...], Eintönigkeit des Melos, hervorgerufen vor allem durch fortdauernden Gebrauch von Sequenzen, die einen arabeskenhaften und daher geradezu zuständlich wirkenden Gehalt haben«.[48] Der Schluß bleibt in der Schwebe (Septakkord auf Stufe II und Dominante als »note ajoutée«, aus den Tönen der pentatonischen Leiter auf der Subdominante zusammengesetzt), für die Zeit der Entstehung absolut ungewöhnlich. Noch interessanter sind die *Abendglocken.* Besonders der Schlußteil (Andante quieto) verbreitet eine wundervolle Stimmung. Er wird von einem doppelten Orgelpunkt auf As (im Baß) und B (im Diskant) durchtönt, der in den letzten Takten — dem Ausschwingen der Glocken entsprechend — nur noch im Baß weiterklingt.

Rund zehn Jahre später wurden die *Historischen ungarischen Bildnisse* komponiert. Sie charakterisieren sieben Persönlichkeiten des nationalen Wiedererwachens: 1. Stephan Széchenyi, 2. Joseph Eötvös, 3. Michael Vörösmarty, 4. Ladislaus Teleki, 5. Franz Deák, 6. Alexander Petőfi und 7. Michael Mosonyi, Nr. 7 und 6 stammen in Vorformen bereits aus den Jahren 1870 und 1877, die übrigen aus 1885. Am erregendsten ist der *Teleki*, wieder eine Hinrichtung, aber diesmal in Form eines Suicids. Der Graf war eine der führenden Persönlichkeiten der '48er Revolution und Emigration. Er wurde im Ausland von der österreichischen Geheimpolizei rechtswidrig verhaftet, nach Wien gebracht und nur unter der Bedingung vom Kaiser begnadigt und freigelassen, daß er sich fortan jeder politischen Tätigkeit enthalte. 1861 stand die Nationalversammlung in Pest, deren Mitglied Teleki als Adliger war, vor der Entscheidung, ob sie Franz Joseph als Herrscher anerkennen oder sich an die öffentliche Meinung der ganzen Welt wenden solle. Teleki fühlte sich in eine ausweglose Lage gebracht: sein dem Kaiser gegebenes Wort und die Drohung einer neuen Terrorwelle lagen miteinander im Streit. So blieb ihm nur der Selbstmord, nachdem er seine Parlamentsrede für den folgenden Tag niedergeschrieben hatte. Dieser psychologische Prozeß wird in dem Klavierstück geschildert. Es wird von einem Ostinato-Motiv (von Mosonyi stammend) durchzogen. Die auskomponierte rhythmische Beschleunigung charakterisiert das anfängliche Zögern, den schweren Entschluß und die Tat. Es folgen Verklärung und Apotheose. Der *Petőfi* ist ein Lebensbild: das unbestimmte Schweifen in der Jugend, das Erwachen des poetischen Geistes, die Liebe zu Julia Szendrey und der Weg in die Schlacht (1849 als Adjutant von General Bem in Siebenbürgen), Tod und Verklärung — das alles meisterlich verkürzt und konzentriert. *Mosonyi:* ein wundervoll lyrisches Tombeau für den Komponisten, mit dem Liszt freundschaftlich verbunden war.

Die drei späten Zyklen repräsentieren also ihren Autor als Homo religiosus, sein Sehnen nach Familie und nach Heimat. Die Einzelstücke dieser Jahre überspannen einen weiten Bogen der Empfindung. Die Innigkeit, deren der alte Meister fähig war, erweisen die *Fünf kleinen Klavierstücke** (für die Baronin von Meyendorff, 1 und 2 1865, 3 1873, 4 1876 und 5 [Sospiri!] 1879), die *Fünf ungarischen Volkslieder für das Pianoforte (in leichter Spielart übertragen)* (1872), die beiden *Elegien* (1874, 1877), *Schlaflos! Frage und Antwort, Nocturne* (1883), *En rêve, Nocturne* [Im Traum] (1885) und die vier *Vergessenen Walzer* (1881—1883, der vierte später).

* Identisch mit den früher erwähnten *Vier kleinen Klavierstücken*, dazu *Sospiri!*

Aber die diabolische Ader ist keineswegs versiegt. Davon zeugen besonders der *Dritte Mephisto-Walzer* (1883), die *Bagatelle ohne Tonart – Bagatelle sans tonalité* (1885), der *Csárdás macabre* (1881–1882) sowie zwei weitere *Csárdás* (1884).

Eine besondere Stellung nehmen die auf Wagner bezüglichen Stücke ein, *Die Trauergondel. La lugubre gondola* in zwei verschiedenen Fassungen (1882), bedeutende Stücke, die durch den Anblick eines Trauerzuges auf dem Canal grande angeregt sein sollen, den Liszt aus seinem Fenster im Palazzo Vendramin erblickt hatte. Er wohnte dort als Gast Wagners. Hatte er eine Vorahnung des baldigen Todes seines Schwiegersohnes? Zwei Stücke, die er nach dessen Ende (13. Februar 1883) geschrieben hat, klingen auf dem Klavier schwächer als die Trauergondeln, wie erstarrt.

Bei ähnlicher Grundstimmung stehen Gestaltungsvermögen und Stimmungsdichte in einigen späten Klavierstücken auf wesentlich höherer Ebene. *Trübe Wolken. Nuages gris* (1881) wurde von Debussy und Strawinsky geschätzt. René Leibowitz war es in seinem Buch über *Die Entwicklung der Musik von Bach bis Schönberg* eine ausführliche Analyse wert. Er faßt zusammen:

»Die Grundzüge, die wir hier beschrieben haben, beweisen einerseits, daß einige der radikalsten Errungenschaften der Musik unserer Tage ihren Ursprung auf einigen Seiten von Liszt haben und daß umgekehrt gewisse Bestrebungen Liszts gewisse Entdekkungen der heutigen Zeit bedingt und hervorgerufen haben. Die Beweise dafür konnten wir aus Feststellungen ableiten, die wir an einem relativ unwichtigen und sozusagen unbekannten Stück gemacht haben. Das heißt einfach, die Geschichte ist nicht immer und einzig eine Folge bedeutender Ereignisse, sondern diese können manchmal in einer gewissen Verborgenheit vorbereitet werden, in die sich selbst ein großer Meister wie Liszt bisweilen zurückziehen muß.«[49]

Ähnlich bedeutsam ist *Unstern. Sinistre. Disastro* (aus den letzten Lebensjahren), das ein bedrängendes Erlebnis und die daraus resultierende Stimmung schildert. Musikalisch ist das

Stück durch tonale Ungewißheit charakterisiert, die trotz mehrerer Anläufe bis zum Schluß nicht beseitigt werden kann.

Abschied. Russisches Volkslied (1885) ist rein modal (äolisch-phrygisch) harmonisiert, verklärte Musik von großer Gelassenheit, die in der Tat den Abschied des Meisters vom »Notenschreiben« — und vom Leben — einleitet.

VII

In seinen vorletzten Schöpfungen scheint der abstrakte Klavierklang dem Meister nicht genügt zu haben. Er greift auf die Klangsinnlichkeit der menschlichen Stimme und des Orchesters, besonders der Streich- und Holzblasinstrumente, und der Orgel zurück. Und in diesen Medien schafft er als Siebzigjähriger zwei seiner Meisterwerke: Die *Via crucis* und die 13. Symphonische Dichtung *Von der Wiege bis zum Grabe.*

Als Einübung dienen ihm Lieder, an der Spitze *Vergiftet sind meine Lieder* (1844, 1859) nach Heinrich Heine und *J'ai perdu ma force et ma vie* (Ich verlor die Kraft und das Leben) (1872), ein Sonett von Alfred de Musset, das vielleicht auch die Stimmungslage des alten Liszt zu charakterisieren vermag:

Ich verlor die Kraft und das Leben,
Meine Freude, den frohen Sinn,
Selbst mein Stolz ist auf immer dahin,
Der einzig mir noch Halt gegeben.

Da ich die Wahrheit zuerst erkannt,
Gab ganz ich mein Herz ihr zu eigen,
Da ich forschen wollte, in die Tiefen steigen,
Hab ich schaudernd mich abgewandt.

Ach, und doch währt ewig ihr Walten,
und wer nicht treu zu ihr gehalten,
Hat sein Erdendasein verneint.

Gott redet; ich muß ihm Antwort geben:
Das einz'ge Gut, das mir bleibt im Leben,
Es sind Tränen, die ich einst geweint.
(Übersetzung: Alfred Meißner)

Es folgen *Ihr Glocken von Marling* (1874) *Einst* und *Gebet* (70er Jahre), *Die tote Nachtigall* (1878), *Isten veled* (Behüt dich Gott!) (1879), *Go not, happy day* (1879, nach Tennyson), das erschütternde *Und wir dachten der Toten* (ca. 1880, nach Freiligrath) und schließlich *Des Tages laute Stimmen schweigen* (1880, nach Ferdinand von Saar). – Leider sind diese Lieder weitgehend unbekannt, und doch gehören sie zum Besten, was bis zu Hugo Wolf in der deutschen Liedliteratur existiert.

Die *Via crucis. Les 14 Stations de la Croix pour chœur, soli avec accompagnement d'orgue (ou pianoforte)* (1873–1879; Die 14 Stationen des Kreuzweges für Chor und Soli mit Orgel- oder Klavierbegleitung) ist meist in neomodalem Stil und freier Chromatik, teils auch diatonisch gehalten. Man muß hier jeder Note glauben: »O! Crux Ave! Spes unica« (Oh! Kreuz, sei gegrüßt. Einzige Hoffnung), wie es im Vorwort heißt. Dabei wird die Kreuzigung selbst, wie auch im *Christus-Oratorium*, relativ kurz abgehandelt. Das erschütterndste Stück ist *Station IV. Jésus rencontre sa très sainte mère* (Jesus begegnet seiner allerheiligsten Mutter, teilweise wiederholt in der 13. Station, der Kreuzesabnahme). Es beginnt mit der härtesten Variante des Tristan-Motivs (vergl. Nr. 3 der *Wanderjahre III, Aux cyprès de la Villa d'Este. Thrènodie*) und endet freischwebend in der Unendlichkeit.

Ein solches Stück ist nicht ohne innige Mutterbindung zu denken. Anna Maria Liszt war zehn Jahre zuvor in Paris im Hause Ollivier gestorben. Dieser Frau von großer Herzensbildung blieb ihr Sohn bis zu ihrem Ende tief verbunden. Die innigsten Briefe schrieb er ihr zu ihren Namenstagen, so am 23. Juli 1860: »Ich [...] danke Gott, daß er mir eine so gute, sanfte und liebe Mutter gegeben hat. Mein ungestümes Gemüt haben Sie stets beschwichtigt und geklärt, so daß es dem Ihren durch unzerreißbare Bande der Dankbarkeit und pietätvoller Kindesliebe verbunden bleibt.

Durch Sie empfing ich das beste Beispiel und glückliche Anlagen. Sie lehrten mich und vererbten mir — ich darf es wohl sagen — die Rechtschaffenheit des Charakters, die schlichte Einfalt in Erstrebung des Guten, die vertrauensvolle Ergebung in Gottes Willen inmitten der Prüfungen des Lebens, in denen der Glanz der Welt keinen Halt gewährt. Der Himmel behüte Sie und schenke mir die Gnade, immer mehr zu Ihrer Zufriedenheit und Ihrem Glücke beizutragen!«[50] Das sind keine Gehorsamsfloskeln von Kindern zu Eltern, wie sie damals üblich waren, sondern liebevolle und dankbare Bekenntnisse des reifen Mannes. In Frankreich hatte sich Anna Liszt während eines vierzigjährigen Aufenthaltes durch ihre Güte und Weisheit die allgemeine Achtung erworben. Sie begleitete ihren Sohn mit Rat und Tat auf allen Wegen. Während er Tod und Bestattung seines Vaters als Sechzehnjähriger ziemlich geschäftsmäßig erledigte, eilte er nach dem Ableben seiner Mutter (1866) an ihr Grab, um dort in Tränen auszubrechen. Ohne diese enge Bindung an das Ewig-Weibliche bleiben *Die Legende von der heiligen Elisabeth*, der Schlußchor der *Faust-Symphonie*, die Stabat-Mater-Hymnen aus dem *Christus-Oratorium* und die Station IV aus dem *Kreuzweg* unverständlich.

Wegen seiner avancierten Faktur war diesem heute so erregenden Werk damals kein Echo beschieden. Es wurde zusammen mit *Septem Sacramenta* (1878) und *Rosario* (1879) vom Verleger Pustet in Regensburg, der den konservativen, von der Kurie gestützten Caecilien-Verein repräsentierte, mit dem Bemerken abgelehnt, Dr. Franz Witt, Domkapellmeister ebendortselbst, habe ihm erklärt, daß diese Sachen für seinen Verlag nicht paßten.[51] *Via crucis* erlebte erst 1929 in der Innerstädtischen Pfarrkirche in Budapest seine Uraufführung. Und 1936, also ganze 50 Jahre nach dem Tode des Komponisten, erschien es in der Breitkopf & Härtelschen Gesamtausgabe im Druck. *Septem Sacramenta* und vor allem *Rosario* werden nur verständlich, wenn man sich ihres meditativen Charakters bewußt wird. So ist ihre musikalische Eigenbedeutung tatsächlich — im Unterschied zur *Via crucis* von untergeordneter Bedeutung. Die Musik soll hier nur der Vertiefung einer religiösen Handlung oder eines Gebets dienen. Aber einige weitere Spätwerke dieses Genres werden zu Unrecht vernachlässigt. Die *Sanct Christoph Legende* (1881–1882) gehört zu den reizvollsten und interessantesten dieser Art.[52] Entwicklung der Themen aus einem Grundmuster, kompakte Unisoni und rationell eingesetzte Akkorde sind seine zukunftweisenden Momente. Auch den *Mariengarten* (»Quasi cedrus«, 1884) kann man liebgewinnen. Dies trifft noch für weitere Werke aus dem letzten anderthalb Jahrzehnt des Meisters zu (z. B. *Cantico del Sol*, 1862, 1880/81; *Sanct Caecilia*, 1874; *Jeanne d'Arc*, 1858, 1874).

Erwähnen wir der Kuriosität halber noch *Ossa arida* (1879, für Männerchor und Orgel vierhändig). Das kurze, 50 bis 60 Takte lange Stück beginnt mit sechs übereinandergeschichteten Terzen, also einem Tredezimenakkord, den der Meister als Stein des Anstoßes für die »Professoren und Jünger der Conservatorien« schrieb. Marie von Hohenlohe-Schillingsfürst, seiner Vertrauten, antwortete er auf den Vorschlag eines Liszt-Konzertes in Wien: »Die Vision des Hesekiel würde allen herrschenden Kritikern [darunter Hanslick] revolutionär erscheinen. Ich weiß nicht, ob ich es je riskieren werde, diese ›trockenen Knochen‹ in der Öffentlichkeit vorzuzeigen.« Und noch der Herausgeber dieser Briefe (H. E. Hugo, 1953) weiß nicht recht, was es mit diesen »dry bones« auf sich hat.[53] Dabei wurden auch sie 1936 in der Gesamtausgabe veröffentlicht.

Das Makabre und das Mephistophelische reichen sich die Hand. 1880 bis 1881 schreibt der alte Meister den *Zweiten Mephisto-Walzer*, ein glänzendes Orchesterstück, welches das Kopfmotiv des 3. Satzes der *Faust-Symphonie* verarbeitet. Dazu Liszt an Camille Saint-Saëns, den Widmungsträger (frei übersetzt von Constantin Floros): »Keiner empfindet lebhafter als ich das Mißverhältnis zwischen dem guten Willen und dem effektiven Resultat in meinen Kompositionen. Dennoch komponiere ich weiter (nicht ohne Mühe), aus dringendem Bedürfnis und alter Gewohnheit. Nach Hohem zu trachten ist nicht verboten. Folglich bleibt das Erreichen des Zieles – ein Fragezeichen fast wie der Ausgang des *Mephisto-Walzers* auf h–f, dem Intervall, das seit den ersten Takten des Stückes angestimmt wird.«[54, 55]

Das beste Alterswerk neben der *Via crucis* ist die 13. Symphonische Dichtung *Von der Wiege bis zum Grabe* (1881–1882). Sie besteht aus drei thematisch verbundenen Abschnitten. *Die Wiege* ist ein zarter Satz für hohe Streicher, Flöten und Harfe. *Der Kampf ums Dasein* führt Blechbläser und schließlich ein Paukensolo ins Feld. *Zum Grabe: Die Wiege des zukünftigen Lebens* gehört harmonisch und klanglich zum Interessantesten, was Liszt geschrieben hat. Der Satz endet frei schwebend in den höheren Lagen der Celli. Das Werk wurde 1884 unter Leitung von Balakirew in St. Petersburg uraufgeführt.

Es wundert danach nicht, daß der alte Liszt auch zur Kammermusik in verschiedenen Besetzungen beigetragen hat. Es sind meistens Fassungen älterer Klavierwerke für Streichinstrumente, evtl. mit Harfe, Klavier, Harmonium oder Orgel. So ergeben sich aparte Klangwirkungen, besonders bei Stücken, die in der Klavierfassung einigermaßen skelettiert erscheinen.

Die *Romance oubliée* (1880; für Soloklavier, für Violine oder Bratsche oder Cello und Klavier) geht auf ein Lied *Les pleurs des femmes* (Die Tränen der Frauen, 1843) nach einem Gedicht von Karolina Pawlowa zurück. Es wurde 1848 in eine radikal neue Fassung für Klavier gebracht und Josephine Kościelska gewidmet. Es ist ein nostalgisches Stück, das gewissermaßen Fritz Kreisler vorwegnimmt. Aber auch das gehört zum Geist der Zeit – und zur großen Seele Franz Liszts.

Besser sind die original späten oder halbwegs späten Sachen. Ein Violinsolo fand sich im *Benedictus* der *Ungarischen Krönungsmesse*, dessen Bearbeitung für Violine und Klavier (1869) häufig von Ede Reményi in seinen Konzerten gespielt wurde. Ein Originalstück für seine Hochzeit ist der *Epithalam* (d. i. Hochzeitsmusik, 1872) für die gleiche Besetzung.

Die [erste] *Elegie* führte Liszt in der Fassung für Cello, Klavier, Harfe und Harmonium (1874) am 17. Juni 1875 im Tempelherrenhaus im Weimarer Park zum Gedächtnis der im Vorjahr verstorbenen Marie Muchanow-Kalergis geb. Gräfin von Nesselrode auf. Er war dieser Frau, die auch in Bayreuth verkehrte, innig verbunden. – Die Besetzung des Stückes vereinigt gestrichene, angeschlagene und gezupfte Saiteninstrumente mit einem »Blasinstrument« (Harmonium) – eine Kombination, die so oder ähnlich erst im frühen 20. Jahrhundert Bürgerrecht in der Musik für kleine Besetzung erringen sollte.

Gerade kammermusikalisch wird zunehmend Trauerarbeit geleistet. 1877 folgt die *Zweite Elegie* in Fassungen für Violine oder Bratsche und Klavier, 1882 die *Trauergondel* [2. Version] für Violine bzw. Violoncello und Klavier und 1883 *Am Grabe Richard Wagners* für Streichquartett und Harfe, das in der Klavierfassung so spröde erscheint. Es wirkt jetzt als Ruf ins Jenseits, als Nach-Ruf. Cosima hatte ihren Vater bekanntlich erst nach dessen Rückfrage durch die Enkelin Daniela vom Tode Richard Wagners informieren lassen und nicht zum Begräbnis eingeladen. Jetzt steht er geistig am Grabe seines Freundes und faßt die Quintessenz ihres gemeinsamen Lebens in wenigen Zeilen zusammen: Zunächst vom Cello vorgetragen das *Excelsior*-Motiv, das im *Parsifal* genial transformiert worden war, jetzt schmerzverzerrt – eine weitere Wandlung; dann dieses Motiv akkordisch und auf einem Orgelpunkt cis modulierend; abschließend das Glockenmotiv aus dem *Parsifal*, endend im Solo der 1. Violine auf cis, das auch der Anfangston war und nun in die Ewigkeit hinüberklingt. Liszt gelingt es also, in konzentriertester Form die künstlerische Beziehung beider Freunde bloßzulegen, aber unter einem höheren Stern, eben diesem durchklingenden cis, zum Leuchten zu bringen.

Wie der alte Liszt mit neuen, aparten Klangwirkungen experimentierte, geht auch aus einer Schilderung Borodins aus dem Jahre 1877 hervor. In Jena geriet der russische Reisende zufällig in die Generalprobe zu einem Konzert in der Stadtkirche unter Mitwirkung von Liszt als Dirigent und – am Klavier. »Als die Sachen mit Klavier drankamen, ging er in die Tiefe des Chors, und bald zeigte sich sein grauer Kopf hinter dem Flügel. Die mächtigen, abgerundeten Klänge des Flügels strömten wogend unter den gotischen Wölbungen der alten Kirche dahin. Göttlich spielte er! Was für ein Ton, welche Kraft, welche Fülle! Was für ein pianissimo, was für ein morendo. [...] Als Chopins *Trauermarsch* zu Gehör kam, war es klar, daß dies gar kein Arrangement war: — während die Orgel und das Violoncello nach Noten spielten, improvisierte Liszt den Klavierpart, bei jeder Wiederholung spielte er anders, überhaupt nicht das Gleiche wie vorher. Aber was machte er daraus! Unbegreiflich! Die Orgel spielt in der Tiefe pianissimo langgedehnte Akkorde und Terzen; das Klavier mit Pedal führt ganz leise, aber volle Schläge aus; das Violoncello singt das Thema. Das bringt eine überraschende Wirkung hervor: — es ist ganz so, als ob von fern das volle Geläut der Trauerglocken erklänge, von denen die eine immer schon ausschlägt, ehe die andere zu klingen aufhört. Ich hatte nie und nirgends etwas derartiges gehört.« [56]

Die Überwindung der Romantik durch das Experiment

Mein einziger Ehrgeiz
als Musiker war und wäre,
meinen Speer in die grenzenlosen Räume
der Zukunft zu schleudern.

Franz Liszt 1874
an Fürstin Wittgenstein[1]

I

Der alte Liszt, auch wenn er gelegentlich beim Essen oder sogar als Zuhörer in Konzerten mit seinen eigenen Werken viertel oder halbe Stunden lang einschlief, verlor nichts von seiner geistigen Unruhe. Sein Unbewußtes arbeitete weiter und war ständig auf der Suche nach Neuem, nach Unbekanntem. Sein Alterswerk war Ausdruck einer Wandlungsfähigkeit, die ihn sein ganzes Leben hindurch begleitet hatte. Aber er arbeitete jetzt langsam und sorgfältig, jede Note wägend. Er las Flauberts *La Tentation de Saint-Antoine* (Die Versuchung des Heiligen Antonius, 1874) und Zolas *Essay über Flaubert* und fand dessen zögernde Arbeitsweise seiner eigenen verwandt. »Ein Akkord oder bisweilen selbst eine Pause haben mich viele Stunden und eine Menge Radierungen gekostet. Diejenigen, die die Bedeutung des Stils kennen, sind dieser sonderbaren Qual ausgeliefert.«[2] Für sein Spätwerk gilt also, was Flaubert von der dichterischen Prosa schrieb: »Die schönsten Worte sind diejenigen, in denen am wenigsten Stoffliches enthalten ist. Je mehr der Ausdruck sich dem Gedanken nähert, je unlösbarer das Wort der Idee anhaftet, um so schöner erscheint es mir.«[3] Im Zeichen dieser Synthese von Gehalt und Gestalt steht auch Liszts Alterswerk. Jetzt wirft er das rhetorische Gewand der Spätromantik endgültig ab. Seine Empfindung erreicht allem Sinnlich-Realen entrückte Bezirke; er dringt in tiefste seelische Schichten vor und vermag psychologische Zustände und Abläufe zu schildern, die sich bislang dem musikalischen Ausdruck entzogen.

Auch seine Prosa gewinnt noch an Treffsicherheit, wie Wagner bezeugt: »Ein […] Brief meines [Cosimas] Vaters hat R[ichard] sehr gefreut; er rühmt die Eigenartigkeit seiner Aussprüche und wie er niemals eine Phrase sage, sondern nur spräche, wenn er einen besonderen Eindruck habe, um dann etwas Außerordentliches zu sagen« (30. Mai 1879).[4]

II

Wagemut, Lust zum Experiment waren von Jugend an charakteristische Züge Liszts. So hat er der Klaviertechnik die letzten Ausdrucksmöglichkeiten, dem Orchester ganz neue Klangwelten abgerungen. Auch sein kompositorisches Schaffen wird man nicht ohne diese Neigung zum Experiment verstehen. Busoni erzählt, ein Ohrenzeuge habe erlebt, »wie Liszt – auf eine Kadenz sinnend – sich an den Flügel setzte und darauf drei bis vier Dutzend Varianten versuchte, das heißt glatt herunterspielte, bis er seine Wahl beschloß.«[5] Schon seine Jugendwerke *(Harmonies poétiques et religieuses, Apparitions, Malédiction-Konzert)* fallen durch ihren improvisatorischen Charakter, ihren harmonischen Wagemut, die Kunst der thematischen Metamorphose auf. In Weimar und Rom gelingen ihm mit der *h-Moll-Sonate*, der *Faust-Symphonie*, der *Ad-nos-Fantasie und Fuge* und dem *Christus-Oratorium* große erfüllte Formen, in denen sich die Musik über den individuellen Mikrokosmos erhebt, zur »Tangente der Unendlichkeit« wird und damit die Romantik transzendiert. Im Spätwerk schließlich finden sich erneut tonale und harmonische Wagnisse, die jetzt deutlich auf das 20. Jahrhundert vorausweisen. Sie wurden von R. Leibowitz[6], S. Gut[7], L. Bárdos[8], Z. Gárdonyi[9], I. Szelényi[10], N. Nagler[11], J. Ogdon[12], A. Walker[13], Bernard C. Lemoine[14] und anderen analysiert und interpretiert. Wir wollen uns hier auf einige Schwerpunkte des Lisztschen Avantgardismus konzentrieren.

In jüngeren Jahren ließ er sich in seinem Schaffen vielfach durch Eindrücke aus Natur, bildender Kunst und Literatur anregen. »Die mannigfachen Erscheinungen der Natur und die

Vorgänge in derselben sind es, die in meiner Seele tiefe Empfindungen hervorriefen; so entstanden zwischen ihnen und mir unmittelbare Beziehungen, [...] eine unerklärliche Verbindung.«[15] Sie war es, die die präimpressionistischen Landschaftsbilder im *Album d'un voyageur* (dessen 1. Teil *Impressions et Poésies* überschrieben ist) und im 1. Teil (Schweiz) der *Wanderjahre* gezeugt hat. Ähnlich verdankt der 2. Teil (Italien) der *Wanderjahre* Eindrücken aus Malerei, Plastik und Literatur seine Entstehung.

Diese äußeren Anregungen treten, besonders nach dem Zerfall der Beziehung zu Marie d'Agoult, im Lauf der Jahre mehr und mehr zurück. 1854 gesteht er Carolyne seine Unfähigkeit, die Landschaft zu bewundern.[16] G. Rohlfs erzählt aus späterer Zeit: »Er achtete die Natur und deren Schönheiten fast gar nicht. Für ihn war Kunst alles und in der Kunst die Musik. Machte ich ihn bei einem Spaziergang oder auf einer Fahrt auf diese oder jene Schönheit in der Natur aufmerksam, so pflegte er dies kaum zu beachten, es war als ob es nicht vorhanden wäre.«[17] Ähnlich verhielt sich Liszt zur bildenden Kunst. Die Werke, die ihn in der Jugend begeistert hatten, sah er später nie wieder an. 1867 berichtet Kurd von Schlözer aus Rom: »Vor einigen Wochen ging ich mit Liszt in die Farnesina, um die prachtvollen Fresken von Sodoma zu sehen, die, nebenbei bemerkt, auf ihn gar keinen Eindruck machten.«[18]

Natur und Kunst interessierten ihn nur noch, insofern sie geistfähig waren. »Wenn der Mensch verlernt, aus den Eindrücken der Natur, ganz wie aus denen der Kunst, poetische Sammlung und Erhebung zu ziehen und sie gleichsam als Präludium zu höherer und positiverer Betätigung, zu Gefühlen zu benutzen, deren Freiheit und Größe ihn zu dem Glauben berechtigt, nach dem Bilde Gottes geschaffen zu sein, wenn er vergißt, daß momentane Eindrücke ihr Ende in sich selbst tragen, wenn er den Blick beständig in den verführerischen und gefahrvollen Abgrund der Natur versenkt, wird ihn diese bald vernichten.«[19]

Es kam ihm also darauf an, die Natur zu transzendieren. Im schönsten und bedeutendsten Stück dieser Art, den *Jeux d'eaux à la Villa d'Este*, wird dies durch das Wort aus dem Evangelium Johannes 4, 14 bezeugt. Musikalisch entspricht ihm die Ausweitung und Überschreitung der Funktionstonalität zugunsten größerer klanglicher Farbigkeit und der funkelnde, luxurierende Klaviersatz. Vergeistigte Natur sind auch die Glockenstücke, wie früher die Etüde *Harmonies du soir*, so jetzt etwa *Carillon* oder *Cloches du soir* aus dem *Weihnachtsbaum*-Zyklus.

Wie wenig ihm noch Malerei bedeutete, geht auch daraus hervor, daß er sich von einem so mäßigen Bild wie Mihály Zichys *Von der Wiege bis zum Grabe*[20] zu seiner hochinteressanten 13. Symphonischen Dichtung anregen ließ. Es kam ihm eben nicht auf die künstlerische Bedeutung, sondern den geistigen Gehalt an. Manets *Frühstück im Grase* (1863), mit dem etwa der Beginn des Impressionismus in der Malerei anzusetzen ist, oder spätere impressionistische Gemälde wie etwa Monets *Impression – Sonnenaufgang* (1872), das der Richtung ihren Namen gab, hat er nie kennengelernt.

Auch in der Literatur ist er etwa bei Flaubert stehengeblieben. Der Symbolismus, der seinem Streben so verwandte Seiten aufweist, blieb ihm bis auf einiges von Baudelaire unbekannt. Impressionistische Züge weist dagegen der Purgatorio-Satz der *Dante-Symphonie* (1855–1856) auf. Auch einige Lieder zeichnen sich durch impressionistische Stimmung aus: *Blume und Duft* nach Hebbel (um 1860, *Ich scheide* nach Hoffmann von Fallersleben (1860), *Gebet* von Bodenstedt nach Lermontow (70er Jahre), *Verlassen* nach G. Michell (1880) und *Des Tages laute Stimmen schweigen* nach F. von Saar (1880). Ihre eigenartige Wirkung beruht besonders auf aparten harmonischen Wendungen in der Begleitung. *Verlassen* schließt symbolträchtig mit einem unaufgelösten Septakkord.

III

Während in den erwähnten Werken der Ton noch einen realen Klangwert besitzt, der Assoziationen mit Erscheinungen der Außenwelt erlaubt, wird in den spätesten Stücken auch darauf verzichtet. Schon einige der Symphonischen Dichtungen, etwa den ersten Satz der *Faust-Symphonie*, kann man als Psychogramme bezeichnen. Jetzt dient die Musik nur noch dem möglichst unmittelbaren Ausdruck intimster psychologischer Sachverhalte. Hinzu kommen Resignation und Trauer, die Schlözer bereits in den 60er Jahren in Rom als beherrschende Grundstimmung des Meisters konstatierte. 1876 schreibt Liszt: »Manchmal bedeckt die Traurigkeit meine Seele wie mit einem Leichentuch.«[21] Das schloß nicht aus, daß er auch als Abbé im Kontakt mit der Außenwelt seinen alten Charme und Esprit entfalten konnte. Gleichzeitig verstärkten sich aber die ironischen, sarkastischen, ja diabolischen Züge seines Wesens. Dieser inneren Zerrissenheit, deren er sich durchaus bewußt war, verdanken wir die Vielfalt der Stimmungen in seinem Spätwerk. Sie reichen etwa von den intimen Reizen der *Valses oubliées* über die Verzweiflung und Trauer der *Lugubre gondola* und der *Historischen ungarischen Bildnisse*, die Diabolik des *zweiten und dritten Mephisto-Walzers*, des *Csárdás macabre* und des *Csárdás obstiné* bis zum Martyrium der *Via crucis* und den Alpträumen von *Unstern* und *Trübe Wolken.* Er arbeitet langsam. Viele Varianten werden ausprobiert und verworfen, bis er schließlich – mit entsprechenden Folgen für die Behandlung des musikalischen Materials – den adäquaten Ausdruck für die darzustellende psychologische Situation gefunden hat. Und diese ist immer weniger anheimelnd, sondern immer häufiger depressiv, von Obsessionen bedrängt, von Trauer durchzogen, gelegentlich ironisch überspielt. So tritt ein, was bereits Hegel in seiner *Ästhetik* vorausgesehen hat (wenn man die Wendung der Äußerung ins Negative vernachlässigt): »Sobald sich hier die Musik auf die Abstraktion charakteristischer Bestimmtheit einläßt, wird sie unvermeidlich fast zu dem Abwege geführt, ins Scharfe, Harte und Unmusikalische zu geraten und selbst das Disharmonische zu mißbrauchen.«[22]

Dieses Spätwerk kennzeichnet also endgültig das Ende der romantischen Epoche in der Musik. Hier ist jede subjektive Gefühlsschwelgerei überwunden. Seelische Inhalte werden so realistisch wie möglich dargestellt: Das Einssein mit der Natur »sub specie aeternitatis«, das Ringen um diese Einheit, Meditation, Trost, Glaube, Trauer, Verzweiflung, Sarkasmus, Todessehnsucht und Tod. Wer so weit gediehen ist, zögert nicht mehr vor der Anwendung der äußersten Mittel. Die Tonalität wird durch eine fortgeschrittene, freibewegliche Chromatik, durch Serien verminderter Septakkorde, durch Ganztonmelodik und übermäßige Dreiklänge, durch Qarten-, Quinten- und Septimenakkorde weiterhin labilisiert. Die Melodik wird immer mehr motivhaft verkürzt, beschränkt sich häufig auf bestimmte Intervalle (vorwiegend Quarte und Quinte), ja auf den Tonraum eines Tritonus oder Tetrachords. Das Prinzip des Metabolon, das heißt, die Wandelbarkeit einzelner Motivtöne um einen Halb- oder Ganztonschritt nach oben oder unten, wird eingeführt. So entstehen Ausschnitte von exotischen oder experimentellen Tonleitern, die erst später (Bartók, Strawinsky, Messiaen) volles Daseinsrecht in der Musik erlangen sollen. Manche Stücke sind vollkommen auf einer Kurzmotivik aufgebaut, die nur nach den genannten Prinzipien variiert wird (*Schlaflos, Frage und Antwort; Csárdás obstiné*, 1884) so daß eine Vorstufe der seriellen Technik resultiert.

Das Nachdenken über das musikalische Material ließ Liszt schließlich die Tonalität überhaupt in Frage stellen. Damit wird er der wichtigste Vermittler zwischen der klassisch-romantischen Epoche und der Musik des 20. Jahrhunderts. Schon das Kopfthema der *Faust-Symphonie* (1854) enthält in vier aufeinanderfolgenden — allerdings gebrochenen — übermäßigen Dreiklängen sämtliche zwölf Halbtöne unserer Tonleiter. Eine theoretische Arbeit, die bis zu den Grenzen der Tonalität vorstößt, die *Harmonielehre* von F. J. Fétis[23], war Liszt gut bekannt. 1859 schreibt er dem Autor, »... daß ich nie aufgehört habe, aus Ihren Lehren Nutzen zu ziehen, besonders aber aus Ihren bemerkenswerten Vorträgen über ›Omnitonie‹ und ›Omnirhythmie‹.«[24] 1867 bekennt er E. Repos: »Von allen mir bekannten Theoretikern ist Fétis derjenige, der am meisten die harmonischen und rhythmischen Fortschritte in der Musik vorgeahnt und definiert hat; ich schmeichle mir, über solche Kardinalpunkte mit ihm in vollständiger Übereinstimmung zu bleiben. [...] Nach seiner Theorie soll die Kunst fortschreiten, sich entwickeln, sich bereichern, neue Formen entwickeln, aber in der Praxis verhält sie sich zögernd und widerspenstig.«[25] 1873 eröffnet er dem erstaunten Vincent d'Indy, der bei ihm in Weimar zu Besuch weilt, er erstrebe die »Überwindung [suppression] der Tonalität«[26]. In seinen späten Stücken (darunter die *Bagatelle ohne Tonart. – Bagatelle sans tonalité*, 1885) exemplifiziert er diese Absicht.

Alles in allem: Die Harmonie war das vorherrschende Element in der Musik des 19. Jahrhunderts und Liszt der bedeutendste Harmoniker dieses Zeitalters. Aufsehen erregte schon sein Frühwerk durch seine »chaotischen Schönheiten«. Um 1850 entsprach sein harmonisches Können etwa dem von Chopin und Schumann. Die ebenfalls gleichaltrigen Mendelssohn, Verdi und Wagner ebenso wie die späteren C. Franck, Bruckner und Brahms blieben zurück. Erst die Generation von etwa 1860, also 50 Jahre nach Liszt (Mahler, Debussy, R. Strauss, Busoni), eroberte neue Klang- und Erlebniswelten.

Als Kontrapunktiker war Liszt dagegen schwach. Was er bei Reicha in seiner Jugend gelernt hatte, hatte er weitgehend vergessen. Trotzdem sind seine transharmonischen Experimente im wesentlichen auf eine Form der linearen Schreibweise zurückzuführen. Dabei spielen einfache, doppelte *(Abendglocken* aus *Weihnachtsbaum)* und melodische Orgelpunkte (Ostinati; *Ladislaus Teleki* aus *Historische ungarische Bildnisse, Die Trauergondel I*) eine herausragende Rolle. In *Unstern* werden das Kopfmotiv und das hinzutretende doppelt punktierte Motiv unabhängig behandelt. In allen diesen Fällen werden härteste Zusammenklänge in Kauf genommen. Im zweiten Teil von *Trübe Wolken* bewegt sich das klangliche Geschehen auf drei voneinander unabhängigen Ebenen: einem zweitaktigen Orgelpunkt B-A im Baß, einem ganztaktig chromatisch absteigenden übermäßigen Dreiklang in der Mittellage und einem chromatischen Anstieg im Diskant. Der Schluß bleibt – infolge Ganztonharmonik – in der Schwebe.

Formal dagegen gibt es beim alten Liszt kaum Experimente.

Die Stücke sind, wie in der Jugend, meist dreiteilig: ein, seltener zwei Themen, eine Art Durchführung und die – allerdings variierte oder metamorphosierte – Reprise, eine Simplifizierung der Sonatenform. Eine weitere Reduktion stellt die zweiteilige Form dar: etwa ein erster Teil in Moll, ein zweiter als »verklärte« Dur-Variante (z. B. *Marche funèbre* aus *Wanderjahre III, Schlaflos. Frage und Antwort, Unstern*) oder als »gesteigerte«, d. h. einer zum Teil einschneidenden Metamorphose unterworfene Wiederholung (z. B. *Trübe Wolken*).

IV

Liszts Musik ist nicht nur Ausdruck von Empfindung, kaum »Malerei«, sie hat vor allem – und diese Tendenz nimmt im Laufe der Jahre zu – einen tieferen Sinn, sie soll etwas bedeuten.[27] Diese Ausdrucksbestimmtheit nimmt in gewissen späten Stücken wegen ihrer penetranten Kurzmotivik und ihrer konzentrierten Faktur einen geradezu bedrängenden, suggestiven Charakter an. Sie findet sich aber schon in frühen Werken. Bezeichnend ist eine Geschichte, die Constant Lambert erzählt: »Der Pianist Warlock spielte einmal *Vallée d'Obermann*, das längste und gewichtigste Stück des Schweizer Heftes der *Wanderjahre*, einem Freunde vor, der sich in einem Haschischrausch befand und plötzlich ausrief: ›Spiel weiter! Es erinnert an die Täler meiner Kindheit.‹ – Der Freund war in der Schweiz aufgewachsen.«[28]

Es ist schwierig, solche Wirkungen Lisztscher Musik auf aufgeschlossene Hörer zu erklären, da sie äußerst vielschichtig sind. Sie beruhen offenbar auf dem Symbolgehalt des musikalischen Textes. Symbole werden in diesem Zusammenhang von C. Floros als »bewußt gesetzte musikalische Zeichen für einen bestimmten, nicht unmittelbar erkennbaren Sinngehalt«[29] definiert. Man wird auch an Goethe erinnert, der sich mehrfach über »Symbol« und »Gleichnis« geäußert hat. Am 2. 4. 1818 schreibt er an Carl Ernst Schubarth: »Alles was geschieht ist Symbol, und, indem es vollkommen sich selbst darstellt, deutet es auf das Übrige.« Diese

Symbole gilt es also zu entschlüsseln, wenn man musikalische Werke dieser Faktur nicht nur gefühlsmäßig aufnehmen oder ihrer Form nach verstehen, sondern auch ihren Inhalt, ihren inneren Sinn begreifen will.

Im allgemeinen herrscht die Ansicht vor, Liszt sei vorwiegend Harmoniker, dagegen in der melodischen Erfindung schwach (vor allem weil er häufig fremde Themen verwendet hat). Seine Originalthemen sind jedoch sehr variabel und ausdrucksstark. Ihnen liegt nicht nur die übliche Dur- oder Moll-Skala, sondern – je nach Ausdrucksbedürfnis – pentatonische, gregorianisch-modale, diatonische, chromatische, zigeunerische oder anderweitig exotische Melodik zugrunde. Daraus ergibt sich die zunächst paradox erscheinende Feststellung von S. Gut: »Obwohl Liszt [...] ein bemerkenswerter Harmoniker war, vernachlässigte er keineswegs die Melodie. Im Gegenteil, er beutete ihre verschiedenen Möglichkeiten aus und gelangte auf diesem Gebiet zu einem Reichtum und einer Mannigfaltigkeit, wie man sie bei keinem anderen Komponisten seiner Epoche findet.«[30] Das entsprach seinem gesteigerten Ausdrucksbedürfnis.

Pentatonische Themen werden verwendet, um »Reinheit« auszudrücken; Ursprünglichkeit der Natur (*Au lac de Wallenstadt, Églogue* aus *Wanderjahre I*, Beginn des Allegretto pastorale in *Les Préludes*, Motiv des Sonnenaufgangs nach den Stimmen der Nacht in der *Bergsymphonie*), Reinheit der menschlichen Seele (*Sposalizio* aus *Wanderjahre II, Invocation* aus *Harmonies poétiques et religieuses*, die *Kreuzritter* in der *Heiligen Elisabeth, Der heilige Franz von Paula auf den Wogen schreitend.*)

Modalität kündet von Religion und Glauben. Eine besonders häufige Wendung ist g-a-c′ (bzw. Transpositionen davon), das »tonische Symbol des Kreuzes«[31], eigentlich der Beginn der dritten Magnificat-Intonation der Gregorianik. Eindrucksvoll sind beide Elemente schon im Kopfmotiv des ersten Stückes der *Wanderjahre I*, der *Chapelle de Guillaume Tell*, vereinigt. Jahrzehnte später verwendet Wagner das »Kreuzessymbol« im Gralsthema des *Parsifal.* Auch in weltlichen Werken findet sich Modalität, hier zur Kennzeichnung des Numinosen *(Ballade II)*, des

Schicksalhaften *(Abschied)* oder des religiösen Pathos (*Sonate h-Moll*, hymnischer Abschnitt, grandioso).

Abschnitte mit chromatischer Melodik (und Harmonik) finden sich z. B. im Schlußteil von *Il Pensieroso* aus *Wanderjahre II*, der *Legende I (Vogelpredigt)*, im *Tristis est anima mea* aus dem *Christus-Oratorium*, im *Requiem* und in der *Via crucis.* (Zwischen den beiden ersten liegt der *Tristan* von Richard Wagner.) Die Annahme liegt nahe, daß damit Sehnsucht, liebende Zuneigung, schmerzhaftes Verlangen gekennzeichnet werden soll.

Zigeunerische Stilelemente (Zigeunertonleiter, die »magyarische Kadenz«, punktierte und synkopierte Rhythmen, ornamentale Melismen, Nachahmung des Zymbals) finden sich natürlich vorwiegend in Liszts ungarischen (zigeunerischen) Werken. Allmählich ist ihm die Fähigkeit, sich in ungarisch-zigeunerischem Modus (mit entsprechender Harmonisierung) auszudrücken, in Fleisch und Blut übergegangen. Er findet sich daher auch in nicht nationalen Werken wie dem *Chor der Unterirdischen* aus dem *Entfesselten Prometheus, Aux cyprès de la Villa d'Este (1. Threnodie)* und *Sunt lacrymae rerum* aus *Wanderjahre III* und *Trübe Wolken*, immer als Ausdruck von Resignation, Trauer, Verzweiflung. In dem späten Stück *Im Traum* tritt die Zigeunertonleiter als »Störfaktor« auf, der das sonst ruhige Dahingleiten in Dur vorübergehend beeinträchtigt.

Die Ganztonleiter (gamme terrifiante der älteren Literatur) tritt teils als Symbol des Schauerlichen (z. B. *Pensée des morts, Unstern*, Melodram *Der traurige Mönch*), teils zur Kennzeichnung von »Entrückung« (z.B. *Sursum corda* aus *Wanderjahre III, Station IV, Jésus rencontre sa très sainte mère* aus *Via crucis*) in Erscheinung.

Bemerkenswert ist die Mischung dieser Modalitäten, die teils nebeneinander, teils untereinander stehen. In der *Legende I (Vogelpredigt)* ist zum Beispiel den Vögeln klares Dur, dem Heiligen bei Beginn der Predigt das Kreuzessymbol mit neomodaler Harmonisierung, dem Höhepunkt der innigen Zuneigung beider Chromatik zugeordnet. Die Ganztonleiter wird z. T. mit übermäßigen Dreiklängen *(Der traurige Mönch)*, z. T. neomodal

(Schlüsse der *Dante-Sonate* und *Dante-Symphonie*) harmonisiert. Charakteristisch ist der Wechsel von Dur und Zigeunerisch auf dem gleichen Ton in *En rêve*. In *Unstern* steht dem im wesentlichen durch den Tritonus und Ganztonharmonik (übermäßige Dreiklänge) gekennzeichneten ersten Teil ein zweiter Teil (Sostenuto, quasi organo) in klarem Dur, allerdings auf dem Dominantseptakkord unaufgelöst verschwebend, gegenüber. *Trübe Wolken* ist im wesentlichen durch das Neben- und Ineinander von Zigeunertonleiter mit adäquater Harmonisierung, Moll- und übermäßigen Dreiklängen gekennzeichnet. Die Beispiele ließen sich erheblich vermehren. Aus der aufgezeigten Bedeutung (Semantik) der verschiedenen Modalitäten erhellt, welche Ausdrucksvielfalt damit dem Komponisten zuwächst.

Sie wird ferner erweitert durch die bewußte Verwendung charakteristischer steigender oder fallender Intervalle und ihnen entsprechender Akkorde. Die Symbolik des Tritonus als »Diabolus in musica« war Liszt wohlbekannt. Ihre Anwendung reicht von der Eröffnung der *Dante-Sonate* (Höllentor) über den dritten Satz (Mephistopheles) der *Faust-Symphonie*, den *Zweiten Mephisto-Walzer*, die *Bagatelle ohne Tonart* bis zum *Unstern*. Die Bedeutung der Intervallsymbolik ergibt sich meist aus dem Kontext: Die steigenden und zurückfallenden Quarten *(Schlaflos, Frage und Antwort)*, die sich zum Tredezimenakkord auftürmenden Terzen (*Ossa arida*; die verstreuten Knochen, die sich am Jüngsten Tage zu Skeletten zusammenfügen), die fallende Quarte *(Sunt lacrymae rerum)* oder Quinte *(13. Psalm)*, die steigenden Quarten und die Quartenakkorde (*3. Mephisto-Walzer, Malédiction-Konzert, Prometheus*, Beginn von Statio IV aus *Via crucis*), die Quinten und Quintakkorde *(Pastorale, Au lac de Wallenstadt* einerseits und Paganini-Etüde *La Campanella, 1. Mephisto-Walzer, Totentanz, Csárdás macabre* andererseits). Die aufsteigende (kleine oder verminderte) Septime wurde im Zusammenhang mit *Sursum corda* erwähnt. Die aufsteigende große Septime (die größte Distanz unseres Tonsystems) finden wir als Intervall und akkordisch im *129. Psalm »De profundis«* (Aus der Tiefe) und in dem davon abgeleiteten Stück des *Stanislaus-Oratoriums*.

Von großem Sinngehalt ist bei Liszt auch der Rhythmus und im Zusammenhang damit die Verwendung von Märschen (besonders Trauermärschen), Walzern, Csárdás etc., die an sich schon eine bestimmte innere Haltung kennzeichnen. So sind das Klavierstück *Lyon*, der *Arbeiterchor* und die Kantate *Le forgeron* (Der Schmied, 1845) als Märsche konzipiert, die mit einem rhythmischen Emblem beginnen, das dem Anfang der Marseillaise entspricht. Man denkt auch an den Trotzrhythmus, der den Anfang der Symphonischen Dichtung *Prometheus*, den ähnlichen Fluchrhythmus, der den Beginn des *Malédiction-Konzertes* charakterisiert, den Orgueil-Rhythmus aus dem gleichen Konzert, der sich im dritten Satz der *Faust-Symphonie* als eigentliches Mephisto-Thema wiederfindet, die zigeunerisch-ungarischen Rhythmen, die punktierten Rhythmen der Trauermärsche, die sehr differenzierte Rhythmik der Walzer und vieles andere.

Dieser kurze Streifzug durch den Sinngehalt Lisztscher Musik mag immerhin Verständnis für ihren Ausdruckswillen wecken. Für ein bewußtes Verstehen dieser Musik ist daher eine formale Analyse nicht ausreichend; sie muß durch eine semantische Exegese ergänzt werden. Aber schon der naive Hörer, der sich mit entspannter Zuwendung dieser Musik hingibt, empfindet bis zu einem erheblichen Grade ihren Sinngehalt. Er erlebt mehr oder weniger bewußt das innere Geschehen, das diesen Werken zugrunde liegt. Das wird dadurch ermöglicht, daß Sinn und Symbol nahezu deckungsgleich sind. Wenn Musik imstande ist, komplizierte psychologische Sachverhalte so zwingend darzustellen, daß sie mehr oder weniger unmittelbar nachempfunden werden können, dann erübrigt sich eine Erläuterung, dann ist das Konzept der Programm-Musik ad absurdum geführt, dann ist eine spezielle »poetische Idee« überflüssig bzw. identisch mit seelischen Erlebnissen, die unvermittelt in Musik umgesetzt werden. Und in der Tat, beim alten Liszt bleiben von der »poetischen Idee«, die früher mit langen Zitaten erläutert wurde, nur noch die Überschriften. Und auch sie erübrigen sich im Grunde oder sind zumindest geistreicher als solche Verlegenheitstitel wie Intermezzo, Romanze oder Capriccio. Diese Relativierung des Programmkonzepts hat — wiederum — niemand knapper als der alte Liszt (1884) formuliert: »Die Musik bleibe immerdar Musik ohne überflüssige und schädliche Deutungen.«[32]

V

Die *Romantische Harmonik und ihre Krise in Wagners »Tristan«* hat in dem Buch von Ernst Kurth[33] ihre klassische Beschreibung gefunden. Einer der Kernsätze: »Die Romantik wird das Zeitalter der Terzen«, denen ja auch Liszt reichlich Tribut gezollt hat. Die weitere Entwicklung verläuft über die Parallelführung von Sext- und Quartsextakkorden, in deren Anwendung Liszt eindeutig vor Brahms rangiert, über superponierte reine Quinten (Beginn 2. Akt *Tristan*), denen Liszt im Beginn des *1. Mephisto-Walzers* zumindest nichts nachgibt, und parallel und chromatisch geführte leere Quinten (Schluß der Paganini-Etüde *La Campanella; Totentanz; Christus-Oratorium*, etwas vor Schluß des letzten Abschnittes: *Auferstanden, Csárdás macabre*) bis zu zunehmender Anwendung alterierter Akkorde, als deren Gipfel im allgemeinen das Sehnsuchtsmotiv (2. und 3. Takt des Vorspiels) aus dem *Tristan* betrachtet wird. Bei näherer Analyse handelt es sich um die Auflösung eines einfach alterierten Nonenakkordes (f-h-dis-a) in einen Dominantseptakkord (e-gis-d-h), also eines Akkordes mit doppelter harmonischer Spannung (f-h, dis-a) in einen Klang mit nur einem Tritonus (gis-d) — also eine »Auflösung« auf höherem Niveau.[34] Liszt hat nun diesen Prozeß, zum Teil schon vor Wagner, weitergeführt; er setzte aus äquidistanten Einheiten (kleinen oder großen Terzen) aufgebaute verminderte bzw. übermäßige Drei- oder Vierklänge, also harmonisch vieldeutige, »vagierende« Akkorde ein, verwendete nichtfunktionale Harmonien, verfremdete Melodietöne durch von der harmonischen Grundlage abweichende Halbtonschritte (z. B. *Trauergondel I*), beließ dadurch ganze Strecken harmonisch in der Schwebe und verwendete unaufgelöste dissonante Klänge als Schlußakkorde.[35] All dies diente dem Ziel der

Auflösung der Dur-Moll-Tonalität, der gewohnten »Harmonie«, der Darstellung eigener Innenansichten mit einer Realistik, die vor keinem Experiment zurückschreckte. Denn mit »Romantik«, selbst der Richard Wagners, hatten bei dem alten Liszt weder sein Wesen noch sein Werk etwas zu schaffen.

Schauen wir uns diese harmonisch instabilisierenden, vagierenden Akkorde etwas näher an. Der verminderte Septakkord »ist historisch die erste über den Dreiklang hinausgehende Bildung, die der Auflösung ihrer dissonanten Töne, auch der Septime, entraten kann, man findet schon bei den Klassikern vielfach verminderte Septakkorde aneinandergereiht. Wagner hat davon besonders in der Venusberg-Szene Gebrauch gemacht. Jetzt gehören diese Harmonien bereits zum alten Eisen. Was aber Sensation machte, war die neue Art, sie dank einer originellen Orchestration ins Feld zu führen, dank ergänzender Motive, einer sinnlichen Atmosphäre von Chromatik, kurz, dank dessen, was man als Genie bezeichnet.«[36] »Berlioz und C. Franck haben von dem verminderten Septakkord reichlichen Gebrauch gemacht und damit ein Gefühl der Instabilität geschaffen, in dem sich die doppelsinnigen Spannungen vervielfachen und das tonale Empfinden verwirrt wird und erstirbt.«[37] Bei Liszt spielt der verminderte Septakkord eine relativ geringe Rolle. Immerhin verdankt ihm die *Fantasie und Fuge über B-A-C-H* weite Strecken schwebender Tonalität. Bei den Impressionisten würde man in vermehrtem Maße instabilisierende Folgen von verminderten Septakkorden erwarten, aber sie waren damals schon unmodern.

Ganztonskala und übermäßiger Dreiklang gehören zusammen. Obwohl Liszt wiederholt erklärte, ein einfacher musikalischer Praktiker zu sein, las er doch mit Interesse gewisse theoretische Werke. Dazu gehörte das Buch *Der übermäßige Dreiklang* von Carl Friedrich Weitzmann[38], der Professor für Harmonielehre und Kontrapunkt am Sternschen Konservatorium in Berlin war. Er war mit vielen Vertretern der Neudeutschen Schule (Wagner, von Bülow, Tausig) gut bekannt und Liszt freundschaftlich verbunden. Das frappierendste Beispiel für Ganztonskala und übermäßigen Dreiklang ist bei Liszt das Melodram *Der traurige*

Mönch (1860), in dem er alle Möglichkeiten dieser Kombination bis zum Exzeß erschöpft hat. Aber bereits am Schluß der *Dante-Symphonie* (1855/56, Entwurf schon ca. 1839) wurde die im Baß absteigende Ganztonskala angewandt, allerdings noch mit frei nebeneinandergestellten aufsteigenden Dur-Akkorden harmonisiert. Schon hier kann also von funktionaler Tonalität keine Rede mehr sein. In einem Brief an Julius Schäffer schreibt Liszt 1859: »Vielleicht interessiert sie auch dabei die Dreiklangsskala in großen Tönen, welche (meines Wissens wenigstens) in ihrem ganzen Umfang bis jetzt nicht gebräuchlich war.« [39] Insgesamt ruft dieser Schluß des Werkes eine erhebende und erhabene Wirkung hervor, die den Aufstieg zu Gott und den himmlischen Mächten symbolisiert. Vorformen dieses Verfahrens finden sich in den Schlußpassagen der *Dante-Sonate*, der symphonischen Dichtung *Orpheus* und der Konzertetüde Nr. 3 *Un sospiro.*

Alterierte Akkorde gebraucht Liszt in allen erwähnten Zusammenhängen,[40] obwohl er seine Zweifel hat: »Wahrscheinlich aber werden sie nicht zu gebrauchen sein, so bodenlos wüst und ungeheuerlich erklingen diese tonartlosen Dissonanzen.« [41] Er löst sie

- teils »klassisch«, d. h. zum vollkommenen Akkord auf;
- teils ähnlich dem Sehnsuchtsmotiv aus dem *Tristan*;
- teils verbindet er sie in »moderner« Manier im Ganztonabstand wie später Debussy;
- schließlich verzichtet er bisweilen auf Auflösung *(Unstern!)*, u. U. auch als Schlußakkord.

»Im 19. Jahrhundert ist der Gebrauch alterierter Akkorde seitens Liszts unter den Komponisten seiner Generation bemerkenswert, und selbst in der folgenden Generation nimmt er eine Spitzenstellung ein.«[42]

Er scheut sich nicht, ungebräuchliche Intervalle vertikal übereinanderzustellen. Ein extremer Fall sind zwei große Septimen im *Psalm 129 (De profundis)*. Hier findet man den lang ausgehaltenen »bodenlosen« Akkord ges-des-f-c, — ohne Auflösung, ohne Vorbereitung. Oder vielleicht doch? In Takt 1-2 finden wir die Melodietöne Ges-f (»Aus der Tiefe«), in Takt 7-8 transponiert zu des-c′. Beide Intervalle übereinandergestellt ergeben genau den bezeichneten Akkord. Dies Vorgehen war damals (1881) ganz revolutionär. Erst seit Schönberg sind wir Ähnliches gewöhnt.

Ein anderes Mittel der tonalen Instabilisierung sind Orgelpunkte. Im Französischen werden da feinere Unterschiede gemacht als im Deutschen. Man unterscheidet

- La pédale fixe (d.i. unser Orgelpunkt): Als bestes Beispiel sei nochmals *Sursum corda* zitiert;
- La pédale broderie, Beispiel: *Trübe Wolken* (b-a im Wechsel);
- La pédale mélodique (unserem Ostinato entsprechend), Beispiel: *Ladislaus Teleki* und *Die Trauergondel I*;
- La double pédale, Beispiel: *Cloches du soir.*

Hier werden über Orgelpunkten oder Ostinati ganze Stücke oder Sektionen daraus aufgebaut. So sind harte »harmonische« Zusammenklänge gar nicht auszuschließen, und selbst am Ende bleiben sie teilweise in der Schwebe.

Aber der alte Meister ist weiter gegangen. Er hat es gewagt, polyharmonisch zu experimentieren, und zwar etwa in den gleichen Werken, die wir gerade erwähnt haben. »Vor dem Ende des 19. Jahrhunderts wurde keine ›moderne‹ Biharmonie praktiziert, wenn nicht eben durch Franz Liszt.« [43] Seit etwa 1880 geht der vertikale harmonische Zusammenhang bei Liszt allmählich verloren. Beim *Unstern* z.B. erscheinen in der 2. Hälfte des 1. Teils beide Themen gleichzeitig, jeder Spitzenton, h und c′, mit seiner eigenen Harmonie, so daß ein großer Teil der 12 Halbtöne der Skala gleichzeitig erklingt. Ähnliches, wenn auch nicht in gleicher Härte, begegnet in *Trübe Wolken, Die Trauergondel I* und *Ladislaus Teleki.* Viel schwächere Versuche in dieser Richtung gibt es nur bei R. Wagner. Der Bayreuther Meister legt Wert darauf, vertikalen Dissoziationen nur kurze Dauer zu verleihen. Bei Liszt erstreckt sich Bi- oder Polyharmonik bewußt auf längere Strecken.

Immerhin läßt sich bei optimistischer Sicht selbst in den späten Stücken noch ein tonales Zentrum nachweisen, auch wenn es durch Ostinati, übermäßige Dreiklänge, nichtfunktionale Harmonien, chromatische Nebentöne und unaufgelöste Schlüsse stark verschleiert sein mag.[44] Nur die sicher nicht ohne Absicht so benannte *Bagatelle ohne Tonart* ermangelt jeglichen tonalen Halts. Hauptmittel zur Herbeiführung dieser »Bodenlosigkeit« ist die ausgiebige Verwendung des verminderten Septakkords und der Ganztonleiter. Etwa aus der Mitte des Stückes (Takt 87–118) läßt sich zudem eine synthetische Skala extrahieren, die, original und um einen Halbton transponiert, aus acht Tönen besteht, bei denen jeweils ein Halb- und ein Ganztonschritt alternieren.[45] Das Element des Tritonus, das die gesamte harmonische Grundierung durchzieht, verhindert jeden Bezug auf ein bestimmtes tonales Zentrum. »Das Konzept der Spannung mit folgender Erschlaffung (d.h. Auflösung von Dissonanz zu Konsonanz) ist sorgfältig vermieden, und Liszt hat mittels Verneinung dieses tonalen Axioms einen Riesenschritt getan in die Richtung der Stile von Schönberg, Berg, Webern und ihren Nachfolgern im 20. Jahrhundert. Die Tatsache, daß Liszt diese künftigen Entwicklungsrichtungen nicht nur ahnte, sondern sich dieser neuen und riskanten Elemente mit solchem Mut, solcher Ausdauer und Hingabe annahm, zeugt von seiner Voraussicht und Größe als Komponist von unbestreitbarem Verdienst.«[46]

Tod in Bayreuth

Ohne Todesfurcht zu haben,
teilen Sie doch nicht völlig
meine Empfindung leuchtender Seelenruhe
gegenüber dem geheimnisvollen Botschafter,
dem erhabenen Patron unserer Erlösung.

Liszt 1860
an Fürstin Wittgenstein[1]

Seit meiner Kindheit habe ich
das Leben als traurig empfunden
– und den Tod als sanft!
Die Leidenschaft für das Martyrium,
das ist meine wahre Natur.

Liszt am 22. Oktober 1867
an Fürstin Wittgenstein[2]

Man weiß, daß das Leben
nur eine lange Lehre des Sterbens ist.

Liszt 1874
an Baron Augusz[3]

Auch in diesem Jahre — 1886 — war der unruhige Wanderer viel gereist. Ende Januar war er wie üblich von Rom nach Pest übergesiedelt. Obwohl er sich sehr schwach fühlte und sein Sehvermögen stetig abnahm, fuhr er im März zu Aufführungen seiner Werke nach Paris, London, Antwerpen und nochmals nach Paris und genoß sichtlich die zahlreichen Ehrungen, die ihm dort bereitet wurden. Erst im Mai traf er in Weimar ein. Die Reisestrapazen hatten seinen Zustand weiter verschlechtert, die Beine waren geschwollen, das Sehvermögen gemindert. So gelang es Olga von Meyendorff, ihn zu einer Reise — der letzten — nach Halle zu bewegen, um die dortigen berühmten Mediziner zu konsultieren, den Chirurgen und versierten Allgemeinmediziner Richard Volkmann und den Ophthalmologen Alfred Graefe. Die Diagnosen lauteten »Wasser«, d. h. Herzschwäche, und »grauer Star« und hätten eine Kur in Bad Kissingen sowie eine Augenoperation nach sich ziehen sollen, die für den Spätsommer vorgesehen waren. Zunächst war der Meister zu keiner Schonung zu bewegen. Rastlos reiste er weiter, zur Tonkünstlerversammlung in Sondershausen, zur Vermählung seiner Enkelin Daniela von Bülow mit dem Kunsthistoriker Henry Thode in Bayreuth und nach Colpach in Luxemburg zum Besuch seines ungarischen Landsmannes, des Malers Munkácsy. Seinen Zustand empfand er als »leidlich, aber nicht mehr«. Trotzdem hatte er am 19. Juli in Luxemburg noch öffentlich gespielt. Aber natürlich hatte er, wie es zeitlebens seine Art war, seine wahre Stimmung kaschiert, hinter seinem *Liebestraum Nr. 1*, dem *5. Chant polonais* nach Chopin und der *6. Soirée de Vienne* nach Schubert – liebenswürdigen Gebilden, die er noch mit dem alten Charme reproduzieren konnte, aber weit entfernt von den veristischen oder impressionistischen Stücken, die sein Spätwerk so unheimlich modern erscheinen lassen. Es lag ihm ferne, sein Publikum mit derartigen Experimenten zu reizen.

Von Luxemburg kehrte er direkt nach Bayreuth zurück, um als Ehrenpräsident an den Festspielen teilzunehmen. Das hatte er Cosima zugesagt, und das wurde gehalten, trotz seines miserablen Befindens. Aus Bescheidenheit, aber auch seiner schmalen Börse wegen pflegte er mit der Bahn zweiter Klasse zu fahren. Zum Überfluß hatte ein Mitreisender verlangt, das Fenster zu öffnen. Dem wagte er nicht zu widersprechen, und so hatte er sich zusätzlich zu seiner Herzinsuffizienz eine Erkältung zugezogen. Als er am 21. Juli in Bayreuth ankam, wirkte er elend, abgehetzt und verstört. »Sie sind mir abgegangen«, sagte er zu dem ihn empfangenden August Göllerich. »Nun lass ich mich von Ihnen homöopathisch behandeln. Es geht mir miserabel.«

Die Wohnung bei Frau Forstrat Fröhlig, nicht weit von Wahnfried, ist angenehm, zwei Zimmer und ein Vorzimmer für den Diener Mischka. Eine Tür führt aus dem Schlafzimmer über wenige Stufen in den sommerlichen Garten. Aber abends wird er bereits von seinen Enkeln Siegfried und Eva zur Soirée nach Wahnfried abgeholt, wo er den Hauptanziehungspunkt bilden soll.

Nachts schläft er unruhig und mit Unterbrechungen. Atemnot macht ihm zu schaffen. Und morgens ist ihm zu unwohl, um die Frühmesse zu besuchen. Statt dessen kommt Cosima um 6 Uhr zum Kaffee, der von Wahnfried gebracht wird. Was hat er nur für eine zielbewußte, völlig in ihrer Aufgabe, der Bewahrung des Wagner-Erbes, aufgehende Tochter! Den ganzen Tag hält sie sich dann als Regisseurin im Festspielhaus auf dem Hügel auf. »Sie hat eine ganz erstaunliche Energie und Willenskraft, sie hat sich jetzt dort ›oben‹ einquartiert«, sagt Liszt zur Schülerin und Betreuerin seiner späten Tage, Lina Schmalhausen, die auf ein Telegramm hin in Bayreuth eingetroffen war. Er mochte sie auch und besonders hier nicht entbehren, mit seinen schlechten Augen, seiner quälenden Atemnot und seiner Verlassenheit. Göllerich ist ein guter, ja ein verständnisvoller Sekretär. Er kann aber weibliche Zuneigung und Fürsorge nicht ersetzen. Tagsüber liest er ihm aus Dantes *Göttlicher Komödie*. »Dies Buch«, sagt der Meister, »hat mich auf allen meinen Reisen begleitet. Es zählt zum Tiefsten, was der Menschengeist hervorgebracht!« Beim Vorlesen nickt er aber wiederholt ein, um immer wieder durch schmerzvolle Hustenanfälle aus dem Schlummer gerissen zu werden. »Wenn ich den Leuten hier in Bayreuth nicht gerade auf der Nase säße, ginge ich zu Bett, aber man läßt mir hier dazu keine Ruhe.« Am späten Vormittag ist er zum Déjeuner bei der Fürstin Hatzfeld geladen, eine Verpflichtung, der er, der alte Gesellschaftslöwe, sich nicht entziehen zu können glaubt. Nachmittags erholt er sich bei seinem geliebten Whist mit seinen Schülern Göllerich, Stavenhagen und Lessmann, aber selbst hier zittern seine Hände, die Figuren auf den Karten verschwimmen vor seinen Augen, und er schlummert gelegentlich ein. Wie erholsam ist dagegen der Blick in den Garten. Von der Freitreppe aus bewundert er die in voller Sommerpracht prangenden Blumen und labt sich an ihren wie Geistergrüße kosenden Düften.

Abends ruft ihn wieder die Pflicht, zur Gesellschaft in Wahnfried. Des Nachts wird er immer wieder von quälendem Husten geschüttelt. Er hat heftiges Fieber, das auch tagsüber nicht weicht.

Heute ist Freitag, der 23. Juli, Dr. Landgraf, der Bayreuther Arzt, der ihn zunächst betreut, versucht den Husten mit Morphium zu lindern. Vorübergehend fällt der Meister in einen erlösenden Schlummer. Dann aber stellen sich Schüler und andere Besucher ein, und nachmittags besucht er trotz Dr. Landgrafs Warnung vor einer Lungenentzündung die erste *Parsifal*-Aufführung. In Pest hatte er noch geäußert: »Ich will nun aber entschieden nicht mehr nach Bayreuth gehen, — der Pudel hat genügend aufgewartet.« Jetzt aber sollten sich Wagners prophetische Worte zu Cosima bewahrheiten: »Dein Vater geht noch aus lauter Chevalerie zu Grunde.« So fühlt sich Liszt verpflichtet, das Erbe seines Freundes und Schwiegersohnes zu wahren, das nach dessen Tod in eine Krise geraten schien.

So sitzt er denn in der Wagner-Loge, an die Säulen gelehnt, das Taschentuch an den Mund gepreßt, um ja die Vorstellung nicht zu stören. In der Pause zeigt er sich dem Publikum mit seiner charakteristischen weißen Mähne. Zum Schluß stimmt er als einer der ersten in den Beifall ein.

So geht das fort. Am nächsten Tage empfängt er wieder mehrere Schüler, darunter Sophie Menter, Siloti, Stavenhagen und Thomán, die ihm besonders ans Herz gewachsen sind. Den Abend verbringt er wieder in Wahnfried.

Am Sonntag ist er völlig erschöpft, Husten und starkes Fieber quälen ihn, nach Morphium versinkt er in einen tiefen Schlummer. Erwacht, läßt er sich nicht abhalten, nachmittags der *Tristan*-Aufführung beizuwohnen. »Cosima wünscht es, ich habe es ihr versprochen zu erscheinen und gehe!«

Um so schlimmer ist der anschließende Kräfteverfall. Er läßt sich noch die Schrift *Tristan und Parsifal* von H.P. von Wolzogen vorlesen, seine letzte Lektüre. »Also, lieber Göllerich, daß ich's nicht verwechsle: Nicht wahr! ›Tristan‹ ist das Ewig-Natürliche und ›Parsifal‹ das Rein-Menschliche? Oder sollte es am Ende gar umgekehrt der Fall sein?«

Am 26. 7. entzieht ihm Dr. Landgraf jedes alkoholische Getränk, ihm, der früh und in den letzten Jahren zunehmend einen guten und dann auch einen starken Tropfen gewohnt war. Manchmal hatte er eine ganze Flasche Cognac in die Bowle geschüttet. Alkohol war ihm unentbehrliches Reizmittel geworden. Und jetzt nur noch Mineralwasser! Er wagte nicht, dem Doktor zu widersprechen. Und Cosima war sowieso unbeugsam. Aber sie war fern, die ganze Familie Wagner im Festspielhaus, Göllerich selbst erkrankt, und Mischka seiner Wege gehend. Nur Lina schlich sich zu ihm, obwohl Cosima alle Besuche verboten hatte, und blieb bis Mitternacht. Ihr gegenüber sprach er seine trübe Vorahnung aus: »Ich glaube nicht, daß ich von hier wieder aufstehe. Ich habe gar kein Zutrauen zu dem Doktor und den vielen Medizinen. Der findet immer, es gehe mir schon besser, und dabei fühle ich mich täglich schwächer und schwächer. Warum mußte ich auch gerade hier krank werden, mich den Leuten gerade auf die Nase setzen ... abscheulich.« Er nimmt fast nichts mehr zu sich, der Appetit hat ihn völlig verlassen. Wo blieben seine Leibgerichte, Gehirn mit Ei, Schnecken und ähnliche Delikatessen?

In dieser Nacht schläft er keine Minute, die Zeit wird furchtbar lang. Est um 7 Uhr kommt Lina wieder. Bis dahin ist kein Mensch bei ihm gewesen. Auf ihre Frage nach seinem Befinden antwortet er nur traurig: »Nicht besser.« Dann erscheint Cosima und erteilt strengen Befehl, niemanden zu ihrem Vater hineinzulassen. Dr. Landgraf überredet aber Göllerich, trotz eigener Erkrankung dem Meister Gesellschaft zu leisten. Nachmittags steigt das Fieber wieder an. Liszt beginnt zu delirieren. Er ist wieder jener Gesellschaftslöwe, der er sein Leben lang gewesen ist. Er hält Cercle, und da sind sie ja wieder, seine alten Freunde und Freundinnen, Janka Wohl und ihr Kreis in Budapest, Baron Augusz in Szekszárd, der einarmige Géza Zichy, die Fürstin in Rom, der Kardinal Hohenlohe, Sgambati, in Weimar die Baronin von Meyendorff, die Schwestern Stahr, Adelheid von Schorn, seine »Providence«, der Freund Hofrat Gille aus Jena und die vielen Schülerinnen, darunter einige ganz reizende junge Damen: Vera Timanowa, die den *Islamey* so wunderbar spielte, Amy Fay, die intelligente, sportliche Amerikanerin, Olga Janina, die ihn so entsetzlich reingelegt hatte, und – noch weiter zurück, aber ihm lebenslang verbunden – die schöne ferne Geliebte, Agnes Street. Und dann der hochbegabte, aber frühverstorbene Carl Tausig und sein hochintelligenter Hans (von Bülow), einst sein Schwiegersohn, dem noch immer seine Liebe gilt, auch wenn er in das andere Lager übergegangen ist. Sie alle erscheinen ihm jetzt, er spricht mit ihnen in seiner lebhaften Art, und Göllerich muß alle diese Charaktere fingieren, die der Meister vor sich zu haben meint. Wenn er nicht auf jede seiner Intentionen sofort eingeht, wird der Fiebernde rasend.

Nach dem ersten Festspielakt macht Cosima eine Visite, und es klingt wie Hohn, wenn sie Göllerich fragt: »Sie sprechen doch nichts mit dem Herrn Abbé?« Der Befehl wird erneuert, niemanden zu Liszt hineinzulassen.

Abends ist in Wahnfried große Soirée. Der Meister liegt die ganze Nacht im Fieber, allein.

Am Vormittag des 28. Juli trifft Dr. Fleischer aus Erlangen ein. Er war Liszt bisher unbekannt. Wie viel lieber hätte dieser seinen alten Freund Dr. Standhartner aus Wien an seinem Krankenbett gesehen! Dr. Fleischer stellt eine schwere Lungenentzündung fest und verordnet größte Ruhe. Stavenhagen wird im Vorzimmer postiert mit dem Auftrag, niemanden hineinzulassen. Lina und selbst Adelheid von Schorn, die wahrscheinlich auf Bitten der Fürstin herbeigeeilt ist, werden streng abgewiesen. Cosima kommt mehrmals am Tage, um zu kontrollieren.

Nachts schläft sie selbst im Vorzimmer.

Der Zustand des Kranken verschlimmert sich zusehends. Er deliriert ununterbrochen. Am 30. Juli – es war ein Freitag – werden die Schwestern Stahr und Frau Merian aus Weimar kurz an sein Bett gelassen, aber von dem Schwerkranken nicht mehr erkannt. Die Linien seines Gesichts sind scharf gezeichnet, er zittert vor Schüttelfrost, sein Atem geht röchelnd als Zeichen des beginnenden Lungenödems. Plötzlich erwacht er und fragt den neben ihm sitzenden Mischka: »Wieviel Uhr ist es?« »Neun Uhr, Euer Gnaden«, antwortet der Diener. »Heute geht es mir aber sehr, sehr schlecht; ist heute Donnerstag?« Törichterweise antwortet Mischka: »Nein, Freitag.« Liszt sinkt in die Kissen zurück und sagt traurig: »Oh, Freitag.« Er war nämlich abergläubisch, unternahm nie etwas am Freitag. Schon zu Beginn des Jahres hatte er geäußert: »Dies Jahr ist mein Todesjahr, es fängt mit Freitag an, und auch mein Geburtstag fällt auf einen Freitag.«

Cosima kommt erst um Mitternacht aus dem Festspielhaus zurück und beauftragt Mischka, die Nacht am Bett ihres Vaters zu wachen. Nachdem er zunächst in einen erlösenden Schlummer gefallen ist, beginnt er um zwei Uhr plötzlich zu rasen, springt aus dem Bett, tobt und schreit: »Luft!«, so daß die Umgebung alarmiert wird. Mischka, der den Meister wieder ins Bett zwingen will, wird mit Riesenkräften zurückgestoßen. Schließlich erlahmt der Gewaltausbruch, und als der herbeigerufene Arzt kommt, liegt der Kranke schräg über dem Bett, von kaltem Schweiß bedeckt. Dr. Landgraf hält ihn zunächst für tot. Erst nach Einreibungen mit Kampferöl kommt wieder Leben in ihn. Er erlangt aber das Bewußtsein nicht wieder.

Cosima bleibt nun den Tag und die folgende Nacht am Bett ihres Vaters. Am Morgen dieses 31. Juli trifft Dr. Fleischer erneut ein, verordnet jetzt die schwersten Weine und Champagner und meint, die Krise stehe nun unmittelbar bevor. Mehrere Getreue, unter ihnen Göllerich, Siloti, Dayas, warten bei Frau Fröhlig, um ihrem Meister zur Seite zu stehen. »Tristan!« ist sein letztes verständliches Wort. Dann wird er still, doch sein Atem geht fliegend. Intrakardiale Adrenalininjektionen sind ohne Wirkung. 23 Uhr 15 bleibt die Herztätigkeit aus. Die Ärzte verlassen das Zimmer. Cosima schließt dem Toten die Augen und kniet am Bett nieder.

Fast keiner der Wünsche, die der Verstorbene für den Fall seines Ablebens geäußert hatte, wurde erfüllt. Kein Priester kam zur letzten Ölung. Das Gewand eines Laienbruders der Franziskaner, in dem er bestattet zu werden wünschte, war nicht aufzutreiben. Nur der Wunsch, am Ort seines Todes bestattet zu werden, konnte erfüllt werden. Statt Musik aus seinen Traueroden – er hatte sich ursprünglich *La Notte* gewünscht – oder einer stillen Messe[4] fantasierte Bruckner auf der Orgel über Verheißungsspruch und Glaubensthema aus *Parsifal*. Statt erbetener Einfachheit wurde um die Jahrhundertwende über seinem Grabe ein Mausoleum errichtet. Das aber hat der zweite Weltkrieg korrigiert; es wurde in den Kämpfen der letzten Tage zerstört. Jetzt markiert eine einfache Platte die Grabstelle auf dem alten Stadtfriedhof.* Nebenan liegt die Familie Wagner, Siegfried und Wieland, und die alte Bayreuther Garde, nicht weit auch Jean Paul.

Der Tod ihres Vaters hatte Cosimas Regie empfindlich gestört. Am Tage danach sollte der deutsche Kronprinz in Bayreuth eintreffen, das zu seinen Ehren festlich geschmückt war. Nach Pho-

* Das Mausoleum wurde 1978/79 (leider) wiedererrichtet.

tographie des Leichnams und Abnahme der Totenmaske, einer kleinen Trauerfeier für die Familie und anwesenden Schüler und Freigabe der Leiche zur allgemeinen Besichtigung wurde das Sterbezimmer mittags um ein Uhr geschlossen. Als am nächsten Tage die Hausbewohner protestierten, erschien Cosima, legte die Leiche mit dem Bader Schnappauf in einen rasch herbeibeorderten Eichensarg und trug ihn mit ihm und Mischka nach Wahnfried. Hier wurde der Verstorbene prachtvoll aufgebahrt. Am 3. August fand von hier aus die Beisetzung statt.

Die Festspiele nahmen unterdes ihren Fortgang. Auch bei der großen Schlußfeier aller Beteiligten im *Frohsinn* war Cosima anwesend. Sie kannte nur Dienst und Verantwortung für das Erbe ihres Mannes. Fürstin Wittgenstein im fernen Rom, die Franz Liszt fast 40 Jahre auf seinem Lebensweg begleitet hatte, übersah sofort die Lage mit ihrem immer noch heißen Herzen: »Ich ließ mir die Bayreuther Zeitungen vom 28. Juli bis 10. August kommen. Denken Sie sich, daß darin nicht ein einziges Mal der Erkrankung Liszts Erwähnung getan ist: Wie in einem Badeort, wo man Krankheit und Tod verheimlicht, um bei den Badegästen keine peinlichen Empfindungen wachzurufen. Ich schicke Ihnen die Zeitung vom 2. August, in der man dann ganz unvermittelt – seinen Tod meldet. Dann verheimlicht oder verdunkelt man die Tatsache, daß er Katholik war. Jeder Leser kann meinen, daß er in diesem Atheistennest von irgendeinem freigeistigen protestantischen Pfarrer beerdigt worden sei! – Aus der Nummer vom 11. August können Sie ersehen, daß die, welche drei Jahre lang ihren Vater nicht sehen wollte, zehn Tage später in der Kneipe *Zum Frohsinn* weilte! Die beiden letzten Abende war man im Theater, denn die Vorstellungen durften nicht unterbrochen werden und Cosima spielte so sehr den Regisseur, daß sie Tag und Nacht im Theater blieb.«[5]

Auf das Trauerspiel folgt noch eine Tragikomödie um den endgültigen Bestattungsort Liszts. Die Familie Wagner nahm an, Großherzog Carl Alexander werde eine Überführung nach Weimar verlangen. Es fehlte aber dort wie bei anderen Gelegenheiten an Entschlußkraft. Die vage Idee, Liszt ein Mausoleum auf der

Altenburg zu errichten, der Stätte, an der er seine Meisterwerke schuf, scheiterte an der Ablehnung Cosimas. Sie hatte höhere Absichten. Als sie aber mit dem Wunsch herauskam, den Vater in der Fürstengruft neben Goethe und Schiller bestattet zu sehen, zerrannen alle Weimarer Pläne. Für Budapest stellte sie die Bedingung, daß »ein von der ungarischen Nation durch ihre Vertretung in beiden Häusern gefaßter Beschluß« zur Überführung ihres großen Landsmannes vorliegen müsse. In der Sitzung vom 17. Februar 1887 wurde aber ein entsprechender Antrag des Pester Schriftsteller- und Künstlervereins abgelehnt. Hauptgegner war der damalige Ministerpräsident Kálmán Tisza, und zwar ausgerechnet wegen Liszts »antinationaler« Schrift über *Die Zigeuner und ihre Musik in Ungarn*[6], während er selbst doch geflissentlichst Ungarn im Sinne der Habsburger regierte. Noch postum wurde Liszt als »ein gewöhnlicher Komödiant« geschmäht. Wegen dieser Haltung des Parlaments blieben auch spätere private Initiativen von Kornél Ábrányi und Kardinal Haynald sowie eine von der Fürstin Wittgenstein unterstützte Forderung der Pester Franziskaner um Überführung ihres Laienbruders ohne Wirkung. Es wären sicher noch andere Orte in Frage gekommen. Nach einem neueren Biographen, Everett Helm, »hätte es sich geziemt, Liszt in Paris beizusetzen, denn die geistigen Wurzeln, die ihn sein ganzes Leben hindurch genährt haben, sind dort zu finden«[7]. Rom wäre sicher auch eine plausible Alternative gewesen. Man erkennt, daß keiner dieser Vorschläge besser war als der andere. In Wirklichkeit ist Liszt nicht einem Volk oder Land zuzuschreiben — nach Herkunft, Bildung und Wirkung ist er ein europäischer Musiker.

Wirkung, Nachwirkung

Man wird mich zwar nicht
wie den toten Tasso im Triumph
zum Kapitol tragen,
aber es wird die Zeit schon kommen,
in welcher man meine Werke
anerkennen wird.
Für mich aber wird es zu spät sein,
denn ich werde nicht mehr
unter Euch weilen.

Liszt 1885
zu August Stradal [1]

Im letzten Grunde stammen wir
alle von Liszt ab
— Wagner nicht ausgenommen —
und verdanken ihm das Geringere,
das wir vermögen.

Ferruccio Busoni [2]

I

Liszt als Pianist — das Thema gehört heute noch zu den großen Legenden der Instrumentaltechnik, der reproduzierenden Phase der Musik. Und er hat mit seinem Pfunde gewuchert, indem er großartige Schüler heranbildete. So hat er noch die nächsten Generationen beherrscht. Um die Jahrhundertwende stammten fast alle bedeutenden Pianisten von ihm ab, mit Ausnahme der Schüler von Clara Schumann, Reinecke, Kullak und Leschetizky.

Diese Seite seines Wirkens läßt auch Hanslick, sonst ein scharfer Kritiker, gelten, wie die Schilderung eines Konzertes 1874 in Wien zeigt: »Mit Jubel begrüßt, tritt Liszt auf, in langem, hoch zugeknöpftem Abbékleide, setzt sich ans Piano und gibt dem Orchester das Zeichen zum Anfang [...] der ›Ungarischen Rhapsodie für Klavier und Orchester‹ [richtig: *Fantasie über ungarische Volksmelodien* (1852)]. Das originelle Tonstück, welches in echtem Zigeunerton sich anfangs frei in melancholischem Vagabundieren ergeht, um dann plötzlich stramm, csárdáslustig, sporenklirrend aufzuspringen und immer feuriger, immer schneller im Kreise zu wirbeln — es schien alle Jugendgeister Liszts zu erwekken. [...] Liszts Vortrag war frei, poetisch, voll geistreicher Nuancen, dabei von edler, künstlerischer Ruhe. Und seine Technik, seine Virtuosität? Ich werde mich wohl hüten, davon zu reden. Genug, daß Liszt sie nicht eingebüßt, sondern höchstens abgeklärt und beruhigt hat. Welch merkwürdiger Mensch! Nach einem reichen, beispiellos bewegten Leben voll Aufregung, Leidenschaft und Genuß kommt der zweiundsechzigjährige Mann wieder, nicht entkräftet, nicht zerstreut, nicht blasiert, und spielt das Schwerste mit der Leichtigkeit, Kraft und Frische eines Jünglings! Mit atemloser Aufmerksamkeit lauscht man nicht bloß seinem Spiel, sondern auch den physiognomischen Wirkungen, die es in Liszts geistvollen, bewegten Zügen hervorruft. [...] In stürmischem Oktavenlauf fliegt Liszt mit seiner Rhapsodie zum Schluß; das vielhundertköpfige Publikum klatscht, ruft, jubelt, erhebt sich von den Sitzen, wird nicht müde, den Meister hervorzurufen, der seinerseits in der ruhigen, freundlich dankenden Haltung eines Gewohnheitssiegers kundgibt, daß er auch noch nicht müde ist. Für den Liszt von heute ist es eine große Leistung, die er vollbracht hat; und doch tat er es so unbefangen, als sei das nichts und er noch der Liszt von 1840. Fürwahr, ein Liebling der Götter!«[3]

Ganz anders erging es dagegen Liszt mit seinen Werken. Die Kritik und das Publikum hatten sein Wirken als reproduzierender Künstler mit Beifall aufgenommen. Dem schöpferischen Künstler gegenüber war man jedoch mit Blindheit geschlagen. Die Kritik reagierte weit über den üblichen saloppen oder geistreichelnden Journalistenton hinaus unreflektiert, ja affektgeladen, weil man fühlte, daß hier wesentliche Positionen des konventionellen Musikbetriebes in Gefahr seien.[4,5]

An der Spitze der Opposition stand Leipzig. In einem Orchester-Pensions-Konzert am 26. Februar 1857 wurde Liszt zwar freundlich begrüßt; auch die *Préludes* und das *Klavierkonzert Es-Dur* mit Hans von Bülow als Solist wurden beifällig aufgenommen. *Mazeppa* dagegen wurde abgelehnt. Das Publikum war durch den Beckenschlag aufgeschreckt worden und rächte sich mit Hohnlachen, Pfeifen und Zischen. Dieser Mißerfolg wurde von der Presse verallgemeinert. Jahrelang folgten die übelsten Beschimpfungen, und jahrelang waren Leipzig (und andere Metropolen) den Werken Liszts verschlossen. Man nannte ihn einen »berüchtigten Nichtkomponisten, dessen Tonschmierereien direkt eine Herausforderung zum Zischen und Pfeifen seien«. Seine Harmonien seien »unrein«, seine Orchesterkompositionen »unnötig und grundlos häßlich« u.s.w. Hinter diesen Angriffen stand der Geist der reaktionären Professoren des Leipziger Konservatoriums Rietz, Hauptmann und David. Von ihnen wurde der kürzlich verstorbene Schumann gerade noch geduldet. Liszt dagegen wirkte auf sie wie ein rotes Tuch. Dieser versäumte später seinerseits nicht, mäßig begabten Schülerinnen den Besuch eines Konversatoriums, vorwiegend in Leipzig, zu empfehlen.

In Dresden scheiterte er 1857 sogar mit der *Dante-Symphonie*. In Wien wurden *Les Préludes* von der Presse fast einhellig abgelehnt. Im Mai folgte das *Niederrheinische Musikfest* in Aachen. Es fand beim Publikum stürmische Resonanz, schloß aber mit einem Mißton. Nach dem von Bülow gespielten *Es-Dur-Klavierkonzert* gab Hiller, Schüler Mendelssohns, mit einem Pfiff auf dem Schlüssel das Zeichen für eine Mißfallenskundgebung. In der *Kölnischen Zeitung* griff er dann in seinen Briefen über das Aachener *Musikfest* Liszt auf die gehässigste Weise an. Nimmt man den Abfall Joachims und die im März 1860 im Berliner *Echo* erscheinende »Erklärung« von Brahms und anderen hinzu, in der sie sich von der »Neudeutschen Schule« distanzierten, so kann man verstehen, daß diese Häufung frustrierender Erfahrungen zur »Krise in der Mitte des Lebens« beizutragen vermochte.

Das Haupt der konservativen Ästhetik und Musikkritik war Eduard Hanslick in Wien, ein geistvoller und um die Begründung der neueren Musikwissenschaft (ab 1861 war er Professor an der Universität Wien) verdienter Mann, der sich nur völlig in seine Autonomieästhetik verrannt hatte. 1854, als Liszt die *Faust-Symphonie* schrieb und Wagner erstmalig den *Tristan* konzipierte, erschien seine Schrift *Vom Musikalisch-Schönen*. Darin wurde bestritten, daß Musik Ausdruck von Empfindungen sei, daß sie etwas »bedeuten« könne. Das Schöne einer Tondichtung ist nach ihm »ein spezifisch musikalisches. Darunter verstehen wir ein Schönes, das unabhängig und unbedürftig eines von außen her kommenden Inhalts, einzig in Tönen und ihrer künstlerischen Verbindung liegt.«[6] Dieses Ideal sah er in der klassischen Musik erreicht, die Vorklassik als Vorbereitung darauf, die folgende Epoche mit Ausnahme von Brahms, Dvořák und einigen anderen Klassizisten, als Verfallserscheinung. Mit diesen Überzeugungen mußte er zur Ablehnung der Werke von Liszt, Wagner, Verdi,

Bruckner, Hugo Wolf, Richard Strauss und anderen gelangen. Darf ein Ästhetiker, der sich einem derartigen Dogma verpflichtet fühlt, das Amt eines Kritikers ausüben, von dem doch eine unparteiische und vorausschauende Haltung erwartet werden sollte? Durfte er jahrzehntelang die Werke der genannten Meister herabsetzen und verhöhnen? Raabe erklärt ihn rundweg als unbefähigt für ein Kritikeramt.[7] Leider spricht dafür auch der Stil seiner Auslassungen, von denen einige Kostproben folgen.

Für die Transkriptionen, Paraphrasen und einiges mehr aus der Klaviermusik Liszts, auch die Konzerte, kann sich Hanslick durchaus erwärmen. Aber z.B. die beiden *Franziskus-Legenden*, die wir heute zum Schönsten zählen, was Liszt geschrieben hat, stellt er mit flachen Salonstücken auf die gleiche Stufe: »Diese Kompositionen können offenbar ebensogut ›Les amours des oiseaux‹ und ›Souvenir des bains d'Ostende‹ heißen und hätten vor zehn Jahren wahrscheinlich auch so geheißen.«[8] — 1881 spielte von Bülow, »um eine alte Schuld zu zahlen«, ein reines Liszt-Programm in Wien, Pest und im Weimarer Hoftheater. Es enthielt die *h-Moll-Sonate*, *Au lac de Wallenstadt*, *Au bord d'une source* und *Les cloches de Genève* aus *Wanderjahre I*, die *2. Franziskus-Legende*, die Etüden *Paysage*, *Feux-follets*, *Waldesrauschen* und *Gnomenreigen*, die *2. Ballade*, *Valse-Impromptu* und *Scherzo und Marsch*, also lauter Werke, die wir heute zu Liszts gelungensten Eingebungen zählen. Nach Hanslick sind es »zur Hälfte schwülstige, zur Hälfte unbedeutende Kompositionen, deren Licht vom Salonlüster und deren Dunkel von musikalischer Konfusion stammt«[9]. Und speziell zur *h-Moll-Sonate* äußerte er sich wie folgt: »Es ist mir unschätzbar, dieses wenig bekannte und fast unausführbare Stück jetzt in vollendetem und authentischem Vortrage gehört zu haben. Anderen freilich läßt sich durch Worte keine Vorstellung von diesem musikalischen Unwesen geben. Nie habe ich ein raffinierteres, frecheres Aneinanderfügen der disparatesten Elemente erlebt, nie ein so wüstes Toben, einen so blutigen Kampf gegen alles, was musikalisch ist. Anfangs verblüfft, dann entsetzt, fühlte ich mich doch schließlich überwältigt von der unausbleiblichen Komik, die in diesem krampfhaften Ringen nach Unerhörtem, Kolossalem liegt, in diesem atemlosen Arbeiten einer Genialitätsdampfmühle, die fast immer leer geht. Wenn Bülow das Publikum anfangs von der schauerlichen Impotenz Liszts überzeugen wollte, so konnte er keine bessere Wahl treffen. Den einen Ruhm muß man der Lisztschen ›Sonate‹ lassen, daß ihresgleichen in der gesamten Musikliteratur nicht wieder vorkommt. Da hört jede Kritik, jede Diskussion auf. Wer das gehört hat und es schön findet, dem ist nicht zu helfen.«[10]

Und dies, obwohl die *h-Moll-Sonate* keine Programm-Musik ist. Existiert ein Programm, so ist ein Verdammungsurteil von vornherein sicher. So heißt es über *Mazeppa*: »Jeder Mensch mit gesunden Sinnen wird sich von dem dissonierenden Geheul, das einen so wesentlichen Teil der *Mazeppa-Symphonie* bildet, abwenden. Durch diese Überschrift nun soll uns eben das, was uns an sich musikalisch abscheulich dünkt, als treffend und notwendig aufdisputiert werden. ›Der Komponist wollte ja die schmerzlichen Zuckungen des geschleiften Mazeppa schildern‹ usf. — man wird zugeben, daß bei solcher Ausdehnung des Programmprinzips es mit der Musik einfach zu Ende ist.«[11] — Bei *Les Préludes* ist Hanslick allerdings einem Irrtum unterlegen. Sie »erscheinen charakteristisch durch die Methode, wie die Musik zu dem fertigen Programm rein auf dem Wege der Reflexion hinzugebracht wird«[12], so meint er. In Wirklichkeit wurde das Gedicht von Lamartine nachträglich der fertigen Komposition zugesellt. — Am wenigsten Geschmack konnte er der *Dante-Symphonie* abgewinnen, »ein Tonstück, das uns verworren, unnatürlich, zusammenhanglos, teilweise leer, teilweise häßlich erscheint«[13].

Gar nicht zurecht kam er auch mit der geistlichen Chormusik. Die *Graner Messe* »spiegelt uns wie eine Fata Morgana das Bild eines geistreichen und lebhaften Mannes vor, der sich in den Messetext vertieft. [...] Das feine unternehmende Lächeln scheint zu sagen, es wäre doch seltsam, wenn es für diese Rolle nicht auch eine Auffassung gäbe, die von allen bisherigen völlig abweicht — sehr seltsam, wenn sich nicht eine Unzahl geistreicher Pointen herausfinden ließe, an die bisher kein Mensch gedacht hat.«[14] Auch 20 Jahre später noch bleibt für ihn die *Graner Messe* »ein durchaus unerquickliches, ungesundes und raffiniertes Werk, in welchem das Ringen nach religiösem Ausdruck und der unüberwindliche Hang nach theatralischer Effecthascherei fortwährend um die Herrschaft kämpfen«[15]. – Von *Christus* scheint er nur Teil I kennengelernt zu haben, der ihm natürlich, mit Ausnahme des *Stabat mater speciosa* – ebenfalls mißfällt.[16]

Bei alledem wußte Hanslick den Menschen Liszt durchaus zu schätzen, wie folgende reizende Schilderung zeigt: »Es geschah in Hellmesbergers letzter Quartett-Soirée, daß während des Schubertschen *Es-dur-Trios* unbemerkt Liszt in den Saal trat. Bescheidentlich hielt er sich bis zum Schlusse des Stückes im Hintergrunde, um dann, die Reihen der Zuhörer entlang, seinen Sitz im ›Cercle‹ aufzusuchen. Die allgemeine Aufmerksamkeit, die schon während des Schubertschen Finales stark ins Schwanken gerathen war, warf sich nun ausschließlich und in so gehobener Stimmung auf den berühmten Ankömmling, daß die ganze Versammlung wie auf ein Zeichen zu applaudieren begann und so lange damit fortfuhr, bis Liszt vortrat und sich dankend verbeugte. Es war ein reizender, unvergeßlicher Moment. Wir kennen keinen zweiten Fall, daß ein Künstler, der weder als Componist noch als Mitwirkender, sondern als einfacher Zuhörer einen Concertsaal betritt, vom ganzen Publicum laut und einhellig begrüßt worden wäre. Wenn heute Bismarck und Gambetta, Richard Wagner und Verdi, die jüngste, schönste Primadonna und der älteste Virtuose im Concert oder Theater erscheinen würden, sie dürften sich keiner solchen Scene rühmen. Niemand in ganz Europa, als gerade Liszt.«[17]

Die Gegner aber der »Neudeutschen Schule« mehrten sich. An die Seite Hanslicks traten Julian Schmidt, Otto Jahn, der Mozart-Biograph, Ludwig Bischoff, der Schöpfer der spöttisch gemeinten Bezeichnung »Zukunftsmusik«, und andere. So waren Kritik und Publikum in zwei einander befehdende Lager gespalten. Die *Neue Zeitschrift für Musik* unter Leitung von Franz Brendel, das Organ der »Neudeutschen«, vermochte sich nur mit Mühe der Übermacht der »Klassizisten« zu erwehren. Und die

Protagonisten der »Zukunftsmusik« legten eine total divergierende Haltung an den Tag.

Wagner sprühte Gift und Galle gegen die Klassizisten in seiner Broschüre über *Das Judentum in der Musik* (1850, 1869). Damit sollte außer Mendelssohn und dem Opernkonkurrenten Meyerbeer vor allem Joachim als Parteigänger von Brahms getroffen werden. Hanslick wurde in den *Meistersingern* als Beckmesser (in den ursprünglichen Entwürfen sogar als Hans Lick bzw. Veit Hanslich) öffentlich an den Pranger gestellt. Der sächsische Meister nahm also den Kampf auf und reagierte sich ab.

Liszt dagegen versank in Bitterkeit, die später franziskanisch gemildert wurde. Seit der Krise um 1860 begann er zunehmend, von der Aufführung seiner Werke abzuraten. 1864 schreibt er an Frau Jessie Laussot: »Da ich aus Erfahrung weiß, wie wenig Gunst meine Werke genießen, habe ich mich veranlaßt gesehen, mir eine Art zwangshafter Nichtbeachtung derselben und eine passive Resignation aufzuzwingen. So habe ich während meiner ausländischen Tätigkeit in Deutschland beständig die Regel beobachtet, nie irgend jemanden zu bitten, irgendeines meiner Werke aufzuführen, mehr als das, ich habe vielen Personen abgeraten, die gewisse Absichten in dieser Hinsicht äußerten, und ich werde anderswo ebenso handeln.«[18] — Sich eine passive Resignation aufzuzwingen — das bedeutet nicht nur Verdrängung, sondern Verzweiflung, schmerzliche Berührung. Als Siebzigjähriger war er fast bereit, selbst Hanslick zu verzeihen. Vor einer Reise nach Wien, wo er ihn wahrscheinlich sehen würde, schrieb er der Fürstin Wittgenstein: »Er hat seine Wichtigkeitsrolle zu spielen, nicht ich.«[19] Der Effekt dieser frühen, allzufrühen Resignation wurde ergänzt durch Liszts selbstloses Eintreten für Wagner. Unglücklicherweise fiel es mit der Entstehung seiner eigenen Orchesterwerke zusammen. Das Publikum wurde mit Wagner überfüttert, die Kenntnis und Popularisierung von Liszts Werken blieb dabei auf der Strecke. Wagner fiel es, auch während der Kampagnen für den Bayreuther Festspielfonds, nicht im Traume ein, jemals ein Werk Liszts zu dirigieren. Dieser aber war längst unterwegs zu neuen Horizonten.

II

Das so aufregende und zukunftsträchtige Spätwerk Liszts ist bis heute nur einem Kreis von Eingeweihten bekannt. Um so weniger wußten darum die Zeitgenossen. Geht man das Werkverzeichnis von Milstein[20] durch, das neben den Daten der Entstehung auch diejenigen der Erstausgabe (und — soweit relevant — der Uraufführung) enthält, wird man mit Erstaunen gewahr, daß viele der Spätwerke (Ausnahmen: die Zyklen *Weihnachtsbaum* und *Wanderjahre III*) bei Liszts Tode nicht veröffentlicht, geschweige denn bekannt waren. Die meisten späten Klavierwerke wurden erst durch die (nicht abgeschlossene) Gesamtausgabe der Franz-Liszt-Stiftung bei Breitkopf & Härtel 1927/28, die geistlichen Chorwerke (darunter *Via crucis*) 1936 bekannt. Der *Csárdás macabre* erschien erst 1951, die *Bagatelle ohne Tonart* und die *Historischen Ungarischen Bildnisse* 1956. Erst die laufende *Neue Ausgabe sämtlicher Werke* (Bärenreiter-Verlag Kassel/Basel/London und Editio Musica Budapest) wird eine vollständige Übersicht ermöglichen.

Angesichts dieser Lage ist eine Beeinflussung der folgenden Komponistengenerationen durch das Spätwerk Liszts kaum anzunehmen. Die Wirkung, die er unzweifelhaft ausübte, beruht im wesentlichen auf den Werken seiner Reifezeit. Wenn man trotzdem immer wieder im Hinblick auf seine Spätwerke von »Antizipationen« liest, so ist das ein Urteil ex posteriori, eine Umschreibung der Tatsache, daß sein musikalisches Denken bis in die letzten Lebensjahre hinein »unterwegs« war, wobei ihm viel Prophetisches unterlief, dessen Tragfähigkeit wir nun nachprüfen können. Der Stilwandel in seinem Werk tritt nicht abrupt oder radikal ein, er läßt sich durch die Jahrzehnte hindurch verfolgen. Der Meister hat also nicht aufgehört, sich zu wandeln. Er bewahrt bis zuletzt seinen Sinn für überindividuelle Entwicklungsmöglichkeiten der Musik. Andererseits hat das Fehlen einer derartigen prospektiven Potenz zur Folge, daß Brahms bereits mit seinen ersten Werken »fertig« war und Wagner seinen Gipfel mit *Tristan* überschritten hatte. Brahms hatte keine nennenswerte Nachfolge, und die Wagner-Nachfolge erschöpfte sich in Bruckner, H. Wolf und R. Strauss (auch diese z. T. durch Liszt beeinflußt). So wurde Liszt »der wahre Vater der modernen Musik«[21], der Musik des 20. Jahrhunderts.

Zweifellos kam er aus der deutschen bzw. deutsch-österreichischen Musiktradition, aber er nahm so viele Einflüsse anderer europäischer Musikkulturen auf, daß die Internationalisierung der Musikentwicklung in der Hauptsache auf sein Werk und Wirken zurückzuführen ist. Vielleicht haben die romanischen und die slawischen Völker, aber natürlich auch die Ungarn, sogar mehr davon profitiert als die durch gewisse konservative Einflüsse gehemmten Deutschen.

Einen Überblick über die Pionierarbeit und Experimentierfreudigkeit Liszts, mit der er bei der Entwicklung wichtiger Elemente der Musiksprache seiner Zeit meistens deutlich voraus war, gibt die Übersicht im Anhang.[22]

III

Obwohl Liszt in seiner Bildung stark französisch bestimmt war, konnte er sich für die progressiven Tendenzen der Musikentwicklung in seiner geistigen Heimat nicht erwärmen. Er hielt sich aus den Jahrgängen um 1840 vorwiegend an die Traditionalisten Saint-Saëns, Délibes, Massenet und Gounod, dagegen hatte er wenig Verständnis für Bizet, Chabrier und Fauré, also diejenigen, die den von ihm gebahnten Weg fortsetzen. 1877 weilte Fauré mit seinem Lehrer Saint-Saëns in Weimar und präsentierte Liszt seine *Ballade*. Der Meister spielte ganz entgegen seiner Gewohnheit nur zwei Seiten und meinte dann: »Das ist mir zu schwer.«[23] Fauré sollte später ein Lehrer Ravels werden, der »seine Ratschläge, die Ratschläge eines Künstlers«, besonders schätzte[24]. Bizets hat sich später Busoni, der Liszt-Nachfolger per excellence, angenommen, indem er eine *Kammer-Fantasie über Carmen* (= 6. Sonatine, 1920) schrieb, die die hohen Qualitäten der Oper mit denjenigen einer Klavierfantasie im besten Lisztschen Stil — obwohl schon etwas unzeitgemäß — vereint.

Im November 1885, ein dreiviertel Jahr vor Liszts Tod, ereignete sich doch noch eine Sternstunde der Musik. Debussy weilte als Rom-Preisträger in der Villa Medici und stattete bei dieser Gelegenheit mit Vidal dem alten Meister einen Besuch ab. Sie spielten ihm die *Valses romantiques* für zwei Klaviere von Chabrier vor, und so kam Liszt mit diesem damals 45jährigen französischen Meister in Berührung, von dem er bis dahin keine Kenntnis gehabt hatte. Seinerseits empfahl er den jungen Leuten den Besuch der Kirche Santa Maria dell'Anima, um die dort gepflegte Renaissancemusik von Palestrina und Orlando di Lasso kennenzulernen. Dann spielte er ihnen etwas vor, wahrscheinlich das eine oder andere seiner späten Werke. Debussy erinnerte sich später vor allem an die Behandlung des Pedals, das Liszt »als eine Art zu atmen« verwendet habe.[25] – Jahre danach erzählte der Pianist Isidore Philipp Busoni, er sei dabeigewesen, wie Debussy zum ersten Male *Les jeux d'eaux à la Villa d'Este* gehört habe und wie verblüfft er davon gewesen.[26] Verbal hat sich der französische Meister nicht dazu geäußert, wohl aber musikalisch, denn das Hauptthema von *L'isle joyeuse* (Die Glückliche Insel, 1904) stimmt mit der charakteristischen Begleitfigur des Hauptthemas der *Jeux d'eaux* überein. Und in beiden Stücken finden wir die charakteristische lydische Quarte. So hat Liszt mit den *Wasserspielen* und ihren Vorläufern aus den Wanderjahren dem französischen Impressionismus nahezu im Alleingang den Weg gebahnt. Ravels *Jeux d'eau* (1901) und Debussys *Reflets dans l'eau* (1905, aus *Images I*) und vieles andere sind ohne seine Vorarbeit nicht denkbar. Bei ihnen entschwindet jedoch der letzte Rest von Erdenschwere, von »Malerei«, von Realismus. Die Musik wird ganz geistig-sinnliches Abbild der Natur, einer heidnischen Natur gewissermaßen, gemäß dem Motto von Henri de Régnier, das Ravels *Wasserspielen* vorangestellt ist: »Dieu fluvial riant de l'eau qui le chatouille« (Flußgott, der aus dem Wasser herauslacht, das ihn umschmeichelt). Diese pantheistische Verschmelzung mit der Natur samt der jeweils spezifischen Atmosphäre wird vor allem durch die von Liszt angebahnte Ausweitung des Klanges erreicht, der mehr und mehr seine tonale

Funktion verliert und der reinen Eindruckswirkung dienstbar gemacht wird.

Dabei ändert sich teilweise die Semantik der Klänge.[27] Pentatonik reflektiert nicht mehr religiöse, sondern nur noch bukolische Empfindungen. Auch Quinten und Quarten, nacheinander auftretend oder vertikal geschichtet, fehlt das Makabre; sie drücken vielmehr Naturstimmungen aus, den geheimnisvollen Wald (Beginn von *Pelléas et Mélisande*), die Reflexe sanft wogender Wellen (Debussy: *Reflets dans l'eau, La cathédrale engloutie*) oder das Spiel der Fontänen (Ravel: *Jeux d'eau*), »unbestimmte Träumerei, ... alles was immateriell und ätherisch ist«. Klangverschleierungstechniken wie Gebrauch akkordfremder Töne (*1. Arabesque* von Debussy) oder ajoutierte Sexten oder Sekunden (z.B. *La cathedrale engloutie*) dienen weiterhin der Verwischung harmonischer Konturen. Der Ganztonleiter fehlt aller Schauer; stattdessen symbolisiert sie gleitende Segelboote auf dem Wasser (*Voiles* aus *Préludes I*) oder Glocken, die durch das Laub der Bäume klingen (*Cloches à travers les feuilles* aus *Images II*). Durch Bitonalität schließlich (Debussy: *Ondine* aus *Préludes II* gegen Schluß; Ravel: *Valses nobles et sentimentales No. 7*) wird vollends das Gefühl der Schwebe und der Auflösung der Linien erzielt.

Beide Meister, Debussy und Ravel, waren — wenn auch kritische — Liszt-Verehrer. Debussy bezeugt das z.B. mit folgenden Worten, die zwar auf die Symphonische Dichtung *Mazeppa* gemünzt, aber verallgemeinerungsfähig sind: »Die unleugbare Schönheit des Lisztschen Werkes beruht, meine ich, darauf, daß er die Musik unter Ausschluß jedes anderen Gefühls liebte. Wenn er zuweilen soweit geht, sie zu duzen und sie geradezu auf seine Knie zu nehmen, so ist das wohl ebensoviel wert wie die steife Art derer, die so aussehen, als würden sie ihr zum ersten Male vorgestellt. Das ist sicherlich sehr schicklich, aber es fehlt die fiebernde Begeisterung. Begeisterung und Nachlässigkeit, die oft das Genie Liszts übermannen, sind der Vollkommenheit vorzuziehen, selbst jener in weißen Handschuhen.«[28]

Ravel betont einmal (1912, im Hinblick auf *Die Ideale*) die

Vielseitigkeit des Lisztschen Werkes und die daraus resultierenden Anregungen: »Welche Mängel in Liszts ganzem Werk sind uns denn so wichtig? Sind nicht genügend Stärken in dem tumultuösen, siedenden, ungeheuren und großartigen Chaos musikalischer Materie, aus dem mehrere Generationen berühmter Komponisten geschöpft haben? Um aufrichtig zu sein: In hohem Grade verdankt Wagner gerade diesen Mängeln seine deklamatorische Vehemenz, Strauss seinen Überenthusiasmus, Franck seine weitschweifige Erhabenheit, die russische Schule das bisweilen Grell-Pittoreske, die zeitgenössische französische Schule die ungemeine Koketterie ihrer harmonischen Anmut. Aber verdanken diese einander so unähnlichen Autoren nicht gerade das Beste ihrer Qualitäten der wahrhaft überreichen musikalischen Freigebigkeit ihres großen Vorläufers?«[29]

Auch in technischer Hinsicht fühlen sich die beiden Franzosen Liszt verbunden. So wie Debussy am Spiel Liszts besonders die Kunst der Pedalisierung rühmt, nimmt Ravels Klaviersatz »die Erfahrung Liszts wieder auf, indem er etwas von der beweglichen und lockeren Klarheit eines geistigen Sohnes von Domenico Scarlatti hinzugewinnt«[30].

Die Spuren Liszts sind auch eine Generation später noch nicht verweht. Bei Olivier Messiaen finden wir die Üppigkeit der Satzweise, die Liszt in gewissen Phasen pflegte, religiöse Klaviermusik, die Ekstase und Mystik kombiniert *(Vingt regards sur l'enfant Jésus)* und die Lust an Exotismen *(Cantéyodjayâ)*. Vor allem die Vögel haben es ihm angetan *(Réveil des oiseaux, Oiseaux exotiques, Catalogue des oiseaux)*, die wahrscheinlich aus Liszts *Vogelpredigt* herüberzwitschern, nicht mehr idealisiert, sondern als ganz konkrete Musik, allerdings in impressionistische Atmosphäre getaucht.

Von den übrigen Romanen – und nicht nur von ihnen – wurden vor allem die folkloristischen Neigungen Liszts übernommen. So hat die *Spanische Rhapsodie* eine Flut von musikalischen Hispanismen, nicht nur bei den Franzosen Debussy und Ravel, sondern z. B. auch bei dem Russen Rimski-Korsakow oder dem Polen Szymanowski ausgelöst. Stimulierend wirkte sie vor allem auf die Spanier selbst. Albéniz war wie Liszt zunächst Pianist, ehe er zu komponieren begann. Er war leidenschaftlicher Verehrer des Meisters, den er mehrfach in Weimar und in Rom besuchte, um von seiner Unterweisung zu profitieren. Sein Meisterwerk, die Suite *Iberia* für Klavier, erschien aber erst 1908.

Der Rumäne Enescu schuf seine Orchesterwerke ganz im Geiste der Ungarischen und natürlich der Rumänischen Rhapsodie(n) Liszts.

Von den Italienern steht Busoni Liszt bei weitem am nächsten. Er war nicht sein Schüler, ist ihm aber geistes- und seelenverwandt. Die Parallelen sind mit Händen zu greifen. Busoni, Sohn eines italienischen Vaters und einer deutsch-österreichischen Mutter, war ebenfalls vollkommen zweisprachig. Auch er war einer der gebildetsten Musiker seiner Zeit, Europäer und kulturell polyvalent. Als Pianist entfaltete er alle Sinnlichkeit und technische Souveränität des Meisters, dessen Werk er anläßlich des Zentenariums seiner Geburt an sechs unvergeßlichen Klavierabenden zu Gehör brachte. Gerühmt wurden besonders die Koloristik des Anschlags und die Modernität der Auffassung. Unter seiner Leitung wurde Liszts Klavierwerk im Rahmen der Breitkopf & Härtelschen Gesamtausgabe ediert. Als Komponist suchte er eine Synthese von alter Gebundenheit und neuer Freiheit der Form. »Ich verlange — nein, das Organische in der Kunst verlangt —, daß jede Idee ihre eigene Form sich selbst bilde [...].«[31] Wer denkt da nicht an Liszts »poetische Idee«? Busoni schlägt alternative Skalen vor, die dann Skrjabin anwendet (von der Naturtonreihe hatte Liszt schon in *Fleurs mélodiques des Alpes* [1837/38] und viel später im *Benedictus* des *Requiem für die Orgel* [1883] Gebrauch gemacht). Auch die schwebende Tonalität der *Bagatelle ohne Tonart* findet sich bei Busoni — ebenso wie bei Reger. Schließlich wurde auch Busoni vom Faust-Stoff zu seinem Meisterwerk angeregt, der Oper *Doktor Faust*, die — von seinem Schüler Philipp Jarnach vollendet — kaum ein Jahr nach seinem Tode (1925) in der Dresdener Staatsoper uraufgeführt wurde.

IV

So sehr die Franzosen und andere romanische Völker seine Anregungen aufgenommen haben, Liszt hielt die Russen für die wahren Erben seines Geistes. Schon 1842 und 1843 hatte er die Musik Glinkas und die echte und unverbrauchte russische Volksmusik kennengelernt. Sie fesselte ihn nicht weniger als die Musik der Zigeuner in Ungarn. Ab 1872 erwähnt er in seinen Briefen Balakirew, Cui und Rimski-Korsakow und ihre Werke. 1877 besucht ihn Borodin in Weimar und hält sich drei Wochen lang dort auf. Dem Genialsten des »mächtigen Häufleins«, Mussorgski, gelang es wegen seiner Amtspflichten und materieller Beschränkung nicht, Liszt, den er tief verehrte, zu besuchen – und Liszt scheint keines seiner Werke kennengelernt zu haben.

Von Liszt erfährt Borodin 1877, wie er die Lage beurteilt. »Kennen Sie Deutschland? Hier wird viel geschrieben; ich ertrinke in dem Schwall von Musik, womit ich überschüttet werde; aber, mein Gott, wie ist das alles flach! Nicht ein einziger neuer Gedanke! Aber bei Ihnen fließt ein lebendiger Strom; früher oder später (wahrscheinlich erst spät) wird er sich auch bei uns Bahn brechen.« [32] 1879 schreibt Liszt an Carolyne: »Indessen bleibe ich überzeugt, daß die fünf erwähnten Musiker Rimski-Korsakow, Balakirew, Borodin, Cui und Ljadow eine viel fruchtbringendere Furche ziehen als die verspäteten Nachahmer von Mendelssohn und Schumann.« [33] 1884 äußert er zu Balakirew: »In dieser furchtlosen musikalischen Phalanx der Russen grüße ich aus vollem Herzen Meister, die mit einer seltenen Lebensenergie begabt sind: sie leiden nicht an der Blutarmut der Gedanken – einer in verschiedenen Ländern sehr verbreiteten Krankheit.« [34] Uns interessiert in erster Linie, inwiefern etwa Transfusionen Lisztschen Geistes stattgefunden haben.

Borodin macht zwar Experimente mit der Ganztonleiter und alterierten Akkorden, doch formal sind seine Werke wenig aufregend. Dagegen ist bei Balakirew in der virtuosen orientalischen Fantasie *Islamey* (1869) für Klavier der Einfluß Liszts, etwa der 1867 erschienenen *Spanischen Rhapsodie*, unverkennbar. Zum ersten Mal dringt hier orientalische Wildheit in die Musik ein – eine Linie, die durch die späten *Csárdás obstiné* und *Csárdás macabre* von Liszt und das *Allegro barbaro* von Bartók fortgesetzt wird.

Ein begeisterter Liszt-Verehrer war Mussorgski. Doch scheint diese Zuneigung einseitig geblieben zu sein. Eine Mitteilung, daß Liszt wenigstens den Liederzyklus *Kinderstube* kennengelernt habe, beruht offenbar auf einem Irrtum.[35] Auch wird Mussorgski weder in dem oben zitierten Brief an die Fürstin noch in mehreren Schreiben an die Gräfin Mercy d'Argenteau in St. Petersburg erwähnt. Seine Liszt-Verehrung bleibt dadurch unberührt. Als der Plan einer Reise mit W. Stassow nach Westeuropa und damit auch zu Liszt gescheitert ist, schreibt er an Stassow: »Nur ein reicher, lebendiger Eindruck bleibt von Ihrer Kombination übrig, und er ist so lebendig, daß ich Liszt förmlich vor mir sehe, ihn höre und mit ihm und mit Ihnen spreche. Das ist kein Traum, keine hohle Phrase. So viel lebendige Einbildungskraft habe ich noch, um die mächtige Gestalt dieses Künstlers von europäischer Bedeutung in mir aufleben zu lassen, mein Hirn durch alles von diesem Künstler Vollbrachte in Bewegung zu bringen und augenblicks vor ihn hinzutreten, ihn von Angesicht zu sehen und ihm zuzuhören. Ohne Sie hätte ich mich vielleicht niemals so intensiv mit Liszt befaßt, ihn nie so aufmerksam betrachtet.«[36] Er rühmt besonders das *Totentanz-Klavierkonzert*: »Man könnte diese Variationen mit den Tauschleppern Rjepins vergleichen; es handelt sich um eine Serie von Porträts, nichts anderes.«[37] Die musikalische Charakterisierungskunst Liszts hatte es ihm also angetan. Wer denkt da nicht an die *Bilder einer Ausstellung* oder die *Lieder und Tänze des Todes*? Er und Liszt, sie hätten sich wahrhaftig viel zu sagen gehabt!

Unmittelbar in Liszts Nachfolge steht Rimski-Korsakow, vor allem in der zweiten Hälfte seiner Laufbahn. Die *Scheherezade* wäre ohne die koloristischen Errungenschaften und neuen Ausdrucksformen der Symphonischen Dichtungen des Weimarer Meisters undenkbar. Und Rimski-Korsakow und Mussorgski haben ihrerseits die Klangsprache Debussys und Ravels beeinflußt.

Tschaikowski der sich an die westliche Musiktradition hielt, hatte ein distanziertes Verhältnis zu Liszt. Trotzdem ist er ihm verpflichtet, weniger in der Intonation und Harmonik als im symphonischen Formenbau, in dem Mit- und Ineinander von Klavier und Orchester *(b-Moll-Konzert)*, der sich steigernden Behandlung der Thematik nach dem Muster Lamento e Trionfo *(3. Symphonie)* oder Per aspera ad astra (*Francesca da Rimini* = thematische Hauptfigur aus Liszts *Dante-Symphonie*).

Stark wiederum ist Ljapunow durch Liszt inspiriert. Seine *Etüden op. 11 (Études d'exécution transcendante)* sind ihm gewidmet und verpflichtet und können doch für sich selbst bestehen. Sie tragen manche ausgeprägt nationalen Züge (besonders *Festglocken, Byline, Lesginka*). Die zwölfte ist eine großartige *Elegie in memoriam Franz Liszt.*

Der geniale Alexander Skrjabin orientierte sich zunächst an Chopin. Aber: Seine *Vierte Sonate* (op. 30), die in Melos und Harmonik tristaneske Züge aufweist, »ist vielleicht die wichtigste Station in Skrjabins Schaffen, jedenfalls was die Entwicklung von der mehrsätzigen zur einsätzigen Sonate betrifft. [...] Das in der Bezeichnung ›Entwicklungssonate‹ zusammengefaßte Kompositionsprinzip Liszts findet in Skrjabin einen ins 20. Jahrhundert hineinreichenden Vertreter romantischer Tradition, der die formale Krise in der Musik einleiten hilft.«[38] – Zofia Lissa leitet in einer kenntnisreichen Arbeit[39] den berühmten Quartenakkord, der in Skrjabins Symphonischer Dichtung *Prometheus* (op. 60) das »Klangzentrum« bildet, aus Werken von Chopin ab. Sollte aber nicht auch Liszt mit seinem *Prometheus*, der mit Quartenakkordschlägen beginnt, als Vorbild gedient haben?

Searle[40] macht darauf aufmerksam, daß der Skrjabinschen Harmonik mit ihren aufgepropften Alterationen Liszts *1. Mephisto-Walzer* (Hauptthema Des-Dur mit chromatischen Vorhalten) Pate gestanden haben könnte.

Strawinsky, ein Schüler von Rimski-Korsakow, orientierte sich nicht an Chopin, sondern an Liszt. Das zeigt z. B. die virtuose Klavierbearbeitung (1921) von drei Stücken aus *Petruschka.* Wie Liszt versteht er die Kunst, ein Orchesterwerk auf dem Klavier so umzudeuten, als wäre es primär für dieses Instrument geschrieben. Im luxurierenden Klaviersatz erinnert er an den Liszt der 30er, 40er Jahre, nur sind Thematik und Rhythmus russisch. In seiner mittleren Periode begeistert er sich für den ausgesparten Satz von Stücken wie *Trauergondel* und *Trübe Wolken.* Wie der Weimarer Meister versteht er es, mit aparten Besetzungen — auch bei vollem Orchester — kammermusikalisch zu musizieren. Mit den beiden letztgenannten russischen Komponisten gelangen wir bereits ins 20. Jahrhundert.

Dagegen gehört der Tscheche Smetana noch ganz dem 19. Jahrhundert an. Im Gegensatz zu dem mehr der Schumann-Brahms-Richtung verpflichteten Dvořák bekennt er sich zur Neudeutschen Schule. »Jawohl, wenn die neue deutsche Schule Fortschritt bedeutet, dann gehöre ich ihr an; ohne Rücksicht auf meine Umgebung werde ich mich zumindestens bemühen, immer so zu schreiben, wie ich fühle« (Tagebuch 1862).[41] Liszt half ihm ideell und materiell bei der Publikation der *Charakterstücke op. 1* und der Gründung einer Musikschule in Prag. 1857 weilte Smetana als willkommener Gast und lernbegieriger Schüler in Weimar. Schon als Kind ein guter Pianist, orientiert er später seinen Klaviersatz an Liszt, etwa in der Konzertetüde *Am Seegestade* (1861), in den *Träumen* (1874—1875) oder allgemein auf den Höhepunkten seiner Volkstanzbearbeitungen. Vor allem ist er inhaltlich von der folkloristischen Seite des Lisztschen Werkes beeindruckt. Dabei schreibt er nicht allgemein slawische (wie Dvořák), sondern speziell tschechische Tänze. Die Polka hat er mit anmutsvollen Gebilden konzertfähig gemacht. Den Gipfel seines Schaffens bilden die im Zyklus *Mein Vaterland* zusammengefaßten Symphonischen Dichtungen, in denen die befreite Form mit urböhmischem Musikantentum erfüllt wird.

V

In der deutschen Musik wurden Anregungen Liszts von Bruckner, Hugo Wolf, Mahler, Richard Strauss und Schönberg aufgenommen und in jeweils spezifischer Weise fortentwickelt. Selbst bei Brahms finden sich vereinzelt deutliche Hinweise. Aber mit ihren großen sinfonischen Werken sind dann Brahms und Bruckner seit den 70er Jahren mit Riesenschritten über Liszt hinweggegangen und haben vorübergehend seine Spuren verschüttet.

Brahms oder Liszt — das war damals fast eine Weltanschauungsfrage. Heute wissen wir die bedeutenden Werke beider in ihrer Art zu schätzen. Doch der Konflikt war unvermeidlich: er hatte tiefe psychologische und kulturelle Wurzeln. Zunächst ließ sich alles ganz freundlich an. Der 20jährige Brahms war 1853 zehn Tage auf der Altenburg zu Gast. Seine *Erste Sonate* wurde mit großem Interesse aufgenommen, und das *es-Moll-Scherzo* spielte Liszt prima vista aus dem schlecht leserlichen Manuskript. Das exzentrische, hektische Klima auf der Altenburg konnte jedoch dem Norddeutschen auf die Dauer nicht behagen. So brach er seinen Aufenthalt kurzerhand ab, um sich in der Folge enger an Joachim und Schumann anzuschließen. Der Konflikt wurde 1860 mit dem Manifest von Brahms, Joachim & Co. im Berliner *Echo* öffentlich, um dann unter der Decke weiterzuschwelen. Liszt zwar in seiner diskreten Art äußerte sich nicht über Brahms. Dieser aber machte seinem Unmut in Briefen immer wieder Luft. 1860 schreibt er z. B. an Clara Schumann: »Olten war der erste, der in einem anständigen Konzert Werke von Liszt brachte. [...] Ich habe mich doch schändlich geärgert. [...] Die Pest wird immer weiter greifen, und jedenfalls verlängert und verdirbt sie doch die Eselsohren des Publikums und der komponierenden Jugend.« [42] Später steigerte sich der Ton bis zur Gehässigkeit. Die *Dante-Symphonie* bezeichnete Brahms als »Unmusik«, die auf den Misthaufen gehöre.[43] 1871 schreibt er über das *Christus-Oratorium*: »Wir erleben hier den 30. den *Christus* von Liszt, und das Ding sieht so fabelhaft langweilig, blöd und unsinnig aus, daß ich nicht begreife, wie der nötige Schwindel diesmal fertiggebracht wird.«[44] Auch die Gegenseite ist nicht faul. Hugo Wolf führt als Kritiker die schärfste Feder. »Ekelhafte Schule«, schreibt er über Brahms' Symphonien, »im Grunde der Seele verlogen und verdrehte Leimsiedereien. In einem einzigen Bekkenschlag aus einem Lisztschen Werke drückt sich mehr Geist und Empfindung aus als in allen Brahmsschen drei Symphonien und seinen Serenaden obendrein.«[45] Die Gegnerschaft der beiden Kontrahenten war irreparabel und tief begründet: hier norddeutsche, dort österreichisch-ungarische Art; Protestantismus und Katholizismus; deutsche Romantik (deren Exponenten auch Schumann und Joachim waren) und französische (von der auch Wagner herkam); Hang zum Beharren und Lust zum Experiment; cholerisches und sanguinisches Temperament. Das konnte nicht zusammenkommen, und so lebte man sich für ein halbes Jahrhundert gründlich auseinander.

Auch Bruckners Musik ließ Liszt kalt. Bruckner aber beschritt seinen Weg vom Komponisten geistlicher Musik zum Symphoniker, da ihn das Schaffen Franz Liszts berührt hatte. Ihm, dessen *Faust-Symphonie* er intensiv studiert hatte, widmete er seine *Zweite Symphonie.* Aber schon Liszts *Bergsymphonie* mit ihrem charakteristischen, den Tonraum umschreibenden Beginn und den Chorälen erinnert an spätere Praktiken Bruckners. Harmonisch ist dieser nicht über Liszt hinausgegangen, wohl aber in der Ausweitung der Sinfonieformen, der Gestaltung der Adagio-Sätze, in seinen Versuchen mit (durch Wagner inspirierten) Klangfarbflächen und im rhythmisch organisierten Lärm seiner Scherzosätze.

Eine Generation nach Brahms und Bruckner erscheinen wieder drei Meister, die Liszt viel zu verdanken haben, aber dies auch nicht verhehlen. Alle drei erzielen ihren Durchbruch kurz nach dem Ableben Franz Liszts: Richard Strauss 1887 mit *Aus Italien*, Hugo Wolf 1888 mit seinen *Möricke-Liedern* und Gustav Mahler 1889 mit seiner *1. Symphonie.* Bei aller Verwandtschaft zu Liszt entwickelt jeder seinen persönlichen Stil.

Hugo Wolf ist vor allem als Liederkomponist hervorgetreten. In seinem Schaffen knüpfte er an die harmonischen Errungenschaften und die strukturelle Flexibilität der späten Lisztschen Schöpfungen an, um Gebilde von unübertroffener Ausdruckskraft zu erzielen. Wie tief er sich dem Meister verbunden fühlte, geht aus seinem Liszt-Nekrolog hervor: »Eine phantastische Natur, stets Neues ersinnend und rastlos vorwärts drängend, wirkte Franz Liszt auf alle Gebiete der Musik reformerisch ein. Geist, Tiefe der Empfindungen und Gedanken und ein unvergleichlicher Schönheitssinn für musikalische Formen sind die charakteristischen Merkmale seiner Schöpfungen. Wer liebevoll in diese eigenartige Individualität sich versenken konnte, dem tat sich eine Welt auf, herrlich und ideal, wie sie nur ein Dichter träumt.«[46]

Noch umfassender war der Einfluß Liszts auf Mahler. Seine *Lieder* voll tragischer Ironie und Todesahnung knüpfen an Schöpfungen Liszts (*Vergiftet sind meine Lieder, Ich möchte hingehn wie das Abendrot, J'ai perdu ma force et ma vie, Ich scheide*) an. Form und Stimmung von *Héroïde funèbre* oder das danteske »vom Inferno zum Paradies« finden sich in vielen Mahlerschen Sinfoniesätzen (z. B. Finale der *1. und der 2. Symphonie*). Seine Formkonzeptionen halten etwa die Mitte zwischen Liszt und Bruckner. Das durchgeführte Scherzo Mahlers ist von Liszts Metamorphose-Technik abgeleitet. Selbst Motive oder Themen (Kreuzsymbol bzw. Wagners Gralsthema im Finale der *1. Symphonie* und Kopfsatz der *2. Symphonie*; lyrischer B-Dur-Mittelteil der *Jota aragonesa* aus der *Spanischen Rhapsodie* in der *3. Symphonie*) werden übernommen.

Während Mahler vor allem das spekulative Element in Liszts Werk nahesteht, läßt sich der Bajuvare Richard Strauss stärker durch die expansiven Züge, die Neigung zu Farben und lebhafter Bewegung anregen. Seine besten Werke sind durch die Spannung zwischen intensivem und extensivem Musizieren gekennzeichnet. Die Extreme sind etwa durch die Tondichtung *Don Juan* op. 20 (1888) und *Vier letzte Lieder* (1948) zu kennzeichnen. Formal geht er allem Anschein zum Trotz keine Wagnisse ein, harmonisch vorübergehend in *Elektra* und *Salome* über Liszt und Wagner hinaus. Er ist ein Meister der Instrumentation, der die Errungenschaften der *Faust-Symphonie* und der *Dante-*

Symphonie fortführt. Seine ersten Werke wirken noch etwas konventionell. Aber 1885 lernt er durch Vermittlung Bülows Alexander Ritter kennen, der zum Weimarer Liszt-Kreis gehörte. Durch ihn lernt er Liszt und Wagner, die musikgeschichtliche Bedeutung ihrer Schriften und Werke verstehen. »Mit Ritters Hilfe«, schreibt er, »bin ich jetzt mit einer kräftigen Kunst- und Lebensanschauung ausgerüstet, habe jetzt nach langem Umhertasten festen Boden unter mir. [...] Denke Dir, ich bin jetzt unter die Lisztianer gegangen, kurz, ein fortschrittlicherer Standpunkt, als ich ihn jetzt einnehme, ist kaum denkbar.« [47] So findet er zu sich selbst und schreibt sich in seinen »Tondichtungen« frei, auch wenn inhaltlich zunächst noch Anklänge an Lisztsche Symphonische Dichtungen fortbestehen (*Tod und Verklärung* schließt an Liszts vielfach bewährtes »Dall' inferno al paradiso« an; in *Also sprach Zarathustra* wird wie in der *Bergsymphonie*, die Strauss gern und häufig dirigierte, die Polarität von Natur und Geist gestaltet). Noch wenige Wochen vor seinem Tode macht er in seiner »Letzten Aufzeichnung« auf seine musikalische Ahnengalerie aufmerksam, der er das Neue im eigenen Lebenswerk verdankt: »Das Bekenntnis in ›Intermezzo‹, ›Capriccio‹, ist doch das, warum sich meine dramatischen Werke von den landläufigen Opern, Messen, Variationen unterscheiden in direkter Beethoven-, Berlioz-, Liszt-Nachfolge. Musik des zwanzigsten Jahrhunderts.« [48]

In der künstlerischen Grundhaltung läßt sich kein größerer Gegensatz als zwischen Strauss und Reger denken. Und doch hat Liszt auch bei diesem keine geringen Spuren hinterlassen. So bemerkte Searle: »Bei Liszt können wir den Anfang jenes gleitenden Chromatizismus besonders in Präludium und Fuge über den Namen B-A-C-H verfolgen, der am Ende des Jahrhunderts in Werken von Komponisten wie Reger das tonale System schließlich so weit aufweichte, daß eine tonale Analyse nahezu unmöglich wurde.« [49] Auch der Orgelstil Regers wurde durch Liszt und die mit ihm befreundeten Weimarer Organisten maßgeblich mitgeprägt. »Als Ergebnis des Einflusses, den die Weimarer Orgelgruppe in der deutschen Orgelwelt des neunzehnten und frühen zwanzigsten Jahrhunderts ausübte, halfen sie vielen nachfolgenden Orgelkomponisten den Weg zu bereiten, unter ihnen Max Reger als der bedeutendste.« (M. Sutter)[50] Schließlich ist auch Regers Instrumentationskunst, etwa in den *Mozart-Variationen*, dem Liszt der *Faust-Symphonie* und der *Dante-Symphonie* verpflichtet.

Arnold Schönberg blieb es vorbehalten, die letzten Konsequenzen aus der Musikentwicklung des 19. und beginnenden 20. Jahrhunderts zu ziehen. Seine *Harmonielehre*[51] beschließt er mit der Besprechung der Ganztonskala, der Quarten-Akkorde und der ästhetischen Bewertung sechs- und mehrtöniger Klänge, Klangfarbenmelodien eingeschlossen. Der Einfluß Liszts wird dabei weitgehend verdrängt, nur für die Einführung der Ganztonskala (die in Wirklichkeit Dargomyschski zukommt) gesteht er ihm Priorität zu. In dem Gedenkaufsatz zur 100. Wiederkehr von Liszts Geburtstag formuliert er etwas großzügiger, aber immer noch sehr allgemein: »War er doch einer derjenigen, die den Kampf gegen die Tonalität eingeleitet haben; durch Themen sowohl, die nicht unbedingt auf ein solches Centrum hinweisen, wie auch durch viele harmonische Einzelheiten, deren musikalische Ausschöpfung von den Nachfolgern besorgt wurde.«[52] Wer erinnert sich nicht z. B. bei dem in reinen Quarten aufsteigenden Hornthema der *Kammersymphonie op. 9* (1906) an den Anfang der Symphonischen Dichtung *Prometheus* oder des *3. Mephisto-Walzers*? Wer sollte angesichts der »frei atonalen« *Sechs Klavierstücke op. 19* (1911), mit denen die Epoche des aphoristischen Kondensationsstils beginnt, nicht an gewisse späte Stücke Liszts denken? Aber diese konnte Schönberg noch nicht kennen. Gewisse Dinge liegen eben in der Luft und gewinnen auch ohne Kenntnis der Gedanken und Taten der Vorläufer Gestalt.

Die Quartenakkorde – aber nicht nur diese! – haben Schönberg zu ungeahnten Weiterungen geführt: »Eines könnte mich bestimmen, dieses System fortzusetzen: der quartenweise Aufbau der Akkorde kann zu einem Akkord führen, der sämtliche zwölf Töne der chromatischen Skala enthält, und damit immerhin eine Möglichkeit der systematischen Betrachtung jener harmonischen

Phänomene erzielen, die in Werken von einigen von uns schon vorkommen: sieben-, acht-, neun-, zehn-, elf-, zwölfstimmige Akkorde.«[53] Liszt war bereits 1860 in einem Brief an seine Schülerin Ingeborg Stark ähnlichen Vorstellungen ganz nahe. Er geht aber von zwei superponierten, aus je sechs benachbarten Ganztönen bestehenden Clustern aus, von denen der obere einen Halbton höher als der untere beginnt. Er empfiehlt den resultierenden, aus allen zwölf Halbtönen bestehenden Akkord statt des bei Fesselübungen der Klavierspieler sonst üblichen Akkords (etwa c-d-e-f-g) nicht nur, weil dieser »ebenso unangenehm wie unvollständig klingt«, sondern weil jener »auch die einzige Grundlage der harmonischen Methodik darstellen wird, wobei alle anderen Akkorde, ob sie nun gebräuchlich sind oder nicht, sich einfach durch die willkürliche Auslassung dieses oder jenes Intervalls erzielen lassen. [...] So der Abgrund von Fortschritt, in den uns die abscheulichen Zukunftsmusiker stürzen.«[54] Diese Auslassung ist sicher nicht nur ironisch gemeint. Die damals vorliegenden atonalen »Entgleisungen«, etwa im dodekaphonischen Anfangsthema der *Faust-Symphonie* oder in *Präludium und Fuge über den Namen B-A-C-H*, sollten das Grüblerische, Intellektuelle, Experimentelle in den Symbolgestalten charakterisieren. Später geht er viel radikaler vor. »Es ist interessant zu beobachten, wie Liszt gegen Ende seines Lebens ebenso von der Tonalität wie der Modalität oder Atonalität Gebrauch macht. In allen Stücken aber, in denen er das harmonische Gewebe auflöst, ist er entweder freiweg atonal oder verbleibt in einer tonalen Aufweichung [flou], die der Atonalität nahe kommt. In dieser Hinsicht bereitet er eher einem Schönberg als einem Darius Milhaud den Weg.« (S. Gut)[55]

Neuerdings sind in Werken wie *Prometheus*[56], und der *Faust-Symphonie*[57], denen man die *Fantasie und Fuge über B-A-C-H, Schlaflos, Die Trauergondel I* u. a. hinzufügen kann, Vorstufen serieller Technik nachgewiesen worden. Sie stellen im allgemeinen eine Weiterentwicklung der Lisztschen Methode der Thementransformation dar. Doch ist die Materialbehandlung in manchen Werken so konsequent und dicht durchgeführt, daß schon der Gedanke an die »Komposition mit nur aufeinander bezogenen Tönen« wach wird. Im 1. Thema der *Faust-Symphonie* sind es, wie erwähnt, bereits alle 12 Halbtöne, das Thema der Fuge von *B-A-C-H* enthält immerhin 11 Töne der Skala. So kann man hier in der Tat Ansätze für die Komposition mit allen 12 gleichwertig behandelten und jeweils systematisch geordneten Tönen erblicken. – Auch formal lassen sich bei Schönberg Spuren Liszts nachweisen. Im *Großen Konzertsolo* finden wir erstmals die integrierte Sonatenform mit Einschiebung des langsamen Satzes in die Durchführung, die der Wiener Meister dann in seinem *1. Streichquartett* und der *1. Kammersymphonie* übernommen hat. So konnten ihm schon Werke aus Liszts mittlerer Periode für die Entwicklung seines Personalstils eine Reihe wichtiger Anregungen bieten.

Er war ein großer Verehrer Gustav Mahlers, dem die *Harmonielehre* gewidmet ist. Sollte ihm nicht durch das Medium dieses Freundes, durch Strauss oder Debussy, deren Werke er gut kannte und die alle Liszt-Verehrer waren, einiges aus dem Vermächtnis des Meisters vermittelt worden sein? Die *Klaviersuite op. 25* (1924) ist erstmals streng in der *Methode der Komposition mit zwölf nur aufeinander bezogenen Tönen* geschrieben. Hier hat sich die gleiche Behandlung aller einander gleicher zwölf Halbtöne durchgesetzt. Und gleichzeitig hatte Schönberg nach Auflösung der klassischen Tonalität ein neues Strukturelement in der Heranziehung kontrapunktischer Praktiken gefunden (Reihen- oder serielle Technik). Daß er sich damit Liszt näherte, hat niemand schärfer erkannt als Searle: »Die serielle Technik Schönbergs [...] gebraucht genau die Methoden von Liszts Thementransformation im Rahmen einer völlig verschiedenen Sprache, und es ist sogar möglich, das künftige Zwölfton-Komponisten auf der Suche nach einem Rahmen für ihre neuen Ausdrucksmethoden sich eher an Liszt-ähnliche Formen als an diejenigen der klassischen Komponisten halten werden.«[58]

Auch hinsichtlich seines Orchestersatzes ist Schönberg (ebenso wie Bartók und Strawinsky) Liszt verpflichtet: Kammermusik mit vollem Orchester, klare Gegenüberstellung der Instrumentengruppen, solistisches Musizieren, nur relativ selten ein volles Tutti. Klare Ideen verlangen einen klaren Ausdruck — auch im Orchesterklang.

Alles in allem: Hatte Schönberg Liszt nicht mehr zu verdanken, als er wahrhaben wollte?

Ganz aktiv ist die Liszt-Rezeption seines Schülers Anton Webern. Das zeigen seine früher erwähnten Bemühungen um die Rekonstruktion und Uraufführung des *Arbeiterchors* ebenso wie der tiefe Eindruck den er vom *Christus-Oratorium* empfing.

VI

Welchen Einfluß hat Liszt in seinem Heimatland ausgeübt, in dem Erkel, Mosonyi u. a. versucht hatten, eine nationale Musikkultur aufzubauen? Liszt selbst war trotz aller Magyarismen viel zu sehr Weltbürger, um sich in einen engen nationalen Rahmen zwängen zu lassen. Seine nostalgischen Bemühungen als Präsident der Landesmusikakademie müssen als gescheitert bezeichnet werden. Nach seinem Tode beherrschten Wagner und Brahms das Feld. Und doch fand er in dem 70 Jahre nach ihm geborenen Béla Bartók einen Nachfolger im Geiste. Als Pianist war dieser Schüler von István Thomán, wohl dem begabtesten Budapester Schüler Liszts. In seinen Konzerten spielte er neben bekannten auch damals noch weitgehend unbekannte und ganz modern wirkende Werke des Meisters (*Totentanz, Weinen-Klagen-Variationen* etc.). In seinem Vortrag *Die Musik Liszts und das Publikum von heute* von 1911 weiß er fesselnd zu schildern, wie er sich mit der *h-Moll-Sonate* auseinanderzusetzen hatte. In seiner Studienzeit vermochte er sich nicht mit ihr zu befreunden. Die erste Hälfte der Exposition empfand er als kalt und leer, die Ironie des Fugatos nahm er überhaupt nicht wahr. Einige Jahre später nahm er sie erneut vor, da ihn die technischen Aufgaben reizten, und »gewann sie allmählich lieb, wenn auch nicht vorbehaltlos«. Später unterhielt er sich über diese Erfahrung einmal mit dem bekannten ungarischen Pianisten und Komponisten

Dohnányi, und so stellte sich heraus, daß es diesem ähnlich ergangen war. »Auch daraus erhellt«, bemerkt Bartók abschließend, »daß man sich an eine bestimmte Art von Musik erst gewöhnen muß. Unser Publikum hat sich jedoch bis zum heutigen Tag noch nicht an Liszt gewöhnt.«[59]

In seiner 1918 erschienenen Autobiographie vertiefte er diese Erfahrung: »Das erneute Studium von Liszt – namentlich in seinen weniger populären Schöpfungen, wie z. B. den *Années de pèlerinage, Harmonies poétiques et religieuses*, in der *Faust-Symphonie*, im *Totentanz* usw. – führte mich über manche mir weniger sympathische Äußerlichkeiten zum Kern der Sache: es erschloß sich mir die wahre Bedeutung dieses Künstlers; für die Weiterentwicklung der Musik entdeckte ich bei ihm einen viel größeren Genius als bei Wagner und Strauss.«[60] Und dabei war ihm das Spätwerk Liszts damals noch unbekannt! In seiner Antrittsrede anläßlich der Aufnahme in die Ungarische Akademie der Wissenschaften (*Liszt-Probleme*, 1936) präzisierte er diese Aussage: »Zwar will ich damit nicht sagen, daß Liszt ein größerer Komponist war als Wagner. Denn in Wagners Werken finden wir durchaus mehr Vollkommenheit in der Form, eine reichere Skala des Ausdrucks und eine größere Einheitlichkeit im Stil. Und dennoch – Liszts Werke wirkten befruchtender auf die nachfolgenden Generationen als die Wagners. [...] Wagner hatte seine Aufgabe in vollem Umfang und bis ins letzte Detail so perfekt gelöst, daß man ihn eigentlich nur noch sklavisch nachahmen konnte, eine Anregung zur Weiterentwicklung jedoch kaum von ihm erwarten durfte. [...] Liszt hingegen läßt in seinen Werken so viele Möglichkeiten anklingen – ohne sie selbst bis zum letzten ausgeschöpft zu haben –, daß von ihm unvergleichlich stärkere Impulse ausgehen als von Wagner.«[61]

Bartóks jugendliche Kompositionsversuche standen unter dem Einfluß von Brahms und Dohnányi. Nach Aufnahme in die Budapester Musikakademie stürzte er sich auf die Opern Wagners und die Orchesterwerke Liszts, ohne zu eigenem Schaffen angeregt zu werden. Erst die Tondichtung *Also sprach Zarathustra* von Richard Strauss, die er 1902 in Budapest hörte, riß ihn »wie ein

Blitzschlag« aus dieser Stagnation, und seine ersten Werke (die Symphonische Dichtung *Kossuth*, die *Rhapsodie für Klavier* bzw. *Klavier und Orchester op. 1*, die *1. Suite für großes Orchester*) sprudelten hervor; doch währte die Faszination durch Strauss nicht lange. Über einem erneuerten Studium von Liszt, der Erforschung der echten ungarischen Volksmusik und der Beschäftigung mit dem Werk Claude Debussys entwickelte er seinen persönlichen Stil, dem das Bestreben zugrunde liegt, »die Kunstmusik mit Elementen einer frischen, durch das Schaffen der letzten Jahrhunderte nicht beeinflußten Bauernmusik zu beleben«[62]. Die dilettantische Musikfolklore Liszts wird durch wissenschaftliches Vorgehen ersetzt. Was Bartók (und seinen Kollegen Kodály) an der ursprünglichen Volksmusik vor allem reizt, sind die Archaismen wie Pentatonik, Verwendung von vor unserem Dur-Moll-System liegenden modalen Tonarten, wie sie auch von Liszt geschätzt wurden, und die verwickelte Rhythmik. Ab op. 4 hat er seinen eigenen Stil gefunden. Später läßt er sich nur noch hinsichtlich der Gestaltung größerer Formen von Liszt anregen *(Zwei Bildnisse, 2. Klavierkonzert, Musik für Saiteninstrumente, Schlagzeug und Celesta, Violinkonzert).* Denn noch »wichtiger als die in den Einzelheiten aufblitzenden Neuigkeiten ist ihm bei Liszt die völlig neue, vor allem bisherigen abweichende inhaltliche Konzeption, die sich in den Hauptwerken, z. B. in seiner Klaviersonate und den zwei Ecksätzen der Faust-Symphonie, offenbart ...« (Akademierede, 1936).[63]

Fraglos hat also Liszt nicht nur als Pianist, sondern auch als schöpferischer Komponist eine außergewöhnliche Nachwirkung gehabt. Alle bedeutenden, in das 20. Jahrhundert hineinragenden Meister haben direkt oder indirekt von ihm profitiert: die Deutschen und Österreicher Mahler, Strauss und Schönberg, die Franzosen Debussy und Ravel, die Russen Skrjabin und Strawinsky und der Ungar Bartók, abgesehen von den vielen nationalen Schulen, die sich ebenfalls in der Liszt-Nachfolge entwickelt haben.

Liszts eigene Werke gerieten jedoch mehr und mehr in Vergessenheit, und auf seiten der offiziellen Musikwissenschaft machte sich ein eigenartiger Verdrängungsprozeß bemerkbar, dem soziologisch und psychologisch nachzuspüren nicht ohne Reiz wäre. Liszt war für einige Jahrzehnte tabu, und schon die Erwähnung seines Namens in einem musikwissenschaftlichen Seminar begegnete verständnislosem Achselzucken und Stirnrunzeln, wenn nicht Schlimmerem – übrigens nicht nur in Deutschland: Von England weiß Alan Walker ähnliches zu berichten.[64] Schumanns Fehlurteil, wonach der Komponist dem Pianisten nicht das Wasser reichen könne, die Nachwirkung Hanslicks, die leichtere Eingängigkeit der Brahmsschen Muse für konservative Hörgewohnheiten und Formvorstellungen, der Wagner-Kult, männliche (und weibliche: Clara Schumann) Prüderie, nationale, konfessionelle und ideologische Vorurteile, die unterschiedliche Qualität seiner Werke – all das mag zu einem negativen Liszt-Bild beigetragen haben, das durch Ernest Newmanns böse Biographie (1934) »gekrönt« wurde.

Es war daher eine epochale Leistung, als Peter Raabe den Stoff vorurteilsfrei neu aufarbeitete und 1931 in Form einer zweibändigen Darstellung von Leben und Werk Liszts publizierte. Er war Dirigent, primär kein Musikologe. Aber auch von musikwissenschaftlicher Seite erschienen gleichzeitig mehrere Dissertationen (hauptsächlich aus Berlin) über wichtige Aspekte von Liszts Werk, die einen Neubeginn kennzeichnen.[65] Offenbar sind diese Ansätze durch den aufkommenden Faschismus unterbrochen worden. Nach dem Kriege wurde der Faden fortgesponnen, aber nicht in Deutschland. Den Anfang machte Leibowitz in Paris mit den *Prophezeiungen von Franz Liszt*, in der Hauptsache eine ausführliche Analyse von *Trübe Wolken*, in seinem Buch *L'évolution de la musique de Bach à Schoenberg* (Die Entwicklung der Musik von Bach bis Schönberg, 1951). 1954 legte Humphrey Searle *The Music of Liszt* vor, eine konzise Darstellung und vorurteilsfreie Wertung der Werke. Es folgten die Bücher von Milstein (Moskau 1956; Biographie mit besonderer Würdigung von Liszts Beziehungen zur russischen Musikkultur und einem Werkverzeichnis, dem dritten neben demjenigen von Raabe und Searle), Klára Hamburger (Budapest 1966), Serge Gut (Paris 1975;

außerordentlich gründliche Untersuchung über die Tonsprache Liszts im musikgeschichtlichen Zusammenhang), Alan Walker (*Franz Liszt. The virtuoso years 1811–1847*, London 1983) und Ernst Burger (*Franz Liszt. Eine Lebenschronik in Bildern und Dokumenten*, München 1986), daneben wichtige Dissertationen vor allem aus den USA[66] und zahlreiche Einzelarbeiten, vornehmlich von ungarischen Wissenschaftlern. In Deutschland können Carl Dahlhaus und Constantin Floros als geistige Wiederentdecker Liszts bezeichnet werden. Nimmt man dazu die sowjetische Ausgabe der Klavierwerke (1960) und die laufende *Neue Gesamtausgabe*, so ergibt sich eine Summe von Aktivitäten, die dazu führen könnte, daß das Werk Liszts endlich den ihm zukommenden Platz erhält.

Um das Lisztsche Werk in seiner Breite kennenzulernen, ist man bislang vorwiegend auf die Schallplatte angewiesen. Während man die wichtigsten Klavierwerke, die Konzerte und Orchesterwerke in verschiedenen Einspielungen bekommen kann, hat man sich in Ungarn mit besonderer Liebe und in entsprechender Qualität der (geistlichen und weltlichen) Chorwerke angenommen. Das Orgelwerk liegt jetzt in einer Gesamteinspielung vor.

Die üblichen Konzertprogramme zeichnen sich dagegen in puncto Liszt durch geringe Kenntnis der Materie und Phantasielosigkeit aus. Meistens werden nur »Stücke« geboten. Warum kommt kein Pianist auf die Idee, einen ganzen Zyklus (*Wanderjahre I, II* oder *III, Harmonis poétiques et religeuses, Historische ungarische Bildnisse* etc.) zu spielen, ein Konzert mit »geistlicher Klaviermusik« von Liszt zu gestalten, die Entwicklung des musikalischen Impressionismus von *Am Wallenstädter See* bis zu Ravel und Debussy aufzuzeigen? Weitere Desiderata wären Liszt-Lieder oder Beispiele der Entwicklung des Liedes von Schubert über Liszt bis zu Hugo Wolf, geistliche Chormusik (wenigstens der eine oder andere Psalm, die *Graner Messe* oder die *Via crucis*), Kammermusik, Werke für Klavierduo bzw. zwei Klaviere. In welchem Orchesterkonzert sind einmal die *Drei Traueroden*

oder die schönsten Sätze aus den Oratorien zu hören? Man wird staunen, welche Funde hier zu machen sind, und erleben, wie ein aus vielerlei Gründen schiefes Bild zurechtgerückt wird.
War Liszt wirksamer durch seine schöpferischen Wagnisse und Anregungen oder durch den künstlerischen Wert seiner Werke? Man muß zugeben: manches ist schwach oder nur als geistvolles Experiment interessant. Das darf nicht darüber hinwegtäuschen, daß er eine Fülle guter, gelungener Werke hinterlassen hat. Und diese sind es, derentwegen wir einen Künstler als groß und bedeutend betrachten. Es würde uns nicht einfallen, Beethoven die *Schlacht von Vittoria* anzulasten. Die Verzeichnisse der Liszt-Werke enthalten rund 700 Nummern. Wenn wir davon die Hälfte oder ein Drittel gelten lassen (die wesentlichen Werke wurden im Text genannt), so kommen wir immer noch auf eine stattliche Zahl, die etwa dem Œuvre Chopins oder Schumanns vergleichbar ist.

Geht man zunächst selektiv vor, so wird man die Erfahrung machen: Je mehr man sich mit Liszts Werk vertraut macht, desto stärker wird das Gefühl, daß es unerschöpflich ist. Auch der allgemeine Zeitgeschmack wandelt sich, und wenn die Zeichen nicht trügen, ist die Zahl derjenigen Werke, die als gelungen betrachtet werden, im Wachsen begriffen.

Anhang

Quellen und Anmerkungen

Aufstieg einer Familie

Hauptquellen:

Békefi, Ernö: Liszt Ferenc származása és családja. Budapest 1973.

Gut, Serge: Franz Liszt. Les éléments du langage musical. Paris 1975. Données de base S. 5ff.

Burgenländisches Landesmuseum: Franz Liszt. Ein Genie aus dem pannonischen Raum, Kindheit und Jugend. Katalog der Landessonderausstellung aus Anlaß des Liszt-Jahres 1986, 100. Todestag 31. Juli, 175. Geburtstag 22. Oktober

1 Briefwechsel zwischen Franz Liszt und Carl Alexander, Großherzog von Sachsen (weiterhin abgekürzt FL–Carl Alexander), hrsg. v. La Mara, Leipzig 1909, S. 8

2 Moser, Hans Joachim: Zur älteren Musikgeschichte des Burgenlandes. In: Festschrift Raabe. S. 107, zit. n. Gut, a. a. O., S. 90

3 Ramann, Lina: Franz Liszt als Künstler und Mensch. 2 Bde., Leipzig 1880–1894. Zitat in Bd. I, S. 4f.

4 Sitwell, Satcheverell: Franz Liszt. Zürich 1958, S. 14

5 Wamser, H.: Abstammung und Familie Franz Liszts. Burgenländische Heimatblätter (Eisenstadt) 5 (1936), Heft 2

6 Tobler, Felix: Georg Adam Liszt. Seine Tätigkeit als Schulmeister, Notär und Bediensteter der Esterházyschen Zentralverwaltung (1774–1811), in: Burgenländisches Landesmuseum, a. a. O., S. 15f.

7 Békefi, a. a. O., S. 14

8 Ebd., S. 10

9 Helm, Everett: Liszt. Reinbeck bei Hamburg 1972, S. 10

10 Békefi, a. a. O., S. 24f.

11 Valkó, Arisztid: A Liszt család a levéltári adatok tükrében. Magyar Zene 1961, Heft 4 und 5, zit. n. Franz Liszt. Beiträge von ungarischen Autoren, hrsg. von Klára Hamburger, Budapest 1978, S. 20 (Fußnote)

12 Tobler, a. a. O., S. 22

13 Békefi, a. a. O., S. 35f.

14 Prickler, Harald: Franz Liszts Geburtsort und Geburtshaus, in: Burgenländisches Landesmuseum, a. a. O., S. 29 ff., spez. S. 43

15 Franz Liszts Briefe (weiterhin abgekürzt als FLB) (hrsg. von La Mara). 8 Bände, Leipzig 1893–1904. Zitierte Stelle in Bd. III, S. 5
Bd. I und II: Briefe an verschiedene Adressaten,
Bd. III: Briefe an eine Freundin (Agnes Street),
Bd. IV–VII: Briefe an die Fürstin Wittgenstein,
Bd. VIII: Nachträge zu Bd. I und II

16 Haraszti, Émile: Franz Liszt. Paris 1967, S. 217

17 Békefi, a. a. O., S. 51 f.

18 Zit. n. Handrick, Willy: Das Liszthaus in Weimar, Weimar o. J., S. 4

19 FLB I, S. 96

20 Franz Liszts Briefe an seine Mutter. Hrsg. La Mara, Leipzig 1918, S. 94

21 Unveröffentl. Brief an Baron Augusz (nach Kapp: Liszt-Brevier. Leipzig 1910, S. 80 f.)

22 Raabe, Peter: Wege zu Liszt. Regensburg 1943, S. 15

Lehrjahre, Krisenjahre

1 Kapp, Julius: Liszt. Berlin 1909, S. 30

2 Ramann, a. a. O.

3 Raabe, Peter: Franz Liszt. I. Liszts Leben, II. Liszts Schaffen. Stuttgart, Berlin 1931, 2., erg. Aufl., Tutzing 1968

4 Newman, Ernest: The man Liszt, a study of the tragi-comedy of a soul divided against itself. London 1934, 1969

5 Lawrence, David H. von, 1928 bzw. 1926

6 Walker, Alan (Teilautor und Herausgeber): Franz Liszt. The man and his music. London 1970, S. 364 und XIII f.

7 Schumann, Robert: Gesammelte Schriften über Musik und Musiker. Leipzig 1889, Bd. II, S. 219 (»Etüden für Pianoforte«)

8 Haraszti, a. a. O., S. 8

9 Newman, a. a. O., S. 301 f.

10 FLB III, S. 46 (22. 9. 1855)

11 Helm, a. a. O., S. 16

12 FLB VI, S. 184

13 Wagner, Cosima: Franz Liszt. Ein Gedenkblatt von seiner Tochter. München 1911, S. 76

14 Kapp, a. a. O., S. 11

15 Czerny, Carl: Erinnerungen aus meinem Leben. Zit. n. Liszt-Museum Raiding (hrsg. v. Amt der Burgenländischen Landesregierung), Eisenstadt 1981, S. 28 f. Daraus auch die folgenden Zitate Czernys

16 Kapp, a. a. O., S. 17

17 Torkewitz, Dieter: Harmonisches Denken im Frühwerk Franz Liszts. München, Salzburg 1978, S. 23ff. Dort Einzelheiten über die Art des Unterrichts bei Reicha

18 Walker, a. a. O., S. 358

19 Kapp, a. a. O., S. 25

20 Ebd., S. 30

21 Searle, Humphrey: The music of Liszt. Second revised Edition. Dover, New York 1966, S. 5

Die Talentschmiede

1 FLB III, S. 203

2 Louis, Rudolf: Franz Liszt. Berlin 1900, S. 17f.

3 Raabe, Franz Liszt I, S. 205

4 FLB I, S. 7

5 Ramann, a. a. O., Bd. I, S. 315

6 Kapp, a. a. O., S. 37

7 Newman, a. a. O., S. 43

8 Jan, Eduard von: Französische Literaturgeschichte in Grundzügen. Leipzig 1937, S. 259

9 Kapp, a. a. O., S. 38

10 FLB I, S. 7f.

11 2. Mai 1832 an Pierre Wolff

12 Gesammelte Schriften von Franz Liszt (GSL). Hrsg. von L. Ramann, 6 Bände, Leipzig 1880–1883. Zitierte Stellen: Bd. II, S. 108–112

13 Liszt, F.: Chopin. Französisch. Vorabdruck 1851 in *La France musicale*, Paris. Erweiterte Fassung 1852 und 1879, deutsch in GSL I von La Mara; alles bei Breitkopf und Härtel, Leipzig

14 Aus Brief an Julian Fontana (1841), zit. n. Walker, a. a. O., S. 58 (Fußnote) und S. 80

15 FLB I, S. 9

16 In einem Brief Liszts aus Wien vom Dezember 1839 an Gräfin d'Agoult heißt es: »Die Pleyel ist vor vier Tagen angekommen. – Sie hat mich gefragt, ob ich mich an das Zimmer von Chopin erinnere … gewiß, gnädige Frau, wie könnte man vergessen, usw.« Dann wurde die Unterhaltung unterbrochen. (Franz Liszt. Briefe an Marie Gräfin d'Agoult. Berlin 1933, S. 282)

17 Liszt um 1880 zu F. Nieks, zit. n. Burger, Ernst: Franz Liszt. Eine Lebenschronik in Bildern und Dokumenten, München 1986, S. 70

18 The letters of Franz Liszt to Marie zu Sayn-Wittgenstein (hrsg. von Howard E. Hugo). Cambridge (Mass.) 1953, S. 34

19 Kókai, Rudolf: Franz Liszt in seinen frühen Klavierwerken. Diss. Freiburg 1933, photomech. Nachdruck Budapest–Basel–Paris–London 1969

20 Torkewitz, a. a. O.
21 Ebd., S. 78
22 GSL II, S. 129f.
23 Ebd. S. 155f. (Die farblose Übersetzung von Ramann wurde durch eine ausdrucksvollere ersetzt.)
24 Searle, a. a. O., S. 62
25 Walker, a. a. O., S. 43
26 Haraszti, a. a. O., S. 22
27 Searle, a. a. O., S. 62

Wanderjahre

1 Newman, a. a. O., S. 27
2 d'Agoult, Marie: Memoiren. 2 Bde. Dresden 1928. Bd. II, S. 84f. (Das Werk umfaßt in Bd. 1 *Mes souvenirs*, 1806–1833, und in Bd. 2 *Mémoires*, 1833–1854, deutsch)
3 Ebd., Bd. II, S. 22f.
4 Louis, a. a. O., S. 25
5 Wohl, Janka: Franz Liszt. Erinnerungen einer Landsmännin. Jena 1888, S. 51f.
6 d'Agoult, a. a. O., Bd. II, S. 35
7 Ebd., S. 56
8 Ebd., S. 59f.
9 Bory, Robert: Une retraite romantique en Suisse. Liszt et la Comtesse d'Agoult. Paris 1930; Liszt et ses enfants Blandine, Cosima, Daniel. D'après une correspondance inédite avec la Princesse Sayn-Wittgenstein. Paris 1936
10 Sohn von Joseph Thalberg und Frau Fortunée geb. Stein.
11 GSL II, S. 146ff.
12 Haraszti, a. a. O., S. 61–87
13 Ebd., S. 39
14 GSL VI, S. 90
15 GSL II, S. 253 (Übersetzung aus französischem Original bei Haraszti, a. a. O., S. 33, von R. H.)
16 d'Agoult, a. a. O., Bd. II. S. 163
17 In der Umdichtung von Stefan George (Baudelaire: Die Blumen des Bösen. Berlin, 2. Aufl. 1908, S. 17) lautet das Gedicht

Einklänge

Aus der natur belebten tempelbaun
Oft unverständlich wirre worte weichen.
Dort geht der mensch durch einen wald von zeichen
Die mit vertrauten blicken ihn beschaun.

Wie lange echo fern zusammenrauschen
In tiefer finsterer geselligkeit
Weit wie die nacht und wie die helligkeit
Parfüme farben töne rede tauschen.

Parfüme gibt es frisch wie kinderwangen
Süss wie hoboen grün wie eine alm –
Und andre die verderbt und siegreich prangen

Mit einem hauch von unbegrenzten dingen.
Wie ambra moschus und geweihter qualm
Die die verzückung unsrer seelen singen.

Baudelaires Gedicht in Prosa
Der Thyrsus ist Franz Liszt gewidmet.

18 Liszt-Studien 1, hrsg. von W. Suppan, Graz 1977; darin: Presser, Diether: Liszts »Années de Pèlerinage. Première Année: Suisse« als Dokument der Romantik, S. 136ff.

19 Dies und die folgenden Zitate übersetzt von A. H. Janert aus Friedrich Brie (Hrsg.): Byrons Werke, Bd. 1, Leipzig und Wien 1912

20 Searle, a. a. O., S. 26

21 Kentner, Louis: Solo Piano Music (1827–1861), in Walker, a. a. O., S. 79–167, spez. S. 120

22 Wolters, Klaus, und Franzpeter Goebels: Handbuch der Klavierliteratur. I. Klaviermusik zu zwei Händen, von K. Wolters. Zürich 1967, S. 403

23 Ruthardt, Adolf: Wegweiser durch die Klavierliteratur, 10. Aufl. Leipzig und Zürich 1925, S. 238

24 Göllerich, August: Franz Liszt. Berlin 1908, S. 119

25 FLB III, S. 28

26 Searle, a. a. O., S. 27

27 Rüsch, Walter: Franz Liszt in Bellagio, in Liszt-Studien 1, a. a. O., S. 155ff.

28 Kentner, a. a. O., S. 123

29 Searle, a. a. O., S. 32

30 Franz Liszt: Briefe an Marie Gräfin d'Agoult. Berlin 1933, S. 403f.

31 Stern, Daniel (Pseudonym von Marie d'Agoult): Nélida. Paris 1846, S. 160f.

32 Ebd., S. 215

33 Ebd., S. 325

1 Bergfeld, Joachim: Franz Liszts Persönlichkeit und Kunst, in: Franz Liszt zum 150. Geburtstag, Festschrift zu den Bayreuther Lisztfeiern 1961 (Hrsg. von der Volkshochschule der Stadt Bayreuth), S. 32
2 GSL II, S. 151
3 Kapp, a. a. O., S. 36
4 Ebd., S. 45
5 Headley, Arthur: Liszt the pianist und teacher, in Walker, a. a. O., S. 22–35, spez. S. 25 f.
6 Kapp, a. a. O., S. 111 f.
7 Ebd., S. 73
8 Louis, a. a. O., S. 39 f.
9 Kapp, a. a. O., S. 112
10 Hallesche Demokratische Zeitung 1848, Nr. 83
11 Cornelius, Peter: Ausgewählte Briefe, 2 Bde., Leipzig 1904–1905, I, S. 450
12 Apponyi, Graf Albert: Erlebnisse und Ergebnisse. Berlin 1933, S. 95 f.
13 Siloti, Alexander: Meine Erinnerungen an Franz Liszt. Z. Internat. Musikges. XIV (1912/13), S. 305 f.
14 Borodin, Alexander P.: Meine Erinnerungen an Liszt, in Hedwig Weilguni: Das Liszthaus in Weimar, 5. Aufl., Weimar 1970, S. 46
15 Schlözer, Kurd von: Römische Briefe. Berlin und Leipzig 1926, S. 358
16 Fay, Amy: Musikstudien in Deutschland. Berlin 1882, S. 149
17 Walker, a. a. O., S. 27
18 Ramann, a. a. O., II/1, S. 157 ff.
19 Milstein, Jakow I.: Liszt. 2 Bde. Moskau 1956, Budapest 1965. Zitierte Stelle: Bd. II der ungarischen Ausgabe, S. 976 ff.
20 Schelderup, G., und Walter Niemann: Edvard Grieg. Leipzig o. J., S. 40–45
21 Kentner, Louis: The interpretation of Liszt's piano music, in Walker, a. a. O., S. 202–220, spez. S. 212
22 Breithaupt, R. M.: Liszts Klaviertechnik. Die Musik 19 (1905–1906), S. 30–39, 91–101
23 Rüsch, a. a. O., S. 159. Der Autor macht in seiner interessanten Lokalstudie auf den Unterschied des Glockenläutens nördlich und südlich der Alpen aufmerksam. »In lombardischen und piemontesischen Gebieten« werden »die Glocken meist in einer Skala von fünf Einzeltönen gegossen und in aufeinanderfolgenden Einzeltönen gespielt«; vergl. dazu *Sposalizio* mit seinem pentatonischen Einleitungsmotiv. Für die Kirchen des Nordens ist dagegen »das wogende Zusammenklingen, das eine einzige große Harmonie bildet«, charakteristisch, wie in *Les cloches de Genève*, 1. Fassung, und in *Harmonies du soir.*
24 Kentner, a. a. O., S. 127

25 Liszt, Franz: Die Zigeuner und ihre Musik in Ungarn (deutsch bearb. v. P. Cornelius). Pesth 1861, S. 207

26 FLB I, S. 381

27 FLB I, S. 54f.

Sammlung und Arbeit in Weimar

1 FLB IV, S. 214 (a) und S. 242 (b)

2 Ramann, a. a. O., II/2, S. 34ff.

3 Hecker, Jutta: Die Altenburg. Geschichte eines Hauses. Berlin 1985

4 La Mara (Hrsg.): Aus der Glanzzeit der Weimarer Altenburg. Leipzig 1906

5 Bülow, Hans von: Briefe und Schriften. Hrsg. v. Marie von Bülow, 8 Bde., Leipzig 1896—1908

6 Cornelius, a. a. O.

7 Ramann, a. a. O., II/2, S. 38ff.

8 Schorn, Adelheid von: Zwei Menschenalter. 5. Aufl., Stuttgart o. J., S. 349

9 Bülow, a. a. O., Bd. I, S. 473

10 Ebd., Bd. I, S. 235ff.

11 Bernhardi, Theodor von: Aus dem Leben Theodor von Bernhardis. 9 Bde. Leipzig 1893—1896. 2. Teil, S. 97ff.

12 Hecker, a. a. O., S. 160f.

13 Raabe, Peter: Wege zu Liszt. Regensburg 1943. S. 45f.

14 Huschke, Wolfram: Musik im klassischen und nachklassischen Weimar. Weimar 1982

15 FLB I, S. 145

16 Uhde, H.: Musica sacra 1910, Nr. 11, S. 131 (Zitat)

17 Torkewitz, a. a. O.

18 Walker, a. a. O., S. 85

19 Briefwechsel zwischen Wagner und Liszt (hrsg. v. E. Kloss). 3. Aufl., Leipzig 1919, 2. Tl., S. 65

20 Raabe, Franz Liszt, a. a. O., Bd. I, S. 62

21 Searle, a. a. O., S. 56

22 Walker, a. a. O., S. 96

23 Die Strophen lauten:

Auch Liszt taucht wieder auf, der Franz,
Er lebt, er liegt nicht blutgerötet
Auf einem Schlachtfeld Ungarlands;
Kein Russe, noch Kroat hat ihn getötet.

Es fiel der Freiheit letzte Schanz,
Und Ungarn blutet sich zu Tode —
Doch unversehrt blieb Ritter Franz,
Sein Säbel auch — er liegt in der Kommode.

Er lebt, der Franz, und wird als Greis
Vom Ungarnkriege Wunderdinge
Erzählen in der Enkel Kreis –
»So lag ich und so führt ich meine Klinge!«

(zit. n. Heines Werke in 5 Bd., Berlin, Weimar 1970, 1. Bd., S. 194–196)

24 Gut, Serge, a. a. O., S. 184ff.

25 Floros, Constantin: Gustav Mahler. Bd. I. Die geistige Welt Gustav Mahlers in systematischer Darstellung. Bd. II. Mahler und die Symphonik des 19. Jahrhunderts in neuer Deutung. Wiesbaden 1977

26 Bartók, Béla: Liszt-Probleme, in Franz Liszt. Beiträge von ungarischen Autoren, hrsg. v. Klara Hamburger. Budapest 1978, S. 122ff. (Original in: Liszt a miénk, Hrsg. J. Hubay. Budapest 1936)

27 Sutter, Milton: Liszt and the Weimar Organist-Composers, in Liszt-Studien 1., a. a. O., S. 203ff.

28 Pictet, Adolphe: Une course à Chamonix. Conte fantastique. Paris 1838, 1840; Genève 1872, 1930; zit. n. Bory: Une refraite romantique en Suisse, a. a. O.

29 FLB VI, S. 177

30 FLB III, S. 135

31 GSL IV, S. 1–102, zitierte Stelle gegen Ende von Abschnitt II

32 Raabe, Franz Liszt, a. a. O., Bd. II, S. 95f. Lamartine und Liszt kannten sich allerdings seit Frühjahr 1834, und Liszt waren die *Méditations poétiques* (1820) sicher längst bekannt (s. dazu Main, Alexander: Les Préludes. Music and Letters LX (1979), S. 133–148

33 Bergfeld, Joachim: Die formale Struktur der symphonischen Dichtungen Franz Liszts. Phil. Diss. Berlin, Eisenach 1931, S. 111

34 FLB II, S. 369

35 Bergfeld, Die formale Struktur der symphonischen Dichtungen Franz Liszts, a. a. O.

36 Ebd., S. 109f.

37 Dahlhaus, Carl: Analyse und Werturteil. Mainz 1970, S. 89

38 Bergfeld, Franz Liszts Persönlichkeit und Kunst, a. a. O., S. 38

39 FLB VIII, S. 127

40 Bartók, a. a. O., S. 125

41 Bergfeld, Die formale Struktur der symphonischen Dichtungen Franz Liszts, a. a. O., S. 109

42 Sitwell, Satcheverell: Franz Liszt. Zürich 1958, S. 180ff.

43 Searle, a. a. O., S. 71ff.

44 Stradal, August: Erinnerungen aus Bruckners letzter Zeit. Zschr. f. Musik 99 (1932), S. 973

45 Richard Strauss und Ludwig Thuille: Briefe der Freundschaft 1877–1907. Hrsg. von Alfons Ott. München 1969, S. 114–115 und S. 197–198

46 Floros, Constantin: Die Faust-Symphonie von Franz Liszt. Eine semantische

Analyse. In: Musik-Konzepte 12, Franz Liszt, hrsg. von H.-K. Metzger und R. Riehn. München 1980, S. 42–87

47 Gut, a. a. O., S. 466

48 Wagner, Richard: Sämtliche Schriften und Dichtungen. Volksausgabe, Bd. X, 6. Aufl., Leipzig o. J., S. 99ff.

49 Berlioz, Hector: Literarische Werke. Erste Gesamtausgabe. 10 Bde. Leipzig 1903–1921, Bd. I, S. 138

50 FLB III, S. 31

51 d'Agoult, Memoiren, a. a. O., Bd. 1, S. 58

52 FL–Carl Alexander, S. 174

53 Aus dem Vorwort Liszts zur Partitur der Symphonischen Dichtung, erschienen 1856

54 Haraszti, a. a. O., S. 121

55 Wagner, Richard: Mein Leben. München 1911, S. 641

56 GSL, Bd. III/I. Abtheilung, S. 29ff.

57 FLB IV, S. 182

58 Cornelius, a. a. O., Bd. I, S. 46f. (5. 12. 1853)

59 Raabe, Franz Liszt, a. a. O., Bd. II, S. 82 (dort das französische Original); deutsche Übersetzung bei Floros, Die Faust-Symphonie von Franz Liszt, a. a. O., S. 47

60 GSL, Bd. IV, S. 53

61 FLB VII, S. 142f.

62 Stradal, August: Erinnerungen an Franz Liszt. Bern 1929, zit. n. Paula Rehberg/Gerhard Nestler: Franz Liszt. Die Geschichte seines Lebens, Schaffens und Wirkens. Zürich 1961, S. 422

63 Floros, Die Faust-Symphonie, a. a. O., S. 67

64 Pohl, Richard: Liszt, Leipzig 1883, S. 307

65 FLB III, S. 86

66 FLB I, S. 96f.

67 Sitwell, a. a. O., S. 183

68 Gut, a. a. O., S. 9

69 FLB VII, S. 356

Ein langer Abschied vom Leben

1 FLB V, S. 52ff. (14. 9. 1860)

2 Franz Liszt: De la Fondation – Göthe à Weimar. Leipzig 1851. Deutsch: GSL V, S. 1–109

3 Kapp, a. a. O., S. 192

4 The letters of Franz Liszt to Marie zu Sayn-Wittgenstein. Transl. and ed. by Howard E. Hugo. Cambridge, Mass., 1953

5 Ebd., S. 89

6 Ebd., S. 92
7 FLB III
8 Ebd., S. 125
9 Ebd., S. 128
10 Raabe, Franz Liszt, a. a. O., Bd. I, S. 146
11 FLB IV, S. 75
12 Ebd., S. 58 ff.
13 Schorn, a. a. O., S. 349
14 Raabe, Franz Liszt, a. a. O., Bd. I, S. 181
15 FLB III, S. 135 f.
16 Ebd., S. 144 f.
17 Lewald, Fanny: Zwölf Bilder nach dem Leben. Berlin 1888, S. 371 f.
18 Schorn, a. a. O., S. 82
19 La Mara, a. a. O., S. 428 ff.
20 Schlözer, a. a. O., S. 187
21 Haraszti, a. a. O., S. 181 ff.
22 Raabe, Franz Liszt, a. a. O., Bd. I, S. 197
23 Cornelius, a. a. O., Bd. I, S. 605 (22. Juni 1861)
24 Wagner, a. a. O., S. 669 (ca. Mai 1858)
25 Wohl, a. a. O., S. 131
26 Briefe hervorragender Zeitgenossen an Franz Liszt, (hrsg. v. La Mara) 3 Bde. Leipzig 1895–1904, Bd. II, S. 36 f.
27 Aus Brief an Ödön Mihalovich, wiedergegeben von Émile Haraszti in Hist. Mus. Pl. II, S. 535, zit. n. Gut, a. a. O., S. 462 f.
28 Lewald, a. a. O., S. 378 f.
29 Bergfeld, Franz Liszts Persönlichkeit und Kunst, a. a. O., S. 31
30 FLB II, S. 81
31 FLB II, S. 28
32 Fay, a. a. O., S. 142
33 FLB III, S. 6 f.
34 Ramann, a. a. O., II/2, S. 470 (Fußnote)
35 Lewald, a. a. O., S. 382
36 Stradal, a. a. O., S. 56. Eine ausführliche Darstellung der Liszt-Rezeption im Budapest der siebziger-achtziger Jahre s. Hamburger, Klára: Franz Liszt. Budapest 1973, 255 ff.
37 FLB VII, S. 376 f.
38 Ausführliches über diese Frage in Gárdonyi, Zoltán: Die ungarischen Stileigentümlichkeiten in den musikalischen Werken F. Liszts. Berlin 1931
39 Wagner, Cosima, a. a. O., S. 142
40 Ebd., S. 117

1 FLB IV, S. 348
2 FLB III, S. 149
3 Briefe hervorragender Zeitgenossen an Franz Liszt, a. a. O., Bd. II, S. 250f. (28. September 1859)
4 Franz Liszts Briefe an Carl Gille, hrsg. von Adolf Stern, Leipzig 1903, S. 9
5 Schlözer, a. a. O., S. 71 (1. Juni 1864)
6 Wohl, a. a. O., S. 144f.
7 FLB II, S. 46
8 FLB III, S. 200
9 Horowitz-Barnay, Ilka: Im Hause Franz Liszts. Berlin 1900. Zit. n. Voelcker, Bruno: Franz Liszt, der große Mensch, Weimar 1955, S. 160f.
10 Ramann, a. a. O., Bd. II/2, S. 369
11 FLB III, S. 80ff.
12 Franz Liszt's Briefe an Baron Anton Augusz 1846—1878 (FL—Augusz). Hrsg. Wilhelm von Csapó, Budapest 1911, S. 83
13 Collet, Robert: Choral and Organ Music, in: Walker, a. a. O., S. 318—349, spez. S. 337
14 Zeitschrift *Über Land und Meer* 1893, S. 154
15 Im Testament vom 14. 9. 1860 heißt es (FLB V, S. 59): »Ich bitte sie [Carolyne] auch, nach meinem Tode Cosima sofort die Zeichnung von Steinle zu schicken, die meinen Namenspatron, den heiligen Franz von Paola, darstellt, aufrecht auf den Wogen des Meeres, seinen Mantel unter seinen Füßen ausgebreitet, in der Hand friedlich eine glühende Kohle haltend, die andere Hand erhoben, entweder um den Sturm zu beschwören oder um die gefährdeten Seeleute zu segnen, den Blick nach dem Himmel erhoben, wo in einem Strahlenkranz das erlösende Wort ›Charitas‹ leuchtet.
Diese Zeichnung, die mir von Carolyne geschenkt worden ist, hat immer auf meinem Schreibtisch gestanden.«
16 FLB VI, S. 79
17 Floros, Gustav Mahler, Bd. I, S. 199
18 Krause, Ernst: Richard Strauss. Leipzig 1970, S. 101
19 Louis, a. a. O., S. 152ff.
20 Collet, a. a. O., S. 334
21 Göllerich, a. a. O., S. 235 (Fußnote)
22 Breuer, János: Liszt und das Publikum von heute. Budapester Rundschau 36 (1986), S. 9
23 Louis, Rudolf: Franz Liszt und die Gegenwart. Die Musik 19 (1905—1906), S. 5ff.
24 Collet, a. a. O., S. 327f.
25 Searle, a. a. O., S. 32
26 Ramann, a. a. O., Bd. II/2, S. 407

27 Gregorovius, Ferdinand: Römische Tagebücher. Stuttgart 1892, S. 298
28 Schlözer, a. a. O., S. 210 f.
29 Ebd., S. 215
30 Gregorovius, a. a. O., S. 321
31 FLB III, S. 33
32 Franz Liszts Briefe an Carl Gille, a. a. O., S. 11 f.
33 FLB III, S. 161
34 Franz Liszts Briefe an Carl Gille, a. a. O., S. 14
35 Ebd., S. 26
36 FLB III, S. 187
37 FLB VII, S. 258
38 FLB VIII, S. 171

Freund und Widerpart: Richard Wagner

1 Briefwechsel Wagner–Liszt, a. a. O., 1. Tl., S. 115 f.
2 Fay, a. a. O., S. 142
3 Kapp, Julius: Richard Wagner und Franz Liszt. Eine Freundschaft. Berlin & Leipzig 1908
4 Ebd., S. 23 f.
5 Ebd., S. 25
6 Ebd., S. 29
7 Ebd., S. 30
8 Ebd., S. 34
9 Briefwechsel Wagner–Liszt, a. a. O., 2. Tl., S. 307 f.
10 Ebd., S. 308
11 Apponyi, Albert: Erlebnisse und Ergebnisse. Berlin 1933, S. 83 f.
12 Wagner, Cosima: Die Tagebücher. 2 Bde., München–Zürich 1976, 1977, Bd. I, S. 901
13 Ebd., Bd. II, S. 603
14 Ebd., Bd. I, S. 1039 ff.
15 Ebd., Bd. II, S. 602
16 Ebd., S. 193
17 Ebd., S. 1020
18 Über Franz Liszts symphonische Dichtungen. Brief an M. W., Wagner, Sämtliche Schriften und Dichtungen, a. a. O., 5. Bd., S. 182–198; vorher Neue Zeitschr. f. Musik, Bd. 46, Nr. 15, S. 157–163 (10. 4. 1857)
19 Wagner, Cosima, Tagebücher, a. a. O., Bd. II, S. 452
20 Kapp, Richard Wagner und Franz Liszt, a. a. O., S. 73
21 Wagner, Cosima, Tagebücher, a. a. O., Bd. II, S. 166
22 Ebd., S. 249
23 Ebd., S. 341

24 Ebd., S. 165
25 Wagner, Richard: Ausgewählte Schriften. Leipzig 1982, S. 294
26 Bayreuther Blätter 1900, S. 111 f. (Brief an Bülow vom 7. 10. 1859)
27 Wagner, Cosima, Tagebücher, a. a. O., Bd. II, S. 165
28 Ebd., S. 166
29 Stradal, August: Wagner und Liszt. Neue Musikzeitung 34/16 (1913) S. 307 ff.
30 Searle, a. a. O., S. 65 ff.
31 Walker, a. a. O., S. 70–73
32 Marget, A. W.: Liszt and Parsifal. Music Review 14/2 (1953), S. 107 ff.; s. a. Gregor-Dellin, Martin: Richard Wagner. Berlin 1984, S. 105
33 Kapp, Richard Wagner und Franz Liszt, a. a. O., S. 21
34 Wagner, Cosima, Tagebücher, a. a. O., Bd. I, S. 530 ff.
35 Ebd., Bd. I, S. 689
36 Ebd., Bd. II, S. 570
37 Ebd., S. 379
38 Ebd., S. 82
39 Ebd., S. 901
40 Ebd., S. 1059
41 Ebd., S. 1062
42 Briefwechsel Wagner–Liszt, a. a. O., 1. Tl., S. 105
43 Wagner, Cosima, Tagebücher, a. a. O., Bd. II, S. 1063
44 GSL V, 212
45 Wagner, Cosima, Tagebücher, a. a. O., Bd. II, S. 164 (Fußnote)
46 Ebd., S. 33 (Fußnote)
47 Ebd., S. 164
48 Ebd., S. 165
49 Ebd., S. 604
50 Paillard, B., and Haraszti, Émile: Franz Liszt and Richard Wagner in the Franco-German War of 1870. Musical Quarterly 35 (1949) 386 ff.
51 Wagner, Cosima, Tagebücher, a. a. O., Bd. I, S. 280
52 Ebd., S. 448
53 Ebd., S. 676
54 Ebd., Bd. II, S. 1051
55 Ebd., S. 1088
56 Ebd., S. 1111
57 Ebd., S. 262
58 Ebd., Bd. I, S. 566

Späte Versuchung

1 FLB VII, S. 207 (aus Beichte nur erster Satz, übriges Ergänzung in genanntem Brief an die Fürstin Wittgenstein)
2 La Mara: Liszt und die Frauen. Leipzig 1919
3 Kapp, Julius: Franz Liszt und die Frauen. Leipzig 1911
4 Raabe, Franz Liszt, a. a. O., Bd. I, S. 166
5 Zit. n. Engel, Hans: Franz Liszt. Potsdam 1936, S. 40
6 Briefe hervorragender Zeitgenossen an Franz Liszt, a. a. O., Bd. I, S. 113f.
7 Helm, a. a. O., S. 119f.
8 Hamburger, a. a. O., S. 237
9 FLB VI, S. 300
10 FLB VI, S. 316 (Pest, 29. 11. 1871)
11 FL—Augusz, S. 21
12 Kapp, Liszt, a. a. O., S. 254

Lebensabend

1 The letters of Franz Liszt to Olga von Meyendorff 1871—1886. Übers. v. W. R. Tyler, Einleitung u. Anm. von E. N. Waters. Dumbarton Oaks, Washington D. C. 1979 (fernerhin abgekürzt FL—Meyendorff), S. 370
2 Gottschalg, A. W.: Franz Liszt in Weimar und seine letzten Lebensjahre (hrsg. von C. A. René). Berlin 1910, S. 77f.
3 Franz Liszts Briefe an Carl Gille, a. a. O.
4 FLB IV, S. 29
5 FLB I, S. 73 (18. 9. 1848)
6 FLB VIII, S. 55
7 Lewald, a. a. O., S. 341f.
8 FLB II, S. 335
9 FL—Meyendorff, S. 339
10 FLB IV, 236
11 FL—Augusz, S. 94
12 FLB I, S. 97
13 FL—Carl Alexander, S. 134
14 FL—Augusz, S. 224
15 FL—Meyendorff, S. 326
16 Ebd., S. 400
17 FLB IV, S. 476
18 FLB VI, S. 260f.
19 Ebd., S. 292 (März 1871)
20 FLB VII, S. 2f.
21 Schorn, a. a. O., S. 190

22 Übers. n. Fay, Amy: Music Study in Germany. 14th ed., Chicago 1892, S. 259f. (Brief vom 23. 8. 1873 aus Weimar)
23 La Mara (Hrsg.): Marie von Muchanoff-Kalergis, geb. Gräfin Nesselrode, in Briefen an ihre Tochter. Leipzig 1907, S. 268
24 FLB VI, S. 299
25 FL—Meyendorff, a. a. O., S. 318
26 Ebd., S. 432
27 Ebd., S. 130f.
28 Ebd., S. 134f.
29 Ebd., S. 4
30 Ebd., S. 176 (Villa d'Este, 30. 12. 1874)
31 Ebd., S. 384 (Villa d'Este, 30. 10. 1880)
32 Borodin, a. a. O., S. 28ff.
33 Schorn, a. a. O., S. 120
34 Franz Liszts Briefe an Carl Gille, a. a. O., S. 41
35 Wohl, a. a. O.
36 Prahács, Margit: Franz Liszt und die Budapester Musikakademie. In: Franz Liszt. Beiträge von ungarischen Autoren, hrsg. von Klára Hamburger, Budapest 1978, S. 49ff.
37 Ebd., S. 49
38 Wagner, Cosima, Tagebücher, a. a. O., Bd. II, S. 52
39 Bülow, Hans von: Neue Briefe. Hrsg. H. Du Moulin-Eckart, München 1927, S. 507 (3. 7. 1875)
40 FL—Augusz, S. 218
41 Haraszti, Émile: Trois faux documents sur Franz Liszt. Revue de Musicologie 41 (1958) S. 193ff.
42 Ogdon, a. a. O., S. 153f.
43 Göllerich, a. a. O., S. 167; FLB VII, S. 373
44 FLB VII, S. 202
45 FLB VII, S. 355
46 Busoni, Ferruccio: Wesen und Einheit der Musik. Berlin-Halensee und Wunsiedel 1956, S. 188
47 Ebd., S. 185f.
48 Danckert, W.: Liszt als Vorläufer des musikalischen Impressionismus. Die Musik 2/5 (1929), S. 341ff.
49 Leibowitz, René: L'évolution de la musique de Bach à Schoenberg. Paris 1951, S. 152f.
50 Franz Liszts Briefe an seine Mutter, a. a. O., S. 128
51 Gottschalg, a. a. O., S. 154
52 Arbeit daran erwähnt in FL—Meyendorff, S. 408, vom 3. 11. 1881
53 The letters of Franz Liszt to Marie zu Sayn-Wittgenstein, a. a. O., S. 236
54 FLB II, S. 316
55 Floros, Gustav Mahler, Bd. II, S. 241
56 Borodin, a. a. O., S. 35f.

Die Überwindung der Romantik durch das Experiment

1 FLB VII, S. 58f.

2 FLB VIII, S. 378

3 Jan, a. a. O., S. 284f.

4 Wagner, Cosima, Tagebücher, a. a. O., Bd. II, S. 357

5 Busoni, a. a. O., S. 186

6 Leibowitz, a. a. O.

7 Gut, a. a. O.

8 Bárdos, Lajos: Modale Harmonien in den Werken von Franz Liszt. In: Franz Liszt, Beiträge von ungarischen Autoren, a. a. O., S. 133ff.

9 Gárdonyi, Zoltán: Neue Ordnungsprinzipien der Tonhöhen in Liszts Frühwerken. Ebd., S. 197ff.

10 Szelényi, István: Der unbekannte Liszt. Ebd. S. 274ff.

11 Nagler, Norbert: Die verspätete Zukunftsmusik. In: Musik-Konzepte 12, hrsg. von H.-K. Metzger und R. Riehn. München 1960, S. 4ff.

12 Ogdon, a. a. O., S. 134ff.

13 Walker, a. a. O., S. 350–364 (Liszt and the twentieth century)

14 Lemoine, Bernard: Tonal organization in selected late piano works of Franz Liszt, in: Liszt-Studien 2. Hrsg. S. Gut, München–Salzburg 1981, S. 123–131

15 MGG VIII (1960), S. 981

16 Haraszti, Franz Liszt, a. a. O., S. 27

17 Voelcker, a. a. O., S. 168f.

18 Schlözer, a. a. O., S. 315

19 GSL VI, S. 90

20 Franz Liszt, Beiträge von ungarischen Autoren, a. a. O., Abb. 18

21 FLB VIII, S. 317f. (27. 9. 1876 an Unbekannt)

22 Dahlhaus, Carl: Musikalischer Realismus. München 1982, S. 47

23 Fétis, F. J.: Traité complet de la théorie et de la pratique de l'harmonie contenant la doctrine de la science et de l'art. 11e éd., Paris 1875

24 Undatierter Brief vom 17. 9. 1859, zit. n. Gut, a. a. O., S. 370 (Fußnote)

25 FLB II, S. 112

26 Vincent d'Indy: Cours de composition musicale II. Paris 1909–1950, S. 318; zit. n. Gut, a. a. O., S. 371

27 S. dazu allgemein Floros, Gustav Mahler, a. a. O., Bd. II

28 Sitwell, a. a. O., S. 86 (Fußnote)

29 Floros, Gustav Mahler, Bd. II, S. 187ff.

30 Gut, a. a. O., S. 47

31 Floros, Gustav Mahler, a. a. O., Bd. II, S. 243ff.; Searle, a. a. O., S. 92

32 FLB II, S. 369

33 Kurth, Ernst: Romantische Harmonik und ihre Krise in Wagners »Tristan«. Berlin 1923

34 Gut, a. a. O., S. 302 ff.
35 Ebd., S. 333 f.
36 Haraszti, a. a. O., S. 228
37 Gut, a. a. O., S. 251
38 Weitzmann, Carl Friedrich: Der übermäßige Dreiklang. Berlin 1853
39 Gut, a. a. O., 218 ff.
40 Beispiele ebd. S. 302 ff.
41 Brief an Emilie Merian-Genast vom 9. 10. 1860, Auszug in Breitkopf & Härtelscher Gesamtausgabe von Franz Liszts musikalischen Werken VIII, 3. Abteilung, S. 12 (bezieht sich auf *Der traurige Mönch*)
42 Gut, a. a. O., S. 313
43 Ebd., 327 ff.
44 Bernard C. Lemoine, a. a. O., Anhang: Analysen
45 Ebd., S. 129
46 Ebd., S. 130

Tod in Bayreuth

Hauptquellen:
Göllerich, a. a. O., S. 186–192
Kapp, Liszt, a. a. O., S. 293–300

1 FLB V, S. 23
2 FLB VI, S. 162
3 FL–Augusz, S. 203
4 Liszt auf der Titelseite der *Trois odes funèbres* (Drei Traueroden), Rom, November 1866: »Wenn bei meiner Beerdigung Musik zu machen wäre, würde ich die zweite meiner Traueroden [*La Notte* nach Michelangelo] vorziehen, und zwar wegen des Motivs mit »magyarischer Kadenz«, Seiten 3, 4, 5 und 6 der Partitur.« (Zit. n. Kellermann, B., Revisionsbericht zur Breitkopf & Härtelschen Gesamtausgabe I, 3. Abt., Nr. 13) – Drei Jahre vor seinem Tod schreibt er an die Fürstin Wittgenstein: »Ich danke Ihnen, daß Sie mich an einen alten Wunsch erinnert haben, ohne irgendwelches Aufsehen beerdigt zu werden, ohne eine andere Trauerfeier als eine stille Messe – folglich ohne Musik.« (FLB VII, S. 377)
5 Kapp, Liszt, a. a. O., S. 297
6 Tisza, Kálmán: »... gerade zu einer Zeit, als dem Ungarn kaum etwas geblieben war als seine Musik, verkündete er in die Welt hinaus, daß es sich hier nicht um ungarische, sondern um Zigeunermusik handele.« (Zit. n. Szabolcsi, Bence: Franz Liszt an seinem Lebensabend. Budapest 1959, S. 79, Fußnote)
7 Helm, a. a. O., S. 140

Wirkung, Nachwirkung

Allgemein: H. H. Stuckenschmidt: Neue Musik. Berlin 1951

1 Stradal, August: Erinnerungen an Franz Liszt. Bern—Leipzig 1929, S. 126
2 Zit. n. Schumann, Karl: Das kleine Lisztbuch. Salzburg, 1974, S. 106f.
3 Hanslick, Eduard: Musikkritiken. Leipzig 1972, S. 277ff.
4 Kapp, Liszt, a. a. O., S. 179ff.
5 Walker, a. a. O., S. 336
6 Hanslick, Eduard: Vom Musikalisch-Schönen, Aufsätze, Musikkritiken, Leipzig 1982, S. 73
7 Raabe, Franz Liszt, a. a. O., Bd. II, S. 62, 90
8 Ebd., S. 59
9 Hanslick, Musikkritiken, a. a. O., S. 347
10 Ebd., S. 349
11 Raabe, Franz Liszt, a. a. O., Bd. II, S. 90f.
12 Ebd., S. 95
13 Hanslick, Musikkritiken, a. a. O., S. 279ff.
14 Raabe, Franz Liszt, a. a. O., Bd. II, S. 152
15 Helm, a. a. O., S. 131
16 Hanslick, Musikkritiken, a. a. O., S. 269ff.
17 Helm, a. a. O., S. 130
18 FLB II, S. 78
19 FLB VII, S. 313
20 Milstein, a. a. O., Bd. II, S. 780—961 (ung. Ausg.)
21 Walker, a. a. O., S. 364
22 Daten zu von Liszt wesentlich initiierten Entwicklungen der Musiksprache (nach Gut, a. a. O.):

Pentatonik

Liszt ab 1835/36. Später Wagner, Mussorgski, Chabrier, Debussy.
»Seine Versuche auf diesem Gebiet scheinen seiner eigenen musikalischen Sensibilität zu entspringen; äußere Einflüsse sind jedenfalls zweifelhaft.«

Zigeunertonleitern

Liszt ca. 1840. Später Glinka, Mosonyi, Bizet, C. Franck, Rimski-Korsakow.
»Liszt verwendet die Zigeunertonleiter als erster in einem nichtfolkloristischen Werk« (*Étude d'exécution transcendente Nr. 2*, 1851). — Er benutzt als erster die Zigeunertonleiter als organisches Strukturelement. — Er befreit die »Leittöne« der Zigeunertonleiter als erster von ihrer tonalen Anziehungskraft. — Er verwendet als erster mit logischer Konsequenz eine konforme Harmonisierung. Insgesamt sind seine Beiträge auf diesem Gebiet bislang unübertroffen.«

Ganztonleiter

Früher Andeutungen bei Bach, Mozart und Schubert. Liszt ab 1835. Später Glinka, Dargomyschski, Borodin, Fanelli, Saint-Saëns

»Dodekaphonismus«
Liszt 1854. R. Strauss 1896 (Fuge, die Abschnitt »Von der Wissenschaft« in *Also sprach Zarathustra* einleitet)

Akustische Durtonleiter (Bartók-Tonleiter)
Liszt ab 1835/36. Später Debussy, Roussel

Modi aus asymmetrischen Gruppen (nichttonale Skalen)
Liszt ab 1838/39. Später Skrjabin, Bartók, Messiaen

Sukzessive Dreiklänge
Liszt: Dreiklänge in Grundstellung, im Abstand von großen oder kleinen Terzen aufeinanderfolgend, ab 1834. Chopin etwa gleichzeitig, aber im Quart- oder Quintabstand oder chromatisch. Später Borodin, Mussorgski, Lalo, Chabrier, Debussy, Ravel

Leere Quinten
Liszt: ab 1838 (Schluß von *La Campanella*). Später Borodin, Mussorgski, Wagner, Gounod. Doppelreihe leerer Quinten: Lalo 1882 *(Namouna)*. Superponierte Quinten zuerst bei Beethoven (*6. Symphonie*, 5. Satz) und Wagner (*Tristan*, 2. Akt, 1. Szene), Liszt: 1. *Mephisto-Walzer* (1859/60)

Superponierte Quarten
Liszt ab ca. 1830. Später Satie, Schönberg, Huré

Quartsextakkord
Liszt: nichtfunktioneller Gebrauch ab 1835/36. Später Brahms (sukzessive Folge im Abstand einer kleinen Terz)

Großer Septimakkord
Liszt ab 1850. Wagner (*Tristan*, Anf. 2. Akt), Satie

Parallelführung von Septimakkorden
Liszt ab 1846. Später Mussorgski

Großer Dominantnonenakkord
Wagner (Tetralogie). Liszt eher zurückhaltend (immerhin ab 1838/39). Parallele Folgen in *Les jeux d'eaux* (1877), später Chabrier, Franck, Debussy

Natürlicher Undezimenakkord
Liszt 1885 (Unstern). Debussy: *Balcon* (1887–1889)

Übermäßiger Dreiklang
Schubert 1817.
Liszt ab 1834. Später Wagner, Dargomyschski, Bizet, Fanelli, Bruneau, Vincent d'Indy

Alterierte Septimen- und Nonenakkorde
Liszt ab 1826. Später Wagner, Dargomyschski, Borodin, Mussorgski, Fanelli. »Im Gebrauch alterierter Akkorde ist Liszts Anteil im 19. Jahrhundert beträchtlich; er ist am größten unter den Komponisten seiner Generation – und selbst der folgenden.«

Unregelmäßige Rhythmen (7/4 etc.)
Faust-Symphonie (1854). Später Cornelius, Borodin, Tschaikowski

Liszt–Wagner
Unterschiede zwischen beiden Hauptrepräsentanten der »Neudeutschen Schule«:

Liszt bedeutender in Anwendung von gregorianischer Modalität, Pentatonik, Zigeunertonleiter (von W. verabscheut), Ganztonleiter (W. dagegen hermetisch verschlossen), Chromatik, leeren Quinten, Akkordverbindungen durch Ganztonschritte, alterierten Akkorden, Ostinato (vor allem im Alter bei L. viel ausgeprägter), ungewöhnlichen Schlußwendungen, verschiedenen weiteren Akkordverbindungen (Tredezimenakkord, Polyharmonik).

Wagner zeichnet sich vor Liszt aus durch sukzessive Akkorde im Terzabstand, stärkere Verwendung des verminderten Septakkordes und nach 1850 zunehmend des Septakkordes auf der 7. Stufe, des Dominantnonenakkordes, von der Tetralogie ab ein Hauptstück seiner Sprache. Übermäßiger Dreiklang bei beiden gleich häufig, gegenseitige Beeinflussung.

23 Gut, a. a. O., S. 28

24 Roland-Manuel: Ravel. Potsdam 1951, S. 32

25 Lockspeiser; E.: Debussy: His life and mind. 2 vols. Cambridge, London, New York, Melbourne 1978, Bd. I, S. 81–83

26 Busoni, Ferruccio: Briefe an seine Frau. Erlenbach–Zürich, Leipzig 1935, S. 335

27 Gut, Serge: Liszt et Debussy. Comparaison stylistique, in: Liszt-Studien 2. Hrsg. S. Gut. München–Salzburg 1981, S. 63–77

28 Debussy, Claude: Einsame Gespräche mit Monsieur Croche. Leipzig 1971, S. 69

29 Aus einer Konzertbesprechung, zit. n. Gut, Franz Liszt, a. a. O., S. 464f.

30 Roland, Manuel, a. a. O., S. 128

31 Busoni, Wesen und Einheit der Musik, a. a. O., S. 260

32 Borodin, a. a. O., S. 32

33 FLB VII, S. 260f.

34 FLB II, S. 370

35 Mussorgski, Modest: Briefe, Leipzig 1984, S. 149; Haraszti, Trois faux documents …, a. a. O.

36 Mussorgski, a. a. O., S. 159

37 Ebd., S. 150, in der freieren Übersetzung von Szabolcsi, Bence: Franz Liszt an seinem Lebensabend. Budapest 1959, S. 35

38 Steger, H.: Materialstrukturen in den fünf späten Klaviersonaten Alexander Skrjabins. Regensburg 1977, S. 283f.

39 Lissa, Zofia: Zur Genesis des »Prometheischen Akkords« bei A. N. Skrjabin, in Musik des Ostens 2, Bärenreiter, Basel etc. 1963, S. 170ff.

40 Searle, a. a. O., S. 83

41 Helfert, Wladimir: Die schöpferische Entwicklung Friedrich Smetanas. Leipzig 1956, S. 153f.

42 Litzmann, B.: Clara Schumann. 4. Aufl. Leipzig 1920, Bd. III, S. 69

43 Aus Briefwechsel zwischen Brahms und Joachim, zit. n. Bartók in: Franz Liszt. Beiträge von ungarischen Autoren, a. a. O., S. 120
44 Kapp, Liszt, a. a. O., S. 254
45 Siegmund-Schultze, Walther: Johannes Brahms. Leipzig 1966, S. 77
46 Wolf, Hugo: Liszt-Nekrolog. Die Musik V (1905/06), Heft 13, S. 3f. (Neudruck aus Wiener Salonblatt Nr. 32 vom 8. 8. 1886)
47 Krause, Ernst: Richard Strauss. Leipzig 1970, S. 219
48 Ebd., S. 488
49 Searle, a. a. O., S. 88
50 Sutter, a. a. O., S. 211
51 Fotomechanischer Nachdruck der 3. Auflage (Wien 1922) Leipzig 1977
52 Allg. Musik-Zeitung 38 (1911), S. 1009
53 Schönberg, Arnold: Harmonielehre. 3. Aufl., Wien 1922, S. 487
54 FLB I, S. 362f.
55 Gut, Franz Liszt, a. a. O., S. 332
56 Dahlhaus, Carl: Zur Kritik des ästhetischen Urteils. Über Liszts »Prometheus«. Musikforsch. 23 (1970), 411–419
57 Ritzel, Fred: Materialdenken bei Liszt. Eine Untersuchung des »Zwölftonthemas« der Faust-Symphonie. Musikforsch. 20 (1967), 289–294
58 Searle, a. a. O., S. 61
59 Franz Liszt. Beiträge von ungarischen Autoren, a. a. O., S. 120
60 Bartók, Béla: Musiksprachen. Leipzig 1972, S. 23
61 Franz Liszt, Beiträge von ung. Autoren, a. a. O., S. 126
62 Bartók, Musiksprachen, a. a. O., S. 24 (Autobiographie)
63 Von Verfasser (R. H.) übersetzt nach dem Original der Akademierede Bartók, Béla: Liszt-problémák, in Liszt a miénk!, Budapest 1936, S. 58
64 Walker, a. a. O., S. 351 (Fußnote)
65 Bergfeld, s. Kapitel Sammlung u. Arbeit in Weimar, Ref. 33; Dobiey, Herbert: Die Klaviertechnik des jungen Liszt. Diss. Berlin 1931; Gárdonyi, s. Ein langer Abschied vom Leben, Ref. 20; Kókai, Rudolf, s. Die Talentschmiede Ref. 19; Rüsch, Walter: Franz Liszts »Années de Pèlerinage«. Beiträge zur Geschichte seiner Persönlichkeit und seines Stiles. Diss. Zürich 1932
66 Goode, W. M.: The late piano works of Franz Liszt and their influence in some aspects of modern piano composition. Diss. Indiana Univ. 1965; Pisk, P. A.: Elements of impressionism and atonality in Liszt's last piano pieces, Radford Rev. XXIII, 1969; Lee, R. Ch.: Some little known late piano works of Liszt (1869–1886). Diss. Univ. of Washington 1970; Thompson, Harold A.: The evolution of whole-tone sound in Liszt's original piano works. Louisiana 1974; Lemoine, Bernard C.: Tonal organization in selected late piano works of Franz Liszt. Diss. Catholic Univ. of America, Ann Arbor, Mich. 1976

Zeittafel

1811 22. Oktober Franz Liszt in Doborján, Komitat Sopron (Westungarn, jetzt Raiding, Burgenland, Österreich) als Sohn eines Beamten im Dienst des Fürsten Nikolaus Esterházy geboren.

1817 Lauscht aufmerksam dem Klavierspiel des Vaters, Interesse an Kirchen- und Zigeunermusik. Starker religiöser Sinn.

1818 Erster Klavierunterricht beim Vater, lernt rasch vom Blatt zu spielen.

1820 Im Oktober erstes öffentliches Auftreten in Sopron (Ödenburg), spielt das Es-Dur-Konzert von Ries und improvisiert über ein gegebenes Thema.
Zweiter Auftritt im November in Pozsony (Preßburg, Bratislava). Einige ungarische Magnaten setzen ein Stipendium für seine Ausbildung aus.

1822 Umzug der Familie nach Wien, wo er in Klavier (Czerny) und Komposition (Salieri) unterrichtet wird.
Große Fortschritte, Auftritte in österreichischen und ungarischen adeligen Kreisen. Erste Kompositionen.
1. Dezember: erstes öffentliches Konzert.

1823 Zahlreiche öffentliche und private Auftritte. Besuch bei Beethoven, der vielleicht beim Konzert am 13. April anwesend war.
Am 1. Mai Auftritt in Budapest.
Herbst: Umzug nach Paris. Als Ausländer für das Conservatoire abgelehnt. Nimmt Kompositionsunterricht bei Paër.

1824 Zahlreiche Auftritte in Pariser Salons.
7. März: erstes öffentliches Konzert.
Mai–Juni: Konzertreise in England, Auftritt bei Hofe.

1825 Konzertreise durch die französischen Provinzen.
Juni: zweite Englandreise. Ouvertüre zur Oper »Don Sanche« in Manchester uraufgeführt. Auftritt vor Georg IV. in Windsor Castle.
17. Oktober: Uraufführung von Liszts Oper »Don Sanche« in Paris.

1826 Kontrapunktstudien bei Reicha.
Winter: Konzertreise in die Schweiz.
Komposition der 12 Jugend-Etüden (Vorläufer der »Études d'exécution transcendante«).

1827 Komposition eines Klavierkonzertes (Vorläufer des Malédiction-Konzertes) und des g-Moll-Scherzos.
Dritte Konzertreise nach England.
9. Juni: spielt in London das eigene Klavierkonzert.
Nervöse Erschöpfung; Wunsch Priester zu werden. Zur Erholung in Boulogne-sur-Mer, wo der Vater am 28. August stirbt.

1828 Gibt Klavierunterricht. Verliebt sich in seine Schülerin Caroline de St-Cricq, wird aber von ihrem Vater des Hauses verwiesen. Pubertätskrise.
21. Mai: »Zum Andenken« (Komposition).

1829 Langsame Erholung.
Erste Opernfantasie (Auber: »La fiancée«).

1830 Umfangreiche Lektüre, Bekanntschaft mit Lamartine, Victor Hugo, Heine u. a.
Juli: Entwurf einer »Revolutionssymphonie«.
4. Dezember: Bekanntschaft mit Berlioz; 5. Dezember: Anwesenheit bei Uraufführung der »Phantastischen Symphonie«.

1831 Winteraufenthalt auf Schloß Marlioz mit Adèle Laprunarède.
Komposition der »Clochette-Fantasie« (1831–32) nach Thema von Paganini, später in der Etüde »La Campanella« verwendet.

1832 Etwa im April hört Liszt Paganini.
Bekanntschaft mit Chopin. Hört Vorträge von Fétis über Philosophie der Musik.

1833 2. April: gemeinsamer Auftritt mit Chopin.
Frühjahr: Bekanntschaft mit Marie d'Agoult;
Sommer: ihr Gast in Croissy.
3. Oktober: Trauzeuge bei Berlioz' Heirat mit Harriet Smithson.
Erste Transkription eines Schubert-Liedes (»La Rose«).
Transkription der »Phantastischen Symphonie«.
Liszt ersucht Abbé Lamennais um religiöse Unterweisung.

1834 Sommer: dessen Gast auf »La Chênaie« (Bretagne).
Erster musikkritischer Aufsatz »Über die Zukunft der Kirchenmusik«.
Komposition von »Lyon«, »Apparitions« und »Harmonies poétiques et religieuses« (1. Fassung).
Uraufführung der »Lélio-Fantasie« und des »Großen Konzertstückes über Mendelssohns ›Lieder ohne Worte‹ «.
Bekanntschaft mit George Sand.

1835 Niederlassung mit Marie d'Agoult in der Schweiz.
18. Dezember: Geburt ihrer ersten Tochter, Blandine.
Beginn der Komposition des »Album d'un voyageur«.
Artikelserie von Liszt (unter Mitwirkung von Marie d'Agoult) in der »Gazette musicale«.
Dezember: Liszt beginnt Unterricht am neugegründeten Genfer Konservatorium.

1836 Liszt spielt in Lyon und tritt mehrfach in Paris auf, um sich gegen Thalberg zu behaupten. Im Sommer wieder in Genf.

Dezember: Spiel in Konzert von Berlioz in Paris. L. und Marie d'Agoult bleiben dort bis April 1837.

1837 Januar–Februar: Kammerkonzerte mit dem Geiger Urhan und dem Cellisten Batta.

31. März: Konzert bei Fürstin Belgiojoso, in dem Liszt und Thalberg auftreten.

Mai–Juli: Liszt und Marie d'Agoult zu Besuch bei George Sand in Nohant.
Herbst: in Italien (vorw. Mailand).

25. Dezember: Geburt der Tochter Cosima.

Komposition der »Soirées musicales« (nach Rossini), Entwurf der Dante-Sonate, Transkription der 5.–7. Symphonie von Beethoven.

1838 Mailand, Venedig, Wien (8 erfolgreiche Konzerte), Lugano, Florenz, Bologna.

Kompositionen: Paganini-Etüden (1. Version), 12 Grandes Études (vorw. aus Jugend-Etüden), Sposalizio, Il Penseroso, Petrarca-Sonette. In Pisa unter dem Eindruck der Fresken auf dem Composanto Entwurf des »Totentanzes«.

1839 Februar–Juni: Rom, Bekanntschaft mit Ingres;

9. Mai: Sohn Daniel geboren.

Großzügige Spende für Beethoven-Denkmal in Bonn.

November–Januar (1840): Klavierkonzerte in Wien, Preßburg und Budapest; begeisterter Empfang in Ungarn. Überreichung eines Ehrensäbels (4. Januar); dirigiert erstmalig (11. Januar).

Besuch in Raiding (Februar); Beginn des Bruches mit der in Venedig wartenden Marie d'Agoult.

Werke: Klavierkonzert A-Dur (1839) und »Heroischer Marsch im ungarischen Styl« (1840); Beginn der »Magyar Dallok« und »Magyar Rhapsódiák«.

Konzertreisen durch Europa; Böhmen, Deutschland, Frankreich, England, Belgien.

1841 Konzertreisen in Europa.

Januar: in Paris erste Begegnung mit Wagner.

Bekanntschaft mit Fürst Felix Lichnowsky.

April: mit Berlioz in Bonn Konzert für Beethoven-Denkmal; Treffen mit Wagner.

Juli: Urlaub mit Marie d'Agoult und den Kindern auf Nonnenwerth.

September: in Frankfurt Eintritt in die Loge »Einigkeit«.

November: erste Begegnung mit Spohr in Kassel. Liszt spielt erstmals in Weimar (26.; 28. und 29. 11.).

Werke: Norma- und Don-Juan-Fantasie, Männerchor: Studentenlied (aus Goethes »Faust«).

1842 Januar—Februar: Berliner Konzerte; Mitglied der Preußischen Akademie der Künste (28.2.).
14. März: Ehrendoktor der Universität Königsberg.
April—Mai: Konzerte in St. Petersburg. Bekanntschaft mit Glinka, Serow, Stassow, Odojewsky u. a.
20. Juli: Spiel bei Einweihung des Grétry-Denkmals in Lüttich.
September: mit Marie d'Agoult Urlaub auf Nonnenwerth.
Oktober—November: Thüringen; Ernennung zum Ehrenbürger von Jena und Außerordentlichen Hofkapellmeister in Weimar.

1843 Konzertreisen (vorwiegend Deutschland und Rußland).
1. Februar: Leitung der »Zauberflöte« in Breslau.
Sommer: letzter Aufenthalt auf Nonnenwerth mit Marie d' Agoult und den Kindern, anschließend besucht die gesamte Familie Liszts Mutter in Paris.
Werke: Figaro-Fantasie. Erster Band Lieder (Loreley, Am Rhein, Mignon u. a.) erscheint.

1844 Januar—März: Kapellmeistertätigkeit in Weimar, Reisen in andere deutsche Städte.
Endgültiger Bruch mit Marie d'Agoult.
April: Konzerte in Paris und in der französischen Provinz. Regelung der Erziehung seiner Kinder. Besuch Lamartines in Château St-Point. Wiedersehen mit Caroline de St-Cricq, jetzt Mme d'Artigaux, in Pau.
Oktober—April (1845): Konzerte in Zürich, Südspanien und Portugal (aber keine Bekanntschaft mit Flamenco-Musik).
2. Band Lieder erscheint (vorwiegend auf Texte von Hugo).

1845 Mai—Juli: Frankreich, Schweiz.
August: Einweihung des Beethoven-Denkmals in Bonn.
Liszts Mitwirkung als Dirigent (5. und 9. Symphonie von Beethoven), Pianist (Es-Dur-Konzert von Beethoven) und Komponist der Festkantate.
Herbst: Konzerte in Freiburg und Ostfrankreich.
Komponiert: u. a. Chor »Le Forgeron« (Der Schmied, Text von Lamennais), Klavierstück »Große Konzertfantasie über spanische Weisen« (Vorstufe der »Rhapsodie espagnole«).

1846 Konzertreisen in Frankreich, Deutschland, Österreich.
Marie d'Agoult (Pseudonym: Daniel Stern) veröffentlicht ihren Schlüsselroman »Nélida«, in dem ihre Beziehung zu Liszt von ihrem Standpunkt aus geschildert wird.
In Wien Bekanntschaft mit Anton Rubinstein.

1847 Konzertreise durch Donauländer.
Februar: Konzerte in Kiew, Bekanntschaft mit Fürstin Carolyne Sayn-Wittgenstein.
Dann über Lemberg, Czernowitz, Jassy nach Konstantinopel, Konzert vor Sultan Abdul-Mejid.
Juli: 6 Konzerte in Odessa, neues Treffen mit der Fürstin.

September: letzte Konzerte in Elisabethgrad (jetzt Kirowgrad). Gast in Woronince bei Fürstin Wittgenstein.
Werke: Ungarische Rhapsodie Nr. 2, Beginn »Harmonies poétiques et religieuses« (Zyklus), Glanes de Woronince, Etüde »Mazeppa«.

1848 Februar: Heimkehr nach Weimar. Hier entfaltet Liszt in den kommenden Jahren eine rege Tätigkeit mit Ur- und Erstaufführungen vieler eigener und fremder Werke.
Zusammenarbeit mit Conradi (Instrumentation).
April: Carolyne Wittgenstein verläßt Rußland. Mit Liszt trifft sie in Krzyzanowitz bei Grätz in Schlesien, einem Schloß von Liszts Freund Fürst Felix Lichnowsky, zusammen. Sie reisen über Prag, Wien (Abstecher nach Raiding) und Dresden (Besuch Wagners) nach Weimar, wo die Fürstin sich unter den Schutz von Maria Paulowna stellt, um ihre Scheidung zu erlangen.
August: Wagner erwidert Besuch in Weimar.
12. November: Liszt dirigiert die »Tannhäuser«-Ouvertüre und drängt auf Aufführung der ganzen Oper.
Werke: »Les Préludes« (1. Version), »Messe für Männerchor und Orgel«, 3 Konzertetüden, Arbeiterchor und »Die lustige Legion«.
Lied: »Der alte Vagabund« (nach Béranger), 9. Ungarische Rhapsodie.

1849 Die Scheidung der Ehe von Fürstin Wittgenstein wird von Zar Nikolaus I. verweigert. Liszt und die Fürstin wohnen nun zusammen auf der Altenburg.
16. Februar: Erstaufführung des »Tannhäuser« in Weimar.
Anläßlich des Goethe-Centenariums Aufführung der bis dahin fertiggestellten Szenen aus Goethes »Faust« von Schumann und des »Tasso« (1. Version).
13.—15. Mai: Der aus Dresden flüchtige Wagner findet Asyl bei Liszt, hört eine »Tannhäuser«-Probe und wird mit falschem Paß und Geld für weitere Flucht in die Schweiz versorgt.
September: Übersendung des Entwurfs der Goethe-Stiftung aus Helgoland an Carl Alexander.
Ab 1. Dezember Zusammenarbeit mit Raff.
Werke: Bergsymphonie (1. Version), Consolations, Großes Konzertsolo, beide Klavierkonzerte und »Totentanz« (1. Version), Funérailles, Buch über Chopin (unter Mitarbeit der Fürstin).

1850 Januar: Besuch von Liszts Mutter.
April: Joachim besucht Liszt und wird ab Oktober als Konzertmeister des Hoforchesters tätig.
28. August: Uraufführung von »Lohengrin«.
Werke: Prometheus, Fantasie und Fuge über »Ad nos ...«, Liebesträume.

1851 Juni: Hans von Bülow kommt als Liszts Schüler nach Weimar, wo er in anderthalbjährigem intensivem Studium seine Ausbildung vollendet.

Werke: Scherzo und Marsch, Symphonische Dichtung »Mazeppa«, Polonaisen Nr. 1 und 2, »Études d'exécution transcendante«, Paganini-Etüden (2. Version), 1. Ungarische Rhapsodie.

1852 März: Erstaufführung von Berlioz' »Benvenuto Cellini«.
November: Berlioz-Woche in Anwesenheit des Komponisten.
Frühjahr und Herbst: Besuche von P. Cornelius, der auf der Altenburg bleibt. Zum Jahresende gibt Joseph Joachim seinen Posten als Konzertmeister auf.
Werke: Sonate (bis 1853), Soirées de Vienne, Ab irato, Fantasie über ungarische Volksmelodien.

1853 Agnes Street läßt sich in Weimar nieder.
Juni: Brahms Gast auf der Altenburg.
Juli: Liszt besucht Wagner in Zürich.
Werke: Sonate beendet, 2. Ballade, Festklänge, Orpheus, Ungarische Rhapsodien Nr. 3–15.

1854 Januar–Februar: Entwurf des »Zigeuner«-Buches,
Reise nach Holland, Belgien und Norddeutschland.
Hoffmann von Fallersleben zieht nach Weimar.
Mai–Juli: Anton Rubinsteins erster Aufenthalt in Weimar.
November: Gründung des Neu-Weimar-Vereins.
Werke: Symphonische Dichtung »Hungaria«, Faust-Symphonie.

1855 Februar: 2. Berlioz-Woche in Weimar.
5. April: Agnes Street verläßt Weimar.
Mai: Liszt als Zuhörer auf dem Niederrheinischen Musikfest in Düsseldorf; spielt bei Clara Schumann im kleinen Kreis »Chromatische Fantasie« von Bach und Schumanns »Genoveva«-Ouvertüre vierhändig mit Clara.
Sommer: Daniel verbringt seine Ferien in Weimar.
Zar Alexander II. entzieht der Fürstin die russische Staatsbürgerschaft und konfisziert ihr Vermögen.
26. September: Uraufführung der »Ad nos«-Fantasie im Merseburger Dom.
Werke: Dante-Symphonie (bis 1856), 13. Psalm, Graner Messe, »Die Seligkeiten« (später in Christus-Oratorium) begonnen, Präludium und Fuge über B-A-C-H. Wanderjahre I erscheint.

1856 27. Januar: Liszt dirigiert zum Mozart-Centenarium in Wien, Clara Schumann lehnt Beteiligung ab.
20. April: Bülow hält brieflich um Cosimas Hand an.
31. August: Einweihung der Kathedrale in Esztergom mit Graner Festmesse.
Oktober–November: Besuch mit der Fürstin bei Wagner in Zürich. Privataufführung des 1. Aktes der »Walküre« mit Liszt am Klavier. 23. November: Konzert in St. Gallen, bei dem Liszt und Wagner dirigieren.
Werke: Concerto pathétique (für 2 Klaviere, aus »Großes Konzertsolo«, 1849).

1857 Mehrere Mißerfolge:
26. Februar: Liszt dirigiert eigene Werke in Leipzig, heftige Pressekritik.
31. Mai bis 2. Juni: Liszt dirigiert auf dem Niederrheinischen Musikfestival in Aachen; Opposition von Hiller angeführt.
7. November: Uraufführung der Dante-Symphonie in Dresden; Mißerfolg »wegen zu geringer Proben«.
Erfolgreich: Uraufführung der h-Moll-Sonate durch Bülow in Berlin (22. Januar), der Faust-Symphonie und »Ideale« in Weimar (5. September), der »Héroïde funèbre« in Breslau (10. November) und der »Hunnenschlacht« in Weimar (29. Dezember).
Heirat von Cosima mit Hans von Bülow (19. August) und Blandines mit Émile Ollivier (22. Oktober).
Werke: Hunnenschlacht, Die Ideale, Die Legende von der heiligen Elisabeth (begonnen).

1858 März: Liszt dirigiert eigene Werke in Prag und Budapest.
15. Dezember: Uraufführung der Oper »Der Barbier von Bagdad« unter Liszts Leitung. Theaterskandal. Liszt reicht seinen Rücktritt ein.
Werke: »Hamlet«, Wanderjahre II erscheint.

1859 Januar: erste Verstimmung zwischen Wagner und Liszt (Briefwechsel Wagner—Liszt, II. S. 245).
10. April: Liszt erhält Orden der Eisernen Krone und dadurch Anspruch auf den österreichischen Adelstitel.
23. Juni: Maria Paulowna stirbt in Belvedere.
15. Oktober: Prinzessin Marie von Wittgenstein heiratet Fürst Konstantin von Hohenlohe.
13. Dezember: Daniel Liszt stirbt in Berlin.
Werke: »Weinen, Klagen, Sorgen, Zagen«, Präludium (nach J. S. Bach); Psalmen 23 und 137, 1. Mephisto-Walzer (Klavierfassung).

1860 Anfang März: Der Protest gegen die Neue Musik von Brahms, Joachim, Grimm und Scholz erscheint im Berliner »Echo«.
17. Mai: Fürstin Wittgenstein reist nach Rom ab, um ihre Scheidung vom Papst zu erlangen.
August: Liszt wird zum Offizier der französischen Ehrenlegion ernannt.
November: Liszt macht sein Testament.
Werke: Les morts (Die Toten, zum Gedenken an seinen Sohn), 18. Psalm, Lieder »Die drei Zigeuner«, »Blume und Duft«, »Mignons Lied« (3. Version) u.a., Melodram »Der traurige Mönch«, Pater noster (für Christus-Oratorium), Zwei Episoden aus Lenaus »Faust« (Orchester).

1861 Februar: Cosima von Bülow einige Wochen in Weimar.
Ende Mai: Liszt besucht mit Bülows Bamberg, Nürnberg und Regensburg.
Anfang August: Tonkünstlerfest in Weimar mit Wagner, Cornelius, v. Bülow, Brendel, Dräseke, Tausig, Eduard Liszt, Blandine und Émile Ollivier; Gründung des Allgemeinen Deutschen Musikvereins.

17. August: Liszt verläßt Weimar, reist nach Löwenberg (in Schlesien, Besitz des befreundeten und sehr musikliebenden Herzogs von Hohenzollern-Hechingen), Berlin und Paris (Treffen mit Gräfin d'Agoult, mit Rossini, Gounod und Halévy; Piano recital in den Tuilerien vor Napoleon III. und Eugénie).
21. Oktober: Ankunft in Rom. Doch Plan der Hochzeit am folgenden Tage wird vereitelt.
Werke: Die Legende von der heiligen Elisabeth (bis 1862).

1862 11. März: Aufführung der Faust-Symphonie unter Bronsart in Leipzig.
3. Juli: Geburt von Blandines Sohn Daniel Émile Ollivier,
11. September: Blandine stirbt in St. Tropez
Werke: Variationen über »Weinen, Klagen ...« (Klavier), Etüden: Waldesrauschen, Gnomenreigen.

1863 3. Juni: Aufführung des zur Jahrtausendfeier der Slawenapostel Kyrillos und Methodios komponierten Chores »Slavimo Slavno Slaveni!« in Rom.
Liszt zieht in das Oratorium Madonna del Rosario ein, wo ihn Pius IX. besucht.
Werke: Rhapsodie espagnole, Zwei Legenden, Salve Polonia (Interludium für Orchester für Stanislaus-Oratorium).

1864 März: Liszt spielt in Rom auf einem Wohltätigkeitskonzert zum Besten des Peterspfennigs.
Juli: Aufenthalt in der Villa d'Este, dann nach Castel Gandolfo, wo Liszt vor dem Papst spielt.
August: Teilnahme an Tonkünstlerversammlung des ADMV in Karlsruhe. Besuch Wagners am Starnberger See, dem er »Die Seligkeiten« vorspielt, und Kaulbachs in München.
September: in Paris Wiedersehen mit Marie d'Agoult in Gegenwart Cosimas.
Ehemann der Fürstin Wittgenstein im März gestorben, aber nun von Heirat keine Rede.
Werke: La Notte (Orchester).

1865 15. April: Uraufführung des »Totentanz« im Haag (Leitung: Verhulst, Klavier: v. Bülow).
25. April: Liszt empfängt vom Großalmosenier Fürst Hohenlohe die Tonsur und zieht in den Vatikan. Den Mai verbringt er bei Hohenlohe in der Villa d'Este. Am 30. Juli empfängt er die nächsten drei niederen Weihen.
August: In Budapest werden unter Liszt die »Heilige Elisabeth« uraufgeführt, das Inferno aus der Dante-Symphonie unter Liszts Leitung gegeben und die beiden Legenden erstmals öffentlich (von Liszt) gespielt.
Werke: Missa Choralis, Klavierstücke 1 und 2 (für Baronin von Meyendorff).

1866 6. Februar: Tod der Mutter in Paris bei Olliviers.
März: Teilnahme an Aufführung der Graner Messe in Paris.

Treffen mit Marie d'Agoult, die mitteilt, sie wolle ihre Memoiren veröffentlichen. Liszt protestiert energisch. Dies war die letzte Begegnung mit Marie d'Agoult.
Empfang Liszts durch Napoleon III.
4. März: Uraufführung der Fantasie über Beethovens »Ruinen von Athen« für Klavier durch Nikolai Rubinstein in Moskau.
Liszt wird Großoffizier des Ordens Guadelupe (Mexiko) und des bayrischen Michaelsordens.
Werke: Le Triomphe funèbre du Tasse (Orchester), Beendigung des Christus-Oratoriums (29. September).

1867 8. Juni: in der Matthiaskirche in Budapest Uraufführung der Ungarischen Krönungsmesse, die zwei Monate zuvor beendet worden ist.
6. Juli: Uraufführung des 1. Teiles des Christus-Oratoriums in Rom unter Sgambati.
August: Besuch in Meiningen und Weimar (wo die »Heilige Elisabeth« aufgeführt wird), bei Wagners in Triebschen, Rückkehr nach Rom im Oktober.
3. Dezember: Auflösung des Neu-Weimar-Vereins.
Werke: Marche funèbre (auf Maximilian von Mexiko).

1868 11. Juni: Liszt spielt vor Pius IX. anläßlich des 20. Jahrestages seiner Krönung.
Juli—August: Liszt zu religiösen Übungen mit Don Antonio Solfanelli in Grottammare.
August: Liszt beginnt Arbeit an »Technische Studien« (1868—1879).
Ende des Jahres: Einzug in die Villa d'Este.
Werke: Requiem.

1869 13. Januar: Heimkehr nach Weimar — in die Hofgärtnerei. Besuch Anton Rubinsteins
8. März: Tod von Berlioz.
22. September: wohnt der »Rheingold«-Aufführung in München bei, die entgegen Wagners Wünschen angesetzt worden war.
17. Oktober (Chopins Sterbetag): Uraufführung (?) des Requiems, Lemberg.
Winter: Villa d'Este, Begegnung mit Grieg in Rom.
Werk: Messe für Männerchor (2. Version).

1870 29. Mai: Liszt dirigiert in Weimar auf der Beethoven-Feier des ADMV (2. Beethovenkantate und 9. Symphonie).
Juli: Lenbach malt Liszt in München.
26. August: Nach der Scheidung wird Cosima mit Wagner in Luzern getraut.
31. Oktober: Mosonyi stirbt in Budapest.
Werke: Präludium und Fuge über den Namen B-A-C-H (für Orgel, 2. Version); Mosonyis Grabgeleit (Klavier).

1871 25. Juni: Ernennung Liszts zum Königlich Ungarischen Rat.
17. Juli: Tod Tausigs.
3.–7. September: Liszt wohnt der dritten Generalversammlung des Cäcilienvereins in Eichstädt bei.
22. Oktober: stille Feier des 60. Geburtstages Liszts mit Bülow in Rom.
Werk: Fantasie und Fuge über das Thema B-A-C-H (Klavier)

1872 Mai: Tod von Caroline d'Artigaux geb. St-Cricq.
3.–5. September: Wagner und Cosima besuchen Liszt in Weimar.
Oktober: Cosima kovertiert zum Protestantismus.
November: Besuch in Raiding. Liszt wird von den Einwohnern erkannt und gefeiert.
Werke: Sunt lacrymae rerum, Impromptu Fis-Dur (für Olga von Meyendorff), Epithalam zu E. Reményis Vermählungsfeier (Violine und Klavier), Lied: »J'ai perdu ma force et ma vie«, Fünf ungarische Volkslieder (Klavier).

1873 2. März: in Budapest Konzert zum Besten der Robert-Franz-Stiftung; Liszt spielt Beethovens As-Dur-Sonate und Soirées de Vienne.
13. April: Liszt bei Aufführung der Graner Messe bei einem Gottesdienst in Preßburg anwesend.
29. Mai: Uraufführung des (gesamten) Christus-Oratoriums unter Liszts Leitung in Weimar.
2. August: Liszt in Bayreuth bei Richtfest des Festspielhauses.
23. September: auf der Wartburg Uraufführung des Festspieles »Der Brautwillkomm auf der Wartburg« mit Liszts Wartburgliedern nach J. V. von Scheffel.
8.–11. November: Liszt-Feier in Budapest zu seinem 50jährigen Künstlerjubiläum.

1874 11. Januar: Liszt-Matinée in Wien.
12. Februar: Liszt spielt auf einem Wohltätigkeitskonzert in Ödenburg.
Werke: Erste Elegie (zum Gedenken von Frau M. Muchanoff-Kalergis), Die Glocken des Straßburger Münsters, Weihnachtsbaum (bis 1876).

1875 10. März: Liszt spielt in Budapest Beethovens Es-Dur-Klavierkonzert.
28. April: In Hannover spielt er die Variationen über »Weinen, Klagen ...« als Uraufführung.
17. Juni: Trauerfeier für Frau v. Muchanoff im Tempelherrenhaus im Weimarer Park (einiges aus dem Requiem, »Ave Maria«, »Des erwachenden Kindes Lobgesang«, »Heilige Cäcilie«, Erste Elegie [Uraufführung: Fassung für Cello, Klavier, Harfe und Harmonium]).
Juli–August: bei Festspielproben in Bayreuth.
Gründung der Landesmusikakademie in Budapest, Präsident: Liszt, Direktor: Erkel.
Werk: »Benedictus« aus der Ungarischen Krönungsmesse für Violine und Orchester.

1876 Februar: in Budapest, Wohnung am Fischmarkt.
5. März: Marie d'Agoult stirbt (»Meine Erinnerung an Marie d'Agoult ist ein schmerzvolles Geheimnis«).
7. Juni: Tod von George Sand.
2. Juli: Uraufführung (?) von »Hamlet« in Sondershausen.
August: Teilnahme an Bayreuther Festspielen. Begegnung mit Tschaikowski.
Werk: Klavierstück (für Baronin von Meyendorff) Nr. 4.

1877 März: Uraufführung von »Triomphe funèbre du Tasse« in New York unter Damrosch. Beethovens Es-Dur-Konzert und Chorphantasie in Wien zugunsten des Beethoven-Denkmals.
18. März: Aufführung von »Missa choralis« und »Pater noster« in Wien unter (dem Cäcilianer) Joseph Böhm, der Liszt beiwohnt.
12. Juni: Graner Messe und »Benedictus« aus der Krönungsmesse in Weimar in Anwesenheit Liszts.
Juli: Besuch Borodins in Weimar.
Dezember: Uraufführung von »Samson und Dalila« von Saint-Saëns in Weimar in Anwesenheit des Komponisten und Faurés.
Werke: Wanderjahre III: Angélus, »Aux cyprès de la Villa d'Este« I und II, »Les jeux d'eaux à la Villa d'Este«, Sursum corda; Zweite Elegie; Dem Andenken Petöfis (später modifiziert in Historische ungarische Bildnisse).

1878 19. Juni: Auf Musikfest des ADMV in Erfurt spielt Bülow Bronsarts Konzert unter der Leitung Liszts. Ferner werden die »Faust-Episoden« und die »Hungaria« aufgeführt.
In Budapest Treffen mit Albéniz.
Werke: Via crucis, Septem Sacramenta.

1879 8. Februar: Onkel, Eduard von Liszt, stirbt in Wien.
8. April: in Wien »Eucharistie« und »Matrimonium« aus den Septem Sacramenta in der Burgkapelle unter Hellmesberger als Überraschung für Liszt uraufgeführt.
3.–9. Juni: in Wiesbaden Musikfest des ADMV; Bülow dirigiert die Faust-Symphonie.
10. Juli: in Weimar Septem sacramenta vollständig aufgeführt.
Ende September: Liszt wird Ehrenkanonikus von St. Albano in Rom.
Werk: Missa pro organo.
30. Dezember: Liszt spielt vor ausgewähltem römischem Publikum zugunsten der notleidenden Bevölkerung.
Werke: Rosario, Missa pro organo, Ossa arida, 3 späte Klavierstücke (Toccata, Carrousel, Sospiri!).

1880 19.–24. Mai: Tonkünstlerfest des ADMV mit Liszts »Jeanne d'Arc« und (aus Christus-Oratorium) »Seligkeiten« und »Tus es Petrus«.
Sommer: Liszt zum Ehrenmitglied des Freien Deutschen Hochstiftes in Frankfurt a. M. ernannt.

Werke: Zweiter Mephisto-Walzer, Lieder: »Verlassen« und »Des Tages laute Stimmen schweigen«, Romance oubliée.

1881 Mitte Januar: Budapest (Wohnung in der Musikakademie).

9. März: Uraufführung des 2. Mephisto-Walzers in Budapest.

April: Preßburg, wo Liszt mit Graf Géza Zichy den Rákóczi-Marsch 3händig spielt; Ödenburg, Raiding, wo an seinem Geburtshaus eine Gedenktafel enthüllt wird.

7. Mai: Liszt wird korrespondierendes Mitglied der Académie des beaux arts in Paris.

Mai: in Antwerpen Graner Messe und »Totentanz«, meisterhaft von Zarembski gespielt.

Juni: Bülow und Daniela in Weimar.

Juli: In Weimar fällt Liszt die Treppe hinab, mit bleibenden Folgen.

22. Oktober: 70. Geburtstag in der Deutschen Botschaft in Rom mit einem Konzert gefeiert. Später Konzert der römischen Orchestergesellschaft, im Mittelpunkt Dante-Symphonie.

Werke: »Trübe Wolken«, Valse oubliée Nr. 1, Psalm 129.

1882 April: Uraufführung des »Angelus« für Streichquartett in einem Hofkonzert in Weimar.

5. Juli: Liszt-Konzert in Baden-Baden.

9.–12. Juli: Tonkünstlerfest in Zürich; von Liszt die »Heilige Elisabeth«, Angelus, A-Dur-Klavierkonzert u. a.

August: in Bayreuth, die fünf ersten »Parsifal«-Aufführungen. Anschließend Weimar, wo ihn A. Rubinstein und A. Nikisch besuchen.

Dezember: in Venedig bei Wagners.

Werke: Csárdás macabre, 16. Ungarische Rhapsodie. »Die Trauergondel« I und II, Transkription: Réminiscences de »Boccanegra« (Verdi).

1883 13. Januar: Liszt reist von Venedig nach Budapest.

13. Februar: Wagners Tod in Venedig.

22. Mai: Liszt dirigiert bei einer Erinnerungsfeier für Wagner im Weimarer Hoftheater Vorspiel und Karfreitagszauber aus »Parsifal«. Er bleibt bis 31. Januar 1884 in Weimar.

Werke: R. W. – Venezia, Am Grabe Richard Wagners, Schlaflos, Requiem für die Orgel, 17. Ungarische Rhapsodie, 3. Mephisto-Walzer.

1884 25. Februar: Liszt dirigiert »Ungarische Krönungsmesse« in Preßburg.

Mai: Tonkünstlerfest des ADMV in Weimar; Uraufführung von Salve Polonia, »Heilige Elisabeth« szenisch; Liszt dirigiert dort zum letzten Mal.

21. und 23. Juli: Liszt sieht »Parsifal« in Bayreuth, doch nicht Cosima.

1. Oktober: Siloti und Friedheim spielen im Gewandhaus zu Leipzig in Anwesenheit Liszts die Faust-Symphonie und die Dante-Symphonie auf zwei Klavieren, die Chöre dirigiert Reisenauer.

Werke: 2 Csárdás, Lied: »Und wir dachten der Toten«, Chorwerk: Mariengarten (»Quasi Cedrus«).

1885 14. April: Liszt nimmt an Bankett nach Anton Rubinsteins Konzert teil. Auf einen Toast hin, in dem beide gefeiert wurden, antwortete Rubinstein: »Ich bin dessen nicht würdig. Ich und die Pianisten, die mir gleichen, wir sind nur gemeine Soldaten neben unserem General, Franz Liszt.«

Werke: Historische ungarische Bildnisse (z. T. früher), Abschied, 4. Mephisto-Walzer, Valse oubliée Nr. 4, Bagatelle ohne Tonart, 18. und 19. Ungarische Rhapsodien, En rêve, Unstern, Chorwerk: Sanct Christoph. Legende (evtl. früher).

1886 21. Januar: Liszt reist von Rom über Florenz und Venedig nach Budapest, wo am 10. März ein letztes Konzert stattfindet.

März–Mai: Liszt-Konzerte in Paris und London (Les Préludes, Graner Messe, Heilige Elisabeth) mit großem Erfolg.

17. Mai: wieder in Weimar, Liszt bereits kränkelnd.

18. Mai: Besuch Cosimas, der erste seit Wagners Tod. Sie überredet ihn, im Juli nach Bayreuth zu kommen.

3.–6. Juni: Tonkünstlerversammlung in Sondershausen (»Die Ideale«, Bergsymphonie, Hunnenschlacht, Hamlet; vier der Historischen ungarischen Bildnisse; Christus-Oratorium). Anschließend nach Halle zur ärztlichen Konsultation bei Volkmann und Gräfe; »Wasser« und »grauer Star«; Kur in Kissingen und Operation empfohlen.

3. Juli: in Bayreuth Trauung der Enkelin Daniela v. Bülow mit dem Kunsthistoriker Henry Thode.

5. Juli: Besuch des ungarischen Malers Munkácsy auf Schloß Colpach (Luxemburg).

19. Juli: im Konzert in Luxemburg letztes Klavierspiel.

21. Juli: Wiedereintreffen in Bayreuth.

23. Juli: »Parsifal«.

25. Juli: »Tristan«.

31. Juli: Tod des Meisters.

Analysen

(vorwiegend neueren Datums; Werkbesprechungen beschreibenden Charakters finden sich bereits in der Biographie von Lina Ramann, aus neuerer Zeit vor allem in dem von Alan Walker edierten *Franz Liszt. The man and his music*, London 1970)

Klaviermusik

Études d'exécution transcendante

Wilde Jagd. H. Rietsch: Die Tonkunst in der 2. Hälfte des 19. Jahrhunderts. Leipzig 1900, S. 9–16;

Nr. 10. Ders. S. 85–86;

Abendklänge, Ders. S. 58–65

Réminiscences de »Norma«

D. Wilde in A. Walker: Franz Liszt. a. a. O., S. 185–191

Wanderjahre I, Schweiz

D. Presser in W. Suppan (Hrsg.): Liszt-Studien 1, Graz 1977, S. 137–153

Wanderjahre II, Italien

Sposalizio. H. Rietsch; a. a. O., S. 67–71

Dante-Sonate. E. Engel: Franz Liszt, Potsdam 1936, S. 77–80;

L. Kentner in A. Walker, a. a. O., S. 92–96; C. Dahlhaus: Die Musik des 19. Jahrhunderts, Wiesbaden 1980, S. 112

Sonate h-Moll

H. Steger: Materialstrukturen in den fünf späten Klaviersonaten Alexander Skrjabins. Regensburg 1977, S. 278–280;

H. Searle in: The New Grove Dictionary of Music and Musicians, Vol. 11, S. 37 ff.; W. S. Newman: The sonata since Beethoven, Chapel Hill 1969, S. 376

Trübe Wolken

R. Leibowitz: L'évolution de la musique de Bach à Schoenberg, Paris 1951, S. 143–152

A. Wilheim: Liszt Ferenc: Szürke felhök. Zeneakademia (Budapest) 1972/73, S. 14–23

Unstern

N. Nagler in H.-K. Metzger und R. Riehn (Hrsg.), Musik-Konzepte 12, München 1980, S. 32–37

La lugubre gondola

R. U. Ringger: Neue Züricher Zeitung, 25. 6. 1986, Fernausgabe Nr. 169, S. 26

Spätwerke (Trübe Wolken, La lugubre gondola I und II, Richard Wagner – Venezia, Unstern, Bagatelle ohne Tonart)
B. C. Lemoine: Tonal organization in selected late piano works of Franz Liszt, in: Liszt-Studien 2, hrsg. von Serge Gut, München/Salzburg 1981, S. 123–131
Harmonies poétiques et religieuses (Erstfassung)
Torkewitz, Dieter, ebd., S. 220–236

Klavier und Orchester
Malédiction-Konzert
R. Collet in A. Walker, a. a. O., S. 253–256
C. Floros: Gustav Mahler, Wiesbaden 1977, Bd. II, S. 96–99
Ders. in Metzner und R. Riehn, a. a. O., S. 80–83
Konzert Es-Dur
E. Engel, a. a. O., S. 87 f.
R. Collet in A. Walker, a. a. O., S. 258–266
Konzert A-Dur
E. Engel, a. a. O., S. 88 f.
R. Collet, a. a. O., S. 266–273
Totentanz
E. Engel, a. a. O., S. 88
R. Collet, a. a. O., S. 273–278
T. Kabisch: Liszt und Schubert, München/Salzburg 1984, S. 48–54

Orchesterwerke
Allgemein
P. Raabe: Franz Liszt, Stuttgart/Berlin 1931, 2. Buch, S. 68–111
Bergfeld: Die formale Struktur der symphonischen Dichtungen Franz Liszts, Eisenach 1931
E. Engel, a. a. O., S. 90–108
H. Searle in A. Walker, a. a. O., S. 279–317
Speziell
Berg-Symphonie
A. Heuss: Eine motivisch-thematische Studie über Liszts sinfonische Dichtung »Ce qu'on entend sur la montagne«, ZIMG 13 (1911/12), H. 1, S. 10–21
Prometheus
C. Dahlhaus: Zur Kritik des ästhetischen Urteils über Liszts »Prometheus«. Musikforsch. 23 (1970), 418 ff.
Mazeppa
C. Dahlhaus: Analyse und Werturteil (Musikpädagogik, Forschung und Lehre, Bd. 8), Mainz 1970
Tasso
T. Kabisch, a. a. O., S. 54–60

Orpheus
Ebd., S. 60–68
Faust-Symphonie
C. Floros in H.-K. Metzger und R. Riehn, a. a. O., S. 42–87
C. Dahlhaus: Liszts Faust-Symphonie und die Krise der symphonischen Form, in: Über Symphonien, Festschrift für Walter Wiora (Hrsg. Chr.-H. Mahling), Tutzing 1979, S. 129–139
G. Gruber in Liszt-Studien 1, Graz 1977, S. 81–95 (1. Satz)
F. Ritzel: Materialdenken bei Liszt. Eine Untersuchung des »Zwölftonthemas« der Faust-Symphonie. Musikforsch. 20 (1967), S. 289–294

Orgelwerke
Fantasie und Fuge über den Choral »Ad nos, ad salutarem undam«
P. Schwarz: Studien zur Orgelmusik Franz Liszts. München 1973, S. 46–72
Präludium und Fuge über den Namen B-A-C-H
P. Schwarz, a. a. O., S. 73–90
G. Zacher in H.-K. Metzger und R. Riehn, a. a. O., S. 88–99
Weinen-Klagen-Variationen
P. Schwarz, a. a. O., S. 91–115
E. G. Heinemann: Franz Liszts Auseinandersetzung mit der geistlichen Musik. München/Salzburg 1978, S. 39–43

Geistliche Chormusik
13. Psalm
L. Ramann, F. L. als Künstler u. Mensch, IV. Buch, Leipzig 1894, S. 409–415
Collett, a. a. O., S. 338–340
Graner Festmesse
L. Ramann, a. a. O., IV. Buch, S. 366–393
É. Haraszti: Franz Liszt, Paris 1967, S. 229–231
Hl. Elisabeth
R. Collet, a. a. O., S. 320–327
L. Ramann, a. a. O., IV. Buch, S. 445–453
Christus
R. Collet,a. a. O., S. 327–337
L. Ramann, a. a. O., IV. Buch, S. 453–457
Via crucis
S. Gut: Franz Liszt. Les éléments du langage musical, Paris 1975 (Harmonische Kühnheiten, ubique)
R. Collet, a. a. O., S. 342–344
Ossa arida
E. G. Heinemann, a. a. O., S. 15–18

Lieder

P. Raabe: Franz Liszt, a. a. O., 2. Buch, S. 112–131

Ch. Headington in A. Walker, a. a. O., S. 221–247

Über allen Gipfeln ist Ruh

W. Huschke: Musik im klassischen und nachklassischen Weimar, Weimar 1982, S. 216–218

Diskographie

(Auswahl)

Klavierwerke

Etüden

Études d'exécution transcendente

L. Kentner (Turnabout 34 224/5)

L. Berman (Melodija C 10-04931-4)

R. Rudnytsky (Muza SXL 0940-0941),

einschließlich der Etüden Ab irato, Un sospiro, Waldesrauschen und Gnomenreigen

C. Arrau (Philips 6598490/91),

einschließlich der Trois études de concert

Paganini-Etüden

L. Hoffmann (Telefunken N 365)

J. Ogdon (Melodija 33 CM-02498): La Campanella

I. Antal (Hungaroton LPX 11364): La Chasse (1. Fassung), außerdem La Leggierezza (aus Drei Konzertetüden)

Opernfantasien und Transkriptionen

A. Brendel (Turnabout TV 34352 DS)

Lucia di Lammermoor

Miserere du »Trovatore«

Réminiscences de »Norma«

Oberon

Bénédiction et serment (Benvenuto Cellini)

Pilgerchor aus »Tannhäuser«

Isoldens Liebestod aus »Tristan und Isolde«

Z. Kocsis (Hungaroton SLPD 12494)

Elsas Brautzug zum Münster, aus »Lohengrin«

Feierlicher Marsch, aus »Parsifal«

J. Bolet (Fidelio Fl 3333)

Schubert: Forelle, Ständchen

Chopin: Meine Freuden, Mädchens Wunsch

Schumann: Widmung, Frühlingsnacht

Chor der Spinnerinnen aus »Der Fliegende Holländer«
Rigoletto-Paraphrase
I. Antal (Hungaroton LPX 11364)
Réminiscences de »Don Juan«
Figaro-Fantasie (von Busoni ergänzt)
C. Katsaris (Telefunken 6. 42781)
Beethoven: Symphonie Nr. 6 F-Dur op. 68 (»Pastorale«)
Rhapsodien, ungarische
L. Kentner (Vox SVBX 5452) alle 19
L. Wlasenko (Melodija (10-05990) Nr. 1, 3, 4, 5 und 12
L. Berman (Melodija C10-04931-4) Nr. 3
J. Jandó (Hungaroton SLPX 12024) Nr. 8
Rhapsodie, spanische
L. Berman (Melodija C10-04931-4)
Wanderjahre (vollständig)
L. Berman (Melodija C 10995-1102)
Wanderjahre II. Italien
M. Klícník (Supraphon 1 11 1766)
L. Berman: Tarantella (Melodija 33 C 10-06939-40)
h-Moll-Sonate
A. Rubinstein (RCA 2871)
C. Curzon (Decca 21-079)
L. Berman (Melodija 33 C 10-06939-40)
(1.) Mephisto-Walzer
L. Berman (Melodija 33 C 10-06939-40)
J. Ogdon (Melodija CM 02497-8)
Späte Klavierwerke
E. Szegedi (Qualiton LPX 1304 und 11340)
A. Brendel: Trauergondel (Turnabout TV-S 34518)
A. Brendel: Csárdás macabre (Turnabout TV 34265S)

Liszt-Busoni: Fantasie und Fuge über den Choral »Ad nos, ad salutarem undam«
E. Mogilewsky (Melodija 33 CM-03453)

Historische Aufnahmen
F. Busoni (Eterna 826450)
Polonaise E-Dur
La Campanella
Rigoletto-Paraphrase
Schubert–Liszt: Ungarischer Marsch
(Eterna 826 453):
B. Stavenhagen: Ungarische Rhapsodie Nr. 12,
Franziskus-Legende Nr. 2

X. Scharwenka: Ricordanza
M. Pauer: Harmonies du soir
E. d'Albert: Liebestraum Nr. 3,
Valse-Impromptu,
Sonate h-Moll, 1. Teil
(Eterna 826 452):
R. Pugno: Ung. Rhapsodie Nr. 11
J. Paderewski: Ung. Rhapsodie Nr. 10
T. Carreño: Ung. Rhapsodie Nr. 6
(Odeon XX 76940):
E. d'Albert: Au bord d'une source
(Supraphon 0 11 0436):
J. Paderewski: La Campanella

Vierhändig und Zwei Klaviere
E. Tusa und I. Lántos (Hungaroton SLPX 11763)
Concerto pathétique (2 Klav.)
Rákóczi-Marsch (vierh.)
16. Ung. Rhapsodie (vierh.)
Zwei Episoden aus Lenaus »Faust« (vierh.)

Klavier und Orchester
Konzerte
S. Richter (Melodija 33 CM 0867-68, Philips 835 474)
J. Jandó (Hungaroton SLPX 12024): Nr. 2 in A-Dur
Malédiction
A. Brendel (Turnabout TV-S 34518)
M. Béroff (Eterna 8 27 429)
Totentanz
A. Brendel (Turnabout TV 34265 S)
N. Freire (CBS 72713)
M. Béroff (Eterna 8 27 429)
Fantasie über ungarische Volksmelodien
J. Jandó (Hungaroton SLPX 12024)
Sh. Cherkassy (Deutsche Grammophon 138 692)
Wanderer-Fantasie (Schubert)
A. Brendel (Turnabout TV 34 2655)
Grande Fantaisie symphonique über Themen aus »Lélio« (Berlioz)
M. Béroff (Eterna 827 429)

Orchesterwerke
Symphonische Dichtungen
B. Haitink (Philips 6768 305)

Les Préludes
Tasso
Prometheus
Mazeppa
Hamlet
Orpheus
Hunnenschlacht
K. Masur
(Eterna 8 27 290)
Les Préludes
Orpheus
Tasso
(Eterna 8 27 393)
Mazeppa
Hamlet
Hungaria
(Eterna 8 27 546)
Heldenklage
Prometheus
G. Solti (Decca SXL 6709)
Tasso
Von der Wiege bis zum Grabe
(Decca 6.42262 AS)
Prometheus
Les Préludes
Festklänge
H. Gielen (Turnabout TV-S 34518)
Bergsymphonie
V. Neumann (Eterna 8 25 847)
Les Préludes
G. Rozhdestvensky (Melodija 33 C 10-10529-30 (a))
Tasso
L. Rajter (Supraphon SUB ST 50422)
Die Ideale
Prometheus

Zwei Episoden aus Lenaus »Faust« u. 2. Mephisto-Walzer
G. Solti (Decca SXL 6709): Mephisto-Walzer Nr. 1
K. Masur (Eterna 8 27 546): Mephisto-Walzer Nr. 2
J. Ferencsik (Hungaroton SLPX 12 022-23): Der nächtliche Zug und Der Tanz in der Dorfschenke (Mephisto-W. Nr. 1)

Faust-Symphonie
J. Ferencsik (Hungaroton SLPX 12022-23)
Dante-Symphonie
Gy. Lehel (Hungaroton SLPX 11918)
Franziskus-Legenden (Orchesterfassung)
Gerd Albrecht (Schwann, digital AMS 1619, LC 0278)

Geistliche und weltliche Chormusik
Psalmen
Nr. 13, 18, 23, 125, 129 (Hungaroton LPX 1261)
Messen
Graner Messe (Hungaroton SLPX 11861)
Ungarische Krönungsmesse (Hungaroton LPX 1055)
Missa choralis (Hungaroton SLPX 11141)
Messe für Männerchor u. Orgel (Szekszárder M., Hungaroton LPX 11447)
Requiem (Veriton SXV-751; Fidelio FL 3356)
Oratorien
Legende von der heiligen Elisabeth (Hungaroton SLPD 12694-96)
Christus (Hungaroton SLPX 11506-08)
Sonstige geistliche Chorwerke
Choral Works I (Hungaroton LPX 11381) u. a.
Tantum ergo, 137. Psalm
Sanct Christoph. Legende
Quasi Cedrus: Mariengarten
Choral Works II (Hungaroton LPX 11447)
4 geistliche Männerchöre, u. a. Ossa arida
Choral Works III (Hungaroton LPX 11575)
Via crucis
Choral Works V (Hungaroton SLPX 11797)
Cantatas and Hyms
The Bells of Strassburg Cathedral
Sainte Cécile. Légende
Cantico del Sol
Cantantibus organis
Psalm 116
Choral Works VII (Hungaroton SLPX 12234)
u. a. Pater noster
Die Seligkeiten
Via crucis (Schwann Digital/DMM AMS 3553)
Cantico del Sol (Schwann Digital AMS 1619)

Weltliche Chorwerke
Choral Works IV (Hungaroton LPX 11604)

Chöre zu Herders »Entfesseltem Prometheus«
Choral Works VI (Hungaroton SLPX 11765)
Secular Male Choruses
u. a. Le forgeron (Der Schmied)
Arbeiterchor
Studentenlied (aus Goethes »Faust«)
Der Gang um Mitternacht

Lieder
Repräsentative Auswahl (Qualiton LPX 1224-25)
15 kürzere Lieder aus verschiedenen Perioden (Qualiton LPX 1272)

Oper
Don Sanche (Hungaroton SLPD 12744-45)

Orgelwerke
Complete Organ Works
S. Margittay, H. Lehotka, E. Kovács (Hungaroton SLPX 11540-44)
H.-G. Wauer an der Ladegast-Orgel des Domes zu Merseburg (Eterna 26313)
Präludium und Fuge B-A-C-H
Weinen-Klagen-Variationen
Fantasie und Fuge über den Choral »Ad nos, ad salutarem undam«

Kammermusik
(Hungaroton SLPX 11798)

Personenregister

Werkregister

A. Musikalische Werke

Werke ohne Angabe des Komponisten stammen von Liszt

B. Literarische Werke

C. Bildnerische Werke

5

116 [illegible] Kammermusik) | gehört d. [illegible] Oktober 18[illegible]

118 malédiction – Verfluchung

~~bene~~ bénédiction – Lobpreisung,

orgueil – Stolz, Hochmut, Dünkel,

raillerie – Verspottung,

songes – Tränen, Ängste, Träume,

155 saecula saeculorum – auf ewig!
Umwandlung,

176 franzö[illegible]

177 Trans[illegible]

233 [illegible] Lust[illegible],

259 Glockenläuten auf dem

265te Wasserspiele d. Villa Klavier,

Dantes; Göttliche Komödie-
es zählt zum Tiefsten was
Menschengeist hervor-
gebracht,